21世纪高等教育重点建设教材

现代经济管理基础

陈畴镛　主　编

王　颖
马建军　副主编
朱妙芳

科学出版社
北　京

内 容 简 介

本书包括经济学基础、管理学基础和现代企业管理共3篇16章,既全面系统又简明扼要地介绍了微观经济学、宏观经济学和管理学的基本概念与基本原理,阐述了现代企业管理的基本内容。

本书适合高等院校非经济管理类,特别是理工科专业作为教材使用,也可供从事经济、管理等的人士阅读、参考。

图书在版编目(CIP)数据

现代经济管理基础/陈畴镛主编. —北京:科学出版社,2003.8
 21世纪高等教育重点建设教材
 ISBN 978-7-03-011977-3

Ⅰ.现… Ⅱ.陈… Ⅲ.经济管理-高等学校-教材 Ⅳ.F2

中国版本图书馆 CIP 数据核字(2003)第 075042 号

策划编辑:曹丽英／文案编辑:邱 璐／责任校对:包志虹
责任印制:李 彤／封面设计:卢秋红

科 学 出 版 社 出版
北京东黄城根北街16号
邮政编码:100717
http://www.sciencep.com

北京虎彩文化传播有限公司 印刷
科学出版社发行 各地新华书店经销
*

2003年8月第 一 版 开本:787×1092 1/16
2022年1月第十二次印刷 印张:22
字数:516 000

定价:45.00元
(如有印装质量问题,我社负责调换)

序

伴随着知识经济时代的初现端倪,生产结构、就业结构和社会结构正在发生重大变化,知识型劳动者从后台走向前台,成为决定生产系统产出的显著的变量。个人的知识水平和能力决定着就业起点和收入,知识结构决定着就业方向,知识积累决定着工作的进步;知识不仅仅是力量,更是机会;知识不仅仅是可兑现的资本,更是新财富的来源。现代经济管理知识是高素质创新创业人才的知识结构中必不可少的重要内容。人才不仅是创业活动的承担者,同时也是管理者。经济管理素质是时代发展赋予创业者必须具备的基本素质,尤其在科学技术高度综合化、集成化的时代,人才的经济管理素质和能力就显得更为重要。经济学科和管理学科所提供的知识和分析问题的思路对站在更高层次做好工作都是非常重要和必须的,其能使人们从制度、人、活动三个角度去认识和把握有关社会经济活动的基本规律。丰富的经济管理知识是提高人才的经济意识和组织管理能力的必备基础。只有具备必备的经济管理知识,才能更好地在知识经济时代,有敏锐的经济意识,把握自己的价值取向。在生产和经营中,战略决策、研究开发、市场分析、企业策划、形象设计等软科学功能的作用越来越显著。掌握好经济管理知识,将大大提高研究开发人员、工程技术人员和其他从业人员在知识经济较量中的竞争力。

知识经济时代的产品是知识不断开发创新的结果,是高科技人才不断创新的结果。这对我国的教育改革和人才培养是一个划时代的挑战。我国高等教育过去培养的理工科大学生虽有较好的科学技术知识基础,但经济头脑和组织管理能力相对缺乏,搞产品开发较少考虑经济成本,擅长个人攻关而不适应团队协同作战。在实施素质教育和知识创新工程的过程中,我们必须充分重视复合型人才的培养,充分重视理工科大学生经济管理素质的培养和经济管理知识结构的完善。只有科学技术教育与经济管理教育互相渗透,才能培养出既有较高的科学技术水平,又有良好的市场经济意识和管理组织能力的理工科大学生。

这方面的问题已经受到了有关方面的高度重视,原国家教委高教司曾于1996年12月发文明确要求各高等院校加强对工科类专业的经济管理基础课程教育。在理工科专业培养计划中安排经济管理类课程作为必修课,通过课程教学传授现代经济管理知识,这是浙江省高等院校已坚持实施多年的完善大学生知识结构的重要举措。精选经济管理知识的教学内容,是保证这一举措得以有效落实的重要前提。陈畴镛教授及其同事在多年教学实践的基础上,根据新时期经济管理的新特点和新要求,编写了这本教材并被列为浙江省高等教育重点建设教材出版,正是贯彻落实这一举措的体现。

本教材的主要特色可概括为如下两点:

首先,内容精练先进。在理工科专业少学时的教育中,为使教学内容精练、先进、实用,并结合理工科大学生的需求和特点,本书突出反映市场观念、效益观念、竞争观念、创新观念、人本观念、团队观念这些知识经济时代人才的必备素质,而不拘泥于介绍具体方法。

其次,时代特色显著。经济管理是实践性和时代特征非常强的学科,随着科学技术的日新月异和我国经济体制改革的不断深化,经济管理学科内容也在不断更新。本书既较好地继承了传统有生命力的经济管理理论和方法,又紧紧扣住知识经济时代发展的特点和趋势,体现了经济管理新的思想、新观点和新方法。

在本书正式出版之际,期望它能对知识经济背景下理工科大学生的经济管理知识教育有所裨益。

2003 年 5 月

前　言

20世纪90年代以来，科学技术的快速进步，尤其是信息技术的突飞猛进，促使人类社会发生了重大变化。在这种背景下，高等教育也正处在巨大的变化之中。对大学生的培养已从过去单一的专业教育转向复合型、素质型教育。加强对大学生的经济管理教育是适应这一转变的有效途径，日益受到各方面的重视。原国家教委高教司曾于1996年12月发文要求各高等院校加强对工科类专业的经济管理基础课程教育。在大学生特别是理工科专业培养计划中安排经济管理类课程作为必修课，通过课程教育传授现代经济管理知识，这是完善大学生知识结构的重要措施。精选经济管理知识的教学内容，是保证这一措施得以有效落实的重要前提。为此，我们在多年教学实践的基础上，根据新世纪新阶段经济管理的特点和要求，编写了这本教材，被列为浙江省高等教育重点建设教材。本书可作为高等院校理工类各专业的教材和教学参考书，也适宜于非经济管理类人文社科专业作教材使用。此外，也可供有关科研、工程技术人员参考。

本书包括经济学基础、管理学基础和现代企业管理3篇共16章，较全面系统而又简明扼要地介绍了微观经济学、宏观经济学和管理学的基本概念与基本原理，阐述了现代企业管理的基本内容。本书编写过程中充分考虑了非经济管理类专业大学生的基础和需要，为他们拓宽知识面提供素材，从知识阐述中反映市场观念、效益观念、竞争观念、创新观念、人本观念、团队观念这些知识经济时代人才的必备素质。本书注重结合我国社会主义市场经济建设的现实，同时尽量反映经济管理理论与实践的新进展特别是企业管理变革的新理念、新模式、新方法，如学习型组织、公司再造、虚拟企业、战略联盟、电子商务、精益生产、计算机集成制造等。为了反映现代信息技术对管理变革的影响和作用，专门编写了一章反映企业管理信息化的内容，重点介绍了企业资源计划（ERP）、客户关系管理（CRM）、供应链管理（SCM）等当前企业关注的信息化关键工程。因此，本书具有鲜明的时代特色。

参加本书编写的有马建军副教授（第1～4章），王颖副教授（第5～7章、第11章），陈畴镛教授（第8章、第9章、第16章），朱妙芬副教授（第10章、第13章、第14章），陈建华副教授（第12章），张定华副教授（第15章）。本书由陈畴镛教授任主编，负责总体策划、总纂和对其他部分章节的修改、增删。

本书在编写过程中参考了大量的国内外书刊及文献资料，在此对这些文献的作者表示谢意。由于水平所限，书中错误之处，恳切希望使用本教材的师生和读者提出批评和改进意见。

我国技术经济及管理学科的著名专家、浙江工业大学学术委员会主任吴添祖教授在百忙中为本书欣然作序，充分肯定了本书的应用价值和创新特色，在此表示衷心感谢。科学出版社的同志为本书的出版做了大量辛勤的工作，在此一并致谢！

编著者
2003年5月

目　录

序
前言

第一篇　经济学基础

第1章　需求、供给和消费者行为理论 ... 3
1.1　经济学的基本问题 ... 3
1.2　需求与供给 ... 4
1.3　消费者行为分析 ... 9
本章小结 ... 15
思考与练习 ... 15

第2章　生产、成本和厂商均衡理论 ... 16
2.1　生产理论 ... 16
2.2　成本理论 ... 21
2.3　市场结构与企业的产量、价格决策 ... 24
本章小结 ... 29
思考与练习 ... 30

第3章　国民收入及国民收入决定 ... 31
3.1　国民经济总量 ... 31
3.2　国民收入的流量循环 ... 33
3.3　国民收入决定 ... 36
本章小结 ... 42
思考与练习 ... 42

第4章　宏观经济政策 ... 44
4.1　财政政策 ... 44
4.2　货币政策 ... 47
本章小结 ... 54
思考与练习 ... 55

第二篇　管理学基础

第5章　管理与管理者 ... 59
5.1　管理的内涵 ... 59
5.2　管理者 ... 70
本章小结 ... 73

思考与练习 ………………………………………………………………………… 74
第6章　管理理论的形成和演进 …………………………………………………………… 75
　　6.1　管理理论的形成与发展 ………………………………………………………… 75
　　6.2　现代管理理论的进展 …………………………………………………………… 83
　　6.3　现代管理理论新进展与新思潮 ………………………………………………… 86
　　本章小结 ………………………………………………………………………………… 91
　　思考与练习 ……………………………………………………………………………… 92
第7章　管理的职能 ………………………………………………………………………… 94
　　7.1　决策 ……………………………………………………………………………… 94
　　7.2　计划 ……………………………………………………………………………… 97
　　7.3　组织 ……………………………………………………………………………… 103
　　7.4　领导 ……………………………………………………………………………… 109
　　7.5　控制 ……………………………………………………………………………… 115
　　本章小结 ………………………………………………………………………………… 118
　　思考与练习 ……………………………………………………………………………… 120

第三篇　现代企业管理

第8章　企业战略管理 ……………………………………………………………………… 123
　　8.1　企业战略与战略管理 …………………………………………………………… 123
　　8.2　企业的宗旨和目标 ……………………………………………………………… 125
　　8.3　企业外部环境分析 ……………………………………………………………… 127
　　8.4　企业内部环境分析 ……………………………………………………………… 131
　　8.5　企业发展战略 …………………………………………………………………… 136
　　8.6　企业竞争战略 …………………………………………………………………… 140
　　8.7　企业战略的实施与控制 ………………………………………………………… 141
　　本章小结 ………………………………………………………………………………… 146
　　思考与练习 ……………………………………………………………………………… 146
第9章　市场营销 …………………………………………………………………………… 148
　　9.1　市场与市场营销观念 …………………………………………………………… 148
　　9.2　市场购买行为 …………………………………………………………………… 150
　　9.3　目标市场选择与市场定位 ……………………………………………………… 153
　　9.4　产品策略 ………………………………………………………………………… 157
　　9.5　价格策略 ………………………………………………………………………… 161
　　9.6　销售渠道策略 …………………………………………………………………… 164
　　9.7　促销策略 ………………………………………………………………………… 166
　　9.8　电子商务与网络营销 …………………………………………………………… 171
　　本章小结 ………………………………………………………………………………… 173
　　思考与练习 ……………………………………………………………………………… 173

第10章 人力资源管理 … 175
10.1 人力资源管理概论 … 175
10.2 人力资源计划 … 176
10.3 职业计划与职业管理 … 177
10.4 劳动关系 … 181
10.5 绩效考评 … 185
10.6 企业奖酬制度 … 188
本章小结 … 193
思考与练习 … 194

第11章 技术创新管理 … 195
11.1 技术创新的地位和作用 … 195
11.2 技术创新的内涵、种类及形式 … 199
11.3 技术创新的战略选择 … 203
11.4 现代企业产品创新与工艺创新 … 207
11.5 现代企业技术创新的扩散机制 … 211
本章小结 … 214
思考与练习 … 215

第12章 生产与运作管理 … 216
12.1 生产运作管理概述 … 216
12.2 生产过程组织 … 220
12.3 生产计划和生产作业计划 … 227
12.4 现代生产运作管理的新方式 … 231
本章小结 … 237
思考与练习 … 238

第13章 质量管理与质量体系 … 239
13.1 质量和质量管理的概念 … 239
13.2 全面质量管理 … 243
13.3 工序统计质量管理 … 246
13.4 质量成本控制 … 250
13.5 质量认证 … 252
13.6 ISO 9000 系列标准与质量体系 … 256
本章小结 … 260
思考与练习 … 261

第14章 财务管理 … 262
14.1 财务管理概述 … 262
14.2 流动资产管理 … 266
14.3 固定资产和无形资产的管理 … 269
14.4 成本管理与成本控制 … 271

14.5 财务报告 ··· 277
14.6 财务分析 ··· 281
本章小结 ··· 285
思考与练习 ·· 285

第15章 投资项目经济评价 ··· 287
15.1 概述 ·· 287
15.2 资金的时间价值及其等值计算 ··· 289
15.3 经济效果评价的主要指标与方法 ·· 296
15.4 投资项目的经济评价 ··· 302
15.5 投资项目的可行性研究简介 ·· 307
本章小结 ··· 312
思考与练习 ·· 312

第16章 企业管理信息化 ··· 314
16.1 企业信息化与企业管理信息化 ··· 314
16.2 企业资源计划 ·· 320
16.3 客户关系管理 ·· 326
16.4 供应链管理 ··· 330
本章小结 ··· 336
思考与练习 ·· 337

参考文献 ··· 338

第一篇 经济学基础

第1章 需求、供给和消费者行为理论

按照1999年诺贝尔经济学奖获得者萨缪尔森给经济学所下的定义,经济学是研究人和社会如何做出最终抉择,在使用或不使用货币的情况下,使用可以有其他用途的稀缺性资源在现在或将来生产商品,并把商品分配给社会的各个成员或集团,以供消费之用。它主要分析改善资源配置形式所需的代价和可能得到的利益。本章主要从个体、个量角度介绍微观经济学基本问题及其所涉基本概念和方法。

1.1 经济学的基本问题

1.1.1 资源的稀缺性

人类的物质需要在本质上是无限的,而经济资源总量,现有可供利用的技术发明是有限的,因此可能提供的产品和劳务也是有限的。资源数量的有限性决定了社会产品的数量也只能是有限的,有限的资源不可能完全满足人类的无限欲望。在经济学中,这种资源的相对有限性被称为资源的稀缺性。

不稀缺的东西不属于经济学研究的对象,然而资源的相对稀缺性似乎是普遍存在的。例如,不少发展中国家人口很多,看上去似乎劳动力过剩,但相对于经济发展所真正需要的受过正规教育和训练的熟练劳动力,特别是管理人才却是短缺的。有些原来看上去好像并不稀缺的东西也会改变,如由于人口增加、环境破坏、气候变化等原因,人类已经不可能再像早期那样把水和空气,特别是洁净的水和空气作为不会穷尽而可以任意无偿取得的东西。直到30多年前,石油也曾一直被认为是廉价而充裕的能源形式,然而石油的消耗量与其蕴藏量的矛盾已经使其价格上涨了10倍;考虑到今后地球上石油资源即将逐步枯竭,石油价格显然还会继续提高。当然,稀缺性通过价格影响着市场上的供求关系,也影响着技术进步和可能的有关替代物品的生产。

由于资源是稀缺的,人们才需要研究社会应如何在各种可能的物品与服务的生产和消费之间进行选择,决定不同的物品如何生产和定价,或决定由谁最终消费社会所生产的物品。

1.1.2 生产可能性边界和机会成本

生产可能性边界又叫做生产可能性曲线,是指充分利用现有经济资源所能生产的最大限度的产品组合或集合。生产可能性边界既说明了生产的目标和限制条件,也说明了选择的机会和选择的成本。

如图1-1所示,在既定的资源下,按最大化假定,能达到的最大产量以边界为限。

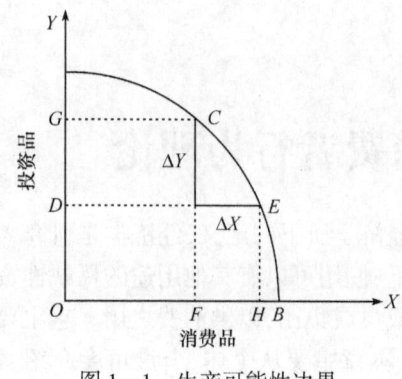

图1-1 生产可能性边界

生产可能性边界从原点向外凸出。社会要增加消费品的生产就必须减少投资品生产。减少的某种产品的数量 ΔY 与增加的另一种产品的数量 ΔX 之比称为边际转换率,简称 MRT。Y产品转换成X产品的边际转换率为

$$\mathrm{MRT}_{xy} = \Delta Y / \Delta X \quad (1-1)$$

边际转换率是生产可能性边界上点的斜率。它始终为负值,它的绝对值会随着X产品的增加而递增。这是因为,开始增加X的生产而减少Y的生产时,把更适合于X生产的资源移用于X产品的生产,会提高资源的效率,使减少较少的Y就能生产较多的X。但如果把资源越来越多地配置于X产品的生产,适合于X生产的资源会逐渐减少,而更适合于生产Y的资源也将转用于X生产,就会降低资源的效率。结果只能减少较多的Y才能增加较少的X,使Y产品转换为X产品的边际转换率递增。因而典型的曲线是从原点向外凸出的。

生产可能性边界也表明了选择的机会和选择成本。从图1-1中可以看出,在边界上的投资品和消费品的各种最大产出组合都是可以选择的,但又不可同时兼而得之。以C,E这两种配置方式比较,选择了C就必须放弃E,选择C的代价是少生产FH的消费品,所得则是多生产的DG的投资品。西方经济学把做出一种选择所放弃的另一最佳机会能获得的市场价值叫做选择成本或机会成本。生产可能性边界的斜率反映了机会成本。选择C所增加的资本品DG的机会成本就是所放弃的消费品FH的市场价值。反之,选择E所增加的消费品FH的机会成本是它所放弃的资本品DG的市场价值。

如果社会是在生产可能性边界之下生产,表明社会经济资源未被充分利用。在这种情况下,利用闲置的经济资源增加投资品生产的机会成本就为零。因为在这种情况下,投资品的增加并不以消费品的减少为代价。运用机会成本的概念对经济资源利用和配置的不同方式进行得失权衡、利益比较是很重要的。理性决策的意义是对各种可能的行为方式做出收益和成本组合的最优选择,因而必然存在机会成本问题。竞争条件下的成本必然牵涉到机会成本①。

1.2 需求与供给

1.2.1 需　求

1)需求的概念

一种商品需求是指消费者一定时期内在各种可能的价格下愿意而且能够购买的该商品的数量。根据定义,需求与一般的需要或者欲望不同。需求必须是指既有购买欲望又有购买能力的有效需求。

---

① 萨谬尔森.经济学(中译本),中册.北京:商务印书馆,1981.133

一定时期内一种商品的需求数量是由许多因素决定的。其中主要有该商品的价格、消费者收入水平、相关商品价格、消费者偏好和消费者对该商品的价格预期等。

一种商品一定时期内市场购买量可以看成是所有影响该商品需求数量的因素的函数。在这里,为了简化分析,假定其他条件保持不变,仅分析商品价格变化对该商品需求量的影响,于是,需求函数就可以表示为

$$Q_d = f(p) \tag{1-2}$$

式中,p 表示商品的价格;Q_d 表示商品的需求量。

根据需求函数,可以列表表示各种不同的价格及与之对应的需求量,这种表示某种商品的各种价格与各种价格相对应的该商品需求数量之间关系的数字序列表,称为该商品的需求表。同样,在平面直角坐标图上,根据需求函数,可以得出反映价格与需求量之间关系的一条曲线,称之为需求曲线。

需要强调的是,一个需求量是需求表的一项,需求函数的一个取值,需求曲线上的一个点,而需求则是价格与需求量之间的一种关系,可用需求表、需求函数或者需求曲线表示。

2) 需求法则

从现实生活中观察,我们不难发现在通常情况下,如果其他条件不变,则商品需求量与价格负相关,价格越高需求量越少,价格越低需求量越大。这就是需求法则。

需求法则表现在几何图形上,所得到的就是需求曲线,通常的需求曲线如图 1-2 所示。

任何需求曲线都有一个共同的规律,即它总是一条自左向右向下倾斜的曲线。这是因为需求量的变化有自己的规律:价格上涨,需求量减少;价格下降,需求量增加。价格下降使需求量增加的原因是:① 价格降低后,消费者可以用同样的钱买到比以前更多的东西,这意味着消费者实际收入的提高,因而使需求量有所增加。这是由于价格变化所产生的"收入效应"而引起的需求量的增加。② 价格降低后,人们会把对替代品的需求转移到这种商品上来,因而使这种商品的需求量增加,这是由于价格变化所产生的"替代效应"引起的。同样的道理,价格上涨,需求量就会减少①。

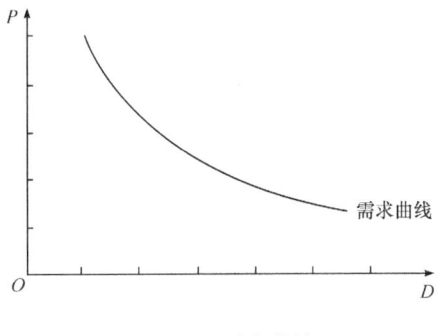

图 1-2 需求曲线

3) 需求的变动和需求量的变动

需求和需求量是两个不同的概念。需求要说明的是一种需求量与价格之间的关系。需求的变动便是指这种关系的变化,或者说需求曲线形状的变化或移动。事实上,从需求的变化中,我们得到的是一条新的需求曲线。收入、偏好和其他商品价格的变化都会导致所考察

---

① 价格变化与需求量变化的相互关系也有例外情形,经济学家最常引用的例外情形是"吉芬商品",即那种在其价格下降(上升)时需求量随之而减少(增加)的商品。详情请参看相关经济学书籍

商品需求的这种变化,而需求量是指在确定的需求关系状态下某一价格水平相对应的需求量。因此,需求量的变动是沿着给定的需求曲线进行的,即在同一需求曲线上由于价格的变动而引起的相应需求量的变动,如图1-3、图1-4所示。

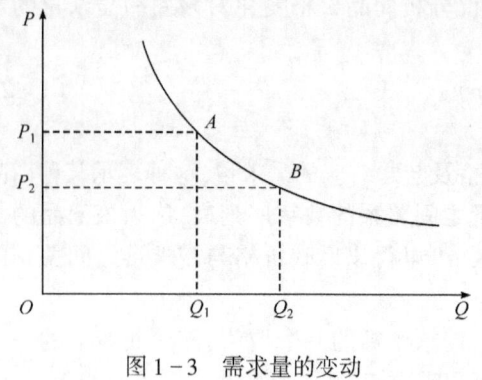

图1-3 需求量的变动

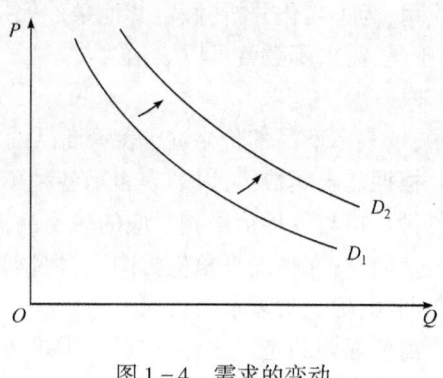

图1-4 需求的变动

1.2.2 供 给

在市场上,与需求相对应的是供给。供给就是在一定时期内生产者根据不同的价格愿意并且能够提供出售的某种商品的数量。

1) 供给函数

一定时期内生产者提供某种商品的数量是由许多因素决定的,其中主要有该种商品的价格、生产技术水平、其他商品价格、生产成本和对市场价格趋势的预期等,为了简化分析,通常都假设其他因素保持不变,只研究价格和供给量之间的关系,于是我们得到的供给函数就可表示为

$$Q_s = f(p) \tag{1-3}$$

式中,p 表示商品的价格;Q_s 表示商品的供给量。

此时,商品的供给量和价格之间的关系就显得非常具体。它表示:价格越高,供给量越大;价格越低,供给量越小。这就是"供给法则"。

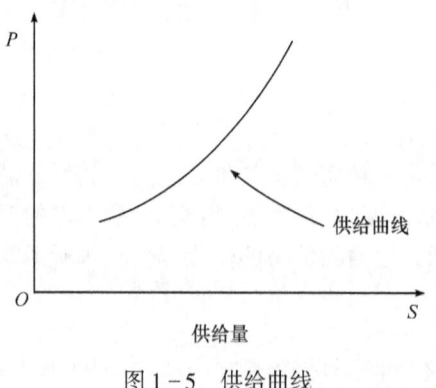

图1-5 供给曲线

2) 供给曲线

供给法则表示在几何图形上,就构成供给曲线,通常的供给曲线,如图1-5所示。

与讨论需求时一样,在这里也要注意区别供给量的变化和供给的变化。如果供给量的变动完全由价格的变动所引致的,则称为"供给量的变动"。此时,供给量的变动表现为沿着给定供给曲线的移动,如图1-6所示。

如果供给量的变动是由非价格因素引起的,此时

将引起供给曲线形状的变化或移动,形成一条新的供给曲线,如图1-7所示。例如,技术革新导致生产成本降低,从而导致供给的扩大,而在几何图上就表现为供给曲线的向右移位。在理论上,把这种供给曲线形状的变化和供给曲线的移位称之为供给的变动。

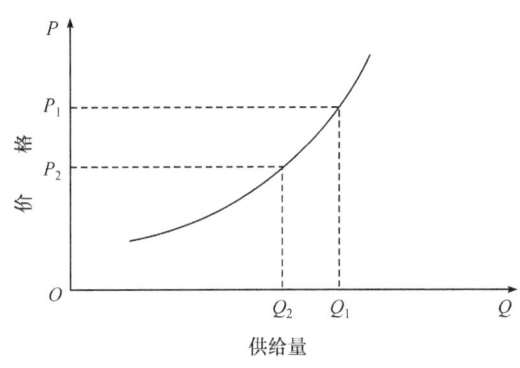

图1-6 供给量的变动

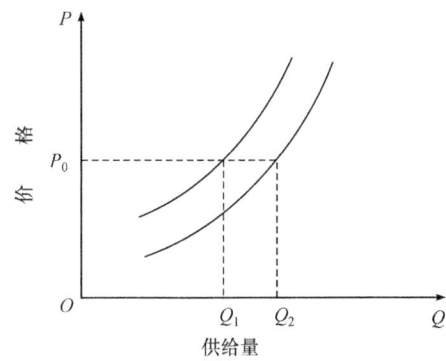

图1-7 供给的变动

1.2.3 市场均衡的性质

市场商品价格是由需求和供给这两种基本力量共同作用的结果。在微观经济学中,价格决定问题实质上也就是均衡价格的确定问题。所谓均衡价格就是指能够保持某种商品的需求量和供给量平衡时的价格。或者说,这种价格具有使供求双方走向平衡的趋势。价格使供求达到均衡状态的点称之为均衡点。在均衡点上,供给量等于需求量,相应的价格为均衡价格。对此,图1-8给予了清楚的说明。

在图1-8中,E为均衡点,P_e为均衡价格,Q_e为商品的均衡数量。

均衡价格的形成过程,我们可以结合图1-8来理解,如果价格高于P_e,需求量将小于供给量,导致供大于求,形成一种迫使市场价

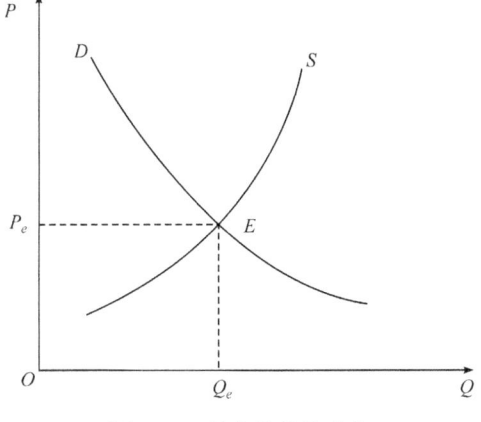

图1-8 均衡价格的确定

格下降的压力,进而使价格在市场竞争中趋于下降,并促使生产者将生产规模缩减下来。如果价格低于P_e,需求量将大于供给量,导致供不应求,形成一种推动市场价格上扬的动力,进而使价格在市场竞争中上升,并促使生产者增大生产规模。这样的变动直至市场价格达到P_e为止。此时买卖双方力量相等,除非需求曲线或供给曲线发生变动,否则没有一方力量能使价格变动。用"均衡"来表达这种稳定状态是很贴切的。这就是市场经济里通过价格来决定商品供求数量的基本机制。

1.2.4 需求弹性

需求弹性是测定某种商品或劳务的需求量对某种影响因素变化的反应程度的指标。用公式表示为

$$E = \frac{Q\text{变动百分比}}{X\text{变动百分比}} \tag{1-4}$$

式中,E 为需求弹性;Q 为需求量;X 为影响需求量的某因素。

影响需求量的因素很多,如产品价格、居民收入、相关产品的价格等。所以,需求弹性可以分为需求的价格弹性、需求的收入弹性,需求的交叉弹性等。

1) 需求的价格弹性

需求的价格弹性反映某种商品或劳务的需求量对价格变化的反应程度。其计算公式为

$$E_p = \frac{\Delta Q/Q}{\Delta P/P} = \frac{\Delta Q}{\Delta P} \cdot \frac{P}{Q} \tag{1-5}$$

假设需求函数是连续、可导的,则有

$$E_p = \frac{dQ}{dP} \cdot \frac{P}{Q} \tag{1-6}$$

根据需求法则,需求量与价格负相关,因此一般地需求弹性为负值。不过,经济学家却常常把负号略去,而把需求价格弹性表示为正值。通常人们在谈到价格弹性大小时,总是指其绝对值的大小。

当 $E_p = 0$ 时,称需求完全无弹性;当 $0 < |E_p| < 1$ 时,称需求缺乏弹性;当 $|E_p| = 1$ 时,称需求为单元弹性;当 $1 < |E_p| < \infty$ 时,称需求富有弹性;当 $|E_p| = \infty$ 时,称需求有完全弹性。

价格弹性可以帮助我们分析价格变化和销售收入变化之间的关系。销售收入为 R,价格为 P,销售量为 Q,则有

$$R = P \cdot Q \tag{1-7}$$

进而有

$$\hat{R} = \hat{P} + \hat{Q} \text{(^表示变化率)} \tag{1-8}$$

结合 $E_p = \hat{Q}/\hat{P}$ 不难得出表 1-1 的结论

表 1-1 需求价格弹性与价格变化和销售收入变化的关系

价格变化	富有弹性需求 $|E_p|>1$	单元弹性需求 $|E_p|=1$	缺乏弹性需求 $|E_p|<1$
p 上升	销售收入下降	销售收入不变	销售收入上升
p 下降	销售收入上升	销售收入不变	销售收入下降

表 1-1 说明,通常人们认为要增加销售收入就只有提高价格的想法是不正确的,在一定条件下,降低价格,即采取薄利多销,也能增加销售收入。在这里,一定条件即指当 $|E_p| > 1$ 时。

2) 需求的收入弹性

需求的收入弹性则是用来测定在消费者收入水平变化时某种商品或劳务需求量反应的敏感程度。其计算公式为

$$E_I = \frac{\Delta Q/Q}{\Delta I/I} = \frac{\Delta Q}{\Delta I} \cdot \frac{I}{Q} \tag{1-9}$$

或

$$E_I = \frac{\mathrm{d}Q}{\mathrm{d}I} \cdot \frac{I}{Q} \tag{1-10}$$

式中,I 表示收入。

计算出来的收入弹性一般为正值,这是基于人们收入提高以后会增加对商品购买的假定。在经济学中,收入弹性为负值的商品称之为"劣等物品",收入弹性为正值的商品称之为"正常物品"。一般说来,生活必需品的收入弹性较小,奢侈品的收入弹性较大。

3) 需求的交叉弹性

需求的交叉弹性反映一种商品的需求量对另一种商品价格变化的反应程度。设有两种产品 x 和 y,其计算公式为

$$E_{px} = \frac{\Delta Q_y/Q_y}{\Delta P_x/P_x} = \frac{\Delta Q_y}{\Delta P_x} \cdot \frac{P_x}{Q_y} \tag{1-11}$$

或

$$E_{px} = \frac{\mathrm{d}Q_y}{\mathrm{d}P_x} \cdot \frac{P_x}{Q_y} \tag{1-12}$$

式中,E_{px} 表示为 y 产品的交叉弹性。

交叉弹性可以是正值,也可以是负值。当 $E_{px}>0$ 时,则说明 x 与 y 是替代品,如牛肉与猪肉。当 $E_{px}<0$ 时,则说明 x 与 y 是互补品,如汽车与汽油、信封与邮票等。如果 $E_{px}=0$,则说明这两种商品属于独立品。

因此,交叉弹性的符号可以明确地表明两种商品属于什么关系,其取值则说明这种关系的强弱程度。

1.3 消费者行为分析

1.3.1 消费者的效用

1) 效用的定义

消费者行为核心是消费,而任何消费方式或消费行为都是为追求最大效用。效用是商品或劳务所具有的、满足消费者欲望的能力或者说是消费者在消费商品或劳务时所感受到的满足程度。它取决于两种因素:一是由商品的自然属性所决定的商品的可用性满足人们某种需要的能力;二是人们在消费商品时对满足需要程度的主观感受,如面包可以饱腹,衣服可以御寒。一个面包对饿汉来说,具有很大的效用,而同样一个面包对一个已经吃得很饱

了的人来说几乎没有用处。在经济学中,对效用的分析更偏重于主观感受的一面,而效用的大小,在相当程度上,又是因人而异、因时而异。

如何衡量商品效用的大小呢?在经济学有两种理论:一种是认为可以用某种效用单位来计量效用的基数效用论;另一种是认为效用不能计量,只能从不同效用大小序列中进行比较分析的序数效用论。

2) 总效用和边际效用

基数效用论假设效用可以用基数来度量的,因而对效用的数值赋予了非常重要的意义。在这种理论中,效用函数表示效用的大小是商品消费量的函数。其中,总效用和边际效用是非常重要的两个概念。

总效用(TU)是指消费者在一定时间内消费一定数量的商品或劳务所获得的总满足程度。边际效用(MU)是指在一定时间内消费者增加一个单位商品或劳务的消费所得到的新增加的效用。假定消费者消费一种商品的数量为 Q,则总效用函数与边际效用函数分别为

$$TU = F(Q) \tag{1-13}$$

$$MU = \Delta TU(Q)/\Delta Q \tag{1-14}$$

或

$$MU = \frac{dTU(Q)}{dQ} \tag{1-15}$$

从对现实生活的体验可以发觉:在一定时间内,在其他商品的消费数量不变的条件下,随着消费者对某种商品消费量的增加,他从该商品连续增加的每一消费单位中所得到的效用增量即边际效用是递减的。这种规律叫边际效用递减规律。例如,一个人在很饥饿的时候,吃第一个面包给他带来的效用是很大的,随着这个人所吃面包数量的连续增加,每多吃一个面包带给他的新增效用是递减的,当他吃饱的时候,若还继续吃面包,就会感到不适甚至生病,这就意味着面包的边际效用已降为负值,总效用也开始下降。

不过,"边际效用递减规律"也有少数的例外情形。以一个集邮者为例,他的满足是随着一套邮票的收集越来越齐全而增加的,越接近齐全,他获得的边际效用就会越大。

3) 消费者偏好

所谓"偏好"就是消费者根据自己的意愿对可供消费的商品组合进行排序,它反映的是消费者个人的兴趣嗜好。

我们说消费者在所有可能的消费品组合的集合上有自己的偏好:第一,假定消费者对任何两组消费品,能够根据自己的爱好判断哪一组更好,或者判断两组没有差异,即假定消费者偏好的完备性。第二,假定这种判断应当是一贯的,在一个场合判定 A 好于 B,就不能在其他场合认定 B 好于 A 或 A 与 B 无差异,即假定消费者偏好的一致性。第三,假定这种判断应当是可传递的,即若判定 A 好于 B,B 好于 C,那么必判定 A 好于 C。第四,假定消费者对每一种商品都处于饱和状态之前,它对数量多的商品组合的偏好永远强于对数量少的商品组合的偏好,即消费者欲望的无限性。

4) 无差异曲线

序数效用理论认为商品的效用是无法具体衡量的,商品的效用只能用顺序或等级来表示。他们用消费者偏好概念取代基数效用论者关于效用的大小可以用"效用单位"表示的说法。他们认为,消费者对不同的商品组合的偏好程度是有差别的,这种差别决定了不同商品组合的效用大小顺序。从消费者偏好分析出发,我们能进一步得到无差异曲线。无差异曲线是表示多种商品的不同数量组合给消费者所带来的效用完全相同的曲线,同一条无差异曲线上所有点都表示相同的满足程度,或者说都表示相同的效用水平。

为了便于运用图形来进行分析,假设消费者只有两种可供消费的物品 x 和 y。他的满足度是这两种商品消费数量的函数

$$U = f(x,y) \tag{1-16}$$

而且

$$\frac{\partial u}{\partial x} > 0, \frac{\partial u}{\partial y} > 0 \tag{1-17}$$

对于给定的满足度 U_1,式(1-16)变为

$$U_1 = f(x,y) \tag{1-18}$$

式中,U_1 是常数。式(1-18)将为 (x,y) 的无数种组合所满足。设想 x 代表面包,y 代表水果,消费者从 4 个单位的面包和 3 个单位的水果中获得既定的满足水平 U_1。同时他又认为,2 个单位的面包和 6 个单位的水果同样能达到 U_1 的满足水平,这时(4 个单位面包,3 个单位水果)和(2 个单位面包,6 个单位水果),这两种商品组合对他来说无差异。一条无差异曲线上的任何一点所代表的 x 和 y 的数量组合给某个消费者带来的满足程度是相同的,或者说实现了同样的效用水平。因此,消费者无差异曲线,又称等效用曲线。通常的无差异曲线如图 1-9 所示。

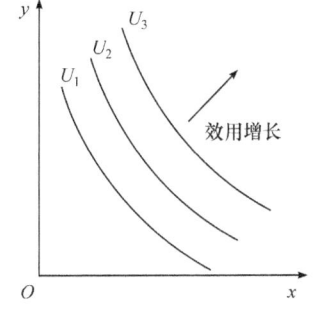

图 1-9 无差异曲线

无差异曲线具有以下特点:第一,无差异曲线向右下方倾斜。第二,任何两条无差异曲线不会相交。第三,无差异曲线凸向原点。第四,无差异曲线是一个曲线族,离原点越远的无差异曲线,代表越高的满足度或效用水平(见图 1-9)。前两点可以由偏好的单调性、可传递性或一贯性推出。第四点也可由消费者偏好的欲望无限性而得知,而第三点不能从消费者偏好的假设得出来,它反映的是边际效用递减规律。在下面,我们将通过边际替代率的讨论来说明这一点。

5) 边际替代率

同一条无差异曲线上的任一点都代表着同样效用水平的一种商品组合。当从无差异曲线上的一点移到另一点时(如从 A 点移到 B 点),满足程度不变,但一种商品的数量会增加,同时另一种商品的数量会减少。这种相互替代的比率是用边际替代率来表达的,参见图 1-10。

边际替代率是消费者在保持相同的满足程度时,增加一种商品的数量与必须放弃的另

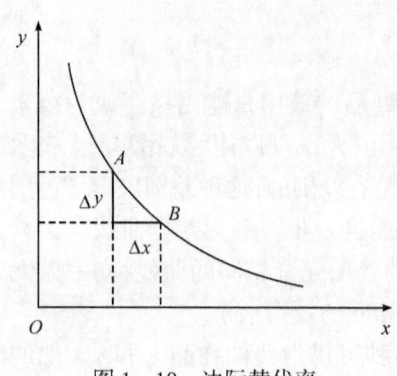

图 1-10 边际替代率

一种商品数量之间的比率。以数学符号表示

$$\mathrm{MRS}_{xy} = \frac{\Delta y}{\Delta x} \qquad (1-19)$$

或

$$\mathrm{MRS}_{xy} = \frac{\mathrm{d}y}{\mathrm{d}x} \qquad (1-20)$$

式中，MRS_{xy} 表示 x 对 y 的边际替代率。

从图 1-10 上看，无差异曲线的任一点的边际替代率，正是该点上无差异曲线切线的斜率。

边际替代率取值为负，这表示：要保证同样水平的效用，增加一种商品的数量必然要减少另一种商品的数量，但它的绝对值不断降低。如果从左上方向右下方沿着无差异曲线移动，x 商品的数量不断增加，随之商品的边际效用不断下降，y 商品的数量不断减少，随之 y 商品的边际效用不断上升。在现实中，表现为消费者要保持满足程度不变，随着 x 的消费量增加和 y 消费量减少，消费者为得到一个单位的 x 的而愿意放弃的 y 商品的数量将越来越少。这种沿着一条无差异曲线，x 对 y 的边际替代率随着 x 的增加而减少的规律，经济学中称为边际替代率递减规律。这实质上就是典型的无差异曲线凸向原点的根本原因。

当然，由于商品的性质不同，或者偏好具有特殊的形式，无差异曲线也会呈现特殊形状。例如，当 x 和 y 是完全替代品时，它们之间的边际替代率为常数。此时无差异曲线为一条直线。当两种商品 x 和 y 是完全互补品时（即始终以固定的比例一起消费商品），无差异曲线为一直角线。参见图 1-11 和图 1-12。

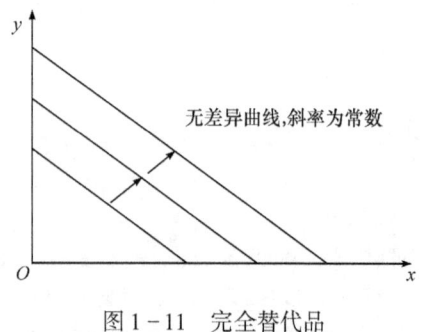

图 1-11 完全替代品

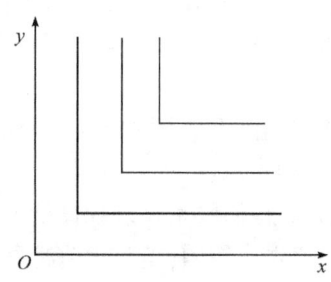

图 1-12 完全互补品

需要指出的是，对消费者偏好的分析中，基数效用分析和序数效用分析都是可以使用的。在图 1-10 中，当无差异曲线上的 A 点移到 B 点时，消费者的满足程度保持不变，因此由于 y 商品的减少而降低的效用 $\Delta y \cdot \mathrm{MU}_y$ 必定等于由于 x 商品的增加而上升的效用 $\Delta x \cdot \mathrm{MU}_x$，因而有

$$\frac{\Delta y}{\Delta x} = -\frac{\mathrm{MU}_x}{\mathrm{MU}_y} \qquad (1-21)$$

即

$$\Delta y \cdot \mathrm{MU}_y + \Delta x \cdot \mathrm{MU}_x = 0 \qquad (1-22)$$

也就是说,边际替代率 MRS_{xy} 就等于这两种商品的边际效用比值的负值。可见,可以根据效用函数算出边际替代率。

1.3.2 消费者预算线

无差异曲线表示消费者对商品组合的主观评价,但并未说明他是否有能力购买各种商品组合。消费者的主观愿望要受到他的客观购买能力的约束。

为了分析方便,假设某消费者只有两种商品可供选择,且知道这两种商品的价格分别为 P_x 和 P_y,他可供支配的收入总额为 M。那么他消费这两种商品的数量 x 和 y 必须满足如下预算约束条件,即

$$P_x \cdot x + P_y \cdot y \leqslant M \qquad (1-23)$$

我们称满足预算约束的所有商品 x 和 y 的数量组合为预算集合或选择集合。直线 $P_x \cdot x + P_y \cdot y = M$ 叫做预算线(图 1-13)。

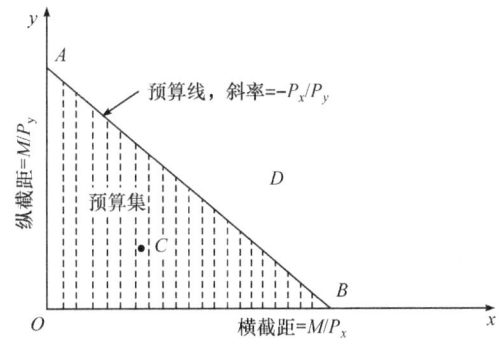

图 1-13 预算线和预算集合

当收入 M 变动或者价格 P_x,P_y 变动时,预算线会发生移动或旋转。预算线的变动可归纳为以下情况。

(1) 当 P_x,P_y 不变,M 发生变化时,预算线会发生平行移动。当 M 增加时,预算线移至 $A'B'$;当 M 减少时,预算线移至 $A''B''$。如图 1-14(a)。

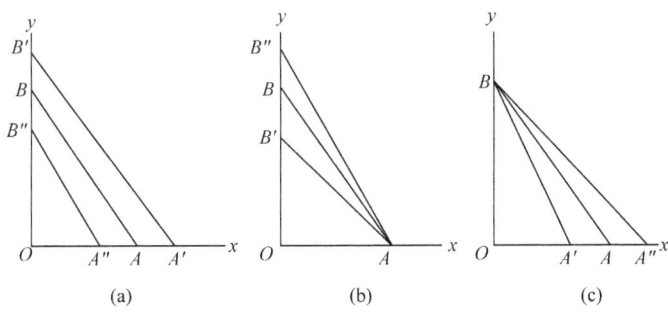

图 1-14 预算线的变动

(2) 当 M 不变,P_x,P_y 同比例上升或下降时,意味着消费者实际购买能力的下降或上升,预算线也会发生平行移动。如图 1-14(a)。

(3) 当 M,P_x 不变,P_y 变化时,预算线将以 A 点为支点发生旋转。如图 1-14(b)。

(4) M,P_y 不变,P_x 变化时,预算线将以 B 点为支点发生旋转。如图 1-14(c)。

(5) 当 M,P_x,P_y 同比例变化时,则预算线保持不变。

1.3.3 消费者均衡

在价格和收入确定的条件下,消费者所能最大程度购买商品的所有各种可能的数量组合表现为一条预算线,而消费者为达到同样满足程度或效用水平的各种商品的数量组合则表现为一条无差异曲线,不同的效用水平有不同的无差异曲线。因此,一条既定的预算线可能同很多条无差异曲线相交,但只能同某一线无差异曲线相切。不难证明,预算线同无差异曲线相切的切点上的商品数量组合,一定是消费者在预算约束条件下所能实现最大效用的数量组合。该切点称为"消费者均衡点"。

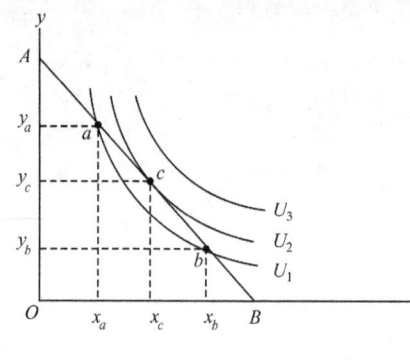

图 1-15 消费者均衡图

如图 1-15 所示,AB 线为预算线,U_1,U_2,U_3 为不同水平的无差异曲线,AB 线与无差异曲线 U_2 相切于 c 点,与 U_1 相交于 a 和 b 点,与 U_3 既不相切也不相交。AB 线与 U_3 既不相切也不相交,说明消费者在既定的收入和价格条件下无法实现 U_3 效用水平。AB 线与 U_1 相交于 a 和 b 点,说明消费者可以购买 $x_a y_a$ 和 $x_b y_b$ 数量组合的商品,但是,无差异曲线 U_1 的效用水平低于无差异曲线 U_2,a 点或 b 点表示的商品数量组合不会给消费者带来最大满足。因此,理性的消费者不会用全部收入去购买无差异曲线 U_1 上 a,b 点的商品组合。即使是在 U_2 上,由于 c 点之外各点也都在 AB 线之外,无法实现,所以只有在 c 点上才能实现消费者均衡。

可见,消费者均衡的条件是预算线同无差异线相切,在这一切点上,无差异曲线的边际替代率等于预算线的斜率,其公式为

$$\mathrm{MTS}_{xy} = \frac{\Delta y}{\Delta x} = -\frac{P_x}{P_y} \tag{1-24}$$

由前述边际效用比率公式和(1-24)式,可求得

$$\frac{\Delta y}{\Delta x} = -\frac{\mathrm{MU}_x}{\mathrm{MU}_y} = -\frac{P_x}{P_y} \tag{1-25}$$

或

$$\frac{\mathrm{MU}_x}{P_x} = \frac{\mathrm{MU}_y}{P_y} \tag{1-26}$$

上式说明,用于购买每一种商品的最后 1 元钱所提供的边际效用相等是消费者均衡的条件。这一公式还可以推广到消费者购买多种商品时的均衡条件,当消费者购买多种商品 x_1,x_2,x_3,$\cdots$,x_n 时的均衡条件为

$$\frac{\mathrm{MU}_{x_1}}{P_{x_1}} = \frac{\mathrm{MU}_{x_2}}{P_{x_2}} = \frac{\mathrm{MU}_{x_3}}{P_{x_3}} = \cdots = \frac{\mathrm{MU}_{x_n}}{P_{x_n}} \tag{1-27}$$

本 章 小 结

微观经济学的基本问题是市场机制如何解决生产什么、如何生产和为谁生产的问题。在这一种简单的模型中,基本的决策单位是厂商和家庭。

供给和需求是市场上两个基本力量,正是他们的相互作用决定着价格。在市场经济中,供给曲线和需求曲线客观存在,可以被用来解释许多经济现象。经济主体(家庭和厂商)主要通过供求关系而被联系在一起,供求关系对各个经济主体的行动起着重要作用,是市场行为最基本的机制。也只有竞争性的供求关系存在,使市场趋于均衡。在均衡点上的价格,才是一种市场稳定的价格。

效用是商品或服务满足人们需要的能力。在效用理论中存在着基数效用理论和序数效用理论两种。基数效用理论认为,在消费者对某物品的需要达到饱和之前,随着该种商品消费者的增加,总效用不断增加而边际效用却会递减。序数效用理论用偏好和无差异曲线来描述消费者的满足程度。保持满足程度不变时,一单位某种商品能够替代的其他商品的数量叫做这种商品对其他商品的边际替代率。边际替代率随这种消费商品的数量的增加而递减。用基数效用理论和序数效用理论都能得出同样的消费者均衡条件,这就是,消费者在每一商品上所花的最后 1 元钱所购得的边际效用应该相等。

思考与练习

1. 基本概念

资源的稀缺性　机会成本　生产可能性边界　需求　供给　需求的变动和需求量的变动　供给的变动和供给量的变动　效用　偏好　无差异曲线　边际替代率　消费者均衡

2. 计算题

(1) 某市场需求曲线为 $Q=-2P+10$,供给曲线为 $Q=2P-2$。
① 画出需求曲线和供给曲线,计算均衡价格和均衡产量。
② 求出均衡点的需求价格弹性。
③ 政府若通过向厂家按产量征收产品税(造成供给曲线向上平移)的方法把需求量限制在 3 个单位,每单位产量应当征收多少税?

(2) 只有两种消费品 x 和 y,某消费者的效用函数为 $U=\sqrt{xy}$。如果已知他可支配收入为 1000, y 的价格为 10,求出他对 x 的需求曲线。当 x 的价格为 25 时, x 和 y 的需求量各为多少?

3. 讨论题

价格弹性与销售收入之间存在什么关系?这一关系对于企业的价格决策有什么意义?请举例说明。

第 2 章 生产、成本和厂商均衡理论

经济学最基本的假设是关于"经济人"或个人决策行为理性的假设,这一假设也被称作利益原则,即承认利益是一切经济活动的基本动力,厂商作为理性的生产者,希望少投入多产出,以求最大化的利润。而厂商利润最大化目的实现,既是一个技术问题,也是一个经济问题。本章首先从纯技术的角度研究生产过程中生产要素投入量与产品产出量之间的关系,提出生产者在既定的成本下实现产量最大或在产量既定下实现成本最小的均衡原则。其次,引入经济学的成本、利润等概念,并通过揭示成本与利润之间的经济关系,提出生产者实现利润最大化的均衡原则。最后,我们将把生产者的行为和消费者的需求结合起来,进一步研究他们之间的交易行为在不同市场结构下怎样共同决定产品的市场价格和产量,以实现生产者利润最大化。

2.1 生产理论

2.1.1 生产函数概念

生产任何一种商品,都要投入劳动和各种生产资料,我们称这些生产过程中所必须投入的经济资源为生产要素。在经济学中,生产要素一般被划分为劳动、土地、资本和企业家才能。

生产过程中生产要素的投入量和产品产出量之间的关系,可以用生产函数来表示。生产函数表示在一定时期内、一定的生产技术条件下,生产中所使用的各种生产要素的数量与所能生产的最大产量之间的关系,以 L,K,N,E 分别代表劳动、资本、土地和企业家才能的投入量,Q 代表所能生产的最大产量,则生产函数的一般形式为

$$Q = f(L,K,N,E) \qquad (2-1)$$

为了叙述简单,我们考虑一种简单的生产过程,厂商只利用两种生产要素,劳动和资本。这样,生产函数就可以简化为

$$Q = f(L,K) \qquad (2-2)$$

它表明,要生产出既定的产量水平,厂商可以运用 L 和 K 的许多种不同数量组合。假定这一函数是连续的,那么可能的组合是无限的。

为了方便起见,经济学家根据生产要素调整变动的可能性把生产函数划分为短期和长期两种情形;在短期内至少一种生产要素的使用量必须是固定不变的,产量的变化完全是可变要素的投入量变化的结果;在长期中,所有的投入要素都是可以变动的。下面,首先讨论一种投入要素为变量,其他要素为常量的情况。

2.1.2 只有一种投入要素可变的生产函数

在生产函数 $Q=f(L,K)$ 中,假定资本投入量是固定的,用 $\bar{K}$ 表示,劳动投入量是可变的,用 L 表示,则生产函数可以写成

$$Q = f(L,\bar{K}) \qquad (2-3)$$

根据这一生产函数,我们不难理解,此时总产量的变化只取决于劳动要素投入量 L,随着劳动量的连续变化,会引起总产量、平均产量和边际产量的变动。

1) 总产量、平均产量和边际产量

总产量,记为 TP_L

$$TP_L = Q = f(L,\bar{K}) \qquad (2-4)$$

平均产量,记为 AP_L

$$AP_L = TP_L/L \qquad (2-5)$$

边际产量,记为 MP_L

$$MP_L = dQ/dL \qquad (2-6)$$

MP_L 理解为当其他要素不变时,每一新增单位 L 投入所引起的总产量变化值。

考察只有 L 的投入量变化时,上述三个产量函数的变化情形。如果劳动是生产中不可缺少的生产要素,则当 $L=0$ 时,$TP_L=0$。随着 L 的增加,TP_L 的增加速度逐渐加快。设想一下,在一既定生产设施的生产车间里,当一个工人跑前跑后做所有的工种时,产量很小,而再增加一个工人时,两个人可能分工协作,产生 1+1>2 的效应,然后三个、四个……工人数在越来越接近最必要的分工需要时,产量增加得越来越快。工人数超过必要分工需要量后再增加工人数也许还能增加产量(如多余工人为一线工人做些辅助、服务工作,而使一线工人劳动效率有所提高),但由于设施、车间面积固定不变,这些新增工人的工作对总产量的贡献将十分有限,因而产量的增加速度将趋于缓慢。若再进一步增加工人,将出现随着工人数量的增加,总产量不仅不再增加,反而下降的现象。比如由于车间内工人过多,造成过分拥挤而影响工人操作,影响在制品的传输等。

图 2-1 描述了 TP_L、AP_L 和 MP_L 随投入要素 L 增加而变化的这种常见模式。如果把产量的变动划分为三个区域,便可以很清楚地看出三个产量函数

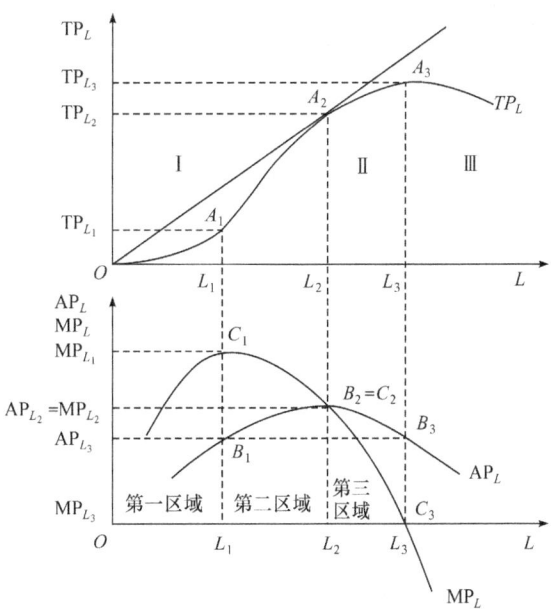

图 2-1 总产量、平均产量和边际产量的关系

变化的轨迹和三者之间的关系。在第一区域内,边际产量上升,总产量以递增的速率在增加;在第二区域和第三区域内,边际产量下降,总产量以递减的速率增加。当边际产量达到零值点 C_3 时,总产量达到最大值,之后边际量为负时,总产量绝对减少。至于平均产量与边际产量的关系,其特征表现为只要边际产量大于平均产量,平均产量必然是增加的;相反地,只要边际产量小于平均产量,平均产量肯定是下降的。因此,也就必然有一点,即边际产量等于平均产量时,平均产量达到最大值。

在数学上,AP_L 是总产量除以可变生产要素投入量的商,在坐标图上反映总产量曲线上相应各点与原点连线的斜率,MP_L 是总量对可变生产要求一阶导数,在坐标图上反映为总产量曲线上相应各点切线的斜率。理解了 AP_L,MP_L 的数学含义和几何意义,更有助于我们把握 TP_L,AP_L 和 MP_L 三者的关系。

边际产量 MP_L 是说明产量变化的一个非常重要的概念。经济学家据此提出所谓"边际报酬递减规律",其基本含义是:在技术水平和其他投入保持不变的条件下,连续追加一种生产要素的投入量,总是存在一个临界点,超过这一点之后,边际产量将出现递减的趋势,直到出现负值。实际上,这一规律并不是数学推导得出的,而是一种经验概括,是大多数生产过程所具有的共同特征。

2) 生产的三个阶段

在确定一种生产要素的合理投入量时,我们根据可变要素的总产量曲线、平均产量曲线和边际产量曲线之间的关系,将生产分为三个阶段(见图 2-1 中第Ⅰ、第Ⅱ、第Ⅲ阶段)。

企业投入的 L 应当处于哪个阶段呢?任何企业显然不会在第Ⅲ阶段进行生产,因为减少劳动量的投入反而会使总产量上升。企业不应当在Ⅰ阶段生产,因为平均产量上升意味着生产要素的生产率上升,增加劳动投入量使得单位产出耗用的生产要素减少,生产更有效。在第Ⅱ阶段,L 从 L_2 增加到 L_3,平均产量呈下降趋势,意味着劳动要素的生产率下降了,但是总产量呈上升趋势,又意味着除劳动要素以外的其他固定要素的生产率提高了。因此我们可以判定劳动的合理投入量必定处于第Ⅱ阶段,但究竟处于哪一点最好,还要看生产要素的价格和产品市场售价等各种因素。

2.1.3 边际技术替代率

在对消费者行为的研究中,我们很重视不同消费品对消费者效用的替代关系。在这里也同样,从生产函数 $Q=f(L,K)$ 中,我们发现一定的产出量 Q,可由多种组合的 K,L 投入量来实现。如在办公室完成同样的业务量,可用一台电脑替换两名工作人员,也可反过来,增加两个人而减少一台电脑。要素之间的替代比率,是生产者决策的重要依据之一。

在第 1 章中,我们利用无差异曲线(等效用曲线)、边际替代率和预算约束线等概念阐述了消费者均衡条件。在这里,我们将类似地采用等产量曲线、边际技术替代率和成本约束线等概念来提出生产者均衡条件。

等产量曲线表示在技术水平不变的条件下,生产同一产量的两种相互替代的可变生产要素投入量的各种不同组合的轨迹。同无差异曲线类似:等产量曲线的斜率为负;任何两条等产量曲线不相交;离原点越远表示越高的产量水平。如图 2-2 所示,$Q_1 > Q_0$。

边际技术替代率用来测量在维持产出水平不变的条件下,增加一单位的某种要素投入所能够减少的另一种要素投入量。我们把要素 L 对 K 的边际技术替代率简记 MRTS_{LK}。则有

$$\mathrm{MRTS}_{LK} = \frac{\Delta K}{\Delta L} \quad (2-7)$$

或

$$\mathrm{MRTS}_{LK} = \frac{\mathrm{d}K}{\mathrm{d}L} \quad (2-8)$$

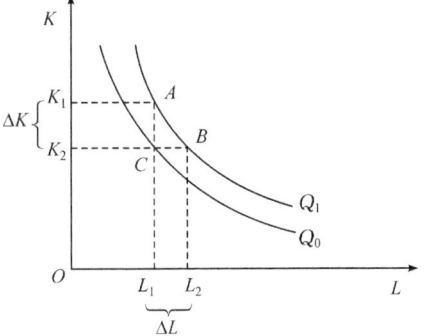

图 2-2 等产量曲线与边际技术替代率

由此可见,等产量曲线上某一点的边际技术替代率就是等产量曲线的该点切线之斜率,见图 2-2。从图 2-2 中我们还可看出,由于从点 A 移到点 B 总产量保持不变,因而有

$$\mathrm{MP}_L \cdot \Delta L + \mathrm{MP}_K \cdot \Delta K = 0 \quad (2-9)$$

即

$$\frac{\Delta K}{\Delta L} = -\frac{\mathrm{MP}_L}{\mathrm{MP}_K} \quad (2-10)$$

这样,边际技术替代率还可以表示为两种要素的边际产量之比的负值,即

$$\mathrm{MRTS}_{LK} = -\frac{\mathrm{MP}_L}{\mathrm{MP}_K} \quad (2-11)$$

在维持产量不变(即在同一条等产量曲线上)的前提下,当一种生产要素的投入量不断增加时,每一单位的这种生产要素所能替代的另一种生产要素的数量是递减的。这一现象被称为边际技术替代率递减规律。

2.1.4 生产者均衡

等产量曲线说明,可以有多种不同的要素投入组合来实现既定的产品产出。从生产技术角度看,这些不同的要素组合都是生产有效的组合,无优劣之分;但要考虑生产成本,这些不同的投入组合就会产生不同的情况了。企业要想有最大利润,当然应选择成本最小的要素组合。如果企业使用了对于既定产量而言成本最小的要素组合,或者对于它既定的成本而言产量最大的要素组合,则称它达到了生产者均衡。

假定生产要素 L 和 K 的价格分别为 P_K 和 P_L,那么,对任何一给定的总成本 C 来说,则有

$$C = P_L \cdot L + P_K \cdot K \quad (2-12)$$

这一方程反映在坐标图上就表现为等成本线。等成本线代表所有总成本相等的生产要素 K 和 L 的可能组合。在要素价格不变时,对应于不同总成本的等成本线是一簇平行线,离原点较远的等成本线,表示较高的总成本水平。如图 2-3 所示。

至此,我们已经有了表示不同产量的一簇等产量曲线和表示不同总成本水平的一簇等

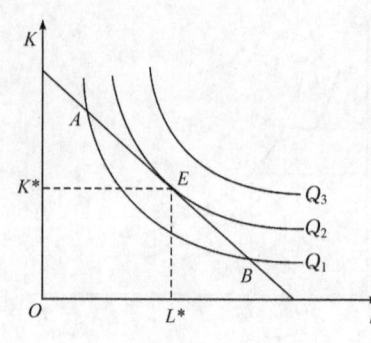

图 2-3 厂商的最佳要素组合

成本线,生产者均衡是这样确定的:

对于一条既定的总成本线,找到它相切的一条等产量曲线,切点表示的要素组合就是最大产量的要素组合;或者,对于一条既定的等产量曲线,找到一条与它相切的等成本线,切点所表示的要素组合就是最小成本的要素组合。

生产者均衡点只能在等产量曲线与等成本线的切点处达到,所以生产者均衡必须满足条件

$$\mathrm{MRTS}_{LK} = -\frac{P_L}{P_K} \quad (2-13)$$

或

$$\mathrm{MP}_L/P_L = \frac{\mathrm{MP}_K}{P_K} \quad (2-14)$$

一般地,在有多种投入要素 $x_1, x_2, \cdots x_n$ 结合起来生产一种产品时,它们的边际产量分别为 $MP_{x_1}, MP_{x_2}, \cdots, MP_{x_n}$,要素的价格分别为 $P_{x_1}, P_{x_2}, \cdots, P_{x_n}$。那么,只有当

$$\frac{MP_{x_1}}{P_{x_1}} = \frac{MP_{x_2}}{P_{x_2}} = \cdots = \frac{MP_{x_n}}{P_{x_n}} \quad (2-15)$$

时,各种投入要素之间的组合比例为最优。

2.1.5 扩展线与规模收益

扩展线是在技术不变和生产要素价格不变的条件下,生产者或厂商扩大生产规模的路径,在几何上表现为所有等产量曲线和等成本线切点的连线。在所有这些点上,边际技术替代率的绝对值与要素价格之比的值相等。

企业要得到最大利润,当然只能在扩展线上选择投入的量。那么在扩展线上应当选择哪一点呢?这实际上是问企业应当选多大的生产规模。在扩展线上任一点,用这一点处的成本除以产量,就得到了平均成本。不同的规模有不同的平均成本,这是追求利润最大化的企业选择生产规模时的基本依据。如图 2-4 所示。

在生产理论中,通常是以全部的生产要素都以相同的比例发生变化来定义企业生产规模的变化。所以规模收益变化是指在其他条件不变的情况下,企业内部各种生产要素按相同比例变化时所带来的产量变化。企业的规模收益变化可分以下三种情况。

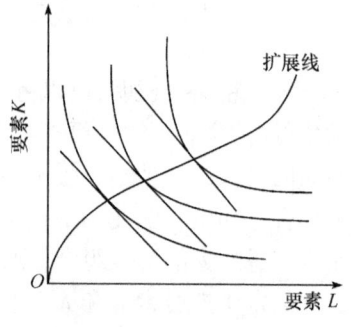

图 2-4 扩展线

(1) 规模收益递增。此时,产量增加的比例大于各种生产要素增加的比例。

(2) 规模收益不变。此时,产量增加的比例等于各种生产要素增加的比例。

(3) 规模收益递减。此时,产量增加的比例小于各种生产要素增加的比例。

2.2 成 本 理 论

生产者均衡和扩展线等内容不过是说明生产者可以用最小成本生产既定产量,或者用既定成本生产最大产量,但并没有完整地说明这种产量就是利润最大化的产量,甚至没有对利润概念给出一种严密的分析。要完整地分析最大利润,还必须进一步从成本和收益两方面共同加以考虑。因此下面我们将作为产量的函数的成本做进一步的综合阐述。

2.2.1 有关成本的概念

1) 经济成本和会计成本

经济学中的成本概念与会计学中的成本概念是有区别的。在会计学中,企业的会计成本包括企业依据合同必须支付给要素所有者的费用、依据法规计提的固定资产折旧以及间接税。但是企业所有者投入企业的要素的报酬是不计入会计成本的,其报酬是企业的收入减去会计成本的剩余,称之为会计利润。反映在会计账面上的成本叫做外显成本,而不包括在会计成本中,由企业所有者投入企业的要素的报酬,叫做隐含成本。

会计成本是对历史的记录,其目的在于跟踪企业在经营过程中资产和负债的变化,对经营状况做出评估。经济学中的经济成本是"前瞻性"的,着眼于对未来的决策。一项生产活动的成本,是放弃了用此项生产的所有经济资源用于其他方面所可能带来的收益,从这里出发考虑如何使生产的代价最小。经济成本从本质上看,是所使用的全部要素的机会成本。例如,企业占用的一块自己拥有的土地,不向其他人付地租,没有计入会计成本。但企业如果出租这块地可以得到地租收入,这就是它用于工厂生产的代价,是它的机会成本。机会成本是所使用的要素用于其他活动所得到的最大报酬,在完全竞争的市场条件下,它就是要素的市场价格。

与经济成本相关的另一重要概念就是经济利润,经济利润是总收益与全部要素机会成本的差额,经济学家把经济利润称为超额利润。如果一家企业的总收益正好等于其经济成本,那么,它虽然没有获得经济利润,却仍然获得了正常利润,正常利润是投资者如果把这笔投资投于其他相同的风险事业可能得到的收益,也就是为了吸引企业投资者在本企业投资,必须给他的最低限度的报酬,不然投资者就会把资金抽走,投到其他地方去。正常利润构成企业经济成本的一部分,还因为它表示这个行业的资本的机会成本。

区别经济成本和会计成本对于正确理解经济学中的成本和利润是很重要的。企业管理者要做出正确的决策,就必须从经济成本的角度来考虑经营活动的真正代价。其实在我们讨论生产者均衡时,把成本理解为生产中使用的各种要素数量与价格乘积之和,实际上已用经济成本来分析生产者决策行为了,在本书第一篇的以后内容中,除特别说明以外,我们在讲到成本时,均指经济成本。

2) 短期成本和长期成本

短期成本是指存在固定要素条件下的最小成本组合。在短期内,生产者是通过增加可变要素的投入来增加产量的。因此,与固定要素和可变要素相对应,短期企业各项成本支出就有了固定成本与变动成本之分。总成本就是固定成本与变动成本之和。

长期成本则是所有要素都可变的最小成本组合。此时不再有固定成本,全部成本都是变动成本。在理解长期成本时还要注意两个方面:首先,长期成本一定不高于短期成本。在长期成本中,生产要素的组合不再受固定要素的制约;其次,长期成本不能脱离短期成本而存在。因为,在任何产量水平下都存在短期成本,长期成本是在产量水平不断变化过程中由许多短期成本组合而成的。

2.2.2 短期成本曲线

在短期内,成本可以分为固定成本和变动成本。固定成本是随产量变化而变化的支出,它表现为产品产量的函数。

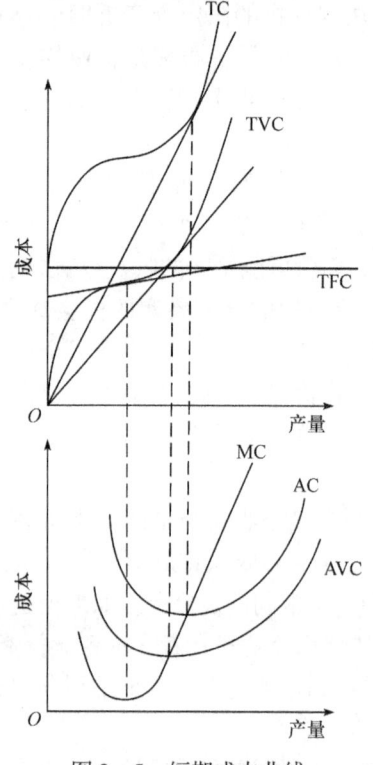

图 2-5 短期成本曲线

为了便于分析和形象地理解成本与产量变化之间的关系,我们把短期成本分类并在坐标图上画出成本函数的曲线,见图 2-5。

总固定成本 TFC:是固定要素构成的成本,它与产量无关,是平行于产量轴的直线。

总变动成本 TVC:是可变要素构成的成本,它随产量的增加而增加,但增加的速度由快逐渐慢,到了一定的产量以后又逐渐加快。这种变化特征来源于要素的边际产量变化的规律。

总成本 TC:TC = TFC+TVC。

平均变动成本 AVC:AVC = TVC/Q,对于任一产量 Q,AVC 是从坐标原点到 TVC 曲线上相应点连线的斜率,由 TVC 曲线的形状可知它是"U"形的。

平均成本 AC:AC = TC/Q = AFC+AVC。它是从坐标原点到 TC 曲线上相应点连线的斜率。曲线也是"U"形,且最低点在 AVC 的最低点右上方。

边际成本 MC:MC = dTC/dQ = dTVC/dQ,可以理解为产量再增加一个单位时所增加的成本。边际成本曲线也是"U"形的,最低点在 AVC 曲线最低点的左下方,在上升过程中依次穿过 AVC 曲线最低点与 AC 曲线最低点。

短期平均成本最低点产量,是在一些要素投入量固定的条件下最低成本的产量。当产量低于该点产量时,投入量固定的要素作用不能充分发挥;而当产量高于该点产量时,投入量固定的要素又对生产起制约作用,使得变动要素不能与足够的固定要素相结合。这两种状况都将使平均生产成本相对过高。

2.2.3 长期成本曲线

从长期来看,企业投入的所有生产要素都可以调整和变动,对任一个特定产量,企业可找到最小成本要素组合,这实际上就是在扩展线上的一个点。产量与最小总成本的对应关系,就是长期总成本(LTC)函数。从它可以得到长期平均总成本 LAC=LTC/Q,以及长期边际成本 LMC=dLTC/dQ。当然,在长期已不再有固定成本和变动成本之分。

长期平均成本曲线亦是先降后升呈"U"形,并且长期平均成本与长期边际成本之间的关系和短期平均成本、短期边际成本的关系具有相同特点,即当 LAC 处于下降时,LMC 一定处于 LAC 之下边;当 LAC 处于上升时,LMC 一定处于 LAC 的上边,LAC 与 LMC 相交于 LAC 曲线的最低点。如图 2-6 所示。

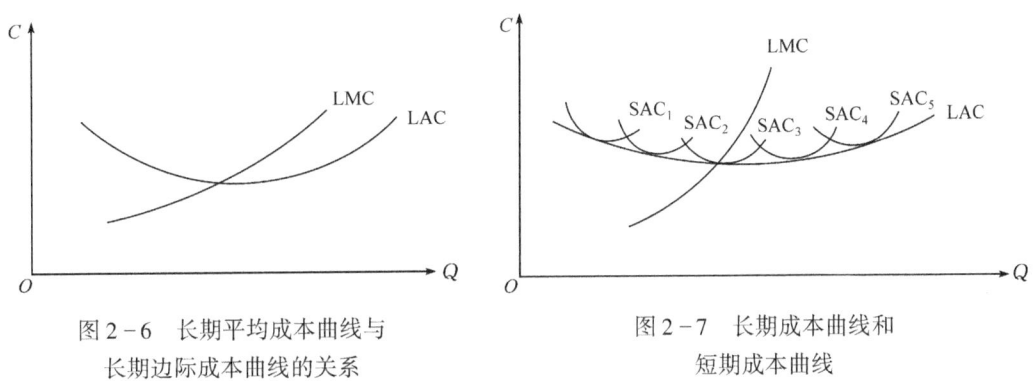

图 2-6 长期平均成本曲线与
长期边际成本曲线的关系

图 2-7 长期成本曲线和
短期成本曲线

长期生产与短期生产有着密切的关系,长期生产的决策是基于每一相应短期对生产的决策选择,与短期平均成本曲线起伏较大不同的是,从长期来看,企业可以根据不同产量来调整生产规模,从而始终使自己处于较低的平均成本状态。对于长期平均成本曲线与短期平均成本曲线(SAC)的关系我们可作如下分析,见图 2-7。

首先,长期平均成本曲线上的任一点,必然是某个短期平均成本曲线上的点,因为在这点处的要素投入中,把在短期不变的要素固定起来,产量变化时就得到这一点的一条短期平均成本曲线。

同时,长期平均成本曲线上任一点,必然是具有相同产量的所有短期平均成本曲线中最低的一点。

所以,长期平均成本曲线是所有短期平均成本曲线的下方边界,或者下方包络线。

2.2.4 利润最大化原则

企业的总收入是产量的函数
$$\text{TR}(Q) = P \cdot Q \tag{2-16}$$
利润是总收入与总成本之差,即
$$\pi(Q) = \text{TR}(Q) - \text{TC}(Q) \tag{2-17}$$

使 π 取得极大值的必要条件是

$$\frac{d\pi}{dQ} = \frac{d(TR)}{dQ} - \frac{d(TC)}{dQ} = 0 \quad (2-18)$$

即

$$M\pi = MR - MC = 0$$
$$MR = MC \quad (2-19)$$

$d\pi/dQ$ 为边际利润($M\pi$)，$d(TR)/dQ$ 为边际收益(MR)，$d(TC)/dQ$ 为边际成本。只有当边际收益等于边际成本，即边际利润为零时，生产者才能实现利润最大化。

为什么只有在边际收益等于边际成本时才能实现利润最大化呢？这是因为当 MR>MC，增加产量时增加的收入大于增加的成本，会增加利润；相反，当 MR<MC，减少产量时减少的收入小于减少的成本，因而也会使利润增加，故只有在 MR=MC 时才会有最大的利润。

边际收益与企业所面对的产品需求曲线(或者说产品市场的特性)有直接关系。市场情况不同，企业选择的结果就不同。在下一节我们将分析在不同的市场结构中企业的选择以及这些选择的后果。

2.3 市场结构与企业的产量、价格决策

所有企业都是在一定的市场结构条件下做出决策的。市场结构是指某种产品或服务在市场上的竞争状况和竞争程度。依此标准可以把市场结构分为完全竞争、垄断竞争、寡头垄断和完全垄断四种类型。下面将讨论在不同市场结构条件下企业的产量和价格决策。

2.3.1 完全竞争市场

1) 完全竞争市场的特点

完全竞争市场具有以下特点。
(1) 产品市场上存在着大量的生产同质产品的厂商，每一个厂商的产量都不影响市场价格；
(2) 所有厂商和消费者都充分了解价格信息；
(3) 在长期中厂商进入或者退出市场无障碍。

完全竞争市场的价格是整个行业的供给与需求决定的，如图 2-8(a)所示。单个厂商只能接受市场的均衡价格水平，不存在价格决策的问题，只能按照市场确定的价格出售自己一定产量的产品，它的需求曲线是一条水平线，即一条完全弹性的需求曲线 d，如图 2-8(b)所示。因此，厂商每出售一个单位产品所获得的收益即边际收益(MR)总是与价格(P)相等，也与平均收益(AR)相等。

2) 完全竞争市场厂商的短期均衡

从利润最大化的目标出发，厂商的产量 Q 应当使 MR=MC。由于价格与厂商的产量无

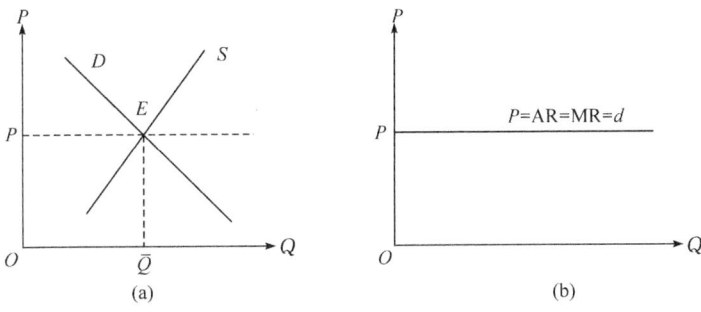

图 2-8 完全竞争市场行业厂商的平均收益、边际收益和需求曲线

关,多出售一个产品增加的收入就是产品的价格 P,因而 MR=MC=P。所以结论是:使厂商利润最大(或者使亏损最小)的产量是使边际成本等于边际收益、等于产品市场价格的产量。厂商达到利润最大的产量时,我们就称厂商达到短期均衡。

图 2-9,对于市场价格 P,A 点所对应的产量 q,就是厂商短期均衡的产量。

如果 A 点在 AC 曲线之上,也就是说 P 高于 AC 最低点,这时厂商有短期利润。利润额是价格 P 与产量 q 时的平均成本之差乘以产量 q。

当价格 P 恰好等于 AC 最低点,厂商短期均衡的产量就是 AC 最低的产量,此时利润为零,厂商只有获得正常利润。

当价格 P 低于 AC 最低点而高于 AVC 最低点,A 点在 AC 曲线之下,厂商有亏损。但由于亏损额小于总固定成本,在短期内应继续生产。当价格 P 等于或者低于 AVC 最低点时,当然只能停止生产了,此时的亏损为全部固定成本。AVC 最低点为厂商的短期停止营业点。

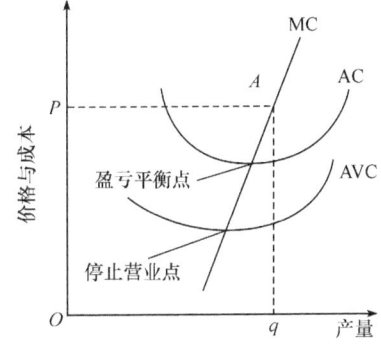

图 2-9 完全竞争厂商利润最大化产量的确定

一个厂商的 MC 曲线在 AVC 最低点以后的上升部分,就是该厂商的短期供给曲线。

3) 长期均衡

在长期内,各个厂商都可以根据市场价格的情况来调整自己的全部生产要素投入规模,也可以自由地进退该行业。厂商进行长期调整时必然遵循两个原则:① AR ≥ LAC;② MR=LMC。调整只有满足第一个原则,厂商才不会发生亏损;只有满足第二个原则,厂商才能获得最大的利润。由于在长期内,厂商始终可以通过退出行业而获得零利润,因此在长期均衡情况下,厂商获得利润至少等于零,即 $P \geq AC$。这就是说,价格至少必须与平均成本相同。因此位于长期平均成本曲线之上的边际成本曲线,就是相应的长期供给曲线。

如图 2-10 所示,假定市场价格为 P_1,P_1 高于长期平均成本 LAC 的最低点,那么,现有厂商就可以获得利润,并且当他们选择 LMC=MR=P 的产量时,就能实现利润最大化。然而,基于在长期内要素自由流动的假设,只要存在利润就会促使新的厂商进入该行业竞争,以获取一部分利润,新厂商的加入必然增加供给,使供给曲线产生移动,进而降低市场价格,

当价格下降到 P_2 时,P_2 低于 LAC 的最低点,那么,由于亏损某些厂商在长期内就会退出这个行业。这又会减少供给而促使供给曲线产生另一方向的移动,进而推动价格回升。总之,只要存在利润或亏损,在长期中厂商的进退和投资规模的调整就会不断进行,从而导致市场价格也不断发展变化。这样的变化将最终进行到市场价格等于 LAC 的最低点时为止(如图 2-10 中的 P_0),此时所有厂商的经济利润为零,但仍有正常利润。

由图 2-10 可以看出,厂商长期均衡的条件是:$P=\text{LMC}=\text{LAC}=\text{MR}=\text{AR}$

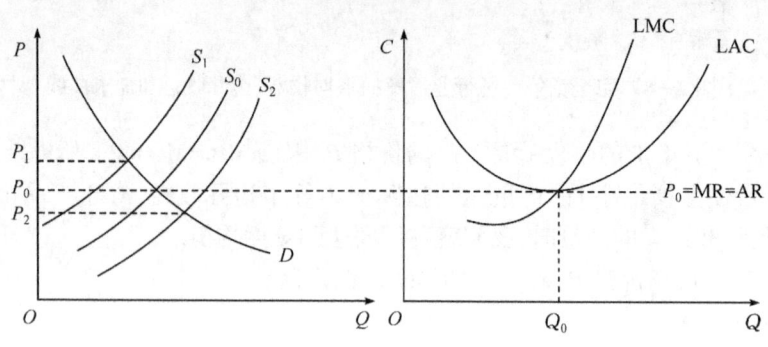

图 2-10 厂商长期均衡

2.3.2 完全垄断市场

完全垄断市场是指整个行业的市场完全由一家厂商所控制的市场结构,其他厂商无法进入这一市场,产品也没有其他厂商提供的替代品。

(1)完全垄断市场的需求曲线和边际收益曲线,见图 2-11。

在完全垄断条件下,一家厂商就构成整个行业,所以产品的向下倾斜的市场需求曲线也就是厂商面对的需求曲线。

为了实现利润最大化,完全垄断企业把产量确定在使 MR=MC 的水平上。由于 $\text{MR}=\text{d}(\text{TR})/\text{d}Q=\text{d}(P\cdot Q)/\text{d}Q=P+Q\text{d}P/\text{d}Q$,而向右下方倾斜的需求曲线表明 $\text{d}P/\text{d}Q<0$,所以可以断定,对于任何一产量 $Q>0$,必有 $\text{MR}(Q)<P(Q)$。在相应的几何图中,边际收益曲线 $\text{MR}(Q)$ 在市场需求曲线 $P(Q)$ 的下方(如图 2-11 所示)。

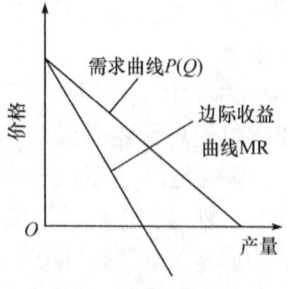

图 2-11 垄断厂商的需求曲线与边际收益曲线

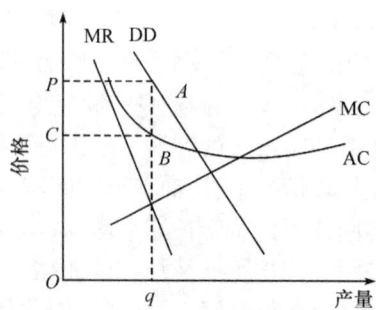

图 2-12 完全垄断市场均衡

边际收益 MR(Q),还可做如下进一步推导

$$\mathrm{MR} = P + \frac{\mathrm{d}P}{\mathrm{d}Q} = P\left[1 + \frac{1}{\frac{\mathrm{d}Q}{\mathrm{d}P} \cdot \frac{P_p}{Q}}\right] = P\left(1 + \frac{1}{e}\right) \quad (2-20)$$

式(2-20)括号中的 e 是需求的价格弹性, $e<0$。这就是说,需求越缺乏弹性,MR(Q)越低于市场需求曲线 $P(Q)$。

(2) 完全垄断厂商的均衡。从图2-12,根据利润最大化条件 MR=MC,垄断厂商确定产量为 q,此时的市场价格为 A 点所对应的 P(DD 为需求曲线)。厂商获得了矩形 PABC 面积的垄断利润。只要需求曲线有一段在 AC 曲线之上,垄断厂商总可以获得垄断利润。只要其他条件不变,厂商就不会再调整其产量和价格了,这种状态称为完全垄断市场(厂商)均衡。

在长期内,垄断厂商会由 MR=LMC 这一条件来确定产量,通过调整规模使 SAC 曲线与 LAC 曲线相切于该产量点的对应处,这时可以得到最大的长期垄断利润。

2.3.3 垄断竞争市场

在现实生活中,垄断竞争市场结构是常见的,它介于完全竞争与完全垄断之间,也就是既有竞争又有垄断,因而叫做垄断竞争。

垄断竞争的市场条件是:存在着大量的厂商,产品存在差异,厂商和消费者充分了解信息,在长期中可以自由进出市场。

1) 垄断竞争厂商的短期均衡

垄断竞争厂商需求曲线是由该厂商产品的差异性决定的。产品的差异性使厂商能拥有较稳定的顾客,并能通过改善产品品质来吸引顾客。厂商可以通过调整产量来影响其商品的价格。其需求曲线是一条略微向下倾斜的需求曲线 d。于是,厂商根据这条需求曲线画出自己的边际收益曲线 MR,它是低于需求曲线的。MR 和 MC 的交点处的产量,是他能够得到最大利润的产量。如果原来产量不是这个交点处的产量,他就会调整产量和价格,直到自己的产量是使 MR=MC 的产量为止。这时,厂商达到了短期均衡,见图2-13。在图2-13中,由于厂商在短期均衡时,价格 P 高于平均成本,从而获得了超额利润。但是如果厂商成本水平太高,以致在均衡条件时还高于价格。这时,厂商就会有亏损。

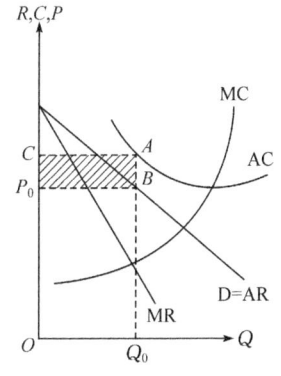

图2-13 垄断竞争厂商的短期均衡

2) 垄断竞争厂商的长期均衡

从长期看,如果这个行业有利润,那么会不断有新厂商进入,每个厂商的市场份额减小,在相同的价格下销售量减少,或者要保持相同的销售量必须降价。这就是说行业的供给量增加,将会使产品的价格下降,从而导致行业中单个厂商的需

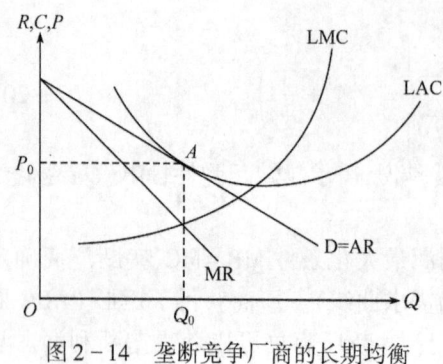

图 2-14 垄断竞争厂商的长期均衡

求曲线向下移动。如果因需求曲线向下移动，以致需求曲线低于 LAC，厂商就要亏损。如果厂商有亏损，一部分厂商就会退出这个行业，导致行业供给量减少，从而又使行业中单个厂商的需求曲线向上移动。总之，在垄断竞争条件下，只要厂商有利润或亏损，市场就有一种力量促使厂商的需求曲线与它的成本曲线相切，使利润或亏损为零。这时，在这个行业里，厂商不进也不出，处于长期均衡状态，见图 2-14。综上所述，垄断竞争条件下厂商长期均衡的条件是：MR=LMC 和 LAC=AR。

2.3.4 寡头垄断市场

寡头垄断市场是指少数几家厂商提供某一行业的大部分产品，这几家厂商的产量在该行业的总产量中各占有较大的份额，因而对市场的价格和产量都有举足轻重的影响。寡头又分两种，一种是指诸如生产石油、钢铁这些相同产品的纯粹寡头，一种是指生产诸如汽车、家用电器等这些有产品差别的产品差别寡头。总而言之，寡头垄断是介于完全竞争与完全垄断之间的一种市场结构。

寡头垄断市场最重要的特征是几个厂商之间的相互依赖性。一个厂商的行为会影响整个市场的价格和市场份额的分配，因而每个厂商都会非常关注其他厂商的行为：谁降价了，谁改变了广告策略，谁推出了新产品，等等。并且对此做出反应。任何厂商的决策都建立在对别人可能的反应的判断的基础之上。

2.3.5 各种市场结构简评

1）完全竞争市场

完全竞争市场通过充分的市场竞争，能够实现供求平衡，使社会资源得到最优配置。在实现长期均衡时，价格等于最低平均成本，说明企业在既定的技术水平下已经最充分地利用了各种生产资源，因而生产效率能达到最高。同时，消费者所付出的价格也是四种市场结构中最低的，消费者亦能从中得到好处。

尽管完全竞争市场的经济效率是最高的，但其也有不足之处。各企业的平均成本最低并不是全社会的平均成本都能达到最低，典型的如环境污染问题，个别企业并不负担全部社会成本；市场上的产品没有差别，不能满足消费者不同的需要；完全竞争市场上的企业规模一般较小，不易实现规模经济。

2）垄断竞争市场

虽然垄断竞争市场下价格、成本都比完全竞争高，产量低，但消费者可以得到有差别的产品，以满足其不同的需求。生产者在短期内能保持自己的有差别产品的垄断地位以实现超额利润,长期内又可以通过竞争来促进创新,这样对整个社会还是有利的。

垄断竞争市场结构的不利之处在于生产设备没有达到充分利用,没有实现最大产量,资源存在浪费现象。

3) 寡头垄断市场

在这种市场结构下厂商可以实现规模经济,提高生产效率,降低成本,促进技术进步。而其不足之处在于寡头之间的相互勾结会损害消费者的利益。

4) 完全垄断市场

政府对于铁路、邮电等公共设施的垄断,可以为社会提供更好的服务;有些行业实行完全垄断,这有利于规模经济的发展,促进技术的进步。其不足之处在于在一家垄断而没有竞争的情况下,资源配置难以最优,垄断者控制价格,可能会提高价格,减少社会福利,使消费者受损。

总之,完全竞争市场与完全垄断市场是现实中几乎不存在的,垄断竞争和寡头垄断是现实中普遍存在的,它们各有利弊。

本 章 小 结

利润最大化是厂商追求的目标。要实现这个目标,厂商必须考虑到其所面对的技术约束和经济约束(即成本)。因此,对厂商的利润最大化行为可以从两个方面来分析:先考察怎样使生产既定产量的成本最小化(即生产分析),然后再考虑如何选择最有利的产量水平(即成本-收益分析)。

在短期中,我们用总产量曲线、平均产量曲线和边际产量曲线表示,当其他条件不变而一种要素投入量变化时产出变化的特性。在这种情况下,一般地,连续增加一种要素的投入量,总会出现边际报酬递减的现象。

在长期中,可以用等产量曲线来表示厂商的技术约束,再以等成本线形式考虑把要素价格等因素纳入分析中,这样就可以确定出最佳要素的组合点。在此点上,每种生产要素的边际产量相等,即在此点上,满足等产量曲线的切线斜率(即边际技术替代率)等于等成本线的斜率这一条件。最佳要素组合,称为生产者均衡。生产者均衡点的轨迹叫做扩展线。

成本函数表明企业产量与在该产量时可能的最小成本的对应关系。在短期中,成本主要分类有:总固定成本、平均固定成本、总变动成本、平均变动成本、总成本、平均总成本以及边际成本。由于边际报酬递减规律,短期平均成本曲线和边际成本曲线都呈"U"形。长期平均成本曲线是短期平均成本曲线的下方包络线。经济成本与会计成本不同。

增加一个单位产量时企业所增加的收益叫做边际收益,企业利润最大化的条件是使边际成本等于边际收益。

根据市场上卖者人数的多少、产品的差异性等条件,把市场划分为完全竞争市场、垄断竞争市场、寡头垄断市场和完全垄断市场。不同的市场类型对厂商行为的影响各异,这就要求厂商必须认真分析自己所处市场环境的特点,采取相应的对策。

思考与练习

1. 基本概念

边际报酬递减规律　等产量曲线　等成本线　边际技术替代率　机会成本　经济成本　正常利润

2. 计算题

（1）若企业生产函数为 $Q=8K^{\frac{1}{4}}L^{\frac{1}{2}}$，等成本曲线为 $C=2K+4L$，求企业产量 Q 为 64 时的最小成本要素组合（K,L 分别代表投入要素资本和劳动力）。

（2）假设完全竞争市场的需求函数和供给函数分别为 $Q_D=8604-250P-P^2$ 和 $Q_S=7500+300P$。求：① 市场均衡价格和均衡产量；② 厂商的需求函数。

（3）设垄断厂商的产品需求函数为 $P=14-0.2Q$，总成本函数 $TC=0.6Q^2-2Q+3$，求：① Q 为多少时总利润最大？② 此时的价格、总收益、总利润各为多少？

（4）一个完全垄断的厂商，当政府把价格规定在 $P=MC$ 时，它仍有利润。请画图描述这种情况，并标明他依照 $MR=MC$ 确定产量时的价格、产量和利润，以及在政府规定价格时他的产量和利润。

3. 讨论题

请分别举出几个接近于完全竞争、垄断竞争、寡头垄断和完全垄断市场的例子。

第3章 国民收入及国民收入决定

宏观经济学的主要研究内容是国民经济总量之间的关系,它的研究是以国民收入决定为中心的。总供给和总需求均衡状态决定了一国的就业状态和物价水平;国民收入的波动反映出经济周期与经济增长的状态;国民收入的增长决定着一国居民的福利增长。因此,国民收入是宏观经济学中最重要、最基本的总量,是国民经济总量中的核心指标。本章将简要介绍国民收入等宏观核算理论以及作为宏观经济学核心内容的国民收入决定理论。

3.1 国民经济总量

国民经济运行存在着大量的数量关系,国民经济中的总量是宏观经济分析的主要数量关系。在国民经济的诸多总量中,国民收入是最具有代表性的经济总量。狭义的国民收入仅指一定时期内的各种生产要素的收入之和,广义的国民收入则包括国民生产总值、国民生产净值、国民收入、个人收入和个人可支配收入五大指标。

3.1.1 国民生产总值和国内生产总值

国民生产总值(gross national production,GNP)是指一个国家在一定时期内(通常为一年)运用由本国所拥有的生产要素生产的全部最终产品和劳务的市场价值,反映一个国家在一定时期内创造的财富总和,是宏观经济学中最重要的概念之一。

1) 国民生产总值的计算方法

计量国民生产总值有三种方法。第一种称为支出法,即计算居民、企业、政府和外国人在本国在商品和劳务方面的支出额。第二种称为增值法,即计算所有生产部门,包括农业、工业、服务业等所创造的价值。第三种称为收入法,即计算所有社会成员的工资和利润的总和,这三种方法虽然角度各异,但对计算结果应该是一致的。

(1) 支出法。通过支出法计算国民生产总值主要包括以下几项:

国民生产总值(GNP)= 消费(C)+投资(I)+政府购买(G)+出口(EX)-进口(IM)

消费(consumption)是指全社会的家庭支出,包括购买:① 耐用消费品,如洗衣机、电视机与轿车等;② 非耐用消费品,如粮食、衣服等;③ 劳务,如理发、医疗和教育等。购买的住房虽然也属家庭开支,但按西方的计算方式并不包括在消费之中,它属于固定资产投资类。

投资(investment)是指一年内资本存量所增加的流量,包括:① 固定资产投资,如新增的厂房、设备、住宅等;② 企业所拥有的存货量的变动。当企业存货增加时,存货投资为正;当企业存货减少时,存货投资为负。

由于资本存量在不断地消耗,总投资中有一部分是弥补了消耗掉的资本,这部分消费掉的资本称为折旧。因此，便有了净投资的概念。

$$净投资 = 总投资 - 折旧 = I - 折旧$$

政府购买(government purchase)是指各级政府购买商品和劳务的总额，主要是用于学校、交通等公共设施及军事方面的政府开支，包括购买武器装备、建造公路和桥梁、新建大学和中小学以及所有政府部门工作人员的薪金。并不是所有的政府支出都属于政府购买计入GNP中，没有被计入GNP的部分通称为"转移支付"，包括政府向公众支付的退休金、补助金和国债利息。这些转移支付之所以不计入GNP，是因为获得这些收入的人并没有向政府提供相应的商品和劳务。

消费、投资和政府购买之间的区别主要在于对商品用途的区别，而不是基于商品的种类不同。同样一台计算机，如果在家庭使用，则属于消费支出；如果在企业使用，则属于固定资产投资；如果用于政府机关办公，则成了政府购买。

出口(export)是指向国外输出商品和劳务，即外国人购买本国生产的商品和劳务，还包括在国外的本国公民的工资收入以及在国外资产的利润、利息收入。进口(import)则反之，是指本国购买了外国生产的商品和劳务。

(2) 增值法。对各个生产部门创造的价值进行加总也能计算出国民生产总值。但是在计算中要注意避免重复计算，只计算各个生产部门的增值部分。企业的增值是企业产品的销售收入与该企业购买中间产品所付款项之间的差额。构成国民生产总值的每一个商品或劳务，其价值一定是体现在一系列的增值过程中。

(3) 收入法。通过计算全体社会成员的各种收入并加总，同样可以得到国民生产总值。我们考察一下增值法和收入法之间的关系。对每个企业来说，其增值部分一定转化成某些人的收入。其中一部分利润，它形成企业所有者的收入。这样一来，所有增值都表现为工资、利息、租金或利润等形式的收入；反过来，每一笔收入也一定是来自某个部门的增值。所以收入之和也就是增值之和，就是国民生产总值。

2) GDP和国民收入核算的其他指标

除了国民生产总值，作为国民收入核算的指标体系，还包括国内生产总值、国民生产净值、国民收入(狭义)、个人收入和个人可支配收入等总量指标。

(1) 国内生产总值(gross domestic production, GDP)。国内生产总值是指一个国家在一定时期内(通常为一年)在国内所生产的最终产品和劳务的市场价值。即

$$国内生产总值 = 国民生产总值 - 本国居民投在外国的资本和劳务收入 + 外国居民投在本国的资本和劳务收入$$

GNP是西方各国传统的计算一国生产水平的综合指标。我国在20世纪80年代也开始运用GNP来衡量经济水平。不过从20世纪80年代后期开始，美国等一些西方国家和我国更多地采用GDP而不是GNP作为最主要的经济指标。

(2) 国民生产净值(NNP)。国民生产净值是指一国的最终产品和劳务总值扣除了折旧后的价值。即

$$国民生产净值 = 国民生产总值 - 折旧$$

(3) 国民收入(NI)。这里指的是狭义的国民收入。它是一国用于生产中的各种生产

要素所得的全部收入的总和。包括工资、各种生产要素所得的全部收入的总值。包括工资、利息、租金、利润。即

$$国民收入 = 国民生产净值 - 间接税 + 政府补贴$$

(4) 个人收入(PI)。个人收入指个人在一定时期(通常一年)内从各种渠道所得到的收入总和(包括劳动收入、业主收入、租金收入、股息和利息收入、来自政府的救济金和补助金等)。即

$$个人收入 = 国民收入 - 公司所得税 - 社会保险费 -$$
$$公司未分配利润 + 政府和企业对个人的转移支付$$

(5) 个人可支配收入(PDI)。个人可支配收入指个人收入扣除个人缴纳的税金后的可归个人支配的那部分收入。个人可支配收入:一是用于消费,二是用于储蓄。即

$$个人可支配收入 = 个人收入 - 个人纳税 = 消费 + 储蓄$$

以上分别介绍了"国民收入核算体系"的各个总量指标,这些总量指标之间的相互关系可用图3-1说明。

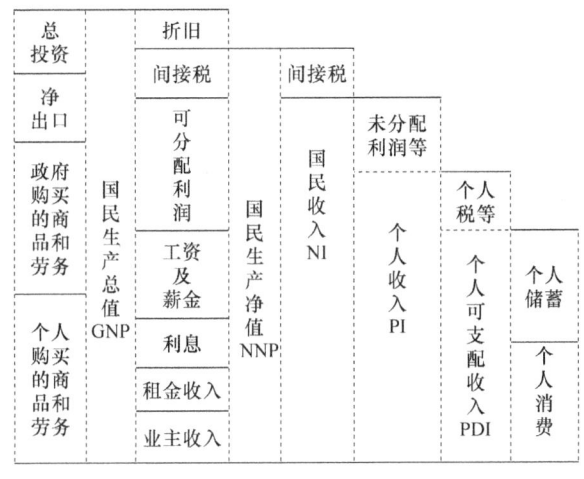

图 3-1 国民收入核算指标体系

3.2 国民收入的流量循环

3.2.1 两部门经济的收入流量循环

两部门经济是由厂商和居民共同参与下的经济。图3-2把整个宏观经济活动分为两大部门:厂商和居民,它们之间的关系是:

(1) 居民通过要素市场向厂商提供各种生产要素(劳动、资本、土地和企业家才能),同时用取得的要素收入(工资、利息、地租和薪金)向企业购买最终产品和劳务。

(2) 企业则运用取得的生产要素,生产最终产品和提供劳务,并向居民销售以取得收入,同时用销售最终产品和劳务的收入向居民支付生产要素的报酬。

这样宏观经济活动就形成了两股循环流量:一是生产要素——最终产品和实务的实物流量;二是货币收入流量。这两股流量在量上是相等的,即:最终产品和劳务流量=收入流量。

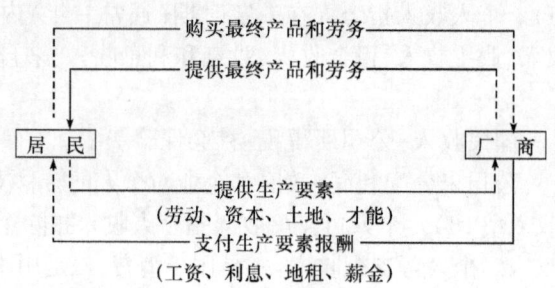

图3-2 两部门收入流量循环模型

然而在现实生活中,居民并不一定全部花掉他们的收入,而总有一部分收入用于储蓄,而且随着收入的增加,储蓄的数量也在增加。当居民将一部分收入用于储蓄,而不购买产品和劳务时,居民的消费支出就会小于厂商提供的最终产品和劳务。这样势必有一部分最终产品和劳务无法实现其价值。要弥补这一缺口,就必须增加厂商的投资需求。而居民的储蓄通过金融机构的运作成为企业追加投资的资金来源。当金融机构加入后,两经济部门的运行就出现新的收入环流回路。图3-3就是金融机构加入后,两部门经济收入流量的循环模型。

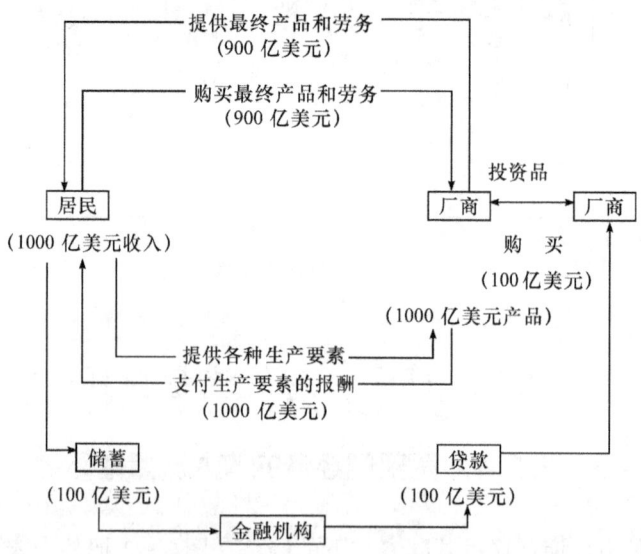

图3-3 金融机构加入后两部门收入流量循环模型

如图3-3所示,居民的总收入(NI)为1000亿美元,其中900亿美元用于消费购买,100亿美元用于储蓄,这样居民的全部消费支出(900亿美元)就会小于其总收入(1000亿美元),我们用C表示居民的消费支出,这时

$$NI > C$$

由于 NI = 最终产品和劳务的价值，这时 C<GNP，如果价格不变，就会有 100 亿美元的最终产品和劳务无法销售出去。如果价格下降，会有一些企业因亏损而减少生产，这样整个国民经济会因出现储蓄而紧缩。要使国民经济中的总需求和总供给达到均衡，必须将 100 亿美元的储蓄转化为企业的投资，形成一种投资需求，如果企业愿意追加的投资正好同储蓄相等，生产和投入会在新的条件下保持平衡。

在两部门经济运行中，居民总收入被分成消费(C)和储蓄(S)两部分，而最终产品和劳务则分解为消费需求(C)和投资需求(I)两部分。收入流量循环的均衡公式为

$$C + S = C + I$$

从公式两端各减去 C，便可得

$$S = I$$

只要储蓄等于投资，居民的总收入必然与市场提供的最终产品和劳务相等。即

$$产品劳务流量 = 收入流量$$

这样收入流量的循环仍然能周而复始地进行下去。

3.2.2 三部门经济的收入流量循环

在实际的经济运行中，经济活动的参与者除居民和厂商外，还有政府部门的加入。政府部门的主要活动是：一方面向居民和厂商征税，形成政府的预算收入。另一方面则通过政府的预算支出，形成政府的购买和转移支付。政府税收主要包括两类：一类是直接税。这种税是对财产与收入征税，这部分税收由纳税人直接承担，无法转嫁出去，如个人所得税、财产税（地产税、房产税、遗产税）等。这部分税赋越多，居民在总收入中可用于消费和储蓄的部分越少。另一类是间接税。这种税是对商品和劳务所征收的税。这部分税收不由纳税人直接承担，纳税人可将这部分税收计入成本，通过加价的方式转嫁给购买者，因此间接税的增加最终将增加最终产品和劳务的价格总额。在居民用于消费和储蓄部分收入不变的条件下，可支配的最终产品和劳务量将下降。政府部门加入后，收入流量的循环模型如图 3-4 所示。

在三部门经济运行中，国民收入被分解为居民的消费购买(C)，储蓄(S)，政府净税收(NT，即税收总额减去转移支付)三个部分，而最终产品和劳务则分解为消费需求(C)，投资需求(I)和政府需求(G)。收入流量循环的公式为

$$C + S + NT = C + I + G$$

简化后，得

$$S + NT = I + G$$

如果把对外贸易也考虑到收入流量循环之中，则进口(IM)属于收入的流出，出口(EX)则属于收入的流入，收入流量循环的均衡公式为

$$C + S + NT + IM = C + I + G + EX$$

简化后，得

$$S + NT + IM = I + G + EX$$

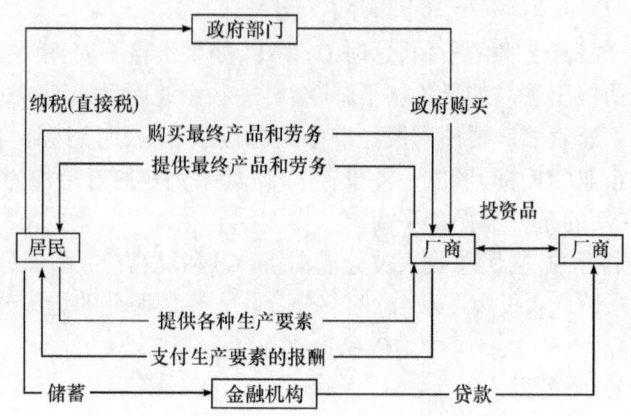

图 3-4　三部门经济运行的收入流量循环模型

3.3　国民收入决定

3.3.1　总需求与总支出、总供给与总收入

总需求(AD)是一定时期内整个社会对产品与劳务(最终产品)的需求总量,在现实经济中,它由消费需求、投资需求、政府需求和国外需求构成。这些需求最终都是以支出的形式表现出来,即总需求所衡量的是国民经济活动中各种行为主体的总出支。因此,总需求可以用总支出表示。

总供给(AS)是一定时期内国民经济各部门提供的物质产品和服务的总和,是全社会经济活动的总成果。总供给是由各种生产要素生产出来的,是各种生产要素的供给总和,而生产要素(劳动、资本、土地、企业家才能)供给的总和又可以用它们相应地得到的收入(工资、利息、地租、利润)的总和(总收入)来表示。因此,总供给也可以用总收入来表示。在现实经济中,总供给由劳动供给、资本供给、政府供给和国外供给组成。

在两部门经济模型中,从国民收入角度看,GNP 可分成消费和储蓄两部分,即每个家庭总是把一部分即时收入用于当前消费,另一部分用于未来消费(储蓄)。记 C 为总消费,S 为总储蓄,则有

$$AS = C + S$$

再从总支出的角度看,GNP 可分为消费和投资两部分,即有

$$AD = C + I$$

根据宏观经济均衡时总供给(即总收入)等于总需求(即总支出)的原理,记 Y 为国民生产总值(也即国民收入),应该有

$$AS = Y = AD$$

即

$$C + S = Y = C + I$$

下面我们对组成总收入总支出的这些因素的变化规律做一分析。

1) 消费函数

影响消费支出的因素有许多,如国民收入、财富、商品价格、个人消费偏好等,其中国民收入是最重要的因素。在宏观经济学里,消费函数是指社会总的消费支出与国民收入之间的关系,即消费支出如何随着国民收入变化而变化。一般记为 $C=C(Y)$。

为了模型处理的方便,常把消费函数写成线性函数的形式

$$C = a + bY \quad (a > 0, 0 < b < 1)$$

在消费函数中,a 称为自主消费,即与国民收入变化无关的消费部分;b 称为边际消费倾向(marginal propensity to consume, MPC),指国民收入增加一个单位所引致的消费支出。边际消费倾向大于零小于1,在凯恩斯宏观经济模型中具有重要的含义。

与消费函数相对应的,还有储蓄函数的概念。按照最初的定义,国民收入等于消费加上储蓄,即 $Y=C+S$,则 $S=Y-C$,所以 $S(Y)=Y-C(Y)$。

2) 投资函数

投资支出是总需求的另一重要组成部分。投资量的决定方式影响着国民收入的均衡状态和经济的运行方式。按凯恩斯的理论,一定时期的投资流量是由"资本边际效率"与"利息率"这两个因素决定。在这里为简单起见,先假定投资是外生变量,即与国民收入的变化状态无关。记为:$I=I_0$

3.3.2 国民收入的均衡决定

在市场经济的环境下,各个市场的供求平衡,即市场均衡是至关重要的,也是经济分析的基本假定。国民收入的均衡是由总供给与总需求的相等所决定的。当总供给小于总需求时,由于消费者愿意的消费支出和投资支出超过社会的总供给量,经济便趋于扩张,从而总供给增加;反之,当总供给大于总需求时,消费者愿意的消费支出和投资支出少于社会的总供给量,这时经济便趋于萧条,总供给减少。

根据以上对总供给和总需求的各个因素的分析,我们已经可以得到一个最简单的宏观经济模型。

消费函数

$$C = a + bY$$

投资函数

$$I = I_0$$

市场均衡条件为:总供给=总需求,即

$$Y = C + I$$

所以,均衡的国民收入由式 $Y^* = (a+bY^*)+I$ 决定,故

$$Y^* = \frac{a + I_0}{1 - b}$$

比如

$$C = 100 + 0.7Y, I = 650$$

所以均衡国民收入(单位为亿元)

$$Y^* = \frac{a + I_0}{1 - b} = \frac{100 + 650}{1 - 0.7} = 2500(亿元)$$

我们用图3-5来表示两部门经济中国民收入的决定。

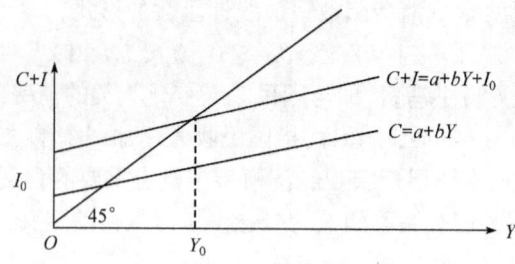

图3-5 两部门经济中国民收入的决定

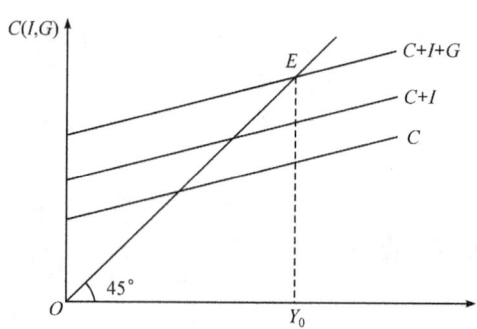

图3-6 三部门经济中国民收入的决定

前面我们分析了一个最简单的宏观经济模型(两部门经济模型)中的国民收入决定,而在现实经济中,政府必然运用财政政策对经济实行宏观经济调控,经济中往往是三部门。政府在财政上主要是通过变动政府收入和支出的数量,从而调节国民收入。

首先,从总支出的角度来分析三部门经济中国民收入的决定。国民收入等于消费、投资加上政府购买物品和劳务的支出,即 $Y = C + I + G$,可用图3-6来说明。

图3-6中,横轴 Y 代表国民收入,纵轴表示消费、投资和政府支出。现总支出曲线在两部门经济的总支出曲线 $C+I$ 基础上加上政府支出 G 构成,即总支出曲线向上移动,与45°线交于 E 点,E 点决定了均衡的国民收入为 Y_0,由此表明,政府支出的增加可以促使国民收入增加。

其次,我们从政府收入来分析。政府收入主要来自税收。政府税收作为国民收入流量循环中的漏出对总需求起收缩使用。在三部门经济中,国民收入等于可支配收入和净税收之和,即

$$Y = Y_D + T = C + S + NT。$$

假定政府净税收总额 NT 为固定数值,则如图3-7所示。

图3-7中,横轴 Y 表示国民收入,纵轴 C 表示消费。由于税收使消费曲线从 C_0 向右下方平移到 C_1,即税收的增加导致消费减少,若投资和政府支出保持不变,增加税收将起到减少总支出,抑制总需求,减少国民收入的作用,国民收入从 Y_0 减少到 Y_1。

但是,事实上,政府税收与国民经济活动密切相连。假定,用 t 表示政府的净税率,则政府的净税收总额为 $t \cdot Y$,可支配收入 Y_D 与国民收入之间的关系是: $Y_D = Y(1-t)$,这样,政府税收和可支配收入都按一定比例随国民收入的变化而变化。如果税率为零,国民收入 Y 与

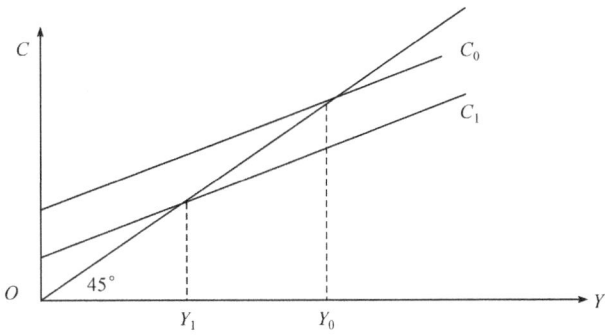

图 3-7 固定数额税收对国民收入影响

可支配收入 Y_D 相等。税率越高,在国民收入的增量中,可支配收入的增量越少,消费的增量也越少,从而使边际消费倾向减少。假如原先边际消费倾向为 0.6,由于税率为 0.2,使边际消费倾向趋向减少,那么净税收扣除后的边际消费倾向为 $0.6\times(1-0.2)=0.48$,即每增加 1 元国民收入中,消费支出的增加从原先的 0.6 元下降到 0.48 元。可用图 3-8 表示。

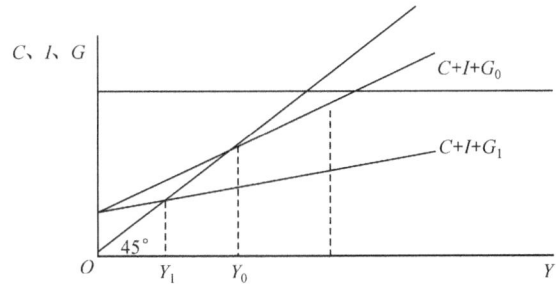

图 3-8 税率对国民收入的影响

图 3-8 中,横轴 Y 表示国民收入,纵轴表示消费、投资和政府支出。总支出曲线 $C+I+G_0$ 表示税率为零时的总支出曲线,此时斜率为 b,现由于税率的增加,使消费函数的斜率减少,总支出曲线向下移动到 $C+I+G_1$,则 $C+I+G_1$ 的斜率为 $b(1-t)$,由于 $0<t<1$,则 $b>b(1-t)$,即受税收的影响,总支出发生了变化,国民收入减少,从 Y_0 减少到 Y_1。

在三部门经济中,实现宏观经济均衡,即总需求和总供给相等,则宏观经济均衡的条件是

$$C + S + \text{NT} = C + I + G$$
$$S + \text{NT} = I + G$$

如用 t 表示税率,Y_D 表示可支配收入,T 表示净税收,b 为边际消费倾向,这时三部门经济中均衡国民收入为

$$\text{NT} = -T_0 + t \cdot Y$$
$$Y_D = Y - \text{NT}$$
$$C = a + b \cdot Y_D$$

$$Y = \frac{a + b \cdot T_0 + I + G}{1 - b(1 - t)}$$

3.3.3 投资乘数

1) 乘数的含义

乘数(multipler)又译为倍数。它是指由最初的总需求增加所引起国民收入增加的倍数,或者说是国民收入增加量与导致这种增加量的初始总需求增加量之间的比率。这一初始总需求增量,称为自发总需求增量。如果自发总需求增量为自发投资增量,则引致国民收入增量同自发投资增量之比,称为"投资乘数",通常用"K"表示。

以 ΔY 代表收入增量,ΔI 代表投资增量,则投资乘数为

$$K = \frac{\Delta Y}{\Delta I}$$

如果已知投资增量和投资乘数,则可据此求出收入增量

$$\Delta Y = K \Delta I$$

2) 投资乘数的作用原理

投资增加之所以会引起国民收入成倍增加,是因为各经济部门是相互依赖、相互联系的。一个部门增加了一笔投资用于购买设备等投资品和增加雇佣工人,会增加投资品生产者和新增工人的收入。而投资品生产者和新增工人的收入增加,会在其他部门中引起连锁反应,增加其他部门的收入。这种连锁反应,将最终使国民收入成倍增长。

由投资增加引起国民收入增加的倍数,取决于边际消费倾向。因为在增加的每 1 元收入中,消费增量的比例越大,由初始投资引起的连锁反应也越大,国民收入增量亦越多。

假设有一笔自发投资 100 万元(如政府用于其某项水利建设的投资),用来购买建筑设备、建筑材料、雇佣工人。根据要素报酬等于要素投入的原则,构成要素报酬的各项收入为个人可支配收入,则建筑设备、建筑材料的生产企业和工人就增加了 100 万元的收入。这 100 万元投资所引起的第一级派生收入增量($\Delta Y_1 = 100$ 万元)。假定边际消费倾向为 0.8,那么,在这第一级派生收入增量 100 万元中就有 80 万元用于消费,从而形成第一级派生消费增量(ΔC_1)80 万元。这 80 万元消费增量,又会引起生产消费品的部门增加收入 80 万元。这是由 100 万元投资增量引起的第二级派生收入增量(ΔY_2),假定边际消费倾向仍为 0.8,那么,第二级派生收入增量(ΔY_2)80 万元,又会引致 64 万元消费增量,而 64 万元的消费增量,又会引起另一些部门的第三级派生收入增量(ΔY_3)64 万元……如此循环下去,最终会形成多少国民收入增量呢?表 3 - 1 显示了投资增量与国民收入增量之间的连锁反应关系。

在表 3 - 1 中,ΔY 为国民经济各部门累积的收入增量。

$$\Delta Y = \Delta Y_1 + \Delta Y_2 + \Delta Y_3 + \cdots$$

$$\Delta Y = 100 + 80 + 64 + \cdots$$

$$= 100 \times (1 + 0.8 + 0.8^2 + 0.8^3 + \cdots)$$

"…"表示被加总的是无穷项,因此,上式可简化为

$$\Delta Y = 100 \times \frac{1}{1-0.8} = 100 \times 5 = 500 \text{（万元）}$$

表3-1 投资增量与国民收入增量之间的连锁反应关系　　　　（单位：万元）

ΔI 投资增量	ΔY 收入增量	ΔC 消费增量	ΔS 储蓄增量
100 →	$\Delta Y_1 = 100$	$\Delta C_1 = 80$	20
	$\Delta Y_2 = 80 = 100 \times 0.8$	$\Delta C_2 = 64$	16
	$\Delta Y_3 = 64 = 80 \times 0.8$	$\Delta C_3 = 51.2$	12.8
	…	…	…
合计　　　100	500	400	100

100为初始投资增量(ΔI)，0.8为边际消费倾向，投资乘数$K=1/(1-0.8)$，这就是说，边际消费倾向为0.8时，投资乘数为5。投资增量乘以投资乘数，就得到国民收入的总增量。

以MPC表示边际消费倾向，以MPS表示边际储蓄倾向，投资乘数即为

$$K = \frac{1}{1-\text{MPC}} \quad \text{或} \quad K = \frac{1}{1-b}$$

由于MPC+MPS=1，投资乘数亦可表示为边际储蓄倾向的倒数

$$K = \frac{1}{\text{MPS}}$$

可见，边际消费倾向越大，乘数越大，引致收入总量亦越大；反之，边际储蓄倾向越大，乘数越小，引致的收入增量也越小。投资乘数对国民收入的这种连锁反应作用，不仅表现在投资增加会引起国民收入成倍增加，而且在投资减少时，同样会引起国民收入成倍减少。可见，乘数是一把"双刃的剑"。

3) 乘数作用的条件

乘数理论反映了现代经济的特点，即某一部门需求的增加，必然引起其他经济部门的连锁反应，从而使国民收入有更大的增加。

但是，乘数的作用需要一定的条件。这就是在经济中必须存在没有被充分利用的资源。如果经济中的资源都已得到充分利用，国民收入的增加就将受到资源条件的限制，自发需求增加就不可能起到刺激国民收入增加的作用，有时经济中虽然大部分资源未被充分利用，但由于某一种或几种重要资源短缺，使其他闲置资源不能得到充分利用，也会限制乘数的作用，只有在总需求不足的情况下，乘数才能发生作用。除了投资以外，还有政府支出、政府赋税、净出口等都具有乘数作用。

本 章 小 结

在国民经济总量关系中,国民收入核算的主要指标有国民生产总值、国民生产净值、国民收入(狭义)、个人收入和个人可支配收入,其中综合性最强、使用最广泛的是国民生产总值(GNP),它是指一个国家(或地区)在一定时期内所生产的最终产品和劳务的货币总价值。核算国民生产总值的方法主要有两种,即支出法和收入法。支出法是把一年内用于购买所有最终产品和劳务的支出加总起来,收入法是把生产过程中所利用的生产要素的收入加总起来。

在宏观经济分析中,国民收入核算的重点并不在于去具体地统计各项核算指标,而是在于分析国民收入的流量循环过程,通过由简单到复杂的国民收入流量循环原理的分析说明宏观经济活动中两股循环流量的形成及相互关系,即:最终产品和劳务流量=收入流量。

总需求与总供给决定着国民收入的水平。如果总需求小于总供给,表明社会上需求不足,产品卖不出去,这样会导致价格下降,生产收缩,从而总供给减少,国民收入也减少。反之,总供给如果小于总需求,表明社会上供给不足,这样又会引起价格上升,生产扩大,从而总供给增加,国民收入也增加。如果总需求等于总供给,则生产不会收缩也不会扩张,这时的国民收入处于均衡状态。因此,国民收入达到均衡的条件是:

总供给=总需求

即:

$$C+S+NT+IM = C+I+G+EX$$

如果两边同时消去 C,则可得出:

(1) 两部门经济中国民收入均衡的条件是 $S=I$;

(2) 三部门经济中国民收入均衡的条件是 $S+NT=I+G$;

(3) 若把对外贸易也考虑进去,则国民收入均衡的条件是 $S+NT+IM=I+G+EX$。

人们储蓄的意图与人们投资的意图是不一致的。储蓄行为取决于人们的消费模式,是随国民收入增加而增加的,边际消费倾向小于 1 是重要的特征。投资行为则更多取决于外部经济环境,尤其是利率水平和未来经济前景的预期。

投资支出对总需求有乘数效应,即投资支出增加所引致的总需求增加会数倍于其本身。如果自发投资增量为 ΔI,引致国民收入增量为 ΔY,则 ΔY 与 ΔI 之比称为"投资乘数"。

思考与练习

1. 基本概念

国民生产总值 净投资 总需求 总供给 投资乘数 MPC MPS

2. 计算题

(1) 假设 GNP=5000,个人可支配收入是 4100,政府预算赤字是 200,消费是 3800,贸易赤字是 100,试计算储蓄、投资、政府支出各多少?

（2）若 GMP=1000，政府支出=250，消费=500，净出口=100，预算赤字=40，那么个人可支配收入为多少？

（3）国民收入为 1500 亿元时，储蓄为 500 亿元，而当国民收入增加为 2000 亿元时，储蓄增加为 800 亿元，试计算边际消费倾向、边际储蓄倾向。

（4）设消费函数为：$C=100+0.8Y_D$，税收函数为：$T=5+0.25Y$，投资为 $I=100$，政府支出 $G=200$，问均衡国民收入是多少？

3. 讨论题

国民收入中的基本总量有几个？它们是什么？这些总量之间的关系如何？

第4章 宏观经济政策

宏观经济政策是政府对经济活动进行干预的重要方式之一,是指政府对宏观经济运行过程进行管理与调节,实现经济均衡增长的各项政策的总称。西方国家实施宏观经济政策的主要目标一般包括充分就业、价格稳定、汇率稳定、经济稳定增长和国际收支平衡。宏观经济政策就其内容来看,主要包括:财政政策、货币政策、收入政策、就业政策以及汇率政策等。由于财政政策和货币政策在宏观经济政策中占主导地位,因此本章着重介绍财政政策和货币政策,并分析有关政策措施在实现宏观经济目标中的效应。

4.1 财政政策

财政政策是指政府直接使用调节税收或增减政府支出的方法以达到特定的经济目标的政策及措施,是政府通过调节社会总需求以影响某些经济总量的行为。它的最终目标是实现充分就业,物价稳定。以及在物价稳定下可能达到的经济增长和国际收支平衡。它的直接目标是扩张或抑制总需求,从而达到促进经济的复苏或抑制经济的过度膨胀的目的。

4.1.1 国家财政

财政包括政府收入和政府支出两个方面。政府收入包括税收和公债,政府支出包括政府购买和政府转移支付。

税收是国家或政府为实现其职能的需要,凭借其政治权力,按照预定的标准,强制无偿地征收货币或实物的一种形式。在政府收入中,税收占据最重要的地位。根据不同的标准,税收可进行不同的分类。例如根据征收对象,税收可以分为财产税、所得税和商品税。按纳税方式,税收又可以分为直接税和间接税,等等。

公债是政府依据有借有还的信用原则,通过发行政府债券筹集财政资金的一种形式。它以其自愿性和有偿性区别于税收收入方式。公债是政府的债务,包括中央政府的债务和地方政府的债务。其中,中央政府的债务叫做国债。政府借债的形式一般有短期借债、中期借债和长期借债。各种政府债券和记账收据是政府借债的凭据。

政府购买是指各级政府对商品和劳务的购买,如购买军需品、机关办公用品、支付政府公务员报酬等项费用。

政府转移支付是指政府在社会福利保险、政府公债的利息支付、失业补助和救济金方面的支出。政府对农业的补贴一般也被看做是政府转移支付。

4.1.2 财政制度的内在稳定器作用

所谓财政制度的内在稳定器作用,是指财政制度本身所具有的能够根据经济波动自动调节政府税收与转移支付的功能。内在稳定器的特点是:当国民收入下降时,它会自动地引起政府支出的增加和税收的减少,从而阻止国民收入进一步下降;当国民收入增加时,它又会自动地引起政府支出的减少和税收的增加,从而避免经济的过度膨胀。在这个过程中,政府没有采取行动,全凭财政体系本身的调节。

具有内在稳定器作用的项目主要有个人所得税和公司所得税,以及各种政府转移支付。个人所得税和公司所得税有其固定的起征点和税率。当经济萧条时,由于经济衰退导致个人收入减少,符合纳税规定的人减少,在纳税人中应缴的税额也相应减少,这样,税收也会自动减少,从而抑制了消费与投资的减少,有助于维持总需求,减轻萧条的程度。当经济繁荣时,由于收入增加,使符合纳税的人数增加,在纳税人中应缴的税额也相应增加,这样,税收也会自动增加,从而抑制了消费与投资的增加,有助于减轻由于需求过大而引起的通货膨胀。因此,政府税收在经济萧条时降低,在通货膨胀时提高,这种自动伸缩性与政府意图相吻合,起到了缓和经济波动的作用。

失业救济与其他福利支出这类转移支付也有其固定的发放标准。当经济萧条时,由于失业人数和需要其他补助的人数增加,这类转移支付会自动增加,从而抑制了消费与投资的减少,有助于减轻经济萧条的程度。当经济繁荣时,由于失业人数和需要其他补助的人数减少,这类转移支付会自动减少,从而抑制了消费与投资的增加,有助于减轻由于需求过大而引起的通货膨胀。因此,政府转移支付在经济萧条时增加,在经济膨胀时减少,这种自动伸缩性也符合政府意图,同样起到了缓和经济波动的作用。

内在稳定器是政府稳定经济的第一道防线,它在轻微的经济萧条和通货膨胀中往往起着良好的稳定作用。但是,当经济发生严重的萧条和通货膨胀时,它还不足以完全消除经济的波动。因此,还必须依靠政府有意识地运用酌情使用的财政政策和货币政策。

4.1.3 酌情使用的财政政策

酌情使用的财政政策是政府根据既定目标和对经济形势的分析,通过财政收入和支出的变动主动采取的增减政府收支以影响客观经济活动水平的经济政策。具体来说,在经济萧条时实行扩张性的财政政策,在经济膨胀时实行紧缩性的财政政策。因此,这是"逆经济风向行事"的政策。

1) 扩张性的财政政策

在经济萧条时期,总需求小于总供给,经济中存在失业,政府就要通过扩张性的财政政策来刺激总需求,以实现充分就业。扩张性的财政政策包括增加财政开支和减少税收。增加财政开支包括政府在建造港口、修筑公路、兴建住宅等公共工程方面支出的增加;在退伍军人津贴和失业救济金等转移支付方面支出的增加;在购买各种政府部门所需商品与劳务方面支出的增加。这既有利于刺激私人投资,又可以增加个人消费,从而刺激总需求,有利于充分就业的实现。政府降低公司所得税、个人所得税税率,同样可以起到刺激私人投资,增加个人消费的目的。

2) 紧缩性的财政政策

在经济膨胀时期,总需求大于总供给,经济中存在通货膨胀,政府则要通过紧缩性的财政政策来压抑总需求,以实现物价稳定。紧缩性的财政政策包括减少政府开支和增加税收。政府在公共工程支出以及政府购买等方面的减少有利于抑制投资;政府转移支付的减少可以减少个人消费,从而压抑总需求。而增加公司所得税和个人所得税同样能起到抑制投资,减少消费,从而压抑总需求的作用。

4.1.4 赤字财政政策

在经济萧条时,应实施的财政政策是增加政府开支,减少政府税收,这样必然会出现支出超过收入的结果,由于其通常在财政账户上用红字标出,故称财政赤字。凯恩斯认为,必须放弃财政收支平衡的旧观念,使财政政策为实现充分就业服务,实施赤字财政政策。因此,赤字财政政策是酌情使用的财政政策的指导思想,而酌情使用的财政政策是财政政策指导思想的实现和贯彻。

政府实行赤字财政政策是通过发行公债来进行的。公债是政府对公众的债务,或公众对政府的债权。它不同于税收,是政府运用信用手段筹集财政资金的特殊形式。当政府支出大于收入时,为了弥补财政赤字,政府除了增加税收、减少支出、银行借款、国际贷款外,一般采用发行公债的办法。那么,公债卖给谁才能起到弥补财政赤字,刺激经济的作用呢?如果将公债直接卖给厂商或公众,会减少厂商与公众的投资和消费,不能起到扩大总需求的作用;如果由商业银行直接购买公债,则会减少商业银行的贷款,同样起不到刺激总需求的作用。只有把公债卖给中央银行,才能起到弥补赤字、扩大总需求,从而刺激经济的作用。具体做法是:政府(通常由财政部代表)把公债券作为存款卖给中央银行,中央银行向财政部支付货币,财政部则可以用这些货币来安排各项支出,或用于增加公共工程,或用于政府购买,或用于增加转移支付,以刺激总需求,促进经济增长。

4.1.5 财政政策的局限性

财政政策对总支出的调节是直接而猛烈的,若运用得当,可以获得显著的政策效应。但实际上存在大量因素限制其作用,这些限制因素主要有以下几个方面。

1) 政策时滞

一项政策从提出方案到产生效果,需要一定时间。首先,需要一定时间观察分析经济活动状况,预测未来变化趋势,以确认是否应当采取和采取何种政策;其次,要确定一项政策,特别是税收政策的变化,还需经过反复论证,经过长时间的立法程序;再次,政策变量还需一定时间才能输入经济和产生效果。由于存在时间滞后,根据确定经济形势所实施的逆向调节政策会因形势变化而失效,甚至会产生与预期相反的效果,加剧经济波动。

2) 利益集团的阻挠

财政收支变动必然产生收入再分配效应,从而受到特定利益集团的阻挠。例如增税、消减转移支付、压缩公共福利开支,会受到要求维持既定收入和福利水平的选民反对;减少政府购买,会受到有关企业集团的反对;即使政府增加公共福利及其他公共设施上的支出,也会被一些有关企业认为是政府与民争利而遭到反对。各种利益集团或是直接向政府施加压力,或是通过院外集团影响立法机构阻挠财政政策的实施。

3) 预期的影响

对政府将要实施的政策,人们会根据自己对经济形势变化和对政府政策的预期,预先做出符合自己利益的行为调整,抵消政策作用。在经济面临衰退压力时,政府试图通过减税刺激私人部门支出,但如果家庭预期物价水平将在衰退期下降,可能持币待购;而企业则会因预期收益流量下降不愿投资,故总支出并不必然因减税而扩大。面临通货膨胀压力,即使政府减少开支,也会由于家庭预期物价上涨超前购买、企业预期收益扩大增加投资降低政策效能。

4) 挤出效益

政府为反衰退而举债,即使不会直接挤占私人部门支出,但在货币供应量不变的条件下,也必然导致市场利率上涨,从而抑制本来就已不足的投资和消费。扩张性财政政策的这种作用称为政策的挤出效应。由于挤出效应,政府的扩张性政策至少会部分地由于私人部门支出下降而被抵消。

4.2 货币政策

货币政策是实现宏观金融调控的最主要的政策手段,它是通过对货币供应量的调节和控制来实现货币总供给与总需求的平衡。要了解货币政策,必须先具备货币政策的一些基本知识。

4.2.1 货币政策的基本知识

1) 银行制度

银行分为两类:中央银行与商业银行。中央银行是一国的最高金融当局,它统筹管理全国金融活动,实施货币政策以影响经济。中央银行是国家的银行,它的主要职责是:第一,作为商业银行的银行,接受商业银行的存款,向商业银行发放贷款,并领导与监督商业银行的业务活动。第二,代表国家发行货币。第三,运用货币政策调节经济。我国的中央银行是中国人民银行。

商业银行是从事具体金融业务的银行。商业银行一般是指以办理工商企业存、放贷款和居民储蓄为主要业务,以牟取利润为主要目标的信用机构。它所从事的主要业务有负债业务、资产业务和中间业务。负债业务主要是吸收存款,包括活期存款、定期存款等。资产业务主要包括放款和投资。放款业务是为企业提供短期贷款,包括票据贴现、抵押贷款等。投资业务是购买有价证券以取得利息收入的业务。中间业务是指代替顾客办理支付事项和其他委托事项,从中取得手续费的业务。

2) 商业银行制造货币的机制

商业银行资金的主要来源是存款,它经营的主要目的是通过放款或投资以赢利。为了应付存款客户随时取款的需要,确保银行的信誉与整个银行体系的稳定,银行不能把全部存款放出,必须保留一部分准备金。准备金的多少是按法定准备率来确定的。法定准备率是中央银行以法律形式规定的商业银行所吸收存款中必须保持的准备金比例。商业银行在吸收存款后,必须按法定准备率保留准备金,其余的部分才可以作为贷款放出。例如,如果法定准备率为30%,那么,商业银行在吸收了100万元存款后,要留出30万元做准备金,其余70万元方可作为贷款放出。

由于商业银行的活期存款可以用支票在市场上流通,所以,活期存款的增加就是货币供给量的增加。客户在得到商业银行的贷款后,一般并不取出现金,而是把所得到的贷款作为活期存款存入同自己有业务往来的商业银行,以便随时开支票使用。这样,银行贷款的增加同样意味着活期存款的增加和货币供给量的增加。所以,商业银行的存款与贷款活动就会创造货币,在中央银行货币发行量并未增加的情况下,使流通中的货币量增加。而商业银行所创造货币的多少,取决于法定准备率。下例可以清楚地说明这一点。

假设法定准备率为20%,最初某商业银行A所吸收的甲客户的存款为100万元,A银行可以放款80万元,即100×(1−20%)。得到80万元贷款的客户乙把这笔贷款存入同他有业务往来的银行B,银行B又可以放贷款64万元,即80×(1−20%)。得到这64万元贷款的客户丙又把这笔贷款存入同他有业务往来的商业银行C,C银行又可以放款51.2万元,即64×(1−20%)。这样继续下去,整个商业银行系统可以增加500万元存款,即100万元的存款制造出了500万元的货币。

如果以 K 代表最初存款总额,以 R 代表法定准备率,则商业银行体系所能创造出的货币量 D 的公式是

$$D = \frac{K}{R}$$

由此可以看出,商业银行体系所能创造出来的货币量与最初存款成正比,与法定准备率成反比。

3) 金融市场

金融市场又称公开市场,是各种信用工具交易的场所。它分为货币市场与资本市场。货币市场是从事短期信用工具买卖的场所,是短期信用工具与货币相交换的市场。在货币市场上交易的短期信用工具包括商业票据、国库券、银行承兑票及可转让的定期存单等。资

本市场是从事长期信用工具买卖的场所。长期信用工具一般指借贷期限在一年以上的信用工具,如公债、公司债券、股票以及房地产抵押单据等。

4.2.2 货币政策

货币政策目标要服从国家经济目标。货币政策目标分为货币政策最终目标和货币政策中间目标,它们共同构成货币政策的目标体系。

1) 货币政策目标

货币政策的最终目标是指货币政策预期最终达到的结果,也是市场经济宏观调控的目标。通常包括经济增长、物价稳定、充分就业和国际收支平衡。货币政策的最终目标与宏观经济政策的目标基本上是一致的。货币政策的最终目标是一个长期起作用的经济目标。为了确保最终目标的实现,中央银行还必须设立中间目标,以随时了解货币政策的执行情况,并通过修正货币政策的中间目标在传导过程中的偏差,以达到预期的最终目标。

我国货币政策的中间目标主要包括以下几项指标。

(1) 现金量指标。在我国货币量中,现金占有较大比重,如果现金失控,就会给经济发展带来不利的影响;同时,现金又与个人货币收支直接相联系,控制和调节现金是控制和调节消费基金的重要手段。此外,追加发行现金是存贷差额的最后弥补者。因此,以现金作为货币政策的中间目标,可以较灵敏地考察发展中存在的问题和货币流通稳定的情况。

(2) 货币供应量。货币供应量与经济及货币政策都有直接联系,它既是经济发展的结果,又是银行调节经济的工具,因此它是货币政策的重要中间目标。

(3) 剩余储备。所谓剩余储备是指商业银行(在我国指专业银行)在法定准备金以外在中央银行的存款。一方面,剩余储备与经济发展呈相反趋势;另一方面,中央银行又通过调节商业银行的剩余储备影响经济发展。因此,可以把剩余储备作为货币政策的一项中间目标。

(4) 基础货币。基础货币是指能够派生出信用货币的货币,主要由中央银行对商业银行的再贷款形成,对于控制货币供应量具有直接关系。因此,控制基础货币是货币政策的重要中间目标。基础货币由流通中现金和存款准备金构成。存款准备金包括两部分:法定准备金和超额准备金。基础货币与一般货币有区别,第一,它是中央银行的负债;第二,它由中央银行直接控制;第三,它具有扩张和收缩货币总量的特殊功能。

(5) 商业银行的贷款总规模。控制商业银行的贷款总规模是货币政策的重要中间目标。它有利于控制货币投放总量,稳定货币价值和物价。

2) 货币政策工具

中央银行的货币政策目标被确定以后,就需要一套行之有效的政策工具,来保证货币政策目标的实现,同时加强中央银行对宏观经济调控的功能。中央银行调节经济的基本做法是控制一般商业银行的信贷活动,从而控制货币供给量,通过货币供给量来影响经济。中央银行最重要的一项职能是控制货币供给,中央银行能够改变货币供给有三个政策工具,它们包括法定准备金、贴现率和公开市场业务。

（1）法定准备金。中央银行可以使用的最简单的工具是改变法定准备金，法定准备金是中央银行规定每个银行作为准备金必须持有的货币的最低数目。各银行根据国家法律的有关规定，在其存款总额中按照一定比例向中央银行提交存款准备金，这一比例叫法定准备金率。法定准备金率是由中央银行决定的。虽然在原则上，政府能够要求银行以各种形式（现金、政府债券、黄金）持有准备金，但是中央银行还是要求银行以在中央银行的存款形式持有准备金，这部分地是为了便于监督法定准备金的执行情况。法定准备金的存在，为中央银行提供了可以用来影响经济中的货币信用数量的强大工具，虽然中央银行不经常使用这个工具。

假设最初银行被要求保持相当于存款的10%的准备金，如果法定准备金率下调到5%以后，每个银行会发现有了超额准备金——超过法定数量的准备金，这就是说，每个银行有能力贷更多的款了。过去，由于缺少资金，银行可能拒绝给一些它认为有价值的项目贷款，现在它将发放这些贷款。新贷款被使用出去以后，会创造新存款，并且将带来进一步的贷款，于是又启动了一个乘数过程。就这样，中央银行通过随时调整准备金率来调节流通中的货币量。当经济扩张发生通货膨胀时，中央银行通过提高准备金率，迫使银行和其他金融机构紧缩信贷，减少市场货币供应量；当经济处于衰退时，中央银行降低准备金率，使得银行扩大信贷规模，增加市场货币供应量。但是调整准备金率，紧缩银根，是一个可能会引起振动的手段，只在不得已情况下才使用。

（2）贴现率。第二个货币政策工具是贴现率。如前所述，中央银行被称作银行的银行，因为它们借钱给银行并且保管银行的存款。银行从中央银行借款的利率被称作贴现率。当贴现率较高时，银行也倾向于索要较高的利率，从而使银行贷款变得不大容易得到。

如果一个总是将准备金保持在最低水平的银行，它贷出所有不用于准备金的资金。当贴现率提高的时候，银行必须支付给其他银行的借款利率也随之升高。贴现率作为从事商业的直接成本影响到这个银行。如果它本身必须为借款付给中央银行更多，它必定向自己的顾客索要更多。

如果一个银行奉行保守的政策，并且以国库券或其他流动资产的形式握有更多的资金，那么一次大规模提款带来的只是小的调整，银行出售它的一些流动资产即可。贴现率的提高，使得银行在资金短缺时从中央银行借款的代价变高，从而促使银行握有更多的流动资产以便将来借得少些。

中央银行不仅使用较高的贴现率抑制银行的贷款，它还限制以贴现方式获得贷款的机会。这就是说，中央银行甚至可能拒绝给一个银行贷款。这种行为迫使银行采取成本更高的补救方法去满足中央银行所确定的法定准备金。

贴现率是中央银行直接规定的惟一利率，所有其他利率是由市场上的需求和供给的力量来决定的。但是由于中央银行能够影响银行的贷款意愿，它可能同时影响银行索要利率和它们付给储户的利率。中央银行只能间接地影响这些利率。

降低贴现率可以鼓励银行更多地贷款，从而增加货币供给量，降低利率。提高贴现率则有相反的作用。调整贴现率只有在银行体系缺乏准备金并需要向中央银行借款以作为准备金时才能发挥作用。

中央银行使用贴现率更多地是为了表明其意图,而不是为了发挥贴现率的直接影响。当中央银行降低贴现率时,市场知道中央银行有意使经济活动中的信用更容易得到;当它提高贴现率时,情况则相反。另一方面,贴现率经常被改变以便反映利率的变化。

中央银行通过调整贴现率,来调节银根的松紧。当需要紧缩信用规模时,提高贴现率,抽紧银根;当需要扩大信用规模时,降低贴现率,放松银根。这项政策比较温和。

(3) 公开市场业务。公开市场业务是中央银行控制货币供给的最重要工具。公开市场业务是指中央银行在公开市场上买卖各种有价证券和票据的业务,并通过这项业务活动来调节货币供应量。中央银行在公开市场业务中买卖的主要是政府债券,特别是期限在一年以下的国库券。在通货膨胀时期,中央银行卖出债券,债券价格下跌,公众愿意购买,银行回笼货币,使货币供给量减少,利率提高,从而抑制总需求的增长,达到抑制通货膨胀的目的。在经济萧条时期,中央银行买进债券,这等于向市场投放货币,增加货币供给量,引起利率下降,从而达到刺激总需求的目的。

因此,中央银行用三种间接方法控制货币供给和银行创造信用的活动:通过公开市场业务,它影响准备金的供给;通过法定准备金,它影响银行相对于其存款必须保持的准备金数量;通过贴现率,它影响持有过少准备金的成本;通过改变准备金的供给量、法定准备金数量以及不保持足够准备金所必须支付的代价,中央银行影响银行的可贷款数额,以及与以流动形式(如国库券)持有资产相比,进行贷款对银行的吸引力。

在这三种工具中,中央银行最经常使用公开市场业务。相对于可以做到微调的公开市场业务来说,贴现率和法定准备金率的改变被看做是激烈的手段。因此,法定准备金率和贴现率的改变被用来宣告货币政策的重大变化,但是这两种政策并不经常使用。最经常使用的是公开市场业务,因为这项政策比较温和,可以对经济起到微调的作用。

4.2.3 货币政策的手段

货币政策是政府通过控制货币供给,影响利率及经济中的信贷供应程度所组成的。其核心是通过对货币供应量的调节和控制来扩张或抑制社会总需求水平,从而实现社会总供给与社会总需求的平衡。货币政策分为扩张性的、紧缩性的和均衡性的三种类型。

1) 扩张性货币政策

扩张性货币政策是指通过提高货币供给增长率,从而增加信贷的可供量,随之降低利率,来刺激总需求的增长。这种政策使用的条件是:总需求不足、资源未被充分利用、失业率很高,即经济萧条时选择这种货币政策最为合适。

扩张性货币政策是以凯恩斯的理论为依据的。按照凯恩斯的理论,在西方经济处于萧条时期,采取扩张性货币政策,既可以扩大社会支付能力,又可以降低利率,而低利率既能刺激消费,又能刺激投资。但是,必须注意到,不断促进货币扩张,货币供应扩大,其结果又将使利率呈上升趋势。因为继续刺激经济,就会使货币的需求上升,货币需求上升又必然引起利率提高,投资下降,结果导致总需求下降。

2) 紧缩性货币政策

紧缩性货币政策是指通过降低货币供给增长率,从而减少信贷的可供量,随之提高利率,来削弱总需求的增长。使用的条件是:在通货膨胀严重时期,经济过热情况下,选择这种货币政策最为合适。

从扩张性货币政策、放松银根,转到紧缩性货币政策、抽紧银根,可以是主动采取措施的结果,例如在公开市场上出售债券,提高准备金和贴现率等;也可以是被动的,例如在信贷需求日益增长情况下,没有相应增加准备金。但是必须注意到,紧缩性货币政策的主要功能是抑制总需求的增长,使总需求的增长较快地落后于总供给的增长。紧缩性货币政策的这种功能,在不同经济状况下的调节效应是不同的。

(1) 在货币发行过度,总需求严重超过总供给的情况下,紧缩性货币政策会使货币供应量小于货币的实际需要量,从而使货币供应量所代表的总需求减少,最终会有效地抑制总需求的迅速增长,使总需求与总供给趋于平衡。

(2) 在货币发行适度,总需求与总供给大体平稳的情况下,紧缩性货币政策会使货币供应量小于货币的实际需要量,从而抑制总需求的正常增长,造成总需求低于总供给的增长,使有些产品的销售发生困难,经济出现停滞。

(3) 当货币供应量小,总需求过分地小于总供给的情况下,紧缩性货币政策会使货币供应量更小于货币的实际需要量,从而进一步抑制总需求的增长,造成有效需求的极度疲软,使产品销售的困难更大,生产能力的闲置和浪费更大。

由此说明,紧缩性货币政策只有在总需求严重膨胀,即通货膨胀严重情况下采用,才有利于经济运行,而在总需求与总供给大体平稳和有效需求不足的情况下,则一般不宜采用。

3) 均衡性货币政策

均衡性货币政策的主要内容是,按照国内生产总值增长率确定货币供应量增长率,以使货币供应量形成的社会需求与总产出之间保持一种对等的关系。可见,均衡性货币政策着眼于经济的稳定,力图在总需求与总供给之间保持平衡。这时,币值也必然是稳定的,故均衡性货币政策有时又被称为稳定货币政策。

均衡性货币政策是指通过调整国内生产总值增长率来控制货币供应量,从而使货币需求大体相等。使用的条件是:总供给和总需求大体上是平衡的。均衡性货币政策的调节功能是促进或保持总需求与总供给的平衡。在社会总需求膨胀且超过总供给的条件下,中央银行依据均衡性货币政策,可以控制货币供给量,对过度的市场需求起到抑制作用,在社会有效需求不足,总供给严重超过总需求的条件下,中央银行依据均衡货币政策,可以扩张自己的资产业务,增加货币供应量,改变因货币供应不足而使需求萎缩的状况,有效地调节总需求和总供给的关系。

货币政策是经济理论在宏观经济管理中的具体实践。一定的货币政策总是代表着某一经济理论流派的理论观点和政策主张。例如,第二次世界大战后的很长一段时间,西方各国政府普遍接受凯恩斯经济理论的影响,普遍推行了通货膨胀的货币政策。20世纪70年代末,面对"滞胀"的顽症,货币主义理论应运而生,不少国家政府又转而采取了货币主义控制货币供应量增长的政策主张。因此,货币政策的变动既受现实经济形势的制约,又受经济理论的影响,货币政策及其措施带有明显的理论倾向性。而且对于货币政策的宏观调控能力应当有一个正确的估计。既不应轻视货币政策的宏观调控作用,又不要过分夸大货币政策的效果。应当承认货币政策有一定作用,但其作用是有局限性的。

4.2.4 货币政策实施中的困难

如同财政政策一样,货币政策在实施过程中也会遇到各种困难。

如果说在通货膨胀时期实行紧缩的货币政策可能效果比较显著的话,在经济萧条时期实行扩张性的货币政策的效果就不是很明显。因为在萧条时期,厂商对经济前景普遍持悲观态度,即使中央银行松动银根,降低利息率,投资者也不愿增加贷款从事投资活动;而银行为安全起见也不肯轻易贷款。所以,货币政策作为反衰退、反萧条的政策,其效果相当微弱。

货币政策的作用也有一个时滞问题。中央银行变动货币供给量,要通过影响利息率再影响投资,然后再影响就业和国民收入。因而,货币政策的作用要经过相当长一段时间才会得到发挥。尤其是市场利率变动以后,投资规模并不会很快发生相应变动。因为当市场利率下降以后,厂商想扩大生产规模,从各方面都需要一个过程。而当利率上升以后厂商想缩小生产规模,则更不是一件容易的事,已经上马在建的工程难以下马,已经启用的职工要解雇也不是轻而易举的事。在这样一个相当长的过程中,经济形势有可能发生与人们原先的预料相反的变化,那么,货币政策作用的积极一面就更难表现出来。

公开市场业务是货币政策中最重要的工具,但由于公众的不配合使之容易流于失败。例如,在经济萧条时期,公众不一定卖债券,而在经济膨胀时期,公众也不一定买债券。

其他因素如国际金融市场的变动、政治因素和其他政策措施的影响等也会削弱货币政策的积极作用。

4.2.5 财政政策与货币政策的配合

财政政策和货币政策是调节宏观经济的两大支柱,二者不存在优劣强弱之分。但是,它们之间又存在着明显的差别,有各自的特点,在运用政策配合时对此必须予以重视。

1) 财政政策与货币政策的特点

宏观财政政策和货币政策的具体措施有各自的特点,主要表现在:

(1) 作用程度不同。政府支出的增加和法定准备率的调整对经济的影响比较猛烈,而税收政策与公开市场业务对经济的影响则比较缓和。

(2) 政策效应的"时滞"不同。货币政策可以由中央银行决定,中央银行是比财政部具有更高独立性的机关,可以根据经济运行的变化和需要,及时做出决策,进行短期和瞬间调节,作用比较快。而财政政策从提案到经权力机构讨论、通过,要经过一段相当长的时间。

(3) 政策发生影响的范围大小不同。财政政策中政府支出政策影响面比较大,而货币政策中公开市场业务的影响比较小。

(4) 政策受到的阻力的大小不同。财政政策中增税与减少政府支出受到的阻力较大，而货币政策所受到的阻力一般较小。

总之，财政政策具有较强的稳定经济的功能，货币政策具有较强的搞活经济的功能。了解政策的不同特点，便于在需要对经济调节时准确把握政策效应，尽量减少经济波动。

2）财政政策与货币政策的配合

在运用政策手段时，要根据这些手段的特点，或单独使用，或配合使用。

(1) 要根据宏观经济活动状态采取不同的政策手段。宏观经济活动状态是经济政策发挥作用的领域，是选用政策手段的现实依据。当经济发生严重倒退时，就不能运用缓慢的政策，而要运用作用比较猛烈的政策，比如大幅度增加政府支出、举办公共工程等。相反，当经济开始出现衰退的征兆时，就不能采取作用猛烈的政策，而应采取某些作用缓慢的政策，如有计划地在金融市场上收购债券以便缓慢地增加货币供给量，降低利息率。

(2) 要善于把各项政策手段搭配起来使用。如果社会总需求严重不足，可以采用扩张性的财政政策和扩张性的货币政策，以便更有效地刺激总需求。如果社会经济出现严重的通货膨胀，可以采用紧缩性的财政政策和紧缩性的货币政策，以便更有效地抑制总需求。如果国家财政严重失衡，财政赤字高居不下，居民储蓄保持在较高水平，信贷资金出现大量节余，市场疲软，商品积压严重，就应使用紧缩性的财政政策与扩张性的货币政策相配合的手段，以便既能降低利息率、增加投资，又能减少政府支出，稳定价格水平。如果国家财政收支状况良好，收入大于支出，现有财源可以支持财政支出的增长，企业和居民的储蓄率下降，银行信贷资金发生逆差，市场商品销售旺盛，物价存在上扬趋势，就应该将扩张性的财政政策与紧缩性的货币政策配合使用，以便在刺激总需求的同时又不至于引起严重的通货膨胀。

上述几种假设经济形势及相应的政策配合，只是理论分析抽象出的四种模式，实际情况当然比这复杂得多，具体操作要审时度势，随机应变。在操纵经济变量时要缓起动、慢刹车，防止从一个极端走向另一个极端，加剧经济的波动。

本 章 小 结

面对种种现实经济问题，西方经济学家们通过经济问题的分析提出了各自的理论和见解，同时在理论分析的基础上提出调节经济运行，促使国民经济均衡发展的政策建议，作为政府实施经济决策的参考。政府通过制定和实施宏观经济政策对社会经济活动进行干预。当私人投资和消费支出使实际和潜在产出之间出现缺口时，货币和财政政策可以减少缺口以维护价格稳定、高就业和经济稳定增长。财政制度设计中的所谓"内在稳定器"能够自动减少总需求变动对经济的影响，但不能完全消除。财政政策的效果由于对投资的"挤出效应"而被减弱，但它仍对总需求有刺激作用。货币政策是由中央银行通过控制货币供给量实施的，中央银行的工具主要有法定准备率、贴现率和公开市场业务，公开市场业务是货币政策中最主要的武器。财政政策和货币政策单独使用都有一定的困难和局限，配合使用对实现政府的目标和经济稳定增长更加有效。

思考与练习

1. 基本概念

财政政策　财政赤字　挤出效应　政策时滞　货币政策　法定准备率　贴现率

2. 思考题

(1) 什么是财政制度的内在稳定器作用？
(2) 财政赤字怎样弥补？
(3) 中央银行调控货币供给量的政策工具主要有哪三种？它们是如何调节货币量的？
(4) 货币政策有哪三种？各有什么功能？
(5) 假如某银行吸收存款 500 万元，法定准备率为 20%，试计算：①该银行应留多少准备金？②这笔存款最后能创造出多少货币？

3. 讨论题

财政政策有哪些局限性？

第二篇 管理学基础

第5章 管理与管理者

5.1 管理的内涵

一般而言,有人群组织的地方,就有管理活动的存在。在现实的社会生活中,大到国家政府行政管理、公用事业管理、企业经营管理,小至个人家庭管理,管理活动无所不在。可见,凡是由两个以上个人组成的、有一定活动目的的集体都离不开管理,管理成为一切社会活动不可缺少的组成部分,也是人类社会活动中最早掌握的几种基本技能之一。因此,有必要了解什么是管理,为什么要进行管理活动,怎样才能有效地进行管理活动。

5.1.1 管理的定义

究竟什么是管理,或管理的定义如何,至今仍未得到公认和统一。从字面上理解,管理有"管辖"、"处理"、"管人理事"等含义。长期以来,不同的管理学者对管理从不同的研究角度出发,对管理做出了不同的解释。这里仅列举较有代表性的观点。

被称之为科学管理之父的弗雷德里克·温斯洛·泰罗(Frederick Winslow Taylor,1856~1915)给管理下过这样的定义:管理(management)就是"确切地知道你要别人去干什么,并使它用最好的方法去干"[1]。在泰罗眼里,管理就是指挥他人能用最好的工作方法去工作,所以他在其著名《科学管理原理》中就主要讨论和研究两类问题:其一,如何寻找和获得最好的工作方法以提高效率?其二,如何激励人们努力工作以获得最大工作业绩?

法国人亨利·法约尔(Henri Faylo,1841~1925)毕生从事企业管理工作,在其名著《工业管理与一般管理》[2]中,他的管理定义整整产生一个多世纪的影响。法约尔认为:管理是所有的人类组织(不论是家庭、企业或政府)都有的一种活动,这种活动由五项要素组成:计划、组织、指挥、协调和控制。计划包括预测未来和拟定一个行动计划;组织包括建立一个从事活动的双重机构(人的机构和物的机构);指挥包括维持组织中人员的活动;协调就是把所有的活动和工作结合起来,使之统一并和谐;控制则注意使所有的事情都按照已定的计划和指挥来完成。法约尔的这一看法使人相信当你在从事计划、组织、指挥、协调和控制工作时,你便是在进行管理,管理等同于计划、组织、指挥、协调和控制。

诺贝尔经济学奖获得者美国著名管理学家赫伯特·A.西蒙(Herbert A Simon)曾有一句名言:"管理即制定决策。"[3]在西蒙看来,管理者所做的一切归根结底是在面对现实与未来、面对环境与员工时不断地做出各种决策,使组织地一切都可以不断运行下去,直到获取

---

[1] [美] F. W. 泰罗. 科学管理原理. 北京:中国社会科学出版社. 1985
[2] [法] 亨利·法约尔. 工业管理与一般管理. 北京:中国社会科学出版社. 1985
[3] [美] 赫伯特·A. 西蒙. 管理决策新科学. 北京:中国社会科学出版社. 1982

满意的结果,实现令人满意的目标要求。

著名管理学家斯蒂芬·P. 罗宾斯(Stephen P. Robbins)认为:"管理是指同别人一起,或通过别人使活动完成得更有效的过程。"①

这里,过程的含义表示管理者发挥的职能或从事的主要活动。这些职能可以概括地称为计划、组织、领导和控制。

我国管理学专家杨文士教授在其《管理学原理》②一书中认为,能够全面概括"管理"这个概念的内涵和外延的定义是:"管理是指一定组织中的管理者,通过实施计划、组织、人员配备、指挥与领导、控制等职能来协调他人的活动,使别人同自己一起实现既定目标的活动过程。"

著名的管理学权威哈罗德·孔茨(Haloed Koontz)教授在其编著经典《管理学》③教科书中对管理的定义是"管理是在正式组织起来的团体中,通过他人并同他人一起把事情办妥的艺术。"

丹尼尔·A. 雷恩给管理所下的定义则颇有新意,开创了从资源优化配置和利用角度来审视管理内涵的先河。他在其《管理思想的演变》④中指出,"给管理下一个广义而又切实可行的定义,可把它看成是这样的一种活动,即它发挥某些职能,以便有效地获取、分配和利用人的努力和物质资源,来实现某个目标。"

我国著名学者芮明杰教授给管理下的定义有着与雷恩的上述观点相近之处,只是将"人"和"物质资源"统合为资源,而将"某个目标"衍展为目标和责任,同时强调管理的创新性。在其主编的《管理学——现代的观点》⑤一书中他写到:管理是对组织的资源进行有效整合以达到组织既定目标和责任的动态创造性活动。在他看来,计划、组织、指挥、协调和控制等行为活动是有效整合资源所必须的活动,故而它们可以归入管理的范畴之内,但它们又仅仅是帮助有效整合资源的部分手段或方式,因而它们本身并不等于管理,管理的核心在于对现实资源的有效整合。

此外,还有"管理就是通过其他人来完成工作"⑥和"管理就是指由专门机构和人员进行的控制人和组织的行为使之趋向预定目标的技术、科学和活动"⑦等,不一而终。

以上定义均是从不同的侧面,不同的角度揭示了管理的含义,或者是揭示管理的某一方面的属性。在此,我们之所以列举各家之言,一方面为了使大家能够更加完整、准确地理解管理的内涵和本质;另一方面,则试图避免人们过分倚重某个权威或某个流派的观点或评价,从而障碍自己的视野,不利于日后对管理学的应用、创新和发展。

---

① [美] 斯蒂芬·P. 罗宾斯. 管理学. 北京:中国人民大学出版社. 2000
② 杨文士. 管理学原理. 北京:中国人民大学出版社. 1998
③ [美] 哈罗德·孔茨. 管理学. 贵阳:贵州人民出版社. 1982
④ [美] 丹尼尔·A. 雷恩. 管理思想的演变. 北京:中国社会科学出版社. 1986
⑤ 芮明杰. 管理学——现代的观点. 上海:上海人民出版社. 1999
⑥ [美] R. M. 霍德盖茨. 美国企业经营管理概论. 北京:中国人民大学出版社. 1985
⑦ 张尚仁. 管理·管理学与管理哲学. 昆明:云南人民出版社. 1987

5.1.2 管理职能

20世纪初,法国的工业家、管理学家亨利·法约尔在其著名的《工业管理与一般管理》的著作中首次提出了管理职能的概念。他认为,所有管理者都履行着五种管理职能:计划(plan)、组织(organize)、指挥(command)、协调(coordinate)和控制(control)。到了20世纪50年代中期,加利福尼亚大学洛杉矶分校(UCLA)的两位教授:哈罗德·孔茨和西里尔·奥唐奈(Harold Koontz and Cyril O'Donnell),采用计划、组织、人事、领导和控制五种职能作为管理教科书的框架,在此后的20年中,他们合著的《管理学原理》一书成为销量最大的管理教科书。时至今日,最普及的管理教科书仍按照管理职能(management functions)来组织内容。不过一般已将这五个职能精简为四个基本职能:计划、组织、领导和控制。

下面扼要地阐述一下这四个基本职能的内涵。

如果你头脑中没有任何特定的目的地,那么任何道路你都可以选择。由于组织的存在是为了实现某些目的,因此就得有人来规定组织要实现的目的和实现的方法,这就是管理的任务。计划职能(planning)包含规定组织的目标,制定整体战略以实现这些目标,以及将计划逐层展开,以便协调和将各种活动一体化。

管理者还承担着设计组织结构的职责,我们称此为组织职能(organizing)。它包括决定组织要完成的任务是什么;谁去完成这些任务;这些任务怎么分类组合;谁向谁报告;以及各种决策应在哪一级上制定。

每一个组织都是由人组成的,管理的任务是指导和协调组织中的人,这就是领导职能(leading)。当管理者激励下属,指导他们的活动,选择最有效的沟通渠道,解决组织成员之间的冲突时,他就是在进行领导。

管理者要履行的最后一个是控制职能(controlling)。人们设定了目标之后,就开始制定计划,向各部门分派任务,雇佣人员,对人员进行培训和激励。尽管如此,有些事情还可能出岔子。为了保证事情按照既定的计划进行,管理必须监控组织的绩效,必须将实际的表现与预先设定的目标进行比较。如果出现了任何显著的偏差,管理的任务就是使组织回到正确的轨道上来。这种监控、比较和纠正的活动就是控制职能的含义。

我们将在第7章详细介绍管理职能。

5.1.3 管理的基本特征

初步了解管理的概念和管理的基本职能之后,我们便可以进一步把握管理的一些基本特征,因为这样才能更深入理解管理学研究的特点、范围、内容及方法。

管理有以下基本特征:

1) 管理是一种社会现象

只要有人类社会的存在,就会有管理的存在。一般认为,从管理的存在条件上看,管理必须具备两个不可或缺的必要条件:① 管理必须存在于两个人以上的彼此间的集体活动;

② 集体必须拥有其统一的行动目标。

2）管理的实施必须以组织作为其"载体"

管理的实施必须以组织作为其"载体",即管理活动是在一定的"组织"中进行。当前面所讲的集体有统一的目标,并集体成员都为实现这一目标而协同活动时,集体便成为组织。换句话说,组织是管理运行的平台。

3）管理的任务是分层次的

在一个组织中,管理所做的事情很多,但这些事情的重要性、复杂性或难易程度是不尽相同的。通常,我们依照其涉及的方面的不同可以将管理分为高层管理(top management)、中层管理(middle management)和基层管理(first management)。另外,管理作为一个过程,执行管理任务的人(统称为"管理人员"、"管理者")所发挥着不同的作用,这种作用就是我们通常所说的管理者的职能,也称为管理职能。早期的管理理论将管理分为计划、执行和控制三大职能。法国的法约尔首次提出了管理有五大职能的观点,即计划、组织、指挥、协调和控制。此外,美国的管理学家古利克和孔茨均在管理职能方面提出过较有影响的看法。在实际管理活动中,由于管理者所处的层次不同,他们在执行这些职能时也是各有所侧重。也就是说,他们常常根据所处的不同层次,各有侧重地执行其相应职能。

4）管理的核心是处理各种人际关系

我们知道,管理是以组织为运行平台,而组织实际上是由两个以上有一致认可的目标的人所组成的集体。因此,管理者所面对的是其所管辖的承担着一定工作任务的下属,他的责任就是协调他们的行为("管人"),让他们同自己一道去完成任务("管事"),以实现组织既定的目标。可见,管理者是既管人又管事。然而,组织中的任何事都是由人来具体完成的,管事实际上也是管人。管理活动时时处处都在和人打交道。从这个意义上讲,管理的核心就是处理组织中的各种人际关系。随着人们对管理核心问题认识的深入和理论发展,20世纪中末期诞生了人本管理理论。它认为,从管理的对象上看,分为人和物及信息(抽象物)。但是,在管理者眼里,他们所看到的企业不仅仅是物的堆积,而更应该是人的集合,是由人以赢利为目的而构筑的经济性组织。因此,管理从最根本的意义上讲,就是对人的管理,即调动对物质资源的优化配置以实现组织既定目标的主动性、积极性和创造性,并在通过不断的实践,来锻炼人的意志、脑力、智力和体力,通过竞争性的生产经营或其他社会活动,达到完善人的意志和品格,提高人的智力,增强人的体力,使人获得超越受缚于生存需要的更为全面的自由的发展。

5.1.4 管理的环境

任何组织都存在于一定的环境之中,环境对组织的管理活动会产生各种影响,而组织的管理实践也会作用于环境。

1) 管理环境的构成

环境指存在于组织外部的影响组织绩效的各种因素和力量。根据对组织绩效影响的程度,可以分为一般环境和具体环境。

(1) 一般环境。一般环境指可能对组织的活动产生影响,但与组织的相关性尚不清楚的各种因素,一般包括经济、政治、社会和技术因素。① 经济因素。外部经济因素是指社会整体的经济发展形势和景气状况对组织的影响因素,如经济发展趋势、物价水平、财政金融政策等。经济因素一般从资金来源、人员供给、市场需求等方面影响组织的投入和产出,从而对组织的管理活动有制约作用。就企业而言,一般来说,如果经济形势良好,企业会处于有利地位;如果经济萧条,则企业会面临各种困难。② 政治因素。政治因素是指社会政治形势和各种政治事件所构成的对组织的影响因素,如国家政局的总体稳定性、国际关系、重大国际事件的发生和发展等。政治因素对各种组织的管理活动都会产生影响,比如一个国家的政局稳定,有利于组织长期计划的制定,也是吸引国际投资的必要条件;在国际关系上两国关系的融洽,常会促进跨国公司的投资和合资企业的建立。对管理者而言,在投资决策中考虑政治风险是一项重要的任务。③ 社会因素。社会因素指一个社会中形成的传统风俗、道德观念、价值取向和知识水平等因素的总和。任何组织都是由人所构成的,组织及其人员都处在一定的社会环境之中,要受到社会因素的影响和渗透,从而反映在组织行为和人的行为之中。管理者要考虑到社会因素对组织和员工的影响,根据社会环境的不同特点,采取不同的管理方法和手段。④ 技术因素。技术因素是指科技水平的提高、新工艺和新技术的发明和应用等所构成的因素。技术环境领域的变化是十分迅速的,一个组织要保持和提高自己的竞争力,必须随时关注世界范围内技术发展的趋势。

(2) 具体环境。具体环境指对组织的目标实现有直接影响的外部因素,一般包括供应者、竞争者、顾客、政府管理部门和利益集团。① 供应者。任何组织的正常运营必须拥有一定的人力、物力、财力和信息资源。供应者是指向组织提供资源的单位,如对企业而言,原材料供应商、银行、学校都是它的供应者,分别为其提供原材料、资金和人员。组织在资源供应方面得不到充分保证,就无法完成组织任务、实现组织目标。组织的管理者应寻求以尽可能低的成本保证所需投入的持续和稳定的供应。② 顾客。顾客是组织要满足其某种需求的服务对象。一个组织能否成功,关键在于是否能满足顾客的需要,使顾客满意。因此组织中的管理工作的重要方面就是要正确分析市场需求及其变化趋势,及时开发出满足顾客需要的产品和服务,形成广泛而稳定的顾客群体。③ 竞争者。能够提供相同或可以替代产品的组织相互成为竞争对手。组织之间的竞争是多方面的,主要表现在市场和资源方面的竞争。由于竞争对组织的市场条件和资源条件会造成直接影响,因此组织的管理者必须正确估计自己和竞争对手的势力,根据竞争环境的特点,制定有效的组织发展战略,以期在激烈的竞争条件下立于不败之地。④ 政府机构。政府机构作为行政管理部门,其制定的各种政策和法规在很大程度上制约着组织能做什么和不能做什么,因而对组织目标的实现具有直接的影响。一切组织都应该在政府政策的指导下,在法律允许的范围内进行活动,而一旦政府的政策法规发生了变化,组织的战略也要随之进行调整。⑤ 利益集团。利益集团是指社会上代表某一部分人的特殊利益的群众组织,如工会、消费者协会、环境保护组织等。利益集团虽然没有政府机构那样的权力,但同样可以对各类组织施加相当大的影响。他们可以通过直接向政府部门反映情况,以各种宣传工具制造舆论,从而影响组织的管理活动。事实上,政府所制定的某些政策和法规,正是对某些利益集团要求的反应。

2) 环境与管理间的相互作用

环境因素是客观存在的,组织与环境之间存在着密切的联系,组织的管理活动要受到环境的作用和影响,同时组织也可以有所作为,对一些环境因素采取对策,施加影响。环境对管理的影响主要表现在:

(1) 环境对管理职能的发挥具有重要影响。管理的基本职能的发挥,都要受到环境因素的影响和制约,如在市场竞争十分激烈的条件下,计划工作更要强调灵活性和预见性;领导的风格和模式必须随着环境因素的变化而变化,以确保领导的有效性。管理者应根据环境条件及其变化,选择适当的管理方式和方法,以期最大限度地发挥管理职能的作用,从而实现组织目标。

(2) 环境对管理者具有选择作用。作为一个开放系统,组织不可避免地要受到环境因素的影响,管理活动成效的高低在很大程度上取决于管理者对环境因素了解、掌握、分析和反应的程度,但要弄清环境因素的特点和影响程度并非易事。环境的复杂程度不同,对管理者的素质和能力的要求也不同,如在快速变革的环境中,往往对管理者的胆识和魄力有较高的要求。

环境可以作用于管理活动,管理活动也可以反作用于环境,即活动的结果会导致环境条件发生变化。管理者的行为要适应环境,同时还可以根据组织和环境的特点有意识地采取一些政策,以使得环境因素更加有利于管理职能的发挥和组织目标的实现。

5.1.5 管理中的人性假设

管理学认为,任何一种管理理论、方法或实践都是以一定的人性假设为基础的,如何认识人的本质或本性,是管理学中的重大问题。

由于管理者对人性的不同认识,决定了他们对被管理者采取不同的态度和管理方法。一个领导者在管理中遵循什么样的管理原则,建立什么样的规章制度,设计什么样的组织结构,都与他对人性的看法有关。随着社会的不断进步,人们对人性的认识也不断深入,总体来说,主要有理性人、理性经济人、社会人、自我实现人、复杂人几种假设,每一种假设都说明了人性的一个方面。

1) 理性人假设

什么叫理性,经济学中所说的理性,其渊源发端于18世纪法国思想家提出的与上帝神性相对立的人性,其含义是指:人的行为不应该对虚无的上帝负责,而应当对自己负责,凡是有利于满足自我利益的行为,即属理性行为。充分理性即指人的行为总是为着最大化地满足自身利益,有限理性即指人的行为只能做到力所能及的满足自身的利益。

理性人假设又称为完全理性人说,它是古典经济学家对人性的认识。这种观点认为,任何个人都充分理解自身利益所在,并都能采取正确对策去最大化谋取自身利益,人是能够运用逻辑推理,从事实出发,推出纯粹客观的结论的,而且都能够根据客观的条件和自己拥有的禀赋从许多个可选择项中做出最优的决策。

2) 有限理性人假设

理性人假设曾经统制学术界很长一段时间,直到美国经济和管理学家西蒙对此提出质疑。西蒙认为,要实现完全理性,人们必须符合三个条件:① 每一个人做决策时必须了解影响决策的每一个因素;② 每一个人做决策时必须能够完全估计到每一种可能的结果及其发生的概率;③ 人们有能力对每一种结果的偏好程度进行排序,然而,以上三个条件都不能成立。由于人们通常都不可能获得与决策相关的全部信息,并且,全体个人的大脑思维能力都有限。因此,任何个人,在一般条件下都不可能做到充分理性,而只能拥有"有限理性",人们在决策时不可能追求最优的结果,而只能追求满意的结果。

在人们生活中,面对无力计算清楚的众多变量,不可能具有充分理性,而只能像西蒙所指出的那样,最多只能有个"有限理性",即在可能获得的信息条件下,依照有限的思维能力做出决策,在力所能及的范围内趋利避害。

然而,世上竟然有许许多多人,竟然在生活中违反有限理性。心理学家做过许多试验,发现许多场合下人的行为都是非理性的。弗洛伊德和后弗洛伊德心理学家坚信,人的行为并非全部都由理性计算或由具有明确意识或习惯(包括坏习惯)控制。

3) "经济人"假设,或称为"理性经济人"假设

"经济人"假设,又称为"理性经济人"假设。这种假设认为人的一切行为都是为了最大限度地满足自己的利益,工作的动机是为获得经济报酬。所以组织就以权力与控制体系来保护组织本身及引导员工,以经济报酬来使人们服从和做出绩效。这也是传统古典管理理论对人的看法。"经济人假说"的代表人物是泰罗,美国麻省理工学院的教授麦格雷戈把传统管理对人的看法和"经济人"假说称为 X 理论。

经济人假说的主要内容可以概括为以下几点。

(1) 人生来就是懒惰的,只要有可能就会逃避工作。
(2) 一般人都缺乏雄心壮志,也不愿意负任何责任,宁愿要他人来领导与指挥。
(3) 人生来就以自我为中心,漠视组织的需要。
(4) 人习惯于守旧,反对变革,把个人的安全看得高于一切。
(5) 人是缺乏理性的,本质上不能自律,容易受他人影响,只有极少数人,才具有解决组织问题所需要的想像力和创造力。
(6) 一般人参加工作都是为了自己的生理和安全需要,只有金钱和物质利益才能激励他们工作。

根据"经济人"假设,管理学家们认为应采取如下管理主张与措施:
(1) 管理工作的重点是完成生产任务,提高劳动生产率,对人的感情和愿望漠不关心。
(2) 强调以物质手段刺激员工的劳动积极性,同时对消极怠工者采取严厉的惩罚措施。
(3) 以权力和控制体系来保护组织本身及引导员工。

(4) 订立严格的工作规范,加强法规管制。

(5) 管理是少数人的事,与广大员工无关,工人的责任是干活,听从管理者的指挥。

泰罗制的管理原则就是以"经济人"假设为基础的。与其之前的管理理论相比,"经济人"假设发现了工人工作积极性背后的经济动机,提出在企业管理中,通过制定一个比较先进的标准,施以一套合理的奖励方法,用经济的手段调动员工的工作热情,使其服从指挥,提高生产效率。这是个明显的进步。泰罗所处的时期是社会化大生产刚刚建立的时期,生产力水平相对低下,劳动成为谋生的第一手段,经济动机成为人们积极工作的重要动机,所以建立在"经济人"假设基础上的泰罗制管理模式在当时取得了辉煌的成果,大大促进了生产的发展。但是,随着生产力的不断发展,员工的物质生活水平有了较大的提高,劳动者的主动性和创造性在生产经营活动中的作用越来越重要,"经济人"假设条件下建立起来的管理理论面临着挑战,管理学不得不从仅仅研究科学的生产方法和经济手段向强化人的管理,研究人的需要、动机、行为方向发展,即建立"社会人"假设。

4) "社会人"假设

"社会人",又称为"社交人",这种假设认为,人们的工作动机不只在于经济利益,而更重要的是工作中的社会关系;物质刺激对调动员工的积极性只有次要的意义,只有社会交往需要和尊重需要才是激励员工的最强大动力。换句话说,社会性需求的满足往往比经济上的报酬更能激励人们,所以组织应更加注重从事工作的人们的要求,重视员工之间的关系,培养和形成员工的归属感,提倡集体奖励制度。

梅奥是"社会人"假设的代表人物,他在1927~1932年的"霍桑试验"中第一次证明了"生产率的增进是由于这样一些社会因素,如士气、小组成员间良好的相互关系和有效的管理";"企业经营不仅是一个机器与方法的问题,而且与社会系统相衔接,从而形成一个不完全的社会技术系统的问题"。企业员工应被理解为是与其他人相互结成社会关系而存在的人,即"社会性的人"。"社会人"假设的主要观点有以下几个方面。

(1) 人是"社会人",影响人的积极性的因素除物质因素外,还有社会的心理的因素。

(2) 生产效率的高低,主要取决于员工的士气,而士气则取决于家庭、社会生活及企业中人与人之间的关系是否协调一致。

(3) 在正式组织中存在着非正式群体,这些非正式群体有其特殊的行为规范,对其成员有着很大的影响。

(4) 由于技术进步和工作合理化,使得人对工作本身失去了乐趣和意义,因此,人们便从社会关系中寻求乐趣和意义。

(5) 领导者要了解人,善于倾听和沟通员工的意见,使正式组织的经济需要和非正式组织的社会需要取得平衡。

根据"社会人"假设,管理学家们认为管理中应采取如下措施:

(1) 管理人员不应只注意完成生产任务,而应该将注意的重点放在关心、满足人的需要上。应该重视员工之间的关系,培养员工的归属感和整体感。

(2) 提倡奖励集体的制度,不提倡奖励个人的制度。

(3) 管理人员的职能应当改变,他们的职能不应只限于制定计划、组织工序、检验产品等,而应在员工与上级之间起到联络作用。

(4) 他们既要倾听员工的意见和要求,了解职工的思想感情,又要向上级呼吁、反映员工的意见和要求。

(5) 实行员工参与管理的新型领导方式,即让员工或下级在不同程度上参加企业决策的研究和讨论。

(6) 重视和发挥非正式组织的积极作用,使员工的目标和企业的目标相一致。

社会人假设注意到了员工的精神方面需要,这和以前理论相比是一个重大的进步,该理论的实施提高了员工在企业中的地位,使人性第一次受到较大的尊重,社会人假设指导下的管理实践成为最早的人本管理实践。

5)"自我实现人"假设

最早提出"自我实现人"这一人性观的是阿吉里斯、马斯洛、麦格雷戈等美国心理学家,其中影响最大的是马斯洛。这种假设认为人们除了物质和社会需求之外,还有一种想充分运用自己的各种能力,发挥自身潜力,实现自我价值的欲望和才能;只有人的潜力充分发挥出来,人的才能充分表现出来以后,人才会感到最大的满足。因此,组织应创造条件,在让人们的这种欲望得到满足的同时,也让组织的目标得以实现。

马斯洛的需要层次理论,对人的需要和发展规律进行了论述。麦格雷戈在马斯洛理论的基础上,提出了与X理论相对应的Y理论。

"自我实现人"假设的主要观点如下:

(1) 人并非生来就是懒惰的,要求工作是人的本能。

(2) 在适当的条件下,人们不但愿意而且主动承担责任。

(3) 人有追求满足欲望的需要,职工的自我实现倾向与组织所要求的行为之间并没有矛盾,只要管理适当,人们会把个人目标与组织目标统一起来。

(4) 人并非必然会对组织目标产生抵触和采取消极的态度,形成这种情况的原因,主要是由组织压力造成的。

(5) 人对于自己所参与的工作目标,能实行自我指挥和自我控制。人对企业目标的参与程度,同获得成就的报酬直接相关。

(6) 多数人都具有组织问题的想像力和创造力,在现代工业社会中,人的智力没有充分发挥出来。

根据"自我实现人"假设,管理学家们认为应采取如下管理主张和措施:

(1) 组织应该创造一个有利的制度和环境,使得员工能够充分地发挥自己的潜力和能力,实现自身最大的价值。

(2) 管理者不仅仅是生产任务的指导者或人际关系的调节者,还应该是一个采访者。由于环境往往给个人的才智发挥造成障碍,管理者应该以来访者的身份,找出并尽量排除这些障碍,创造一个适宜的工作环境。管理者的主要任务是寻找什么工作对什么人最有挑战性,最能满足员工自我实现的要求。

(3) 主张用工作内在的报酬来调动员工的积极性,即让人们在工作中获得知识、增长才干、实现自我成就感,从而调动员工的积极性,努力实现组织的目标。

（4）由于人具有自控、自治的能力，因此管理制度要保证员工充分施展才能，主张下放权力，建立决策参与制度、提案制度、劳资会议制度。

（5）制定企业和员工个人的发展计划，把个人目标和组织目标结合起来。

"自我实现人"假设比"社会人"假设又进了一步，它更加关注员工的高层次需要和个人发展，在此基础上的理论第一次提出要把组织目标和员工的个人目标结合起来，管理的行为从原来单纯的"用人"这种功利性目的提高到"发展人"，这是人本管理理论的一大进步。

6)"复杂人"假设

"复杂人"假设是史克思等人在20世纪60年代末、70年代初提出的。他们经过长期的研究发现，人的需要和动机并非如上述几种人性假设那样单一，而是十分复杂的，人既不是单纯的"经济人"，也不是单纯的"社会人"，更不是单纯的"自我实现人"，而是因时、因地、因各种情况采取适当反应的复杂人。"经济人"、"社会人"、"自我实现人"三种假设，虽然各有其合理的一面，但并不适用于一切人，人的需要和动机不仅因人而异，而且一个人在不同年龄、不同时间、不同地点会有不同的表现，并随着年龄的增长、知识的增加、地位的变化而变化。后来，摩尔斯、赖斯克根据"复杂人"假设，提出了一种既区别于X理论，又区别于Y理论的超Y理论，又称"权变理论"。该理论认为，企业管理方式要根据企业所处的内外部条件而随机应变，不存在什么一成不变、普遍适用的"最好"的管理原则和方法。

"复杂人"假设的主要观点如下：

（1）人的需要是多种多样的，而且是随着人的发展和生活条件的变化而变化的，并且需要的层次也不断改变。

（2）人在同一时间内有各种需要和动机，它们会发生相互作用，结合为一个统一整体，形成错综复杂的动机模式，共同决定人的行为。

（3）人在组织中的工作和生活条件是在不断变化的，因而会不断产生新的需要和动机。也就是说，人的动机形成是内部需要和外部环境相互结合的结果。

（4）由于人的需要不同、能力各异，对同一管理方式会有不同的反应，因此，没有一种管理方式适用于任何人。

"复杂人"假设虽然不赞成前几种人性假设，但不要求管理人员完全放弃上述三种人性假设为基础的管理方式，而是要求管理人员根据不同的人、不同的情况，灵活的采取不同的管理措施，即管理方式是环境的函数。

后来，人们根据这一理论并经过大量研究提出，在组织形式上，要根据工作的性质而定，有的采取固定的组织形式，有的则采取灵活、多变的形式。在领导方式上，如果企业任务不明确、工作规程杂乱，应采取严格的领导方式，使企业尽快走上有次序的轨道；如果企业任务明确、分工清楚、工作有序，应更多地采取授权的领导方式，以充分调动下属的积极性。一般地说，对体力劳动者来讲，运用偏向于X理论的管理模式较为有效，对于脑力劳动者，运用偏向于Y理论的管理模式较为有效。

西方管理学的人性假设理论，是随着生产力的发展而先后出现的，它反映了管理学界对人性的认识的不断加深，也反映了在不同的生产力水平下，劳动者地位的不断提高和人们追求的变化。在资本主义初期，人的需要被完全否定和忽视，理性人的假设其实把人看做是一架运转精确的机器,似乎二者之间并无区别。"经济人"假设基础上的科学管理理论的产生,开始承认员工在经济利益上的要求,开始采取一些物质激励手段来调动员工的工作积极性。而当时整个社会生产力水平不高,很多工人的温饱问题尚未解决,员工的需要主要集中在较低层次的生理和安全需要上,所以,物质激励手段在当时确实取到了较好的效果。20世纪30年代以后,随着经济的发展,人们的物质需要得到了较好的满足,员工的需要开始向较高层次转移,比以前更加关注社会和自尊方面的需要。而"经济人"假设基础上的管理措施已不能适应时代变革的需要,劳资矛盾加剧。此时,"社会人"假设应运而生,组织开始关注员工心理、社会的需要,提出了尊重人、关心人、重视人际关系的主张,"人"第一次成为管理的中心,这也是真正意义上的人本管理实践的开始。随后,由于行为科学理论的兴起、人力资本理论的产生、科学技术的发展,人在组织中的作用越来越大,企业的竞争成为人才的竞争,而且人才的需求向更高的层次转移,"自我实现人"的假设反映了当时时代的要求。它对唤起管理界重视人的作用、开发人力资源起了重大作用。人本管理的实践也从"使用人"提高到"发展人"的层次。20世纪60~70年代,由于系统理论的发展,使管理学界对人的认识从片面走向全面,从一个方面考察人发展到全面考察人,因而产生了"复杂人"假设,权变管理的方式更加灵活多变,适应了企业纷繁复杂的环境变化。

以上几种人性假设及其提出的管理主张和管理措施有许多是科学的,至今仍有借鉴意义。例如:"经济人"假设提出的工作方法标准化、制定劳动定额、实行有差别的计件工资制、建立严格的管理制度等,至今仍是管理的基础工作;"社会人"假设基础上提出的尊重人、关心人、满足人的需要、培养职工的归属感、整体感、实行"参与管理"等方法,仍在现代管理中广泛应用;"自我实现人"假设提出的给员工创造一个发挥才能的环境、重视人力资源的开发、重视内在奖励等,都适应了知识经济时代的企业管理潮流;"复杂人"假设提出的因地制宜的管理思想,则更是具有辩证思想的管理原则。

但是,以上几种人性假设又有其各自的弱点,"经济人"、"社会人"、"自我实现人"假设都只是从一个角度说明了人性的一个方面,常常显得不够全面,"复杂人"假设又显得过于空泛,无法把以上几者有效地结合起来。基于上述考虑,一些学者提出了"主观理性人假设"[1],并认为可以实现以上几种人性假设的有效综合。由于理论上尚处探索阶段,加之篇幅限制这里不做介绍,有兴趣者可参阅脚注所列参考文献。

事实上,实际生活中的人是千差万别、千变万化的,绝不是用几种类型就能简单归纳的。实践证明偏信某种"人性"假设都可能会陷入误区。然而也应该看到,这些"人性"假设对管理工作还是具有很大的启示和帮助作用的,至少每种假设都给管理者提供了一种识别人们需求的重要标准。

---

[1] 兰邦化. 人本管理:以人为本的管理艺术. 广州:广东经济出版社. 2000

5.2 管理者

5.2.1 谁是管理者

前面说到,管理的核心就是处理组织中的各种人际关系,这就必然要涉及这种相互关系中的因分工而客观存在的两类成员:管理者(managers)与操作者(operatives)(误:被管理者)。前者是指挥别人(自己的下属)活动的人们,其中某些人也可能同时承担某些作业任务;相反,后者则直接从事某项工作或任务,不具有监督他人工作的职责(没有自己的下属)的人们。

管理者处于组织中的不同层次,其头衔可能各不相同,但他们的工作具有一个共同的特征,即都是通过别人来实现组织的目标并使组织活动得以更有效地完成。管理者要为他人的工作成果负责,而作业者则只对自己的工作负责。正是通过他人,促成他人努力工作,并为他人的工作结果负有责任,这一点构成了区分管理者与非管理者的最基本特征。

5.2.2 管理者的任务

我们知道,管理者是在组织中完成他们的工作任务,那么究竟什么是管理者的任务?简单地说,管理者的任务就是在特定环境下对组织所拥有的有限资源进行有效的整合,以使组织达成预定的目的。管理者的工作绩效如何,从根本上决定着这个组织的整体目标的实现程度,直至影响到组织的兴衰成败和生死存亡。

对于管理者的工作绩效或称管理工作的有效性,人们通常从效率和效果两个方面加以衡量或评价。

1) 效率

效率(efficiency)是管理的极其重要的组成部分,它是指输入与输出的关系。对于给定的输入,如果你能获得更多的输出,你就提高了效率。类似的,对于较少的输入,你能够获得同样的输出,你同样也提高了效率。因为管理者经营的输入资源是稀缺的(资金、人员、设备等),所以他们必须关心这些资源的有效利用。因此,管理就是要使资源成本最小化。

2) 效果

仅仅考察管理工作的效率高低往往是不够的。任何管理工作都必须以活动实现预定的目标(即追求活动的效果)为目的。当管理者实现了组织的目标,我们就说他们是有效果(effectiveness)的。

效率涉及的是活动的方式,即事情做得怎么样,它只有高低之分而无好坏之别;而效果涉及的是活动的结果,考虑的是事情值不值得做,它不仅具有高低之分,而且可以在好和坏两个方向上表现出明显的差别。很明显,这两者共同决定了组织的有效性——"正确地做正确的事"。

因此，一个有效的管理者应该一方面既能指出应当怎么做才能使组织保持高的效率，另一方面又能指出应当做什么才能取得好的效果，只有两方面同时兼顾，才可能使所管理的组织取得最大有效性。

5.2.3 管理者的角色

管理者的角色(management roles)是指作为一般管理者他在组织体系内从事各种活动时的立场、行为表现等的一种特性归纳。

20 世纪 60 年代末期，著名的管理学家亨利·明茨伯格(Henry MintZberg)对五位总经理的工作进行了一项仔细的研究，他的发现对长期以来对管理者工作所持的看法提出了挑战。例如，与当时流行的成见相反，这种成见认为管理者是深思熟虑的思考者，在做决策之前，他们总是仔细地和系统地处理信息。而明茨伯格发现，他所观察的经理们陷入大量变化的、无一定模式的和短期的活动中，他们几乎没有时间静下心来思考，因为他们的工作经常被打断。有半数的管理者活动持续时间少于 9 分钟。在大量观察的基础上，明茨伯格提出了一个管理者究竟在做什么的分类纲要。

明茨伯格的结论是，管理者扮演着 10 种不同却高度相关的角色。管理者角色这个术语指的是特定的管理行为范畴，这 10 种角色可以进一步组合成三个方面：人际关系、信息传递和决策制定。

1) 人际关系方面的角色

人际关系角色(interpersonal roles)指所有的管理者都要履行礼仪性和象征性的义务。当学院的院长在毕业典礼上颁发毕业文凭时，或者企业总经理带领其他企业人员参观工厂时，国家领导人接受新任大使递交国书等，他们都在扮演挂名首脑的角色。此外，所有的管理者都具有领导者的角色，这个角色包括招聘、培训、激励、惩戒员工。管理者扮演的第三种角色是在人群中间充当联络员。明茨伯格把这种角色描述成与提供信息的来源接触，这些来源可能是组织内部或外部的个人或团体。销售经理从人事经理那里获得信息属于内部联络关系；当这位销售经理通过市场营销协会与其他公司的销售执行经理接触时，他就有了外部联络关系。

2) 信息传递方面的角色

信息角色(information roles)指所有的管理者在某种程度上，都从外部的组织或机构接受和收集信息。典型的情况是，通过阅读杂志和与他人谈话来了解公众趣味的变化，竞争对手可能正打算干什么，等等，明茨伯格称此为监听者角色；管理者还起着向组织成员传递信息的通道的作用，即扮演着传播者的角色；当他们代表组织向外界表态时，管理者是在扮演发言人的角色。

3) 决策制定方面的角色

决策角色(decision criteria)，明茨伯格围绕制定决策又确定了四种角色：① 作为企业家,管理者发起和监督那些将改进组织绩效的新项目;② 作为混乱驾驭者,管理者采取纠正行动应付那些未预料到的问题;③ 作为资源分配者,管理者负有分配人力、物质和金融资源的责任;④ 当管理者为了自己组织的利益与其他团体议价和商定成交条件时,他们是在扮演谈判者的角色。

大量的后续研究试图检验明茨伯格的角色理论的有效性,这些研究涉及不同的组织和这些组织的不同的管理层次。研究证据一般都支持这样一种观点,即不论何种类型的组织和在组织的哪个层次上,管理者都扮演着相似的角色。但是,管理者角色的侧重点是随组织的等级层次变化的,特别是传播者、挂名首脑、谈判者、联络者和发言人角色,对于高层管理者要比低层管理者更重要。相反,领导者角色对于低层管理者,要比中、高层管理者更重要。

能否认为,通过对管理工作的实际观察得出的 10 种角色观点会使计划、组织、领导、控制这种传统的职能理论失效呢？事实说明是不会的。

首先,职能方法仍然代表着将管理者的工作概念化的最有效的方式。经典的职能理论提供了一种清晰的和界限明确的方法,使我们能够对管理者从事的成千种活动和用以实现组织目标的各种技术进行明确的分类。其次,虽然明茨伯格可以给出更详细的和仔细斟酌过的管理角色分类方案,但是这些角色实质上与四种职能是一致的。明茨伯格提出的许多角色,基本上可以归入一个或几个职能中。比如,资源分配角色就是计划的一个部分,企业家角色也属于计划职能;所有人际关系的三种角色都是领导职能的组成部分;而其他大多数角色也与四个职能中的一个或多个相吻合。当然并非所有的角色都是如此,这种差别实质上可以用明茨伯格的综合管理活动和纯粹管理工作的观点来解释。明茨伯格的管理者角色理论归纳为表 5–1。

表 5–1　明茨伯格的管理者角色理论

角色	描述	特征活动
人际关系方面:指管理者都要在组织中履行礼仪性和象征性的义务		
1. 挂名首脑	象征性的首脑,必须履行许多法律性的或社会性的例行义务	迎接来访者,签署法律文件
2. 领 导 者	负责激励和动员下属,负责人员配备、培训和交往的职责	实际上从事所有的有下级参与的活动
3. 联 络 者	维护自行发展起来的外部接触和联系网络,向人们提供恩惠和信息	发感谢信,从事其他外部人员参加的活动
信息传送方面:是指在某种程度上,管理者都要从外部的组织或机构接受和传递信息		
4. 监听者	寻求和获取各种特定的信息(其中许多是即时的),以便透彻地了解组织与环境;作为组织内部和外部信息的神经中枢	阅读期刊和报告,保持私人接触
5. 传播者	将从外部人员和下级那里获得的信息传递给组织的其他成员——有些是关于事实的信息,有些是解释和综合组织的有影响的人物的各种价值观点	举行信息交流会,用打电话的方式传达信息
6. 发 言 人	向外界发布有关组织的计划、政策、行动、结果等信息;作为组织所在产业方面的专家	举行董事会议,向媒体发布信息

续表

角色	描述	特征活动
决策制定方面：是指管理者承担战略决策、局势控制、资源配置等职责		
7. 企业家	寻求组织和环境中的机会，制定"改进方案"发起变革，监督某些方案的策划	制定战略，检查会议决议执行情况，开发新项目
8. 混乱驾驭者	当组织面临重大的、意外的动乱时，负责采取补救行动	制定战略，检查陷入混乱和危机的时期
9. 资源分配者	负责分配组织的各种资源——事实上是批准所有重要的组织决策	调度、询问、授权，从事涉及预算的各种活动和安排下级工作
10. 谈判者	在主要的谈判中作为组织的代表	参与工会及合同谈判

所有的管理者都从事一些不纯属管理性的工作。明茨伯格观察的经理们花费时间搞公共关系和筹集资金这一事实，虽然证实了明茨伯格观察方法的精确性，但也表明并非管理者从事的每一件事情，都必须是管理者工作的基本组成部分。一些包括在明茨伯格的纲要中的活动或许可以去掉。

上述评论是否意味着明茨伯格的角色分类是站不住脚的？当然不是！明茨伯格明确地提出了一种对管理者究竟在做什么的新的见解，他的工作所受到的关注证明，确定管理者角色是多么重要。但是，正如我们将在下一章中指出的，管理学是一门新兴的学科，它还在演进中。未来的研究通过比较和综合角色理论和四种职能理论，将不断地扩充我们对管理者工作的理解。

本 章 小 结

一般认为，管理学以组织、管理方式和经营的研究和探索为主要研究对象。

管理学从其诞生之日起至今才经历了90余年的历史。管理的定义如何，目前仍未得到公认和统一。这并不意味着管理理论的不成熟，而恰恰从另一方面反映了管理实践和理论的丰富。因此，人们应当从不同的侧面，不同的角度理解管理的含义及其属性。

管理的基本特征主要有：① 管理是一种社会现象；② 管理的实施必须以组织作为其"载体"；③ 管理的任务是分层次的；④ 管理的核心是处理各种人际关系。

管理学认为，任何一种管理理论、方法或实践都是以一定的人性假设为基础的，如何认识人的本质或本性，是管理学中的重大问题。总体来说，主要有理性人、有限理性人、理性经济人、社会人、自我实现人、复杂人等几种假设。事实上，实际生活中的人是千差万别、千变万化的，绝不是用几种类型就能简单归纳的。实践证明偏信某种"人性"假设都可能会陷入误区。然而也应该看到，这些"人性"假设对管理工作还是具有很大的启示和帮助作用的，至少每种假设都给管理者提供了一种识别人们需求的标准。

任何组织中客观存在着两类成员：管理者(managers)与操作者或称为被管理者(operatives)。前者是指挥别人(自己的下属)活动的人们，其中某些人也可能同时承担某些作业任务；相反，后者则直接从事某项工作或任务，不具有监督他人工作的职责（没有自己的下属)的人们。

　　管理者的任务就是在特定环境下对组织所拥有的有限资源进行有效的整合,以使组织达成预定的目的。

　　管理者的角色(management roles)是指作为一般管理者他在组织体系内从事各种活动时的立场、行为表现等的一种特性归纳。

思考与练习

1. 基本概念

管理　管理者　操作者　管理角色

2. 思考题

(1) 管理有哪些基本特征?
(2) 谁是管理者,区分管理者与操作者有何意义?
(3) 什么是管理的效率和效果? 二者之间的关系如何?
(4) 管理的一般环境和具体环境包括哪些因素? 环境对管理实践有何影响?
(5) 为什么要学习管理?

3. 讨论题

(1) 你对管理学中关于人性的各种基本假设有何认识和评价。
(2) 有效的管理者也是成功的管理者吗?
(3) 管理者有道德困境吗?
(4) 有效果的组织一定是有效率的吗?

第6章 管理理论的形成和演进

管理理论是以管理经验的系统总结为基础,按逻辑结构严密组织起来的概念、思想和结论。尽管管理活动自古有之,但只是在19世纪,管理才被系统地加以研究,然而,就是在这短短的90多年中,管理学却有了长足的进步和发展,逐渐形成一个较为完整、独立的知识体系,成为一门正式的学科,因此,从现代意义上讲,管理学至今不过经历了90多年的历史。在人类进入21世纪之后,人们面对的是复杂多变、激烈竞争的时代。无疑管理学必将在继续发挥其巨大作用的同时,其自身也将获得更大的发展,而实践者们则将比以往任何时候都更加需要管理理论的指导或启迪。本章将讨论管理理论的兴起、各管理学派的形成及其主要观点和贡献,同时介绍当代管理理论的新进展、新思潮及未来演进趋势。

6.1 管理理论的形成与发展

6.1.1 历史背景

当人们站在古埃及金字塔前或登上古老的中国万里长城,不知是否有人会将其与管理联系起来?然而,这些世界奇迹却常常被管理学家视做远古时期人类管理的经典范例。也许人们不禁要问,几千年前,人们是如何组织如此规模浩大、由成千上万人参加的巨大工程?虽然我们不知道当时人们怎么称呼管理,但要完成这些工程,一定有人在计划要做些什么,有人安排人员施工、组织材料加工和供应,有人控制每件事情的进度,协调相互关系,等等。所有这些恰恰都是我们现代人眼里的管理活动。

如今,人们对组织严密、管理有序的罗马天主教会有着深刻的印象。在严格的教会目标和教义规定下,由社区教士、主教、大主教、枢机主教和教皇等构成了五个层次严谨的等级结构。也许多数人不会知道,这些组织结构却基本上是在公元2世纪建立的。也正因如此,人们常常将罗马天主教会作为早期管理案例的有力见证。

然而,真正要考察导致管理产生的历史原因恐怕还应从人类社会的产生及发展历程开始。我们知道,人类社会的产生,使人们结成了一定的社会关系,有了建筑于分工和协作基础之上的集体劳动,而正是由于分工和协作,才使得"让人做事并取得成果"的管理成为必要。关于劳动分工,在国内外众多经济学教科书中必然会提到亚当·斯密(Adam Smith)的名字,及其在1776年发表的《国富论》一书中就有组织的社会将从劳动分工中获得巨大经济利益的光辉的论断。他认为:劳动分工之所以能够提高生产率,是因为它提高了每个工人的技巧和熟练程度,节约了由于变换工作浪费的时间,以及有利于机器的发明和应用。因此,人们通常将如今已广泛普及的工作专业化,视为由于斯密在200多年前就提出的劳动分工所产生的经济效益。

不过,要说对管理影响最大的恐怕要算产业革命。机械力迅速取代了人力,使得大量生产、大规模降低成本以及铁路系统的急剧扩展成为现实,由此大大促进了企业,特别是大公司和垄断企业的产生和发展。另一方面,正是这些具备了一定规模的企业,其生产劳动的组织必然建立在更加细致、合理的分工的基础上,因而迫切需要更加科学、规范的管理。然而,直到20世纪初叶,建立正式管理理论的尝试才迈出了决定性的第一步。

纵观管理理论的形成和发展的历史,其发展阶段的主要线索是:第一阶段是管理理论的形成时期,以泰罗、法约尔、韦伯等为代表,以他们创立的"科学管理理论"、"管理过程理论"以及"行政组织理论"为标志,成为19世纪末20世纪初,在西方形成的较为系统的、颇有影响的管理理论。管理理论的第二阶段开始于20世纪20年代、30年代,以行为科学为主要特点,其代表人物有梅奥、马斯洛、赫兹伯格、麦格雷戈、卢因、坦南鲍姆等。他们研究生产组织中人的行为以及这些行为产生的原因,涉及人的需要、动机、内驱力、个性、情绪、思想,特别是人群之间的相互关系等。第二次世界大战之后为管理理论发展的第三阶段,首先是一些在战时采用的解决高度技术性问题的成果被用于管理,从而产生了管理科学理论。同时,战后又出现了许多管理理论新派别,这些学派在历史渊源和研究内容上相互影响,形成了现代管理理论的丛林时期。

6.1.2 古典管理理论

19世纪末到20世纪30年代是古典管理理论时期,代表人物主要有泰罗、法约尔、韦伯等,他们三人分别反映了这一时期在管理理论发展中的三个重要方面,即科学管理理论、一般管理理论和行政组织理论,对现代管理思想有很大影响。

1) 科学管理理论

我们将19世纪末到20世纪初,也就是从工厂制度产生起,到自由竞争阶段结束为止这段时期称为传统经验管理阶段,其主要特点是:① 没有完全摆脱小生产经营方式的影响,仍然依靠个人经验进行生产和管理。② 工人和管理人员的培养,是"师傅带徒弟",没有统一的标准和要求。

泰罗的科学管理理论是以研究工厂内部的生产管理为重点,以提高生产效率为中心,解决生产组织方法科学化和生产程序标准化方面问题的管理理论。1911年泰罗出版了《科学管理原理》全面叙述其管理思想,标志着科学管理理论的正式形成。

泰罗主张一切管理问题都应当而且可以用科学的方法去研究解决,实行各方面工作的标准化,使个人经验上升为理论,并据此倡导专业管理,他的观点和理论很快被世界范围的管理者们普遍接受。正因如此,泰罗被人们公认为科学管理之父。泰罗主要观点和创造性的贡献有以下几点。

(1) 关于科学管理原则。① 对工人工作的各个环节和部分进行科学的分析,以科学的操作方法替代传统的经验方法;② 科学地挑选工人,并对工人进行培训教育,使之成长;③ 与工人衷心地合作,以保证一切工作都按已形成的科学原则去办;④ 管理部门与工人在工作和职责的划分上几乎是相等的,管理部门应把自己比工人更胜任的各种工作都承揽过来。

(2) 关于任务管理原理。① 工时研究与标准化。即将一项工作分解成各种基本的组成部分,并做测试,然后根据其合理性重新进行安排,以确定最佳工作方法。使工人掌握标准化的操作方法,同时还需对工具、机器、材料以及作业环境等与工作有关的所有要素进行改进并最终实行标准化;② 差别计件工资制。在通过科学方法制定出定额的基础上,对同一种工作设有两个不同的工资率,按照工人是否完成其定额而采取不同的工资率。工资支付的对象是工人而不是职位,即根据工人的实际工作表现而不是根据工作类别来支付工资。

(3) 关于职能化的组织原理。① 计划职能同执行职能分开。工人凭经验是不能找到科学的方法的,而且也没有时间和条件从事这方面的试验和研究,必须把计划职能和执行职能分开:计划职能归企业管理当局,并设立专门的计划部门来承担,而所有的工人及部分工长只承担执行职能;② 建立职能工长制。对于工长对工人的管理,则实行"职能工长制"。即为了使工长有效地履行其职责,必须把管理工作细分化,使所有的工长每人只承担一种管理职能,而工人则要从几个承担不同职能的工长那里接受命令;③ 例外原则。企业的高层管理人员将例行的一般日常事务授权给下级管理人员去处理。自己只保留对例外事件(重要的、未出现过的事件)的决策和监督权;④ 科学管理的目的是提高劳动生产率并实现劳资双方的"精神革命"。泰罗认为科学管理的实质是要求企业中劳资双方在思想上来一次"精神革命",相互协作,共同为提高劳动生产率而努力。双方不应该把注意力放在盈余的分配上,而应转移到增加盈余上,使盈余增加到使如何分配盈余的争论成为不必要。

与上述观点相关的以提高劳动生产率为主要目的的一系列科学制度,被世人称为"泰罗制"。当然,随后也有一些人在科学管理方面做出了贡献,如弗兰克·吉尔布雷斯长期从事动作和疲劳研究,被称为动作研究的创始人;亨利·L. 甘特(泰罗的亲密同事)创造出生产作业计划的线条图,人称"甘特图",等等。

2) 一般管理理论

与泰罗的科学管理同时代的另一批思想家把关注管理问题的目光投向了整个组织。在更一般的管理理论方面,他们阐释了管理者的工作是什么以及有效的管理应当由哪些要素构成等管理基本问题。他们中间的最著名的代表人物当属亨利·法约尔。

法约尔(Henri Fayol,1841~1925)将企业整体作为研究对象,并致力于研究适用于各种组织类型的一般管理理论,其代表作为1916年出版的《工业管理和一般管理》。

法约尔认为一般管理理论主要解决的问题,一是组织内部管理的基本职能是什么,二是指导设计、建立和维持一个组织机构的基本职能是什么。法约尔的突出贡献和理论主要有以下几个方面。

(1) 为管理工作规定基本职能。① 经营与管理。法约尔认为经营是指导或引导一个组织趋向一个目标。经营共有六项职能,即技术职能、商业职能、财务职能、会计职能、安全职能和管理职能。企业的大部分工作中都包含这六种职能,但随着职务的高低和企业的大小而各有侧重。管理是经营的六项职能之一;② 管理的要素。法约尔认为管理职能包含五项要素:a. 计划:预测未来和拟定一个行动计划;b. 组织:确定企业在物质资源和人力资源方面的结构;c. 指挥:对下属人员进行指导,保证企业人员能履行赋予他的职能;d. 协调:让员工团结一致,使企业中的所有工作和谐地配合,以便经营活动的顺利进行;e. 控制:保证企业中所进行的一切活动同所拟定的计划、发出的指示和确定的原则相符合。

(2) 提出管理的基本原则(即管理14条原则)。① 分工。分工可以提高工作技能,从而可以提高工作效率和工作成果。② 权力与责任。权力是指挥和要求别人服从的力量和权利,责任则是随着权力而来的奖罚。权力和责任是互为依存互为因果的,权力和责任应当时等。③ 纪律。纪律实际上是管理者同下属人员之间在服从、勤勉、积极、举止和尊重方面所达成的一种协议,纪律对于企业取得成功是绝对必要的,纪律的好坏主要取决于领导人能否以身作则、赏罚分明。④ 统一命令。每个成员只能接受一个上级的命令,这与职能工长制的思想相反。⑤ 统一指挥。对于目标相同的一组活动,只能有一个领导和一项计划,统一指挥来自健全的组织。⑥ 个人利益服从集体利益。在一个企业里,一个人或一个部门的利益不能置于整个企业的利益之上。⑦ 人员的报酬。人员的报酬是其服务的价格,应当公正、合理,对工作成绩与工作效率优良者应给予奖励,但不应超过合理的限度。任何优良的报酬制度都无法取代优良的管理。⑧ 集权。集权指下级参与决策的程度。集权在任何组织中都是一个程度问题,管理当局的任务是找到在各种情况下最适合的集权程度。⑨ 等级系列。从高层管理到最底层管理的直线职权构成一个等级系列,信息应当按等级系列传递,但为了避免信息的延迟,可允许进行横向交流。⑩ 秩序。指凡事各有其位,既适用于物质资源,也适用于人力资源。关键在于要按照事物的内在联系事先选择好恰当的位置。⑪ 公平。公平由善意和公道产生。管理者应当公平地对待其下属。⑫ 人员的稳定。组织成员的高流动率会导致低效率,管理当局应当提供有规则的人事计划,有秩序地安排人员并补充人员。⑬ 首创精神。管理当局应当允许成员发起和实施他们的计划,这会调动员工的积极性,对组织是一种巨大的动力。⑭ 集体精神。要努力在企业内部建立起和谐与团结的气氛,全体成员的和谐与团结是企业发展的巨大力量。

3) 行政组织理论

韦伯(Max Weber,1864~1920)作为一名社会学家,发展了著名的权威结构理论。他在对组织内部的权力关系进行研究的基础上,提出了一种称为行政组织的理想组织模式,这是体现劳动分工原则、有明确定义的等级和详细的规则与制度,以及非个人关系的组织模式。并以此为基础,在较大团体中应当有哪些工作和应当如何从事这些工作。他的理论至今仍是设计大型组织的原型。韦伯的主要观点有以下几个方面。

(1) 社会组织的权力应当是理性——法律权力。韦伯认为任何组织都必须有某种形式的权力作为基础,才能实现其目标。有三种被社会接受的权力:超凡权力、传统权力和理性——法律权力。超凡权力来自于对个别人的特殊和超凡的神圣、英雄主义或模范品质的崇拜;传统权力来自于对古老传统的不可侵犯性和按传统执行权力的人的地位的正统信念;理性——法律权力则是在依法而治的组织里以其能力而提升上来的人所具有的权力。只有理性——法律权力才能作为行政组织体系的基础。

(2) 理想的行政组织体系应具备的特点:① 劳动分工。工作应当分解成为简单的、例行的和明确定义的任务。② 职权等级。各种公职和职位按权力等级组织起来,形成一个自上而下的指挥链或等级体系,每个下级应当接受上级的控制和监督,每个管理者不仅要对自己的决定和行动负责,而且要对下级的决定和行动负责。③ 正式的选拔。所有的组织成员都是通过正式考试或训练和教育而获得的技术资格来选拔的。④ 正式的规则和制度。组织成员的活动必须受到严格而系统的正式规则和制度的约束与控制。⑤ 非人格化。为了保证规则和控制的实施具有一致性,应避免掺杂个人感情和偏好。⑥ 职业走向。管理者是职业化的官员而不是所在组织的所有者,他们领取固定的薪金并有明文规定的升迁制度。

总的来说,韦伯提出的理想的行政组织体系代表了组织非人性化管理的最后阶段。这种组织整体上就像一部由精密部件和零件组成的机器,可以准确、迅速、有效地进行工作。担任相当于部件及零件的职能的人,必须由适合此项职能的人来担任,并要求不折不扣地履行自己的职责。在这里绝不允许掺杂人所特有的个人感情和私心,并严格要求公私分明。实际上,理想的行政组织即是以制度为中心运转的、等级化、专业化的金字塔型的组织。

古典管理阶段是基于"经济人"假设提出和形成管理理论,随着社会和经济的发展,这一阶段的管理思想的局限性日益突出,因此行为科学思想的兴起成为时代的必然。

6.1.3 行为科学理论

随着科学管理理论为人们普遍接受和成功应用之时,经济和社会发展又给管理理论提出了新的问题。当初作为科学管理基础的"经济人"假设和把人看做一种工具的观点,已越来越与发展了的社会和更具社会意义的人的思想及其行为不相适应,从而使得科学管理理论的有效性受到了巨大的挑战。

行为科学思想起源于20世纪30年代,它运用人类学、社会学、心理学等学科的理论和方法来研究工作环境中的个人和群体的行为。行为科学理论既可以看成是管理思想史的一个发展阶段,也可以看成是现代西方管理理论的重要组成部分。行为科学早期被称为人际关系学说,以后发展为行为科学,也称为组织行为理论。

1) 早期的行为科学——人际关系学说

早期的行为科学侧重于研究员工在生产中的人际关系,包括研究人的工作动机、情绪、行为等与工作间的关系,并研究按人的心理发展规律来激发人的积极性。这一时期的代表人物是梅奥,其代表作为《工业文明中人的问题》(1933)和《工业文明中的社会问题》(1945)。

(1) 霍桑试验。霍桑试验指1924年至1932年在美国西方电器公司的霍桑工厂进行的一系列试验。霍桑试验的全部过程可分为四个阶段,初期的照明试验是按照科学管理理论,研究工作环境、物质条件与劳动生产率的关系,但试验的结果无法证实预想的结论。霍桑试验的后三个阶段由梅奥领导进行,是为了研究和解决前一阶段出现的问题而发展出来的。① 继电器装配测试室试验:旨在试验各种工作条件的变化对劳动生产率的影响,结果发现生产效率的决定因素不是作业条件,而是职工的情绪。② 访谈计划:旨在了解如何获取职工内心真正的感受,倾听其诉说对解决问题的帮助,进而提高劳动生产率。③ 接线板小组观察试验:旨在研究非正式组织的行为、规范及其奖惩对劳动生产率的影响。

(2) 人际关系学说。通过霍桑试验,梅奥在人际关系的研究上取得了一系列重要成果,并总结出人际关系学说的主要观点。① "社会人"假设。梅奥指出工人是社会人,不仅仅追求金钱收入,还有社会方面、心理方面的需要。这是对古典管理理论的"经济人"假设的否定。② 企业中存在"非正式组织"。企业除了正式组织之外，还存在非正式组织。非正式组织的作用一是保护工人免受内部成员的疏忽所造成的损失，二是保护工人免受非正式组织以外的管理人员的干涉所形成的损失。非正式组织有其特殊的感情和倾向，左右着成员的行为，对生产率的提高有很大的影响。③ 新的领导能力在于提高职工的满足度。根据"社会人"和"非正式组织"的观点，企业中新的领导能力在于提高职工的满足度，以提高职工的士气，从而提高劳动生产率。因此，管理人员要同时具备技术——经济的技能和人际关系的技能。

2) 行为科学的发展

梅奥等人创立了人际关系学说以后，从事这门学科研究的人大量出现。1949年在美国芝加哥召开的一次跨学科的会议上，首先提出行为科学这一名称。为避免与广义的行为科学相混淆，出现了组织行为学这一名称，专指管理学中的行为科学。梅奥等人在早期提出的观点已为较多的人所接受，但随着社会经济和科学技术的发展，单纯依靠人际关系学说的理论和方法已不能适应管理上的需要。因此行为科学家在梅奥等人奠定的基础上进行了更加细致而深入的研究，"社会人"假设发展到"自我实现人"和"复杂人"假设，研究内容也更为广泛，其侧重点是研究有关人的需要、动机和激励、组织中的人性、非正式组织和群体行为等。其中的几种主要理论有以下几种。

(1) 需求层次理论。需求层次理论是由美国心理学家马斯洛(A. H. Maslow)提出的。该理论流传甚广，是应用最普遍、最主要的激励理论之一。其理论强调两个基本论点：人是有需求的动物，其需求取决于他所得到的东西，只有尚未满足的需求才能影响行为；人的需求都有其轻重的层次，一旦某种需求得到满足，又会出现另一种需要满足的需求。

马斯洛将人的需求划分为五个等级：生理的、安全的、社会的、尊重的、自我实现的。这五级需要相互关联，按其重要性和发生的先后次序，可排成一个需要等级(图6-1所示)。

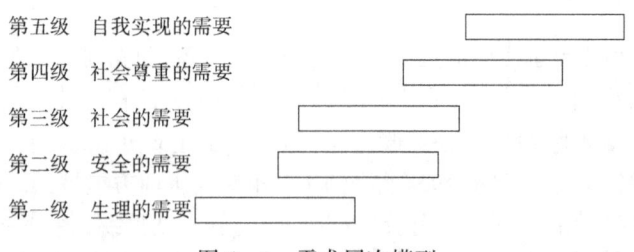

图6-1 需求层次模型

① 生理的需要。包括维持生活和繁衍后代所必需的各种物质上的需要。这是人们最基本的需要，因而也是推动力最强大的需要，在未满足之前，各级更高的需要便不会发挥作用。② 安全的需要。包括防备生理损伤、疾病、经济上的灾难和意外事故的发生。从管理的观点看，安全的需求体现在力图保障有工作的安全感和企图获得更大的财政支持上。③ 社会的需要。这种需求与人的社会本性和人对交往的需求有关。包括从社交活动中得到别人的安慰和支持，达成人与人之间的相互信任与帮助，建立融洽的人际关系，归属于一个组织并得到承认。④ 尊重的需要。包括自尊和受人尊敬。这种需要的满足会导致自信心和威望感。⑤ 自我实现的需要。这种需要就是"人希望越变越为完美的欲望，人要

实现他所得实现的一切的欲望"。这意味着个人将充分实现其天才和才能的潜力,实现自己的理想,并能不断地自我创造和发展。

(2) 双因素理论。这是由赫兹伯格(F. Herzberg)提出的理论。赫兹伯格根据一项对满足需求的研究以及就这些需求满足的激励效果,在对 200 名工程人员和会计师进行的调查报告中提出了这一理论。赫兹伯格把企业中影响人的积极性的因素分为两大类,即激励因素和保健因素。① 在工作中有些因素不具备时,会引起员工的不满意,然而具备这些因素,并不能使员工受到巨大的激励。赫兹伯格称这些因素为保健因素。保健因素往往与工作环境或外在条件有关。② 在工作中有些因素可以构成很大程度的激励和对工作的满足感,然而如果不具备这些因素,也不会构成很大的不满足。赫兹伯格称这样的因素为激励因素。激励因素通常与工作本身的特点和工作内容有关。

实际上赫兹伯格的理论是对传统的"满意—不满意"相对立的观点的修正。传统的看法认为满意和不满意是一个单独连续体相对的两端,但赫兹伯格认为有两类明显不同的因素,是两分权不同的连续统一体。满意的对立面是没有满意,不满的对立面是没有不满。如图 6-2 所示,赫兹伯格主张,改善保健因素不能直接激励员工,调动员工的积极性应从激励因素入手,使人们对工作产生热情,从中体验到责任感,获得成就感的满足,这样才会产生持久的激励作用。

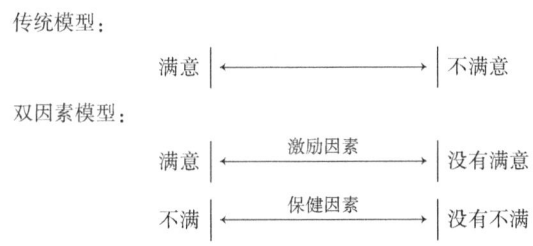

图 6-2 传统模型与双因素模型比较

(3) X-Y 理论。这是由麦格雷戈(Douglas McGregor)在其著作《企业的人性方面》中提出的。他认为管理人员对员工的行为有不同的假设,主要可分为两类,分别称为 X 理论和 Y 理论。麦格雷戈的假设要点如下:① 一般人天生厌恶工作,并尽可能地逃避工作;② 一般人不愿承担责任,情愿受人领导;③ 一般人缺乏进取心,没有什么抱负,对生理和安全的需要高于一切;④ 对大多数人必须用强制、控制、指令,甚至用惩罚相威胁的办法,才能使他们达成组织目标。

麦格雷戈指出,当时企业中对人的管理工作以及传统的组织结构、管理政策、实践和规划都是以 X 理论为依据的,所以管理人员在完成任务时,或者用"强硬的"管理办法,包括强迫和威胁、严密的监督和严格的控制;或者用"温和的"办法,包括采取随和的态度,顺应员工要求以及一团和气。但实践证明效果都不太理想。

麦格雷戈认为,由于上述的以及其他许多的原因,需要一个关于人员管理工作的新理论,把它建立在对人的特性和人的行为动机的更为恰当的认识基础上,于是他提出了 Y 理论,其要点如下:① 厌恶工作不是人的本性,工作中体力和脑力的消耗就像游戏或休息一样自然;② 一般人是有责任心的,在适当的条件下,人们不仅愿意接受和承担一定的责任,而且会追求责任;③ 外来的控制和惩罚并不是使人努力工作的惟一手段,人们愿意实行自我管理和自我控制来实现组织的目标;④ 人们在解决组织的各种问题时,有着较高的想像力和创造力,但在现代工业社会条件下,普通劳动者的智力只得到了部分的发挥。

麦格雷戈认为 Y 理论是建立在对人的特性和人的行为动机的更为恰当的认识基础上的,将其称为"个人目标和组织目标的结合",认为它能够使组织成员在努力实现组织目标的同时,最好地实现自己的个人目标。所以他提出不在于在采用"强硬的"方法和"温和的"方法之间进行选择,而在于在管理指导思想上变 X 理论为 Y 理论。据此,管理工作的重点是创造一个使人得以发挥才能的工作环境,领导的主要职责是指导和服务,要让下属担当更具有挑战性的工作,赋予其更多的责任和自主权,让员工参与管理与决策。

此外,还有许多管理学者从不同的侧面对组织行为理论做出了贡献,丰富了组织行为理论的内容,使之成为当代管理理论的重要组成部分。

6.1.4 管理科学理论

在科学管理和行为科学理论相继形成并发挥巨大作用之后,管理科学是继科学管理、行为科学理论之后管理理论和实践发展的结果。管理科学产生于第二次世界大战期间,但其渊源可以追溯到泰罗的科学管理或更早的巴贝齐等人。这一理论强调应用科学的方法解决生产和作业管理问题。20 世纪 50 年代该理论体系形成并正式存在。管理科学的目的是通过把科学的原理、方法和工具应用于管理的各种活动,制定用于管理决策的数学和统计模型,并把这些模型通过计算机应用于管理,减低不确定性,以便使投入的资源发挥最大的作用,获得最大的经济效果。目前较为成熟的管理科学模型有:决策理论模型,盈亏平衡点模型,库存模型,网络模型,排队模型,资源配置模型,对策模型等。

1) 管理科学的理论特征

(1) 从系统的观点研究各种功能关系。组织中的任何部分或任何功能的活动必然会影响其他的部分或功能,故评价组织中的任何决策或行动必须考虑到对整个组织的影响和所有的重要关系,正确的决策要从整个系统出发,寻求整体优化。

(2) 应用多种学科交叉配合的方法。在管理科学的研究和应用之中,除了需要数学和计算机知识以外,随具体对象的不同,还需要经济学、心理学、会计学、物理学、化学及工程技术方面的知识。

(3) 应用模型化和定量化来解决问题。管理科学将一个已确定范围的问题,按提出的目标和约束条件,把主要的因素和因果关系转变为各种符号表示的模型,同时尽可能地用定量化的技术来说明各种因素及其相互关系。

(4) 以决策为主要的着眼点,以经济效果标准作为评价管理行为的依据,并且以计算机作为主要的运算工具。

2) 管理科学解决问题的程序

(1) 通过观察和分析以确定问题。观察是用来识别问题的,分析是用来理解问题的,只有将知识(事实)和理解(事实背后的道理)有效地交叉综合,才能确定问题。

(2) 建立代表所研究系统的模型。管理科学中常采用的是数学模型,其一般形式为

$$E = F(X_i, Y_j)$$

式中,E 代表系统的效率,称为目标函数;F 代表函数关系;X_i 为可控的变数;Y_j 为不可控的变数。

(3) 从模型得出解决方案。即要找出使系统效率最优化的可控制变数的值。

(4) 对模型和得出的解决方案进行验证。包括验算变数,用实际情况来检验模型的预测,并对实际的结果和预计的结果进行比较等。

(5) 建立对解决方案的控制。模型是否有效,决定于它是否能代表所研究的系统。因为现实是动态而变化的,故而要注意其变化并建立适当的控制手段。建立信息反馈系统是必要的,以便及时了解情况并在必要时做出反应。

(6) 把解决方案付诸实施。即将解决方案转化为可行的作业程序,对临时发现的偏差和缺点予以补救和纠正。

6.2 现代管理理论的进展

第二次世界大战之后,西方国家出现了一个黄金发展时期,经济发展迅速,生产力不断提高,市场不断扩大。随着生产和资本的日益社会化和国际化,生产手段的日益现代化,在管理上出现了许多新问题、新情况、新要求,企业界和理论界纷纷尝试与创新与之相适应的管理思路、方式和手段。于是对管理的研究日臻深入,许多学者从不同角度提出了各自的理论和新学说,形成了各种不同的学派,从而进入管理理论的丛林时期。孔茨将这种理论丛林相概括为 11 个学派,包括经验管理学派,人群关系学派,组织行为学派,社会协作系统学派,社会技术系统学派,决策理论学派,系统管理学派,管理科学学派,权变理论学派,经理角色学派,管理过程学派。

6.2.1 社会协作系统学派

社会协作系统学派把组织当成一个协作的社会系统来研究,显然对人际关系和群体行为学派做了修正。社会协作系统学派的创始人巴纳德(Chester Barnard,1886~1961)提出组织是一个协作的社会系统化,并强调管理者的最重要任务是领导,他们都是在协作的社会系统中工作并维护着这些系统。

组织作为一个社会协作系统,其存在取决于:① 协作效果,即组织目标的达成;② 协作效率,即在实现目标的过程中,协作的成员损失最小而心理满足较高;③ 组织目标应和环境相适应。在一个正式组织中建立这种协作关系需三个条件。① 共同的目标;② 组织成员有协作意愿;③ 组织中有一个能彼此沟通的信息系统。

因此,作为一个管理者或经理人员,需完成以下各项职能:① 设定组织目标;② 筹集所需资源,使组织成员能为实现组织目标提供贡献,为此,作为管理者应带头工作,以使其权威为职工所接受;③ 建立并维持一个信息联系系统。此外,任何在行政职位上的管理人员都

应充分运用各种基本的管理原则。

有不少学者还把有关概念扩大应用于各种合作性的、有目的的群体关系或行为,并把它笼统地称之为"组织理论"。社会协作系统学派对管理的分析确实很中肯,管理者的确都在一个合作的社会系统中工作,但并非在所有的合作社会系统中都能找到管理者。显然此学派研究的领域很宽,有的已超出了管理范围,但也有许多对管理者来说是很重要的概念、原理和方法,它却忽略了。

6.2.2 社会技术系统学派

社会技术系统学派是一个较新的管理学派,人们通常把这一学派的创立归功于英国的特里司特(E. L. Trist)及其在美国塔维斯托克研究所中的同事。他们认为在管理中只分析社会系统是不够的,还需研究技术系统对人的影响。因此,必须把社会系统和技术系统结合起来考虑,而管理者的一项主要任务就是要确保这两个系统相互协调。

此学派的大部分著作集中于生产和办公室工作等研究上,分析技术系统与人以及与人的工作的紧密联系,因而它也特别注意工业工程、人机系统问题的研究。这个学派虽并没有像其信奉者所说的那样包含了管理的一切,但确实对管理实践做出了重要贡献。任何有经验的管理者都知道,装配线、铁路运输或石油公司等方面的技术,对个人、群体及其行为方式,对业务组织和管理方法,都会发生影响。可以肯定地说,这个学派不仅对企业中某些企业方面的管理大有助益,而且其中包含了许多其他管理知识。

6.2.3 管理过程学派

管理过程学派通过与管理者职能相联系的办法把有关管理的知识汇集起来,力图把用于管理实践的概念、原则、理论和方法糅合在一起,以形成一个管理学科。该学派认为,管理知识中有一个纯属管理的核心部分,如直线与参谋、部门划分、管理幅度界限、管理审核以及各种管理控制技术,这样一些东西,有关它们的概念和理论只能在管理工作中找到。此外,这个学派也从其他学科吸取有关的知识,如对管理活动、问题和方案的实况研究,系统理论、有关激励和领导问题的调研结果和理论,个人及群体行为理论,数学模型及数学方法的应用,等等。所有这些知识在一定程度上也适用于其他学科领域。但该学派声明对它们的兴趣只限于管理方面的应用。

经营管理学派的特点主要表现在它包含一个管理所独有的科学理论核心,加上从其他各学派那里吸取的知识,该学派并不是对那些学科领域中的所有重要知识都感兴趣,它只是关心那些它认为对管理最有用,关系最为密切的东西。因此,在一定程度上它是一种兼收并蓄的科学理论。

从为管理知识做出合适的分类来看,管理者每天做什么和怎么做是次要的。要提出有效的管理理论和科学,首先必须组织有关管理的知识。这样才能把用于管理的科学和方法同用于营销、会计、工程等非管理活动的科学和方法区别开来,使人们有可能去注意那些普遍存在于各种组织和文化中的基本管理问题,可以利用管理职能的划分作为第一步,来着手给管理技术的分类建立一个合理适用的框架。

6.2.4　经验管理学派

经验管理学派是通过分析经验(各种实际案例)来研究管理,以向西方大企业的经理提供管理企业的成功经验和科学方法为目标,以大企业的管理经验为主要研究对象,认为学生和管理者通过研究各种成功与失败的管理案例,就能理解管理问题,自然学会有效地进行管理。其代表人物有彼得·德鲁克(Peter Drucker)、欧内斯特·戴尔(Ernest Dale)等。

但是,未来肯定不同于过去,过去的具体经验,未必能沿用于解决未来的问题。对过去经验的研究,如果不是从根本上搞清楚事物的起因,那就不可靠,甚至是危险的,因此,只有以探求基本规律为目的去总结经验,才有助于管理原则的提出和论证。

6.2.5　系统管理学派

一般系统理论建立之后,有些学者把它应用于工商业的管理,因而形成了系统管理学派,其代表人物有约翰逊(Richard Johnson)、卡斯特(Fremont Kast)等人。系统管理学派认为,一个组织的管理人员必须理解构成整个运作的每一个系统。所谓系统即相互联系或相互依存的一组事物,各部分在运作时像一个整体,来达成特定的目标,或按计划与设计发挥其功能。

组织也有其子系统,执行着其生存所必需的各项关联的任务。要理解一个系统是如何工作的,首先要懂得其各子系统是如何发挥作用的,以及每一个子系统对整个系统的贡献。当任何一个子系统发生变化时,通常会对其他子系统产生影响。对于管理者而言,尤其是工商组织中的管理者,必须要有一个系统观念,当他们决定改变某一子系统时,将会对其他子系统、乃至整个系统产生怎样的影响。总之,在企业中,没有一个管理者,没有一个部门或单位能不顾他人而独立存在,这也就是说,组织中整体的或部门的运作要防止因局部的优化而造成对其他领域产生负面影响。

系统管理和系统分析在自然科学中早已被应用,并形成了很值得重视的系统知识体系。系统理论同样也适用于管理理论与管理科学。一些精明老练的管理人员和有实际经验的管理学家,都习惯于把他们的问题和业务看成是一个由相互联系的因素所构成的网络,该网络和组织的内外环境每日每时都在互相作用。系统的自觉研究和强调,的确提高了管理人员和学者们对影响管理理论与实践的各种相关因素的洞察力。

6.2.6　权变管理学派

权变管理学派认为,在管理中要根据所处的内外条件随机应变,没有一成不变、普遍适用的"最好的"管理理论与方法。这个学派强调,管理者的实际工作取决于所处的环境条件,因此管理者应根据不同的情景及其变量决定采取何种行动和方法,它试图寻求最为有效的方式来处理一个特定的情景和问题。管理人员遇到的每一个情形虽然有可能和其他经验相类似,但都有各自独特的特征。权变理论家们广泛地应用了古典理论、管理科学和系统观念来分析解决问题。有人甚至认为真正的权变学派是一个综合各家理论的学派。在有的情形中需要"人治"(由人来寻求答案),换种情形则可能需要"法治"(按逻辑程序解决问题),他们既吸取在某种情景中行为学家的经验,也学习在另一种形势下数理学派所用的知识。

管理实践按其本质而言,要求管理者在应用理论或方法时要考虑现实情况。科学和理论的任务绝不是,也不可能去规定在各种具体情况下该怎么办。理论与科学应用于实践的问题只能根据实际情况来解决。

由于篇幅所限其他一些学派的观点这里不做介绍。

6.3 现代管理理论新进展与新思潮

现代管理理论是指20世纪70年代开始至今的管理理论,它是科学管理、行为科学和管理科学三阶段演进之后的必然产物,同时又具有不同于前者的特征。这种特征首先在于时代的特征与现代企业的发展状况。

6.3.1 现代企业与现代管理

第二次世界大战后,资本主义世界出现了一个黄金发展时机,经济发展迅速,生产力提高很快,人民生活水平也有所提高,市场不断扩大。进入20世纪70年代之后,由于石油危机的影响,一些老牌资本主义国家经济增长速度放慢,其中包括美国、日本,而一些新兴的资本主义国家或地区经济突然加速,出现所谓"四小龙"等现象。全球性市场逐步形成,国际竞争激烈,生产活动更呈现出大生产的特点。这就是:① 生产规模越来越庞大,产销已扩张到全球;② 生产技术的复杂程度大大增加;③ 产品升级换代的周期大大缩短,科技发展速度加快;④ 劳动生产率的提高主要不再靠体力劳动的加强,而是靠智力和工作积极性;⑤ 生产日益社会化使得生产协作关系更加复杂;⑥ 企业与社会的联系日益广泛和密切,社会责任日益加大。相应这些特点,企业规模的发展呈两个趋势。一方面出现了不少采用现代企业制度的超大型现代公司,并且不断扩张和发展。某些单个公司的产值已达到和超过小国的国民生产总值,并控制了该产业领域的绝大部分市场。另一方面,中小企业的大量涌现,其中有些不过是只有几个人的"迷你型"小企业。在激烈的市场竞争中这些小企业必然只能在市场上昙花一现,但同时又会有更多的小型企业涌现。70年代,美国倒闭的各类小企业有25万户左右,而同时又有40万~50万家小企业开业,这些小企业一般都采用业主制或合伙制,虽然算不上现代企业,却是现代市场经济中不可缺少的部分。

为适应大生产方式的新发展,现代企业制度即公司制也日益成为许多企业青睐的企业制度,并有效地推动了企业大规模的发展。第二次世界大战后生产手段日趋现代化、电脑化,生产和资本日益社会化、国际化,公司制恰恰为此创造了条件,成为跨国大公司的基本组织形式。此外,由于股份转让、购买的简易化,工业资本和银行金融资本相互持股、参股、控股,人事上的相互兼职,导致了巨大的金融资本和金融财团的形成,成为控制经济命脉的主导力量。例如,20世纪60年代初,联邦德国最大的3家商业银行的代表在联邦德国经济界中共占有 1347 个领导席位。据美国金融小组的调查资料,1976 年美国 130 家大公司中有 530 人互兼董事。日本的三井、三菱、住友、三和、富士、第一劝业六大金融集团以各自的银行为中心,通过参股、控股控制着大批公司。这种控股、参股方式使大批公司在资产上具有关联性,这一方面对经济协调的有效展开有利,另一方面也产生新的管理要求。

6.3.2 现代管理理论的主干

由于现代组织管理上的新问题、新情况、新要求,企业界和理论界纷纷尝试与创新相适应的管理思路、方式、方法和手段。于是,第二次世界大战后管理学说和实践呈现出百家争鸣的景象,其中最著名的管理学思潮与流派有:程序学说、人际行为学说、经验管理、社会系统学说、决策管理学说、数理学说。综合地说,现代管理理论的发展可以体现在以下五个方面。

(1) 管理内涵进一步拓展。现代管理理论的内容不只限于成本的降低、产出的增加,而更重视人的管理、人的潜力的开发,更重视市场、顾客的问题,管理的核心更侧重于决策的正确与否、迅速与否。

(2) 管理组织的多样化发展。管理组织形式多种多样,除了不断推出新的有效组织形式如事业部制、矩阵制、立体三维制等以适应现代企业组织管理的要求,还创设了与资产一体化控股、参股相适应的管理组织,以及提出了组织行为等一系列组织管理理论。

(3) 管理方法日渐科学。现代管理虽然不摒弃传统的有效管理方法,但为适应大规模产销活动引入了现代科学技术,发展了现代管理方法,其中有投资决策、线性规划、排队论、博弈论、统筹方法、模拟方法、系统分析等方法,试图从生产资源的有效整合方面进一步提高管理的效果。

(4) 管理手段自动化。现代企业组织面临更复杂的环境,需要接受和处理大量信息,需要迅速寻找解决问题的方案,并更多地节约日益高涨的劳动力费用。为此,现代管理在管理手段方面的研究和使用有了突破性进展,如办公设备的自动化,信息处理机的发明,电子计算机在企业管理的市场研究、产品设计、生产组织、质量控制、物资管理、人事财务管理等领域的应用。

(5) 管理实践的丰富化。各个企业已经明白没有一套固定的适应一切的管理体系,各个企业必须根据自己企业的特点、根据现代管理的基本法则来创造性地形成自己的管理特色。于是就有了日本式管理与松下公司管理的差异,以及美国式管理与国际商用机器(IBM)公司管理的差异。管理实践的丰富化更进一步推动了管理理论、方式方法和手段的发展。

现代管理理论实为一个综合性的管理理论体系,它广泛吸收了社会科学和自然科学的最新成果,把组织看做一个系统,进行多方面有效管理,从而有效整合组织资源,达到组织既定目标和应负的责任。现代管理科学性的强化,使管理的预见性、综合性和可靠性有了很大的提高,基本适应了战后现代企业和经济发展的需要。

6.3.3 现代管理理论的新思潮

进入20世纪90年代,现代管理理论的新思潮当数公司再造、学习型组织、虚拟企业和人本管理。有人甚至认为这是管理的革命,将导致传统管理理论与实践出现全面革新,迎来全新的管理天地。

1) 公司再造

美国人迈克尔·哈默(Michael Hammer)和詹姆斯·钱比(James Champy)于1994年出版了一本著作,名为《公司再造》(Reengineering The Corporation——A Manifesto For Business Revolution)。该书一出版便引起管理学界和企业界的高度重视,迅速流传开来。

哈默与钱比认为,工业革命两百多年以来,亚当·斯密的分工理论始终主宰着当今社会中的一切组织,大部分的企业都建立在效率低下的功能组织上。公司再造(reengineering)是根据信息社会性要求,彻底改变企业的本质,抛开分工的旧包袱,将硬生生拆开的组织架构,如生产、营销、人力资源、财务、管理信息等部门,按照自然跨部门的作业流程,重新组装回去。显然这样一种重新组装是对过去组织赖以运作的体系与程序的一种革命。这种革命将是美国企业恢复竞争力的惟一希望,也是面向未来的惟一选择。福特汽车公司在取得日本马自达公司的25%股权之后,经过观察,福特的主管阶层发现,马自达公司物资采购部全部的财务会计工作,竟然只用了五个人来包办,而福特汽车公司却用了500多人,与马自达公司区五个人相比,简直有天壤之别。就算福特公司借助办公室自动化,降低了两成的人事费用,仍旧无法和马自达公司精简的人事相提并论。根本的不同之处在于两者作业流程的不同,因此修正这种流程就成为提高企业效率的根本。然而修正流程不能仅从财务部门具体做起,而要从整个企业的流程改革着手。

流程的改革建立在信息技术得以高度发展的今天,这是因为信息技术的发展使得效率不一定产生于分工,而有可能产生于整合之中。事实上,现代组织面临的各种管理问题已经很难将其确立为一个专业性的问题,因而将其交给一个分工性的职能部门处理已经不妥,也难使其有效处理此类问题。为了针对某一类问题而特设部门进行专门负责处理,则使得本来已经膨胀了的组织机构更加繁多,这又会使管理成本上升,协调困难,效率降低。在信息技术发达的今天,人们已经准备了对综合性问题进行整合性处理的方案,这也就是流程革命可以进行的基础。

2) 学习型组织

彼得·圣吉(Peter M. Senge)于1990年出版了名为《第五项修炼——学习型组织的艺术与实务》[①]的著作,这本著作一出版立即引起轰动。彼得·圣吉以全新的视野来考察人类群体危机最根本的症结所在,认为我们片面和局部的思考方式及由此所产生的行动,造成了目前切割而破碎的世界,为此需要突破线性思考的方式,排除个人及群体的学习障碍,重新

---

① 参阅彼得·圣吉. 第五项修炼——学习型组织的艺术与实务. 上海:上海三联书店,1995

就管理的价值观念、管理的方式方法进行革新。

彼得·圣吉提出了学习型组织的五项修炼,认为这五项修炼是学习型组织的技能。

第一项修炼:自我超越。"自我超越"的修炼是学习不断深入并加深个人的真正的愿望,集中精力,培养耐心,并客观地观察现实。它是学习型组织的精神基础。自我超越需要不断认识自己,认识外界的变化,不断地赋予自己新的奋斗目标,并由此超越过去,超越自己,迎接未来。

第二项修炼:改善心智模式。"心智模式"是指根深蒂固于每个人或组织之中的思想方式和行为模式,它影响人或组织如何了解这个世界,以及如何采取行动的许多假设、成见,甚至是图像、印象。个人与组织往往不了解自己的心智模式,故而对自己的一些行为无法认识和把握。第二项修炼就是要把镜子转向自己,先修炼自己的心智模式。

第三项修炼:建立共同远景。如果有任何一项理念能够一直在组织中鼓舞人心,凝聚一群人,那么这个组织就有了一个共同的远景,就能够长久不衰。如国际商用机器公司的"服务",宝丽来公司的"立即摄影",福特汽车公司的"提供大众公共运输"、苹果电脑公司的"提供大众强大的计算能力"等,都是为组织确立共同努力的远景。第三项修炼,就是要求组织能够在今天与未来环境中寻找和建立这样一种远景。

第四项修炼:团队学习。团队学习的有效性不仅在于团队整体会产生出色的成果,而且其个别成员学习的速度也比其他人的学习速度快。团队学习的修炼从"深度会谈"开始。"深度会谈"是一个团队的所有成员,摊出心中的假设,从而实现真正一起思考的能力。"深度会谈"的修炼也包括学习找出有碍学习的互动模式。

第五项修炼:系统思考。组织与人类其他活动一样是一个系统,受到各种细微且息息相关的行动的牵连而彼此影响着,这种影响往往要经年累月才完全展现出来。我们作为群体的一部分,置身其中而想要看清整体的变化,非常困难。因此第五项修炼,是要让人与组织形成系统观察、系统思考的能力,并以此来观察世界,从而决定我们正确的行动。

3) 虚拟企业

"虚拟(virtual)"一词在英文中的意思是"虽然没有实际或明确的存在,但却能够一样有效"。在计算机领域,"虚拟内存"、"虚拟主机"都是我们熟悉的概念,"虚拟内存"可使计算机能够运行大于它的物理内存允许范围的程序;"虚拟主机"通过把一台 UNIX 或 NT 系统整机的硬盘划细,细分后的每块硬盘空间被配制成具有独立域名和 IP 地址的服务器,使其具有独立主机的功能。"虚拟企业(virtual enterprise)"的概念最早出现在 1991 年。当时,美国《敏捷企业》(Agile Enterprise Journal)杂志的主编肯尼斯·普瑞思(Kenneth Preiss)与另外两人合作编写了《21 世纪的生产企业研究:工业决定未来》的报告,这份报告后被美国国防部正式采纳。这份报告第一次提出了"虚拟企业"的概念,认为它是一种"比较重要的企业系统化革新手段"。1992 年,美国的威廉·戴维特(William H. Davdow)和麦克·马隆(Michael S. Malone)出版了他们的专著《虚拟企业》,对"虚拟企业"的概念进行了全面的阐述。此后,对"虚拟企业"的研究引起了学术界的广泛关注。可到目前为止,"虚拟企业"的概念还没有统一、明确的定义。较有代表性的观点有:

(1) 虚拟企业是指把人、资金和构思整合在一个临时的网络中,一旦任务完成即解散组织。

(2) 虚拟企业像一个公司一样,临时把各方面联合在"一个变形的企业内",在共同信任的基础上,建立一个长久的联盟,其成员包括制造商、供应商、分销商和顾客。

(3) 虚拟企业又称为"动态联盟",是由独立实在的企业组成的临时性、动态性、虚拟性的企业。

(4) 虚拟企业的基本精神在于突破企业的界限,延伸企业的企图,借用外部资源进行整合。

(5) 虚拟企业是一种能对市场或每一个顾客的需求迅速做出回应的组织,它生产及运输符合成本效益原则、费时短,且可以同时在许多地点提供顾客多样化选择的产品。

总结以上不同的观点,我们认为,虚拟企业是由不同企业或组织共同参与,并通过计算机网络联结起来的,旨在共享资源优势,以便更好、更迅速地对市场需求做出回应的一种企业组织形式。

虚拟企业的出现,有其深刻的历史背景。全球经济一体化的趋势,使得靠一个企业的自有资源已无法充分满足市场的需求,比如在新技术研究开发方面,没有一家企业能拥有研制新产品的全部先进技术,即使像微软公司这样软件业的"霸主"也面临着许多新的挑战者。企业的内部资源(指企业拥有所有权和使用权的资源)总是有限的,并且内部资源的各种组合往往存在着差异,如有的企业拥有雄厚的资金,但缺乏有前途的投资项目;而有的企业具有较强的研究开发能力和良好市场前景的产品,却苦于缺乏资金;有的企业长于生产短于营销;还有的企业却精于营销而生产能力不足,等等。企业的外部资源(指不为企业所有,但对企业有现实或潜在使用价值的一切资源),相对于单个企业的自有资源来说几乎是无限的。为了充分发挥单个企业有限资源的功能,借助外部资源对内部资源进行重新整合变得十分必要。与此同时,电子商务的发展使得企业的边界突破有形的界限,使企业通过计算机网络与外部的联系变得既十分便捷、高效,又显得极为必要。虚拟企业因此而蓬勃显现。

4) 人本管理

管理理论的发展并不是独立形成,它往往是随着整个社会经济的发展而同步进行的。纵观世界近代经济发展史,企业管理思想的沿革,大致经历了以机器为本、以技术为本、以资本为本和以人为本等四次更替。

20世纪60年代以后,这时的战略资源是信息、知识和人的创造性,企业能够取得利润的主要途径存在于职工本身,即所谓"人先于利润",此外还有"人品决定质品","成本最终决定于设计出来的",等等。于是就形成现代的人本管理的理论与实践。

那么,如何理解"以人为本"的管理思想呢?

我们知道,管理就是把组织中的各种资源有效结合起来并指导或配置它们去实现特定的工作目标。通俗地讲:就是让人做事并取得成果。如企业管理,就是将企业中人、财、物、信息等资源有效结合起来,投入到生产、经营过程并获得赢利的各项工作之和。1921年法约尔首先提出的管理有计划、组织、领导、指挥和控制等五大基本功能,人们也是通过这五大职能对资源进行有效整合或有效配置的,但这样做的前提必然是把企业的各种资源看着毫无区别,同时认为可以一视同仁地对它们加以整合和配置。这样就忽视了企业中人是一种不同于物的资源,忽视了人才及其开发价值和潜力,这恰恰是传统管理的一大弊端。

而人本管理的思想出现正是为了克服上述弊端。比如:从管理的对象上看,我们常常将管理对象分为人、物及信息。但是,用人本管理的理念来看,我们应该看到的企业,首先不是物的堆积,而应该是人的集合,企业是由人以赢利为目的而构筑的经济性组织。因此,企业管理从最根本的意义上讲,就是对人的管理。显然,企业的赢利性目的首先是通过对人的管理、进而支配物质资源的配置来得到的。基于这种考虑,企业管理就必然是也应该是人本管理,或者说是对人本管理的演绎和具体化。这完全是一个全新的视角。

人本管理第一层次含义。研究发现,无论何种管理学派,都首先对企业中的人做一个基本的价值倾向性判定,然后再确定管理的途径和手段。而无论哪一学派大都把人的因素当作事实上的首要因素和本质因素。从这个意义上讲,管理本来就应该是人本管理。因此,人本管理的第一层次含义就是:确立人在管理过程中的主导地位,继而围绕着调动企业人的主动性、积极性和创造性去展开企业的一切管理活动。这是维系企业生存和发展的根本。

人本管理第二层次含义。正因为人本管理第一层次含义的功利性缺陷,我们所提出的人本管理,应有其第二层次的含义,即通过以人为本的企业管理活动和以尽可能少的消耗获取尽可能多的产出的实践,来锻炼人的意志、脑力、智力和体力,通过竞争性的生产经营活动,以达到完善人的意志和品格,提高人的智力,增强人的体力,使人获得超越受缚于生存需要的更为全面的、自由的发展,这才是人本管理应有的哲学含义和理想境界。

社会的发展首先源于人类的进步。我们不难发现,从本质上说,就是人类通过学习和实践所获得的智力的进化和因智力进化驱使的对物质资源利用效率的提高。而"以尽可能少的消耗获取尽可能多的产出"只是这一过程的催化剂和推动力。在生存空间有限、资源稀缺和人口迅速膨胀的今天,为满足民众日益增长的物质和文化的需要,经济增长和社会发展赖以持续的基础就是人类自身包括智力的进化以及控制资源配置效率的能力提高内在的整体素质更为全面的发展和完善。这是人类梦寐以求的人类进步、经济增长方式的转变和社会发展的前提,也是人本管理以其第一层次含义为起点,努力实现其第二层次含义所涉及的内涵、过程、范围和本质。

需要说明的是,人本管理并不是企业管理的又一项工作,也不是一种独立的管理活动,而是将人本管理的理念和管理对策渗透到企业的各项生产经营管理活动中去,使企业的一切工作在人本管理的理论体系和基本框架内进行,即让人本管理统领企业的一切工作,而文化管理就是人本管理思想的最好的融合和体现。

本 章 小 结

科学管理理论于19世纪末和20世纪初在美国形成,其代表人物为弗里德里克·泰罗。科学管理理论的核心为四个方面:

(1) 对工人工作的各个组成部分进行科学的分析,以科学的操作方法代替陈旧的操作方法。

(2) 科学地挑选工人,对工人进行培训教育以提高工人的技能,激发工人的进取心。

(3) 摒弃只顾自己的思想,促进工人之间的相互协作,根据科学的方法共同努力完成规定的工作任务。

(4) 管理人员和工人都必须对各自的工作负责。

行为科学理论实为人群关系理论。行为科学理论既是管理理论的发展又是管理实践的总结，它的巨大贡献主要表现在：

(1) 社会人假定。社会中的个人绝不是惟利是图的纯经济人，而是作为某一焦虑群体一员的有归属的"社会人"。"社会人"固然有追求收入的动机和需求，但并不惟此，他在工作生活中还需要得到友谊、安全、尊重和归属需要。

(2) 需求因素与激励。人的需求可划分为五个层次：生理的需求、安全的需要、社会交往的需求，尊重的需求和自我实现的需求。当人处于某一需求为主的条件下，其行为动机和行为便会带有此种需求未得到满足的特征，为此管理主体可以根据该特征去满足员工的这一需求而使其得到真正的激励。

(3) 作业组合。每个组织都具有由其既定的目标而产生的技术要求。实现这些目标就要求完成某些工作，而组织的成员就得组成不同的组合以完成这些工作任务。作业组合实为完成一定工作任务的团队。团队为正式组织，团队内还会存在非正式组织。

(4) 领导理论。领导是一个个人向其他人施加影响的过程，影响的基础在于权力，一个领导者可以对下属施加影响在于他拥有五种不同的权力：强制权、奖励权、法定权、专长权和个人影响权。

管理科学的理论特征有以下四点：① 以决策为主要的着眼点，认为管理就是决策，给定各种决策分析模型。② 以经济效果标准作为评价管理行为的依据，为此建立模型以讨论行为的结果及变化。③ 依靠正视数学模型，这些模型实际上是以数学形式表达的解决问题的可行办法，为此，建立合适的模型就成为管理行为可行性的前提。④ 依靠计算机运算，以便计算复杂的数学方程式，从而得出定量的结论。

现代管理理论是指 20 世纪 70 年代开始至今的管理新理论，它是科学管理、行为科学和管理科学三阶段演进之后的必然产物，它与现代组织发展密不可分。

20 世纪 90 年代以来涌现了许多新的管理思潮，如公司再造、人本管理、学习型组织和虚拟企业等。

思考与练习

1. 基本概念

科学管理原理　霍桑试验　需求层次理论　激励因素　保健因素　公司再造　学习型组织　人本管理　虚拟企业

2. 思考题

(1) 管理理论发展的基本线索是怎样的？

(2) 泰罗的科学管理理论的主要贡献是什么？

(3) 人际关系学说的主要观点是什么？

(4) 科学管理理论对管理理论及管理实践的最大贡献是什么？

(5) 管理科学理论有什么特征？该理论解决问题的一般程序是什么？

(6) 权变理论对管理实践有什么贡献？

3. 讨论题

(1) 比较古典管理理论和行为科学理论的优缺点。

(2) 需求层次理论和双因素理论的主要内容是什么？你认为二者之间有何联系？

第 7 章 管理的职能

任何组织的存在都有其自身目的及相应的社会价值、社会功能或社会影响，为此，每个组织都将采取有利于其目标实现，有利于其价值和功能发挥的相应措施和行动，即通过一系列管理职能实施管理活动。目前，对管理职能，尚无统一的表述，但通常包括计划、组织、领导和控制四大职能。考虑到决策在管理中的核心作用（西蒙："管理即制定决策"），在介绍四大管理职能之前，先介绍决策的概念。

7.1 决 策

7.1.1 决策概论

决策是指为实现某一目标，根据决策者所处外部环境和内部条件，运用科学方法制定若干可以相互替代的可行方案并从中选择一个较为满意的方案的过程。决策是人们的一种社会行为，渗透到社会的各个领域，决策的正确与否直接影响到决策的社会效益和经济效益。随着组织环境的不断变化，决策的不确定性越来越大，难度越来越高。

决策本质上是一个过程，而不是"瞬间"做出的决定。从上述决策的概念可以看出，一个完整的决策过程应该包括如下几个步骤。

（1）确定明确的目的。决策总是为了解决某个问题，是为了达到某种目的而采取的行动。没有问题则无需决策，没有目的则无从决策。

（2）制定若干可行的备选方案。制定多个符合要求的可行方案并从中进行比较和选择，反映了决策的可行性和多方案性这两大特征，也是科学决策的重要原则。如果只有一个方案，则无从比较其优劣，也没有选择的余地。

（3）对方案进行比较和分析。各个备择方案都是可行的，必须确定评价标准，对各方案从技术、经济等方面进行综合分析与评价，从而确定各方案对目标的贡献程度以及潜在的问题。

（4）选择一个合理的方案。决策是复杂的多变量、多约束的行为，现实中的决策要达到所谓最优是不可能的，因而决策者往往追求的是满意原则，即为决策的评价指标确立一个最低标准，超过这个标准并在总体上达到预期效果即为合理，也称为满意。

决策是一个分析判断过程。决策有一定的程序和规则，决策既要依靠科学的理论和科学的方法，也要依靠人的智慧、经验和判断力。因此决策者要不断提高自己的决策能力，以提高决策的正确性和科学性。

当然多方案、可行和满意这三项原则是一个完整的决策过程的基本要求，而并非任何决策都必须严格按照这三项原则完成决策。相反，在有些情况下，"三原则"更多地体现为一种理念，决策者在决策时应审时度势，充分考虑"三原则"要求，及时、果断、合理地做出决策。否则,有可能因为过分强调原则而错失良机。

7.1.2 决策的类型

决策贯穿于组织管理活动的全过程,从不同的角度对决策加以分类,有助于决策者把握各种决策的特点,提高决策的效率和效果。

1) 按决策的重要性和作用

(1) 战略决策。指谋求在组织与外部环境之间达成动态平衡的决策。战略决策是组织中最重要的决策,涉及组织的发展方向和前景规划这类关系全局的重大问题。战略决策的实施时间较长,对组织的影响较为深远,所需解决的问题复杂,对决策者的洞察力和判断力有很高的要求。

(2) 管理决策。指做出战略决策后在组织内部范围中贯彻执行的决策,旨在实现组织内部各环节活动的高度协调和资源的合理使用,以提高经济效益和管理效能。管理决策虽然不直接决定组织的命运,但其正确与否会影响组织总体战略目标的实现和工作效率的高低。

(3) 业务决策。指为解决日常工作和作业任务中的问题所做的决策。大部分属于影响范围较小的局部性、常规性、技术性的决策。

2) 按决策问题所处的条件

(1) 确定型决策。是指在稳定或可控条件下进行的决策,即决策方案未来的自然状态只有一种,各方案之间的优劣比较和预期结果是明确的。

(2) 风险型决策。指决策方案未来的自然状态有两种或两种以上,哪一种会发生是不确定的,但各种自然状态发生的概率是可以估计的。这类决策的结果只能按其概率实现,所以不管哪个决策方案都是有风险的。

(3) 不确定型决策。指决策方案未来的自然状态有两种或两种以上,且自然状态的发生概率是无法估计的。这是最具风险的一种决策。

3) 按决策问题的重复程度

(1) 程序化决策。指针对组织中反复出现的、有一定结构、可通过一定的程序、规则和标准予以解决的问题而进行的决策。程序化决策是可以通过制定规定程序、决策模型和标准加以模式化,并可以利用计算机来处理。

(2) 非程序化决策。指针对没有结构化的、首次出现而又较为重要的问题而进行的决策。这类决策解决的是无先例可循的新问题,具有很大的偶然性和随机性,主要依靠决策者的经验和创造精神。

7.1.3 决策的过程

决策是一个不断发现并解决问题的过程,由情报、设计、选择、实施等活动构成。

1) 情报活动

环境在不断地变化，对新的情况做出正确反应是困难的。决策者在决策过程中首先要分辨在什么情况下要做出什么决策。情报活动主要是解决"做什么"，即审时度势、发现和确定问题以及决策时机的活动。所谓问题是现状与目标之间的差距，要发现和确定问题，必须进行调查研究和分析预测。决策者的知识和精力是有限的，在同一时刻决策者只能集中精力对付少数几个问题，很难理解所有的情况。因此组织中要设立专门的情报部门，向决策者提供必要的信息。

2) 设计活动

设计活动是寻求多种途径解决问题的过程，是行动方案的探求过程。决策者和有关人员必须充分挖掘和创造多种可行的替代方案。设计活动强调多方案，如果决策者面临的只有一种方案，也就无所谓决策了。

3) 选择活动

这是在一定的评价准则下，在预估和分析各个替代方案的基础上，对方案进行抉择的活动。现实中，由于方案后果的多样性和评价准则的多样性，使选择活动很难找到一个对所有准则来说都是最优的方案；同时由于方案的后果是一种未来的风险事件，具一定的不确定性，因此对这种后果的评价准则往往因人而异。各种可供选择的方案在权衡利弊后，可能选其一，可能合为一，也可能另行设计一个方案。

4) 实施活动

实施活动是执行、跟踪和学习的过程。决策方案确定之后，还必须制定详细的执行计划和资源预算计划，使组织成员深刻理解方案并努力实施，同时还要加强实施过程的监督和检查，及时发现偏差并予以纠正。

7.1.4 影响决策过程的因素

1) 决策者

在决策活动中起决定性作用的是决策者。决策者的直觉、经验、个性、知识水平、认识和判断能力都直接影响决策的合理性，因此提高决策者的素质具有特别重要的意义。一般来说，决策者应从以下几个方面加强自己的素质和修养。

(1) 要善于使用思想库。决策者要善于启发和引导有关人员发表意见，鼓励争论，并善于使用智能机构以弥补自身知识的不足，从而集思广益，在决策中做出明智的抉择。

(2) 要善于进行信息处理。决策者面对的可能是大量的信息，必须对这些信息进行正确的处理，去粗取精、去伪存真。这要求决策者要善于学习，吸收大量的知识，总结和积累经验，培养定量思维能力和逻辑思维能力。

(3) 要善于摆脱主观愿望的影响。决策者既要能够深入情况、亲自处理，又要能使自己处于超脱的境界;既要有自己的见解,又要避免主观主义。为此,要严格按科学的决策程序办事,并尽量掌握科学的决策方法。

(4) 要善于及时调整和纠正错误。决策不是一劳永逸的,而是需要修正和调整的。这一方面是因为制定决策时可能存有失误,一方面是因为情况发生了变化造成原决策不适用了。因此决策者应保持清醒的头脑,发现失误及时调整。

2) 决策方法

决策存在于任何层次的管理中,所以决策的范围和内容大不一样,因此决策的方法也是多种多样的。决策方法对决策的正确性与精度有重要的影响。决策方法有定性方法和定量方法,决策者应当根据决策问题的性质,选择适当的方法。

3) 决策体制

决策体制是指决策活动体系和工作方法、程序、权限和制度。完善决策体制需要注意以下问题。

(1) 决策的层次问题。不同层次的管理者,其职权范围不同,且掌握的信息也不一样,故而跨越层次的决策是很难保证成功的,决策者不应当超越本身的职权范围进行决策。

(2) 智能部门与决策部门的关系问题。决策需要分析大量的信息,是一项知识密集型活动,现在已有专业化的部门为决策提供咨询服务。智能部门的工作是保证决策水平的基础,要严格按照科学性和客观性的原则来进行。同时智能部门也要提高自己的工作水平,努力制定适用的决策方案,提高方案的被采纳率。

4) 决策环境

决策总是在一定的环境中产生并加以实施的,影响决策的环境包括组织的内部环境和外部环境。组织的内部环境指组织所拥有的资源和管理手段,了解内部环境是正确决策的前提。组织的外部环境是与组织管理活动有关的各种外部因素,外部环境不仅是复杂的而且是多变的、动态的,环境结构的变化会产生不同的效应,从而影响决策过程和实施过程的合理性。

7.2 计　　划

7.2.1 计划的定义与特征

尽管我们在第 5 章讨论管理的职能时已涉及计划的概念并做了简单介绍,但计划(plan)这个术语的含义究竟是什么? 一般认为,计划是预先进行的行动安排,包括对事项的叙述、目标和指标的排列、所采用手段的选择以及进度的规定等。计划具有以下特征。

(1) 目标性。每个计划及其派生计划,都致力于组织的经营目的和各个目标的实现。组织通过精心安排的合作,实现其所制定的目标,从而得以生存。所以,管理的计划工作就是针对所要实现的目标,设法取得一种始终如一的、协调的经营结构。如果没有计划、经营活动必将出现杂乱无章的局面,结果就会引起混乱。

(2) 领先性。在管理实践中,虽然各种管理职能是作为一个整体系统而交织在一起的,但计划工作具有其特殊的领先地位。首先,它要为组织预先确立奋斗目标,然后,它还必须制定实施这些目标的措施及步骤,使主管人员知道需要什么样的组织,如合格的人选,按照什么方针来指导和领导下级,以及采取什么样的控制方法。

(3) 普遍性。计划是各级主管人员的一个共同职能。虽然计划工作的特点和范围,会随着各主管人员所掌握的职权的不同而有所不同,但无论是总经理还是基层管理人员,几乎无一例外都需要从事程度不同的计划工作。

(4) 效益性。计划的效益是以实现计划的所得扣除所费之后的总额来衡量的。在这里,实现计划的所得指的是实现组织总目标和阶段目标后所得到的各种利益,实现计划的所费则指为制定和执行计划所发生的费用以及其他非预期的代价的和。

7.2.2 计划的目的

管理者为什么做计划?简单地说,计划可以给出方向,减小变化的冲击,使浪费和冗余减至最少,以及设立标准以利于控制。

计划是一种协调过程,它给管理者和非管理者指明方向。当所有有关人员了解了组织的目标和为达到目标他们必须做出什么贡献时,他们就能开始协调他们的活动,互相合作,结成团队。而缺乏计划则会走许多弯路,从而使实现目标的过程失去效率。

通过促使管理者展望未来,预见变化,考虑变化的冲击,以及制定适当的对策,计划可以减小不确定性,它还使管理者能够预见到行动的结果。

计划还可以减少重叠性和浪费性的活动,在实施之前的协调过程可以发现浪费和冗余。

最后,计划设立目标和标准以便于进行控制,如果我们不清楚要达到什么目标,怎么判断我们是否已经达到了目标呢?在计划中我们设立目标,而在控制职能中,我们将实际的绩效与目标进行比较,发现可能发生的重大偏差,采取必要的校正行动。没有计划,就没有控制。

7.2.3 计划的作用

计划的重要性表现在其结果对组织的工作可以起积极的作用,也可以起消极的作用,甚至使组织陷入严重的困境。具体来讲,计划应当在以下几个方面充分体现它的积极意义。

1) 弥补不肯定性和变化带来的问题

计划是面向未来的,而未来在空间上和时间上都具有不肯定性和变动性。计划工作的意义首先就在于它能够在尽可能大的程度上将未来的不肯定和变化转化为肯定和不变化。组织可以通过周密细致的预测,在尽可能充分地把握未来的各种可能性和变动趋势的基础上制定相应的补救措施,并在需要的时候对计划做必要的修正,最大限度地提高计划的科学性。

即使未来的一切情况都是完全肯定的,通常也有必要做计划工作。首先需要选择实现目标的最优方案,其次需要从空间上和时间上对计划的实施做出周密的安排。

2）有利于管理人员把注意力集中于目标

前面已经提到,一项计划有可能把组织引向光明的未来,但也可能使组织陷入深重的灾难。因此组织主管人员的首要职责是保证计划,特别是目标本身的正确。考虑周密的整体计划使组织各部门的工作能统一协调地、井井有条地展开,使主管人员能超脱于日常事务,集中精力关注于对未来的不肯定性和变化的把握,随机应变地制定相应的对策,实现组织与环境的动态协调。

3）有利于提高组织的工作效率

一项好的计划通过以共同的目标、明确的方向来代替不协调的、分散的活动;用均匀的工作流程代替不均匀的工作流程,以及用深思熟虑的决策代替仓促草率的判断,从而使组织的各项资源被充分地利用,产生巨大的协同效应,极大地提高组织的工作效率。

4）有利于有效地进行控制

管理者如果没有既定的目标和规划作为衡量的尺度,就无法检查其下属的任务完成情况。如果没有计划作为标准,就无法开展控制工作。或者虽然有计划,但却是一项不切实际的计划,那么以这样的计划为依据来进行控制,即使有可能使计划得以实现,但却不可能有效地实现组织与环境的动态平衡。

7.2.4 计划和绩效

制定计划的管理者和组织,其绩效一定比不制定计划的更好吗?凭直觉来说,你会认为答案是肯定的,许多证据都一般地支持这种观点,但我们不能就此断言正式计划总能比无计划取得更好的绩效。

许多研究试图检验计划与绩效的关系,这些研究使得我们得出下述结论。首先,一般地说,正式计划通常与更高的利润、更高的资产报酬率及其他积极的财务成果相联系。其次,高质量的计划过程和适当的实施过程比泛泛的计划更可以导致较高的绩效。最后,在这些研究中,凡是正式计划未能导致高绩效的情况,一般都是因为环境的原因。当政府法规、工会权力和类似的环境力量限制了管理者的选择范围时,正式计划对组织绩效的影响较小。此外,环境的意外震荡也会降低精心策划的计划的效果。

7.2.5 计划的类型

划分计划类型的最普遍的方法,是根据计划的广度(战略性相对于作业性)、时间框架(短期相对于长期)和明确性(具体性相对于指导性)对计划进行分类。但是,这些分类方法所划分出的计划类型不是相互独立的。比如,短期和长期类型之间就存在紧密的关系,类似的还有战略和作业类型之间的关系。计划的不同分类方法主要有以下几种。

1）按照计划的广度

（1）战略计划。应用于组织整体的，为组织设立总体目标和寻求组织在环境中的地位的计划。

（2）作业计划。规定总目标如何实现的细节的计划。

2）按照计划的时间跨度

（1）长期计划。为实现组织的长期目标服务的，具有战略性、纲领性指导意义的综合性发展规划。其时间跨度一般在 5 年以上。

（2）中期计划。根据长期计划提出的战略目标和要求，并结合计划期内的实际情况制定的计划。其时间跨度一般为 2～4 年。

（3）短期计划。为实现组织短期目标服务的、对长期和中期计划的具体落实。其时间跨度一般为一年以下。

3）按照计划的明确性

（1）指令性计划。由上级下达的具有行政约束力的计划，具有明确规定的目标，不存在模棱两可或容易引起误解的问题。

（2）指导性计划。由上级给出一般性的指导原则，指出重点但不把管理者限定在具体的目标或特定的行动方案上，具体如何执行具有较大的灵活性。

此外，计划还可以被进一步定义为正式的计划和非正式的计划。所有的管理者都制定计划，但许多只是一种非正式的计划。在非正式计划中，什么都不写出来，很少或没有与组织中其他人共享的目标。这种非正式计划大量存在于小组织中，在这些组织中只是所有者兼管理者本人考虑过组织想要达到什么目标，以及怎么实现目标，计划是粗略的且缺乏连续性。当然，非正式计划也存在于某些大型组织中，而一些小组织也制定非常详细的正式计划。

当我们这里使用计划这个术语时，指的都是正式计划。对每一个时期都有具体的目标。这些目标被郑重地写下来并使组织的全体成员都知道，就是说，管理当局明确规定组织想要达到什么目标和怎么实现这些目标。

7.2.6 目标管理

1）目标的概念与特征

（1）目标的概念。目标是一个组织在未来一段时间内所要达到的目的。要组织人们从事共同劳动，就必须把每个人的行动统一于共同的目标，以保证共同劳动有计划、有成效地进行，这个共同目标即是组织目标。组织目标既是一切管理活动的出发点，又是一切管理活动所指向的终点；既是管理活动的依据，又是考核管理效率和效果的标准。

（2）目标的特征。①目标的层次性。组织目标一般要进行分解，以使组织中不同层次的员工明白应当做什么才有助于总体目标的实现。组织的目标自上而下可分为多个等级层次,在目标层次体系中,上层目标指导下层目标,下层目标是保证上层目标实现的手段。目标越往上则越模糊和不可控,越往下则越具体和可控。② 目标的多重性。所有的组织均有其多重目标,总体目标是多种多样的,各层级目标也是如此。目标的多重性是组织为了在社会中寻求生存和发展,适应内外部环境的要求而导致的必然结果。管理需要在多种目标之间取得平衡。③ 目标的网络性。组织本身是一个系统,组织的各种目标之间很少表现为简单的线性关系,而是构成比较复杂的网络系统。也就是说,各种目标的实现,在逻辑上并不存在简单的先后次序关系,而是要求构成网络的各个具体目标之间必须保持彼此之间的协调,使得各种计划都能有条不紊地如期实现。④ 目标的时间性。任何组织目标都有时间性,所以在确定组织目标时必须明确其时间跨度。另外,由于计划制定者认识上的局限性和环境条件的多变性,可能发生计划与实际不完全符合的情况,因此管理者要根据组织内外条件的变化及时制定出新的目标,也即组织目标是随着时间而发展变化的。

2) 目标管理的概念

目标管理是由美国著名管理学家彼得·德鲁克首先提出的,他在 1954 年出版的《管理实践》一书中将目标管理作为一套完整的思想和管理方法提出。目前,目标管理已在全世界各行各业中广泛运用,取得了明显的效果。

目标管理是一种程序和过程,在此过程中,组织中的上级和下级一起商定组织的共同目标,由此决定上下级的责任和分目标,并以此作为经营、评估和奖励每个单位与个人贡献的标准。实际上目标管理也是一种管理思想和法则,它强调了组织中各单位和个人确立目标的重要作用,强调以成果为目标的管理,充分肯定人的潜力,注重自我控制。其基本思想可以概括为以下几个方面。

(1) 强调以目标为中心的管理。目标管理强调明确的目标是有效管理的首要前提,目标管理强调目标而不是行动本身。目标是管理活动的开始,是行为的导向,也是考核的依据。

(2) 强调以目标网络为基础的系统管理。目标管理所形成的各部门、个人之间的目标相互关联、相互支持,形成目标网络系统。管理者必须着眼于这一系统,保证组织目标的整体性和一致性。

(3) 强调以人为中心的主动式管理。目标体系的建立是管理者和被管理者共同参与的结果,这不仅使目标更符合实际,更具可行性,而且有利于调动各级人员在实现目标过程中的积极性和创造性。

3) 目标管理的步骤

(1) 制订目标和目标展开。首先,由组织的最高管理层,根据组织的实力和外部条件,制订出一定时期内组织要达到的总目标;然后,采取上下左右协商的方式,对组织的总目标进行展开,依次确定下属各级、各个单位以致个人的分目标。各层次的目标之间的关系是:总目标指导分目标,分目标服从总目标,保证总目标的实现,形成一个以组织总目标为中心、上下左右紧密衔接、协调一致的目标体系。

(2) 逐级授权。目标一经确定,上一级就要本着权责相称的原则,根据目标的要求,授予下属部门或个人以相应的权力,让他们有权有责,在职责权限范围内自主地开展业务活动。自行决定完成目标的方法、手段,实行自主管理。

(3) 过程管理。过程管理就是目标实施过程的管理,它主要由执行人主动创造性地工作,并以目标为依据,不断检查对比,分析问题,采取措施,纠正偏差,实行自我控制。在此过程中,上级主管的责任主要是检查目标执行者的工作条件是否得到了切实的保证,发现问题,及时给予解决,并当好目标执行者的参谋和顾问。

(4) 成果评价。成果评价是目标管理的最后一个环节,也是下一目标管理周期的开始。成果评价的目的,一方面是为了考核目标执行者的工作成果,并为奖惩提供依据;另一方面,是为了总结经验教训,找出差距,改进方法。

4) 目标管理的优点

目标管理的一个主要优点是把目标的制定和个人的激励联系了起来。由于个人参与了自己目标的制订,也就有了一种个人的承诺。职工既明白了该完成的任务,又知道将如何进行考评。由于管理人员和他的下级经常做面对面的沟通,其结果也将有助于提高士气。此外,目标管理还有如下几条优点。

(1) 更好的管理。目标管理导致了管理的改进。目标的建立离不开计划工作,而惟有以结果为导向的计划工作才是有意义的。目标管理迫使管理人员不仅要计划活动和工作,而且需考虑计划工作的结果。明确的目标不仅为控制提供了标准,而且也提供了最好的诱因。

(2) 澄清组织。目标管理常常迫使管理人员弄清组织的作用及结构,尽可能根据关键性的成果来定岗、定员。凡是成功推行目标管理的组织,常常会发现他们组织的不足之处。

(3) 目标管理为管理人员和职工的自身发展提供了良好的机会。目标为人们提供了努力的方向,对工作的先后主次提供了现实性的指导。目标的完成与否是工作好坏的最有力的证明,而对特定年度绩效的回顾,又为雇员的晋级、加薪及奖励提供了可靠的依据。

(4) 开展有效的控制。控制包括衡量结果,为了确保目标的达成,采取行动对计划的偏离进行纠正。在管理控制系统和控制过程中,控制的一个主要问题就是要明确监控什么?一组明确的可检验的目标是有效控制的最好指南。

5) 目标管理的缺点和问题

目标管理除了有上述优点之外,也存在一些缺点和问题,有些出在系统本身,有些出在具体应用上。主要表现在以下几个方面。

(1) 目标管理的哲学假设不一定存在。目标管理对于人类的动机做了过分乐观的假设,认为多数人都具有发挥潜力、承担责任、自我管理和富有成就感的需要,都有事业心和进取心,而且只要有机会,就会通过努力工作来满足这些需要。但是现实并不完全这样。因此在实行目标管理时,往往缺乏信任的气氛,难以形成双方达成共识的目标,组织成员没有承诺、自觉、自治和愉快的感觉。

(2) 对目标管理的原理阐明不够。目标管理可能看起来简单,但实施起来并不简单。

(3) 目标设置的困难。真正可以考核的目标是很难确定的,许多岗位的工作难以制定定量化和具体化的目标。

(4) 目标的商定很费时间。目标的制定是上下级之间的双向沟通,而且要达成共识,这往往需要花费较多的时间,如果建议与协议以书面的形式表示,就更为费时。

(5) 强调短期目标。大多数目标管理规划中所设置的目标是短期目标,过分强调短期目标往往会以影响长期目标为代价。

7.2.7 关于计划的误解

对于计划的目的和作用多数人并不完全反对或怀疑。尽管如此,人们在计划意义方面仍然存在着这样或那样的误解,而这些误解的存在显然对于发挥计划的作用是十分不利的。这些误解常常主要反映在以下几个方面。

1) 不准确的计划就是浪费时间

不准确的计划就是浪费时间,持这种观点的人主要是过于强调计划的执行结果。事实上,最终结果仅仅是计划目的的一部分,即使没有完全达到预期的目标,过程本身也是很有价值的。

2) 有计划总比无计划好

其实计划本身并不会带来绩效。计划的作用的发挥有赖于计划的科学性和合理性。不合理的计划却可能造成有计划的浪费。如果在制定计划时,分析不够认真,或没有采取科学的方法,导致计划严重脱离实际,而执行这样的计划自然会给组织带来很大的损失。

3) 计划会降低工作的灵活性

事实上,计划只是一定时期,一定条件下人们对工作所做出的安排,而且计划一旦形成就应得到有效的执行。这就是计划的严肃性和权威性。但是,计划本身也会因为环境的变化而变化,那种环境变化而未做调整的计划只能是增加计划的盲目性,从而最终影响组织绩效。正因如此,制定计划也应考虑留有余地,以保持一定的灵活性。

7.3 组　　织

组织存在的基础是人们活动的社会性。作为一个实体,组织是指为了达到某些特定目标,经由分工与协作以及不同层次的权力和责任制度,而构成的人的集合。作为一种职能,组织是指创造、维持和发展组织结构,并使组织结构发挥作用和完成组织目标的过程。

7.3.1 组织的基础

1) 劳动分工和专业化

(1) 劳动分工和专业化的概念。劳动分工和专业化实际上是相同的概念,即把组织的任务分解成若干更小的组成部分,个人专门从事某一部分的活动而不是全部活动。这一概念首先是由亚当·斯密(Adam Smith)提出的,他在名著《国富论》中描述了一家制针厂通过劳动分工,效率相对于分工前提高了240倍。专业化分工的重要意义就在于将复杂的工作分成一项项简单的工作,并由个人或群体来承担指定的工作,以提高劳动生产率。

(2) 劳动分工和专业化的优点。主要有:① 有利于发挥个人的灵巧性;② 有利于缩短时间;③ 有利于降低培训成本;④ 有利于使用专用设备;⑤ 有利于完成复合目标。

(3) 劳动分工和专业化的问题。从总体上说,专业化思想在许多组织中具有生命力,且取得了比较好的效果。虽然专业化有许多优点,但是工作过于专业化也可能带来某些负面效果。即过度的劳动分工会使工作变得高度重复、枯燥和单调,导致员工产生厌倦和不满情绪,造成疲劳、压力、低生产率、质量下降、经常缺勤和高的离职率等现象。在这种情况下,可以通过扩大而不是缩小工作范围来提高劳动生产率。

2) 管理幅度与管理层次

(1) 管理幅度与管理层次的概念。管理幅度是指一个管理者直接有效指挥和监督的下属的数目,管理层次是指组织中职位等级的数目。在管理幅度给定的条件下,管理层次与组织规模的大小成正比,即组织规模越大,包括的成员数越多,所需的管理层次就越多;在组织规模给定的条件下,管理层次与管理幅度成反比,即每个主管所能直接控制的下属数目越多,所需的管理层次就越少。

(2) 管理幅度与管理层次的关系。管理层次与管理幅度的反比关系决定了两种基本的管理组织结构形态:扁平结构和锥型结构。扁平结构是指管理幅度较大、管理层次较少的组织结构形态。由于层次少,信息传递的速度快,失真的可能性小,使组织的适应性增强;此外,较大的管理幅度有利于下属的主动性和首创精神的发挥。但过大的管理幅度也会带来一些局限性,如主管不能对每个下属进行充分、有效的监督和指导,大量的信息使主管不能仔细加以研究,从而影响信息的及时利用等。锥型结构是管理幅度较小、管理层次较多的尖峰状结构形态,其优点和局限性与扁平结构正好相反。组织设计要尽可能地综合两种结构形态的优势,克服其局限性。

(3) 影响管理幅度的因素。任何组织在进行结构设计时,都必须考虑管理幅度问题。有效管理幅度的大小受管理者主观和客观诸多因素的影响:① 工作能力;② 工作内容和性质(主管所处的管理层次、下属工作的相似性、计划的完善程序、非管理事务的多少);③ 工作条件(助手的配备情况、信息手段的配备情况、工作地点的相近性);④ 工作环境。

3) 直线与参谋

(1) 直线与参谋的概念。从对组织目标实现的作用来说,直线是指对组织目标的完成直接做出贡献的人或部门;参谋是指帮助直线进行工作的,向直线提供协助服务和咨询活动的人或部门。从职权关系的角度来说,直线关系是一种指挥和命令的关系,授予直线人员的是决策和行动的权力;参谋关系则是一种服务和协助的关系,授予参谋人员的是思考、筹划和建议的权力。正确处理直线与参谋的关系,既保证组织中的命令统一,又充分发挥参谋人员和部门的合理作用,是发挥组织中各方面力量的协同作用的一项重要内容。

(2) 直线与参谋的矛盾。直线与参谋管理人员之间,由于种种原因,也常常会引起冲突。冲突因素及矛盾性质表现为以下几个方面:① 年龄、教育等因素;② 对于职权构成的威胁;③ 对知识的依赖;④ 观念不同。

(3) 正确发挥参谋的作用。要充分发挥参谋的作用,必须注意以下几点:① 明确直线与参谋的关系,分清双方的职权范围和存在价值,从而形成相互尊重和相互配合的关系;② 授予参谋机构必要的职能权力,提高参谋人员的积极性;③ 直线管理人员应为参谋人员提供必要的信息条件,以便从参谋人员那里获得有价值的支持。

4) 集权与分权

权力的集中与分散是组织设计中的重要问题。这里所说的权力是指职权,即赋予管理系统中某一职位的权力,其实质就是决策权。它与组织中的管理职位有关,而与职位占有者个人因素无关。

(1) 集权和分权的概念。集权和分权是相对的,所谓集权是指将决策权集中在上级,下级部门和机构只能依据上级的决定和指示行事;所谓分权是指上级将决策权分配给下级部门和机构,使其能够自主解决问题。实践证明,权力的绝对集中是不妥当的,而绝对的分散也意味着无政府状态,造成组织的解体。因而必须寻求集权和分权的某种平衡。

考察一个组织的分权程度,不在于形式上是否按地域或职能等进行划分,或者是否设立了更多的管理层次或子部门,其关键在于决策权是保留还是下放。根据戴尔的解释,我们可以按照以下标准来判断一个组织分权的程度:① 决策的幅度;② 决策的频度;③ 决策的重要性;④ 对决策的控制程度。

(2) 集权和分权的利弊分析。集权的优点主要表现在:① 形成政策与行动的一致性;② 使缺乏信息和技能的下属少犯错误以减少损失;③ 充分综合利用总部有特殊技能的专家;④ 有利于加强控制。过分集权显示出的弊端:① 降低决策的质量;② 降低组织的适应能力;③ 降低组织成员的工作热情。

(3) 影响集权与分权的因素。① 工作的重要性;② 方针的统一性;③ 经营规模;④ 组织的工作性质;⑤ 组织历史;⑥ 管理者的数量和质量;⑦ 高层管理者的管理水平和控制能力;⑧ 组织外部的环境。

5) 授权

(1) 授权的意义。所谓授权就是管理者将其权力的一部分授予下属,使下属在一定的监督之下,拥有相当的行动自主权,以此作为下属完成任务所必需的客观手段。授权对于一个组织的创建和运营是十分重要的,管理者进行授权的主要意义在于:① 严密组织结构,改善组织关系;② 减轻高层管理人员的负担;③ 发挥下属专长,培养人才;④ 提高下属积极性,增进效率。

(2) 授权的基本过程。权力的委任过程由以下四个方面组成:① 职责的分派;② 权力的委任;③ 责任的确立;④ 监控权的确认。

(3) 授权的一般原则。① 明确目标;② 权责相当;③ 责任的绝对性;④ 命令的统一性。

6) 部门化

部门化是将组织中的活动按照一定的逻辑安排,划分为若干个管理单位。部门化是形成组织结构的重要环节,常见的部门化类型主要有:职能部门化、用户部门化、产品部门化、地区部门化、过程部门化等。采用何种部门化或若干种部门化的组合往往取决于各种类型利弊的权衡。高层管理部门的经验和判断在这类决定中起很大作用。

(1) 职能部门化。这是一种最普通的划分部门办法,即把相同或类似的活动归并在一起,作为一个职能部门。这里所谓的职能主要是指组织的职能。职能部门化的主要优势有以下几方面:① 各部门可配备该领域的专家;② 由于各管理人员只需熟悉相对较窄的一些技术技能,所以简化了训练工作,且较易监管指导;③ 在各部门内的活动较易协调。

但当组织规模扩大后,职能部门化又会带来一些不利影响,即:① 决策变得更为缓慢和官僚主义;② 部门职工可能出现本位主义,只见局部而较少考虑全局;③ 对责任和组织绩效较难检查。

从逻辑上讲,职能部门化通常更适合较小的组织。当组织规模扩大后,就可能产生一些问题,从而抵消了它的有利条件。

(2) 产品部门化。产品部门化是围绕产品大类的活动来划分部门的。应用这种方法需对特定的产品系列或服务有专门的适应,通常更适用于大型的和多角化经营的公司。产品部门化的优点有:① 有关产品或某类产品的活动较易结合和协调;② 提高了决策速度和有效性;③ 各类产品的绩效易于客观地评估,从而提高了各部门对它们活动结果的责任性。

产品部门化也有两个主要缺点:① 各部门的管理人员往往只注意本部门的产品,对整体组织欠关心;② 管理成本上升,如各部门都分别配备各自的市场调研员和财务分析人员等职能专家。

(3) 地区部门化。某些组织为了市场或资源等原因需分散经营,从而按地理区域成立专门的部门,即地区部门化。许多全国性或国际性的大公司,如多国公司等常采用这种组织形式。按地区划分部门的优点在于:① 责任下放到基层;② 对本地区的市场和问题反应迅速灵敏;③ 便于区域性协调;④ 为培养综合管理人员创造了条件。

地区部门化的缺点是:① 需要较多有能力的综合管理人员;② 管理成本较高;③ 使高层经营管理增加了困难。

(4) 用户部门化。是以用户为对象,根据不同用户的需要或顾客群设立相应的部门。如银行为了向不同的顾客提供优质的服务,设立了商业信贷部、农业信贷部和普通消费者信贷部等。此形式长处在于:① 有助于集中用户的需要;② 用户感觉相对良好(供方对用户更为理解);③ 易发挥在特定用户领域专家们的专长。

(5) 过程部门化。有的组织,如加工单位等,按生产过程、工艺流程或设备来划分部门。例如,在有的制造厂中设立冲压车间、焊接车间、电镀车间等。过程部门化的优点是:① 能取得经济优势;② 充分利用专业技术与技能;③ 简化了培训。缺点是:① 部门间的协作有困难;② 只有最高层对利润负责;③ 不利于培训综合管理人员。

7.3.2 组织结构类型

1) 典型的组织结构类型

任何一个组织都有其特定的结构形式,如果对不同的结构加以分析并取其共性,可以看到在现代组织中实际采用并占主导地位的典型结构有以下几种。

(1) 简单式结构。采用简单式结构的组织,通常只有两三个纵向层次,决策权集中在业主或经理的手中。这类组织一般规模较小、业务单一、职能简单,没有进行业务活动分类和职能划分的必要。简单结构反应快速、灵活、运营成本低、责任明确,适用于业务稳定的小型组织。但当组织成长之后,这种结构会变得日益不合适,必须做出相应的调整。

(2) 职能式结构。职能式结构主要是根据活动的性质去划分部门。这类组织常常注重组织内部的运行效率与员工的专业素质。其优点是各部门的职能目标明确,部门主管易于规划和控制;同专业员工一起共事,有利于不断提高专业技能;同类人员集中安排,有利于避免重复浪费。不足之处在于容易出现各自为政的情况,部门间协调常常有困难,这使得组织对外部环境的反应较慢,而且同专业员工的集中化会使他们缺乏打破常规的创新精神。职能式结构特别适合外部环境比较稳定、采用常规技术、规模不大的组织。

(3) 分部式结构。主要是根据组织产出的产品或服务、业务活动的过程或地域分布等来划分部门。这些分部门往往设计成相对独立的利润中心。这类组织强调的是各种不同职能部门的紧密合作,注重各个产品或地区的运营业绩。其优点在于面向市场,对环境的适应能力强;各部门职能健全,易于协调。不足之处是缺乏职能式结构的规模效益,同时不同分部门之间的协调有时也可能出现问题,甚至出现无效的内部竞争。它特别适合外部环境比较复杂、规模较大、对顾客适应能力要求高的组织。

(4) 混合式结构。混合式结构结合了上述两种结构的特点,以一些职能部门为基础,同时按产品或地区来划分部门。这类组织常常是为了发挥职能结构和分部结构的优点,克服其缺点而设计的。混合式结构的问题主要是运行成本高,而且部门之间的矛盾也经常会出现。

(5) 矩阵式结构。与混合式结构类似,矩阵式结构中也同时存在职能和产品两种部门,但是两者是纵横交错的结构,每一个员工同时隶属于两个性质不同的部门。

采用矩阵式结构的组织往往面对的是极不稳定的环境,市场竞争激烈,需要以高度的专业分工不断开发和生产出新颖的产品。其好处是人力资源利用得比较充分,而且具有良好的内部沟通,信息传递快,有助于组织对环境的适应。但不足的是两类部门之间的权力和利益分配难以平衡,容易激发矛盾,而且员工常常要面临多头指挥的情况。

2) 刚性结构和柔性结构

柏恩斯(Tom Burns)和斯托尔克(G. M. Staker)在研究外部环境对组织管理系统的影响时,发现处于急剧变动环境中的组织结构和处于稳定环境中的组织结构并不相同,并将其归纳为两种类型：刚性结构和柔性结构。

（1）刚性结构。刚性结构又称机械性结构，其基本特征是：有正式规定的组织及明确的领导体系；明确规定各部门的任务、职责和权限，分工精细而具体；有规范化的规章制度和工作程序；管理权力高度集中于组织上层；组织结构之间主要实行上下级之间的纵向沟通。这种结构的优点是具有良好的稳定性，因而具有较高的工作效率。但是它也有突出的缺点，即适应性差，不能对复杂多变的环境做出迅速而有效的反应。刚性较强的组织形式是职能制。

（2）柔性结构。柔性结构又称有机性结构，其基本特征是：虽然也有正式的组织结构，但其领导和指挥关系不太明确，且常有变动；各部门和岗位之间的任务、职责分工比较笼统，常需要通过横向协调而加以明确和调整；规范化的规章和程序较少；决策权分散于下层；组织内部主要靠横向沟通，通过各部门的联系和协调，及时调整各自的任务、权责分工和工作程序。柔性结构在环境简单而稳定的条件下，会显示出工作效率不高的缺陷；但在复杂多变的环境中则显示出良好的适应性，可对外部环境的变化做出灵活而有效的反应。柔性较强的组织形式是产品事业部制和矩阵结构。

3）组织的附加结构

有时组织需要在保持整体结构稳定性的同时，增加组织结构的灵活性，此时就可以将一个具有柔性的结构附加在整体结构之上。组织中的附加结构主要有两种：工作小组和委员会。

（1）工作小组。工作小组是一种临时性结构，其目的是完成某种特定的、明确规定的复杂任务。工作小组一般由一群不同背景、不同技能、分别来自不同部门的人员组成，因而也是一种矩阵结构。它适应性强，机动灵活。任务完成之后，小组就解散，其成员转换到另一工作小组或者回到其隶属的职能部门。

（2）委员会。委员会是执行某方面管理职能并实行集体行动的一群人。委员会按时间可分为两类：一是临时委员会，是为了某一特定目的而组成的，完成特定目的后即解散；二是常设委员会，它促进协调和合作，行使制定和执行某方面重大决策的职能。

委员会的成员长久地隶属于某一职能部门，他们定期或不定期地聚在一起分析问题，提出建议或做出决策，协调有关的活动或监控项目的进行。实际上委员会具有很强的群体决策的特征。

7.3.3 组织设计的权变因素

根据权变的组织理论，没有一个普遍适用的"最佳的"组织结构模式。不同的组织以及同一组织在不同的发展阶段中，都应当根据各自面临的外部条件和内部特点来设计相应的组织结构。影响组织结构设计的主要权变因素有：组织环境、组织战略、组织技术和组织规模。

1）组织结构与环境

所谓环境的不确定性，即组织能够确切了解并适应环境因素的程度。衡量环境的不确定性,可以归纳为两个指标:环境的复杂性和环境的稳定性。环境的复杂性是指关系到组织运营的环境因素的多寡,影响组织的外部因素多,而且各因素之间又相互影响,环境则是复杂的;环境的稳定性是指环境因素在时间上的变化状况,如果环境在较长时间内没有什么变化,则环境是稳定的。根据这两个指标,可以将组织环境的不确定性划分为四种类型:低度不确定性、中低度不确定性、中高度不确定性和高度不确定性。

随着环境不确定性程度的提高,组织设计工作中通常采取以下对策:① 相应地增加组织的职能部门和职位的数目,以加强组织对外联系职能;② 加强组织管理中的协调和综合职能;③ 增强组织结构的柔性;④ 强化计划职能和对外环境的预测。

2) 组织结构与战略

组织结构是帮助管理当局实现其目标的手段,因为目标产生于组织的总战略,所以战略必须与结构紧密配合,即组织结构应当服从组织战略。正如钱德勒(Alfred Chandler)研究的结论:组织战略的变化先行于并导致了组织结构的变化。一旦战略形成,组织结构应做出相应调整,以适应战略实施的要求。战略对结构的影响主要表现在以下三个方面。

(1) 单一经营领域战略和多种经营领域战略。单一经营战略指组织的经营范围只局限于某一行业或某一行业的某种产品。多种经营战略指组织的经营领域发展到行业内的多类产品或跨行业经营,又可细分为多种情况:副产品型多种经营;相关型多种经营;非相关型多种经营;相连型多种经营。

(2) 不同战略中心与组织结构。组织中的各项基本职能,如生产、销售、财务、开发、人事等,都是实现组织目标所不可缺少的,但它们在组织管理系统中的地位和作用可以是不同的,可能某一职能处于中心的地位。由于处于中心地位的职能的不同,从而形成不同类型的组织结构。一家卓有成效的组织,其关键职能总是设置于组织结构的中心地位。而关键职能则是由组织经营战略的中心所决定的。常见的大致有质量型、开发型、营销型、生产型等结构类型,它们根据不同战略中心的要求,分别把有关的管理职能置于组织结构的中心地位。

(3) 竞争战略与组织结构。迈尔斯和斯诺根据对既定产品或经营项目如何竞争的方式和态度,将经营战略分为保守型战略、风险型战略和分析型战略。采用保守型战略的组织认为环境是较为稳定的,其主要任务是保持生产经营的稳定和提高效率;采用风险型战略的组织认为环境是复杂多变的,因而组织的主要任务是开拓和创新;分析型战略则介于两者之间。

7.4 领　　导

7.4.1 领导的内涵

1) 领导的性质

领导是管理工作的一个重要职能,它与管理工作的其他职能如计划、组织、控制等的区别,主要体现在与人相联系的特征上。领导是指挥和影响个人或群体,在一定条件下使人们为实现共同的组织目标而做出努力和贡献的过程或艺术。

领导的本质就是组织成员的追随与服从。正是这些下属和组织的其他成员的追随与服从,才是领导人员在组织中的地位已确定并使领导过程成为可能。而下属和组织的其他人员追随和服从某些领导人员指挥的原因,就在于这些被他们所信任的领导人员能够满足他们的愿望和需求。这不仅在很大程度上预示出领导与沟通、激励之间关系的发生,也提示了领导作为一门艺术的性质。

2) 领导的功能

领导的功能主要体现在两个方面:组织功能和激励功能。

(1) 组织功能。实现组织目标是领导的最终目的。因此,领导者必须充分利用主客观条件,制定组织目标并做出决策,合理进行资源配置,指导组织中各项活动的开展和协调,并提供必要的条件和帮助,以保证组织目标的实现。

(2) 激励功能。领导者不但要保证组织目标的实现,而且要影响被领导者对组织目标的认识及其态度和行为,使潜在的人力资源得到最大限度地发挥,也就是要保证全体成员的积极性和创造性。这就是领导的激励功能。激励功能主要体现在以下三个方面:① 提高被领导者接受和执行目标的自觉性;② 激发被领导者实现组织目标的热情;③ 提高被领导者的行为效率。

3) 领导的影响力

所谓影响力是指一个人在与他人的交往中,影响和改变他人心理和行为的能力。领导的影响力根据性质可分为权力影响力(强制影响力)和非权力影响力(自然影响力)。

(1) 权力影响力。权力影响力是由社会赋予个人的职务、地位、权力等构成的、有很强的职位特性。这种影响力一般仅仅属于社会各层结构中占有管理者角色地位的人,只有在某些特殊情况下,非掌权者才能具有这种影响力。这种权力与特定的个人没有必然的联系。它只同职务相联系。权力是管理者实施领导行为的基本条件,没有这种权力管理者就难以有效地影响下属,实施真正的领导。

权力影响力包括法定权、强制权、奖赏权。它由组织正式授予管理者,并受组织规章的保护。影响权力影响力的主要因素有:① 传统的观念;② 职位因素;③ 资历因素。

权力影响力是通过正式的渠道发挥作用的。当领导者担任管理职务时,由传统心理、职位、资历构成的权力的影响力会随之产生,当领导者失去管理职位时,这种影响力将大大削弱甚至消失。这种权力之所以被大家所接受,是因为大家了解这种权力是实现组织共同目标所必需的。

(2) 非权力影响力。非权力影响力不是外界附加的,它产生于个人的自身因素,与职位没有关系。非权力影响力包括专长权、感召权。专长权是指领导者具有各种专门的知识和特殊的技能或学识渊博而获得同事及下属的尊重和佩服,从而在各项工作中显示出的在学术上或专长上的影响力。这种影响力的影响基础通常是狭窄的,仅仅被限定在专长范围之内。感召权是指由于领导者优良的领导作风、思想水平、品德修养,而在组织成员中树立的影响力。这种影响力是建立在下属对领导者承认的基础之上的,它通常与具有超凡魅力或名声卓著的领导者相联系。

构成非权力影响力的主要因素有：① 品格；② 才能；③ 知识；④ 感情。由品格、才能、知识、感情因素构成的非权力影响力，是由领导者自身的素质与行为造就的。在领导者从事管理工作时，它能增强领导者的影响力。在不担任管理职务时，这些因素仍对人们产生较大的影响。由于这种影响力来源于下属服从的意愿，有时会比权力影响力显得更有力量。

4）领导理论

对于领导问题已有较为广泛的研究，并建立了许多理论，这些理论大致可以分为三类：第一类是特性理论，主要研究有效的领导者应具备的个人特性；第二类是作风或行为理论，主要研究领导者的工作作风或领导行为对领导有效性的影响；第三类是权变理论，主要研究在不同的情境下何种领导行为效果最佳。

（1）特性理论。领导特性理论是研究领导者的个人特性对领导成败的影响。传统特性理论认为领导者的特性是天生的，由遗传决定；现代特性理论则认为领导者的特性和品质是在实践中形成的，是可以通过教育训练培养的。

对于领导者应当具有哪些特性，不同的研究者得到的结论并不相同。但特性理论并非没有用处，一些研究表明，个人品质与领导有效性之间确实存在着某种相互联系。另外，特性理论系统地分析了领导者所应具有的能力、品德和为人处事的方式，向领导者提出了要求和希望，这对组织选择、培养和考核领导者是有帮助的。

（2）作风和行为理论。这一类理论是从领导者的行为和作风方面进行研究，其中对现代领导理论影响较大的是四分图理论和管理方格理论。四分图理论又称为俄亥俄模式，是由美国俄亥俄州立大学提出来的。该理论将领导行为分解为两个方面：一是以工作为中心，强调的是组织的需要。领导者主要依靠给员工提供组织结构方面的条件来使之做出令人满意的成绩；二是以人际关系为中心，强调的是员工个人的需要。领导者要造成一个相互信任的工作气氛，尊重下级的意见，通过参与管理来调动人的积极性。

根据研究，领导者的行为可以是这两个方面的任意组合，因此，可以将领导行为用二维坐标的平面组合来表示，每一个维度划分为高和低，从而形成四种典型的领导方式，研究表明，领导的两个方面不是互相排斥的，可以而且应该把它们结合起来，单有其中一个方面不能实现有效的领导。这一研究首先从两个方面考察领导行为，为以后许多类似的研究奠定了基础。

（3）权变理论。领导的权变理论是在特性理论和行为理论的基础上发展起来的，所关注的是领导者与被领导者的行为和环境的相互影响。该理论认为，并不存在一种普遍适用的"最好的"或"不好的"领导方式，领导的行为若想有效，就必须随着被领导者的特点和环境的变化而变化。我们可用公式来表示这一观点

有效的领导 $=f($ 领导者，被领导者，环境$)$

权变领导理论中较有影响的是：费德勒模型、领导的生命周期理论和目标——途径理论。

7.4.2 激励

1) 激励的性质

(1) 激励的含义。激励就是引发和促进人们去进行某种特定行为的活动。在一个组织中,当管理者制定出计划,并通过组织活动以及建立有效总控制系统后,组织成员便可以投入为实现组织目标而必须进行的个人活动中去了。但是管理者如何保证组织成员能够真正投身于有利于组织目标实现的个人活动中,并使组织成员在这一行为过程中充分发挥个人的积极性和创造性呢?这实际上涉及管理的激励职能。

因此组织中的激励是指管理者运用某种方法和途径,使得组织成员或群体为达成组织目标而积极行动、努力工作。就管理者而言,激励表现为一种由管理者所实施的,意在引发、维持和促进人们进行为组织所预期的行为的管理活动过程。

(2) 激励的目的。人们选择并加入某个社会正式组织,在组织中被置于一定的岗位,为履行组织任务、实现组织目标而工作。这一过程之所以能实现,是因为从个人来看,该组织具有满足他特定需求的现实功能;从组织来看,则确认个人能够胜任组织任务,而且组织也的确能够通过组织目标的实现,满足其个人的需求。个人常常希望组织能满足他更高更多的需求,而组织则常常要求个人为组织做出更好更多的贡献。只有把这两方面统一起来,才能有效地实现组织目标。

因此,激励的目的在于从既定的组织目标出发,着眼于成员个人或群体,通过运用某种手段,寻求组织与个人在目标、行为上的内在一致性,从而达到两者之间在行为及其效果上的良性循环。

(3) 激励的过程。人的行为是由动机决定的,动机是由需要支配的。① 需要。需要是指个体由于缺乏某种生理或心理的因素而产生的与周围环境的某种不平衡状态,也即个体对某种目标的渴求和欲望。② 动机。动机是引起和维持个体行为,并将此行为导向某一目标的愿望或意念。动机是行为产生的内在的直接原因,它引导人们从事某种活动,规定行为的方向。动机是由需要产生的,当人们有了某种需要而又未能满足时,心理上便会产生一种紧张和不安,这种紧张和不安就成为一种内在的驱动力,促使个体采取某种行动。动机是一种主观的精神状态,它驱使个体的行为趋向预定的目标。实际上一个人同时可以有许多种动机,动机之间不仅有强弱之分,而且会有矛盾。一般来说,只有最强烈的动机可以引发行为,这种动机称为优势动机。③ 行为。行为是指个体在环境影响下所引起的内在生理和心理变化的外在反应。人的行为是人的内在因素和外在因素相互作用的函数。一般情况下,内在因素是根本,起着决定作用;外在因素是条件,起着导火线的作用。

当人们通过某种行为实现了目标,获得了生理或心理的满足后,紧张的心理状态就会消除。这时又会产生新的需要,引起新的动机,指向新的目标。这是一个循环往复、连续不断的过程。需要、动机、行为与激励。由上可知,人的任何动机与行为都是在需要的基础上产生的,没有需要,也就无所谓动机和行为。人们产生某种需要后,只有当这种需要具有某种特定目标时,需要才会产生动机,动机才会成为引起人们行为的直接原因。但不是每个动机都必然引起行为,在多种动机下,只有优势动机才会引发行为。

因此,要使员工产生组织所期望的行为,可以根据员工的需要设置某些目标,并通过目标导向使员工出现有利于组织目标的优势动机,并按照组织所需要的方式行动。管理者实施激励,即是想方设法做好需要引导和目标引导,强化员工的动机,刺激员工的行为,从而实现组织目标。

(4) 激励的方式。激励可以分为物质性激励、精神性激励和竞争性激励三种方式。这三种激励的强度和方式有所不同,前两者的作用形成两种拉力,后者的作用形成一种推力。它们作用于行为者一身,可以相辅相成。三者的强弱应随被激励者的行为特点而有所差异。

2) 激励理论

(1) 内容型激励理论。内容型激励理论是从激励过程的起点——人的需要出发,研究是什么因素引起、维持并引导某种行为去实现目标。这类理论是从静态的角度探讨激励问题,其研究任务主要是了解员工的各种需要,确定这些需要的主次顺序,以及满足每种需要将产生相应的激励等。层次需求理论和双因素理论都属于此类理论。

(2) 过程型激励理论。过程型激励理论是在内容型激励理论的基础上发展起来的,这类理论从人的动机的产生到行为反应这一过程出发,研究有哪些因素对人的动机与行为发生作用。该类理论是从动态的角度来研究激励问题的,其主要任务是了解对行为起决定作用的某些关键因素,掌握这些因素之间的关系,以达到预测或控制人的行为的目的。典型理论主要有以下几种:

期望理论。期望理论由弗隆(Victor H. Vroom)提出,其理论基础是,人之所以能够从事某项工作并达成组织目标,是因为这些工作和组织目标有助于达成自己的目标,满足自己某方面的需要。人们在预期其行动将会有助于达成某个目标的情况下,才会被激励起来去做某些事情。因此,人们受激励的程度,将取决于努力后所取得的成果的价值以及对实现目标可能性的估计。

公平理论。公平理论也称社会比较理论,是由亚当·斯密(J. S. Adams)首先提出的。其基本观点是,人是通过寻求人与人的社会公平(即所得到的报酬与绩效相称合理)而被激励的。个人做出了成绩并取得了报酬后,他不仅关心自己所得报酬的绝对量,而且关心自己所得报酬的相对量。因此他要进行种种比较来确定自己所获报酬是否合理,而比较的结果将直接影响他今后的工作的积极性。

(3) 强化理论。强化理论是由斯金纳(B. F. Skinner)提出的,又称为行为修正理论,是以学习的强化原则为基础对理解和修正人的行为的一种学说。所谓强化,从最基本的形式来讲,是指对一种行为的肯定或否定的后果,它至少在一定程度上会决定这种行为在今后是否会重复发生。该理论认为,人为了达到某种目的会采取一定的行为,这种行为将作用于环境,当行为的结果对他有利时,这种行为就会重复出现;当行为的结果对他不利时,这种行为就会减弱或消失。这就是环境对行为强化的结果。

根据强化的性质和目的可以分为四种类型:正强化、负强化(亦称规避)、惩罚和自然消退。前两类可以增强或保持一种行为,后两类则会削弱或减少某种行为。强化理论具体应用的一些行为原则是:① 要按照强化对象的不同需要采取不同的强化措施;② 所期望取得的工作成绩应予以明确的规定和表述;③ 强化的一种重要形式是对工作成绩的反馈。

7.4.3 沟　　通

1) 沟通的含义与过程

沟通是人与人之间传达思想和交流情报、信息的过程。沟通必须具有三个因素：一是信息发送者，二是信息接收者，三是所传递的内容。

沟通过程由发送者开始，发送者首先将头脑中的思想进行编码，形成信息，然后通过传递信息的媒介物——通道发送给接收者。接收者在接收信息之前，必须先将其翻译成可以理解的形式，即译码。发送者进行编码和接收者进行译码都要受到个人的知识、经验、文化背景和社会系统的影响。沟通的最后一环是反馈，是指接收者把信息返回给发送者，并对信息是否被理解进行检查，以纠正可能发生的某些偏差。整个沟通过程都有可能受到噪声的影响。所谓噪声是指信息传递过程中的干扰因素，包括内部的和外部的，它可能在沟通过程的任何环节上造成信息的失真，从而影响沟通的有效性。

2) 沟通的类型

按沟通的功能和目的分类：工具式沟通；满足需要的沟通。
按沟通的组织系统分类：正式沟通；非正式沟通。
按沟通的方式分类：口头沟通；书面沟通；非语言沟通。
按沟通方向的可逆性分类：单向沟通；双向沟通。

3) 沟通渠道与沟通网络

(1) 正式沟通渠道。正式沟通渠道是对信息传递的媒介物和线路做了事先安排的渠道，是通过正式的组织结构而建立起来的。正式渠道一般有四种形式：自上而下的沟通、自下而上的沟通、横向沟通、斜向沟通。

(2) 正式沟通网络。在信息沟通过程中，无论是发送者直接将信息给予对方，或是经过某些中间人传达给接收者，都必须通过一定的沟通路径。组织间各种方向的沟通可以形成各种各样的模式，这种模式称为沟通网络。沟通网络可以反映一个团体的结构，也可表明组织中的权力系统。

(3) 非正式的沟通网络。非正式的沟通对信息传递的媒介和路线未经事先安排，但这种沟通还是有一定规律的。四种基本的小道消息传播网络模式，分别称为单线型、饶舌型、偶然型和集束型。非正式的沟通速度很快，但所传递的信息往往被严重扭曲，而且会破坏正式沟通的效力。但在任何组织中几乎都存在小道消息的传播，实际上小道消息也能产生积极的作用，主要表现在：可使管理者了解员工所关心的事情；可以满足组织成员的社会需求；有助于组织内意见的交流，可以弥补正式沟通不灵活的缺陷；可以使组织经常注意环境的变化，更能适应突变等。

为了提高组织沟通系统的效率，管理者必须尽量消除小道消息的不利影响，如建立有效的正式沟通渠道，培养健康的氛围，尽可能快地将事实传递出去，教育员工摆脱小道消息的不利影响等。另外，管理者还应学会利用和引导小道消息，使之成为正式渠道的补充。

7.5 控　　制

7.5.1 控制的性质

1）控制的含义与前提

一般说来，一个组织中管理过程的第一步是控制计划，然后是组织和领导计划的实施。但计划实施的结果如何，计划目标是否得以实现，甚至计划制定得是否科学？有效的控制工作即可以揭示这些问题。作为一项管理职能，控制是指按照计划标准，衡量计划的完成情况并纠正计划执行中的偏差，以确保计划目标的实现。

当计划付诸实施后，控制工作对于衡量计划的进度，发现计划执行中的偏差和确定要采取的措施等是十分必要的，同时，在必要的时候，控制能随时确立新的计划和目标，使之更符合组织自身的资源条件和环境的变化。

组织内任何形式的控制都要有一定的前提条件。控制的前提条件主要包括三个方面：① 控制要有计划；② 控制要有明确的组织机构；③ 控制要有信息反馈。

2）控制的重要性

组织中的控制之所以重要，主要有以下几个方面的原因。

（1）组织活动的复杂性。现代各种组织的规模和内部结构日益庞大和复杂，每一个组织要实现预期的目标，都必须从事一系列复杂的活动。大型的、多元化的、跨地域的组织等都要求持续和适当地应用控制系统来衡量效果，以保证各项工作紧紧围绕目标进行。

（2）组织环境的快速变化。组织的目标和计划是在特定的时间、特定的环境下制定的，但组织的环境是不确定的和快速变化的。环境的变化要求不断地对组织的计划进行评估和再评估，以使计划更适应变化了的环境。因此必须建立控制系统来帮助管理者监察对组织活动有重大影响的变化，及时了解变化的程度和原因，把握计划与实际发生偏差的程度和原因，从而采取有效的行动。

（3）管理失误的不可避免及防微杜渐。任何管理者都不可避免地要出现一些失误，认识并纠正错误是管理水平提高的标志，也是组织发展的必要前提。控制是组织发现问题、纠正错误的有效手段，并且可以有效地阻止小错误累积成大问题，使管理者在酿成大错前及时地亡羊补牢。

3）控制的类型

管理中的控制可以在行动开始之前、行动进行之中或行动结束之后实施，即控制活动的重点可分别集中在组织系统的输入、转换过程和输出三个位置，由此形成三种不同的控制类型：前馈控制、同步控制和反馈控制。

（1）前馈控制。前馈控制也称预先控制，是指在整个过程中预先集中于系统输入端的控制。其目的是通过事前考虑各种可能的功能障碍来预测并预防偏差的出现。前馈控制是一种面向未来的控制，它期望防止问题的发生而不是当出现问题时再补救。

(2) 同步控制。同步控制也称现场控制或实时控制,是指当活动正在进行的过程中所实施的控制。管理者在活动进行之中予以控制,可以在发生重大损失之前及时纠正问题。现场管理中最常见的同步控制方式是直接观察。管理者在亲自视察过程中,可以监督员工的实际工作,并在发现问题时及时进行纠正。虽然在实际行动与管理者做出反应之间会有时间的延迟,但这种延迟是非常小的。同时,组织中的技术设备也可以设计成具有同步控制的功能。

(3) 反馈控制。反馈控制也称事后控制,控制作用发生在行动之后,其注意力集中在历史结果上,目的是在一个过程结束之后再进行改进以预防将来发生偏差。这是最常见的控制类型。反馈控制最大的缺点是,在管理者实施纠偏措施之前,偏差已经产生,损失已经造成。但在缺乏任何可以预见未来的手段的情况下,反馈控制是比较实用的控制方式。事实上,反馈控制为管理者提供计划效果究竟如何的真实信息,并使员工获得了评价其绩效的信息,可以在一定程度上提高员工的积极性。

7.5.2 控制系统的构成

组织中的控制系统主要由以下要素构成。

(1) 控制的目标体系。任何控制活动都是有一定的目标取向的,组织的总体目标及派生出来的分目标都是控制的依据。控制的目标体系与组织的目标体系是相辅相成的。

(2) 控制的主体。组织中控制的主体是各级管理者及其所属的职能部门。控制主体控制水平的高低是控制系统作用发挥程度的决定因素。管理者所处的地位不同,控制的任务也不同。一般中层和基层管理者主要实施例行的、程序性的控制,高层管理者主要实施例外的非程序性的控制。

(3) 控制的对象。组织中控制的对象是整个组织的活动。组织中的控制是全面的控制。组织中的各种资源、各个层次的部门、各阶段的业务活动都是控制的对象。组织中的控制是统一的控制,即要从整体优化的角度出发,将组织中所有活动当做一个整体来控制,使整体协调一致。

(4) 控制的机构、方法和手段。实施控制必须要有一定的机构及相应的方法和手段。控制机构从纵向看可范围不同管理层次的控制,从横向看可范围不同专业的控制。控制的方法和手段是多种多样的,组织应根据具体情况采取适合的控制方法和手段。

7.5.3 控制的过程与有效性

1) 控制的基本过程

有效的控制工作一般包括三个基本步骤:确立标准;衡量实际工作的完成情况;采取相应的行动。

(1) 确定控制标准。所谓标准是指一种作为模式或规范而建立起来的测量单位或具体的尺度。管理人员可以对照标准判断绩效和成果。标准是控制的基础。标准从计划中来,但不能用计划代替标准进行控制。因为组织中的计划是各种各样的,各种计划在详尽程度和复杂程度上又各不相同,而主管人员往往不能注意到计划的每一个细节。如果直接用计划作为控制标准,会使控制工作因缺乏规范而导致混乱,从而降低控制效果。所以需要确定专门的控制标准。

控制工作既不可能也无必要为整个计划程序的细枝末节都制定出标准,通常只选取若干关键点,把处于关键点的工作预期成果作为控制标准。只要对这些关键点进行控制,就可以了解实际工作的进展情况,从而控制组织活动的整体状况。关键控制点主要是指在组织活动中受限制的因素,或是对计划的完成更显有利的因素。选择关键控制点的一般原则有:关键点的建立是为了使主要的工作和事务得到正确的管理;关键点应能及时反映并发现问题;关键点应能全面反映并说明绩效的水平;选择的关键点应经济实用;关键点的选择应注意平衡。

控制标准可以分为定量标准和定性标准两大类,定量标准便于度量和比较,是控制标准的主要表现形式。最常见的控制标准有四种:时间标准、数量标准、质量标准和成本标准,组织中的活动基本可以依据这四种标准进行控制。

(2) 衡量实际绩效。衡量实际绩效即是依据标准检查工作的实际执行情况,以便与预期的目标相比较。这是控制工作的中间环节,是发现问题的过程。衡量实际绩效的目的是为了给管理者提供有用的信息,为采取纠正措施提供依据。衡量实际绩效经常采用的方法有亲自视察、分析报表资料、召开会议和抽样调查等,这些方法各有其利弊和适用的情况,管理者应当根据需要采用合适的方法。

(3) 采取行动。衡量实际绩效之后,应将衡量结果与标准进行比较,若有偏差则要分析其产生的原因,并采取相应的措施。在某些活动中,偏差是在所难免的,因此确定可以接受的偏差范围,即偏差的容限是非常重要的。一般情况下,如果偏差在规定的容限之内,可以认为实际绩效与标准吻合,这时候不用采取特别的行动。如果偏差在规定的容限之外,则应引起管理者的注意,并根据偏差的大小和方向,分析偏差产生的原因。偏差产生的原因可能多种多样,但一般可以分为两大类:一类是执行过程中发生的,另一类是计划本身不符合客观实际或是情况变化造成的。管理者应针对具体情况采取相应的纠正措施。

如果偏差是由于绩效不足产生的,应采取的行动是改进实际绩效;如果偏差是由于标准本身的制定引起的,则应重新修订标准。通常纠偏行动可分为两种不同的措施,一是立即纠正措施,二是彻底纠正措施。立即纠正措施是指立即将出现问题的工作纠正到正确的轨道上;彻底纠正措施是指要分析偏差是如何发生的和为什么会发生,然后从产生偏差的地方进行纠正行动。当有偏差出现时,管理者应首先采取立即纠正措施,避免造成更大的损失;然后应对偏差进行认真的分析,采取彻底纠正措施,使类似的问题不再发生。

2) 有效控制的特征

控制是一项比较复杂的工作,控制机制的建立并不能保证控制工作的有效性。无效的控制会引起计划无效和组织无效,从而造成负面的影响和效果。管理者所采取的控制方法必须根据预计的对象和具体任务来设计,有效的控制通常具有以下几种基本特征。

(1) 准确性和客观性。一个控制系统如果不能提供准确的信息,就会导致管理者在该采取行动时并没有采取行动,或者在根本没有出现问题时采取了不适当的行动,因此控制系统应当能够提供正确而可靠的信息。同时,虽然在管理中难免有许多主观因素,但管理者不能仅凭个人的主观经验或直觉判断,而应采用科学的方法,尊重客观事实,因此控制系统所提供的信息应是客观的。

(2) 及时性。控制不但要准确而且要及时,再好的信息如果过时了,也毫无用处。因此,当管理者需要时,控制系统应能及时地提供控制所需的信息,避免时滞使控制失去应有的效果;同时要估计未来可能发生的变化,使纠正措施的安排具有一定的预见性。

(3) 经济性。控制系统的运行从经济角度看必须是合理的,任何控制系统产生的效益都要与其成本进行比较。因而要精心选择控制点,降低控制的各种耗费,改进控制方法和手段,用尽可能少的成本取得所期望的效果。

(4) 指示性。有效的控制系统不仅可以指出偏差的产生,而且还必须指出偏差发生在哪一个确切位置,谁应该对偏差负责,并建议如何纠正这种偏差。也就是说,应该在指出问题的同时能明确问题的性质并给出解决问题的方法。

(5) 灵活性。控制系统本身应当具有足够的灵活性以适应各种不同的变化。组织的环境常常是快速变化的,当条件改变时,控制系统也应随之改变,否则控制就会失败。因而要制定多种应付变化的方案,留有一定的后备力量,采用多种灵活的控制方式和方法来实现控制的目的。

(6) 可理解性。任何控制系统对所涉及的员工来说都必须是可以理解的。一个难以理解的控制系统容易导致不必要的错误,并挫伤员工的积极性。因此有时管理者需要用简单的控制手段来代替复杂的控制手段。

(7) 标准的合理性与多重性。控制的标准应是富有挑战性、经过努力可以达到的合理标准,标准过高或过低,都不会起到激励作用。同时,控制应采用多重标准而不是单一标准,因为多重标准比单一标准更难把握,可以防止工作中出现做表面文章的现象;另外,实际工作是很难用单一标准衡量的,多重标准能够更准确地衡量实际工作。

(8) 重点与例外相结合。由于管理者不可能控制所有的活动,因此控制工作着重于计划实施中的例外情况,使管理者将其精力集中在需要注意和应该注意的问题上。仅仅注意例外是不够的,有些偏差无关紧要,而有些偏差却意义重大,甚至有些方面细小的偏差比其他方面较大的偏差有更大的影响。因而控制要突出重点,即要针对重要的、关键性的因素加以控制。例外与重点要结合起来,即控制要注意关键点上的例外情况。

本 章 小 结

1. 决策

决策是指为实现某一目标,根据决策者所处外部环境和内部条件,运用科学方法制定若干可以相互替代的可行方案并从中选择一个较为满意的方案的过程。决策本质上是一个过程。影响决策过程的因素有:决策者、决策方法、决策体制、决策环境。

2. 计划

一般认为,计划是预先进行的行动安排,包括对事项的叙述、目标和指标的排列、所采用手段的选择以及进度的规定等。计划应当在以下几个方面充分体现它的积极意义:弥补不肯定性和变化带来的问题;有利于管理人员把注意力集中于目标;有利于提高组织的工作效率;有利于有效地进行控制。

目标管理是一种程序和过程,在此过程中,组织中的上级和下级一起商定组织的共同目标,由此决定上下级的责任和分目标,并以此作为经营、评估和奖励每个单位与个人贡献的标准。

3. 组织

作为一个实体,组织是指为了达到某些特定目标,经由分工与协作以及不同层次的权力和责任制度,而构成的人的集合。作为一种职能,组织是指创造、维持和发展组织结构,并使组织结构发挥作用和完成组织目标的过程。

组织的基础:① 劳动分工和专业化;② 管理幅度;③ 直线与参谋;④ 集权和分权;授权;部门化。

组织结构类型。现代组织中实际采用并占主导地位的典型结构有以下几种:简单式结构;职能式结构;分部式结构;混合式结构;矩阵式结构。根据外部环境对组织管理系统的影响程度,将其归纳为两种类型:刚性结构和柔性结构。组织中的附加结构主要有两种:工作小组和委员会。影响组织结构设计的主要权变因素有:组织环境、组织战略、组织技术、组织规模。

4. 领导

领导是管理工作的一个重要职能,它与管理工作的其他职能如计划、组织、控制等的区别,主要体现在与人相联系的特征上。领导是指挥和影响个人或群体,在一定条件下使人们为实现共同的组织目标而做出努力和贡献的过程或艺术。承担领导职责、实施领导过程的人称为领导者。领导的本质就是组织成员的追随与服从。

领导的功能主要体现在两个方面:组织功能和激励功能。领导的影响力是指一个人在与他人的交往中,影响和改变他人心理和行为的能力。领导的影响力根据性质可分为权力影响力(强制影响力)和非权力影响力(自然影响力)。

领导理论。大致可以分为三类:第一类是特性理论,主要研究有效的领导者应具备的个人特性;第二类是作风或行为理论,主要研究领导者的工作作风或领导行为对领导有效性的影响;第三类是权变理论,主要研究在不同的情境下何种领导行为效果最佳。

激励。激励就是引发和促进人们去进行某种特定行为的活动。组织中的激励是指管理者运用某种方法和途径,使得组织成员或群体为达成组织目标而积极行动、努力工作。激励的目的在于从既定的组织目标出发,着眼于成员个人或群体,通过运用某种手段,寻求组织与个人在目标、行为上的内在一致性,从而达到两者之间在行为及其效果上的良性循环。激励可以分为物质性激励、精神性激励和竞争性激励三种方式。

沟通。沟通是人与人之间传达思想和交流情报、信息的过程。沟通必须具有三个因素:一是信息发送者,二是信息接收者,三是所传递的内容。

5. 控制

作为一项管理职能,控制是指按照计划标准,衡量计划的完成情况并纠正计划执行中的偏差,以确保计划目标的实现。组织中的控制之所以重要,主要有以下几个方面的原因:组织活动的复杂性;组织环境的快速变化;管理失误的不可避免及防微杜渐。

有效的控制工作一般包括三个基本步骤:确立标准;衡量实际工作的完成情况;采取相应的行动。有效的控制通常具有以下基本特征:准确性和客观性;及时性;经济性;指示性;灵活性;可理解性;标准的合理性与多重性;重点与例外相结合。

思考与练习

1. 基本概念

决策　计划　目标管理　管理幅度　授权　部门化　激励　控制

2. 思考题

(1) 什么是决策？按照决策问题的重复程度可以将决策作何种分类？
(2) 影响决策的主要因素有哪些？
(3) 计划具有哪些特征？计划对组织的作用何在？
(4) 如何评价目标管理？
(5) 领导的影响力由哪两部分组成？各有哪些影响因素？
(6) 激励的本质是什么？其基本过程如何？有哪些方式？
(7) 什么是沟通？沟通的基本过程如何？
(8) 有效的控制系统具有哪些特征？

3. 讨论题

(1) 计划可以消除变化吗？如何正确理解计划必须是灵活的？
(2) 管理幅度和管理层次的关系如何？影响管理幅度的因素有哪些？怎样使组织扁平化？
(3) 管理者为什么要进行授权？授权的基本过程和原则是什么？

第三篇 现代企业管理

第8章 企业战略管理

8.1 企业战略与战略管理

8.1.1 战略与企业战略

1) 战略与企业战略的概念

从企业角度来看,企业战略就是着眼于企业的未来,根据企业外部环境的变化和内部的资源条件,为求得企业生存和长期发展而进行的总体性谋划。企业战略具有全局性、长远性、竞争性、稳定性等特征。企业战略是以企业全局的发展规律为研究对象的,是根据企业总体发展的需要而制定的。它所规定的是企业的总体行动,它所追求的是企业的总体效果,它是指导企业一切活动的总谋划。制定战略的目的是要在激烈的市场竞争中与竞争对手抗衡,在与竞争对手争夺市场和资源的竞争中取得优势地位。

2) 企业战略的层次

(1) 企业总体战略。也称公司层战略,包括:发展战略、稳定战略和紧缩战略。总体战略主要是决定企业应该选择哪类经营业务,进入哪些领域。

(2) 企业竞争战略(企业基本战略)。也称业务层战略,包括:基本竞争战略、投资战略、不同行业中的竞争战略等。竞争战略主要涉及如何在所选定的领域内与对手展开有效的竞争,因此,它所研究的主要内容是应开发哪些产品或服务,这些产品将提供给哪些市场等。

(3) 企业职能战略。也称职能层战略,包括:研究开发战略、财务战略、营销战略、生产战略、人力资源战略等。职能战略主要研究企业的营销、财务、人力资源、生产等不同的职能部门如何更好地为各级战略服务以提高组织效率的问题。

这三种不同层次的企业战略都是企业战略管理的重要组成部分,对职能战略将在本书以后各章进行讨论,本章只介绍企业的总体战略和竞争战略问题。

8.1.2 企业战略管理及其基本框架

企业战略管理可以定义为一门关于如何制定、实施、评价企业战略以保证企业组织有效实现自身目标的科学与艺术,它主要研究企业作为整体的功能与责任、所面临的机会与风险,重点讨论企业经营中所涉及的跨越如营销、技术、组织、财务等职能领域的综合性决策问题。所以,如果说管理就是解决如何让人做事并取得成果的问题,则企业战略管理要解决的就是做什么事才能取得成果这一组织运行的根本性问题。

企业战略管理是一个正在迅速发展的研究领域,它试图超越企业日常运行的细枝末节,从整体上把握企业,在动态变化的环境中考察企业总体的发展问题,阐明为什么面对同样的环境有些企业繁荣发展而又有些企业却停滞破产的深层原因,以防出现见木不见林的管理偏见与短视。

战略的眼光不仅源自直觉,还源自系统的思考。借助于企业战略管理的思想,可以帮助企业不再局限于简单地被动应付环境变化的境地,而能有效地确定企业自身的长期发展方向,建立具体明确的业绩目标,开发能够适应企业内外部环境条件要求并有助于实现这些业绩目标的战略,完成企业的经营计划,确保企业能在激烈竞争的环境中立于不败之地。

企业战略管理的框架结构如图 8-1 所示。制定企业战略前,首先要了解有关企业战略的基本知识和原理,如什么是企业的宗旨,什么是企业的目标等;其次进行态势分析,包括宏观环境、行业环境和微观环境的分析;然后要对那些可供企业选择的战略进行分析与评价,如企业总体战略、企业竞争战略等。在掌握制定方法的同时对所选方案进行评估。在实施企业战略的过程中,要注意企业信息系统、企业组织、企业文化和企业战略管理者等因素与企业战略之间的关系;最后是有关企业战略的控制和调整问题。

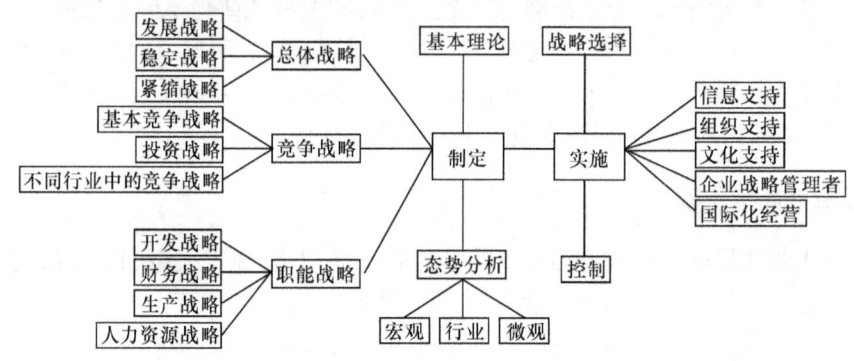

图 8-1　企业战略基本框架

8.1.3　企业战略管理过程

在一般情况下,企业的战略管理过程可以分为战略分析、战略决策、战略实施三个步骤,如图 8-2 所示。

图 8-2 所示的战略管理过程的基本思路是:企业高层领导者要根据企业宗旨和目标,分析企业生产经营活动的外部环境,确定存在的经营机会和威胁;评估自身的内部条件,认清企业经营的优势和劣势。在此基础上为企业选择一个适宜的战略。管理人员要尽可能多地列出可供选择的方案。所以设计战略方案是进行战略决策的重要环节,在此基础上依据一定的标准对各个方案进行评估,以决定哪一种方案最有助于实现企业的目标,并做出决策。战略实施就是要将战略转化为行动,根据战略计划的要求,进行企业资源的配置,调整企业结构和分配管理工作,并通过计划、预算和进程等形式实施既定的战略。在执行战略的过程中,企业管理人员还要对战略的实施成果和效益进行评价,同时,将战略实施中的各种信息及时反馈到战略管理体系中,确保对企业整体经营活动的有效控制,并根据情况的变化

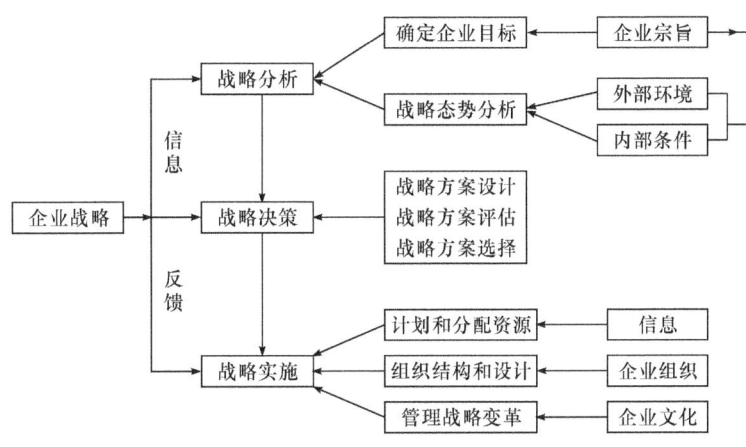

图 8-2 企业战略管理过程

修订原有的战略,或者制定新的战略,开始一个新的战略管理过程。因此,战略管理是一个循环复始、不断发展的全过程总体性管理。

8.2 企业的宗旨和目标

在制定企业战略的过程中,企业宗旨、战略目标和实现战略目标的方案三者紧密相连、互相制约,战略方案是为实现战略目标服务的,而战略目标又体现了企业宗旨的要求。所以,制定战略必须从确定企业宗旨和战略目标开始。

8.2.1 企业宗旨

企业宗旨(mission)是指企业为了区别于其他同类企业而对企业目的和企业意图的表述。企业宗旨包括企业目的、企业信念、企业经营原则、企业经营范围等方面的内容。企业宗旨是企业战略的一个重要组成部分,是衡量企业决策质量和企业成败的最高准则。

制定企业战略的首要工作就是要明确企业的宗旨,确定企业宗旨要依靠对企业内外环境的分析。同时,企业宗旨的确定又为企业内外环境的分析划定了范围。

1) 企业宗旨的内容

企业宗旨就是办企业的指导思想。所以,首先要回答这样两个问题:第一,本企业应该从事什么样的业务活动? 第二,应该成为什么样的企业? 从而为企业制定目标、选择战略方案提供有效的指导。

一个优秀的企业宗旨应表述以下几个方面的内容:① 顾客——谁是企业的主要顾客;② 产品或服务——企业的主要产品或服务是什么;③ 市场——企业主要在哪个地区或行业展开竞争;④ 技术——企业的主导技术是什么;⑤ 对企业生存、发展和赢利的关注——对企业近、中、远期经济目标的态度;⑥ 哲学——企业的基本信仰、价值观和愿望是什么;⑦ 自我认识——企业的竞争优势和弱势是什么；⑧ 对公众印象的关注——企业期望给公众塑造一个什么样的形象；⑨ 利益协调的有效性——是否有效地反映了顾客、股东、公司员工、社区、供应和销售厂商等相关团体的利益；⑩ 激励程度——企业宗旨能否有效地激励企业员工。

2) 确定企业宗旨的意义

（1）企业宗旨对确定企业经营领域和确定战略目标具有指导意义。企业宗旨是对企业在社会中生存和发展理由的陈述。企业要想在社会中生存和发展就必须持续地、能动地将从社会上吸纳的资源转化为满足社会需要的产品或服务。所以，企业宗旨必须指导企业确定经营领域，辅助企业确定战略目标，明确所从事转化活动的性质和强度。美国迪斯尼公司在20世纪50年代的经营宗旨是向顾客提供娱乐场所，发展到60年代转变为向顾客提供娱乐活动。这种在复杂多变环境中保持长盛不衰的经验已成为众多企业学习的典范。

（2）企业宗旨对企业配置经营资源具有重要意义。企业宗旨决定了企业资源配置的投向、实施和调整。

（3）企业宗旨对企业及企业员工具有激励作用。企业宗旨指明了企业将为社会、为人类做出何种贡献，一方面树立企业为社会、为公众服务的良好形象；另一方面也会激发企业员工的使命感、光荣感和自豪感。如美国杜邦公司的企业宗旨是：以优良的化学产品提高生活素质。

（4）企业宗旨对企业文化的建设具有促进作用。企业宗旨是企业文化最核心的部分，即共同的价值观。企业宗旨明确了什么是企业最重要、最有价值的观念，确认了本企业与其他同类企业最本质的区别。

8.2.2 战略目标

在制定企业战略时，只有明确的企业宗旨是不够的，必须指导宗旨转化为战略目标。企业宗旨一般比较抽象，战略目标则比较具体，战略目标是企业宗旨的具体化，是制定企业战略的出发点。

从战略管理的角度看，企业的战略目标是企业在其战略管理过程中所要达到的市场竞争地位和管理绩效的目标，它的时限通常在五年以上。企业战略目标为企业的发展指明了方向，减少企业发展中的不确定性；为分配企业资源提供依据，减少企业内部冲突，节省协调费用，为企业效绩的评价提供标准，帮助管理者有效地从事企业战略管理活动。企业的战略目标一般包括以下内容。

（1）赢利能力。这项指标可以用利润、投资利润率、销售利润率、每股平均收益等指标表述。

（2）市场与销售。这项指标可以用市场占有率、销售量、销售额等指标表述。

（3）生产率。这项指标可以用投入产出率或单位产品成本来表述。

（4）产品。这项指标可以用产品线或产品的销售量和赢利能力、开发新产品的期限来表述。

（5）财务。这项指标可以用资本构成、资产占用或现金流量等指标表述。

(6) 研究与开发。这项指标可以用企业在研究与开发活动中消耗的费用和应当取得的成果来表述。

(7) 人力资源的开发。这项指标可以用培训人数和培训费用来表述。

(8) 顾客服务。这项指标可以用交货期或顾客满不满意来表述。

(9) 社会责任。这项指标可以用企业准备参与的活动或准备付出的费用来表述。

8.3 企业外部环境分析

制定企业战略的基础是企业内外部环境分析。识别环境机会,正确地认识环境所产生的威胁;明确企业的竞争优势,认清企业的弱点,从而在正确提出问题的基础上,寻找出影响企业经营的关键因素,使企业战略的制定能够方向明确,针对性强,行之有效。

8.3.1 企业宏观环境分析

宏观社会环境是指那些对企业活动没有直接作用而又能够经常对企业经营决策产生潜在影响的一般要素,因此在环境分析中又称为一般环境因素,它主要包括与企业环境相联系的技术、经济、文化、政治以及自然环境等五个方面的因素。

1) 经济环境

所谓经济环境是指企业经营过程中所面临的各种经济条件、经济特征、经济联系等客观因素。一个企业经营的成功与否在很大程度上取决于整个经济运行状况。另外,还有其他的一些战略要素如利率水平的高低、货币供给的松紧、通货膨胀率的大小及其变动趋失业率的水平、工资、物价的控制状况、汇率的升降情况、能源供给与成本、市场机制的完善程度,等等,都应该根据实际情况进行分析。

2) 技术环境

技术环境是指一个国家和地区的技术水平、技术政策、新产品开发能力以及技术发展动向等。技术对企业经营的影响是多方面的,企业的技术进步,将使社会对企业的产品或服务的需求发生变化,从而给企业提供有利的发展机会。所有企业,特别是本身属于技术密集型的企业或处于技术更新较快的行业中的企业,必须高度重视当今的科技进步和这种进步将会对企业经营带来何种影响,以便及时地采取相应的经营策略,以不断促进技术创新,保持竞争优势。

3) 社会文化环境

社会文化环境是指一个国家和地区的民族特征、文化传统、价值观、宗教信仰、教育水平、社会结构、风俗习惯等情况。这些社会因素的内容构成因国家和地区的不同而有很大的不同,因各自不同的民族和国家的特点而具有明显的差异性。社会文化环境影响企业的战略要素有:生活方式的演变、人们期望的工作水平、消费者的活跃程度、家庭数量及其增长速度、人口年龄的分布状况及其变动趋势、出生率,等等。

4) 政治与法律环境

政治与法律环境是指一个国家或地区的政治制度、体制、方针政策、法律法规等。法律、法规对于规范市场和企业行为有着直接的作用,立法在经济上的作用主要表现在为维护公平竞争,维护消费者利益,维护社会最大利益三个方面。政府的政策也广泛地影响着企业的经营行为,即使在市场经济较为发达的国家,政府对市场和企业的干预似乎也有增无减。当然政府的很多干预往往是间接的,常以税率、利率为杠杆,运用财政政策、货币政策来实现宏观经济的调控,以及通过干预外汇汇率来调整国际金融与贸易秩序。

5) 自然环境

企业的自然环境主要是指企业所在行业和地域的自然资源所组成的环境。为了满足市场不断增长的消费需求,企业生产出越来越多的产品,这使得许多自然资源变得日益稀缺,而且许多资源属于非再生资源。企业的生产经营依赖于稀缺的物质资源,企业的经营活动就必然要受到自然物质环境因素的限制。

8.3.2 行业结构分析

每一个企业都存在于一定的社会环境之中,同时它还从属于一定的行业,这就是企业生存发展的外部微观环境,也是影响企业活动的关键氛围。一个企业是否有长期发展前景,除了与企业自身经营有关,更为重要的是与企业所处行业本身的性质有关。各行业的发展都有其具体的特点和特别的约束条件,因此对于企业来说,行业的分析和选择至关重要。对行业分析的首要任务是探索行业长期赢利的潜力,发现影响行业吸引力的因素,其内容包括行业性质、竞争者状况、消费者、供应商、中间商及其他社会公众等。

1) 行业的性质

行业泛指由于产品类似而相互竞争以满足同类买主需要的一组企业。一个企业是否具有长期发展潜力,首先同它所处的行业本身的性质有关。因此对于企业来说,应特别注重对其所在行业的性质的分析。一般而言,分析行业性质的一个常用办法是认识其处于行业生命周期的哪一阶段,它是行业发展所处的总体环境,主要是需求状况,及其自身发展内在轨迹的综合反应。同产品的生命周期类似,行业的生命周期也可分为四个阶段:引入期、成长期、成熟期、衰退期。如图 8-3 所示。

(1) 引入期。在引入期,销售增长缓慢,产品设计尚未定型,竞争较少,风险很大,利润很低甚至亏损。

(2) 成长期。在成长期,顾客对产品的认知能力迅速提高,购买踊跃,销量大增,产品形成差别化趋势以满足顾客有差异的需求,生产能力呈现不足,市场竞争逐渐形成。但企业应付风险的能力增强,利润加速增长。

(3) 成熟期。在成熟期,重复购买成为顾客行为的重要特征,销售趋向饱和,产品设计

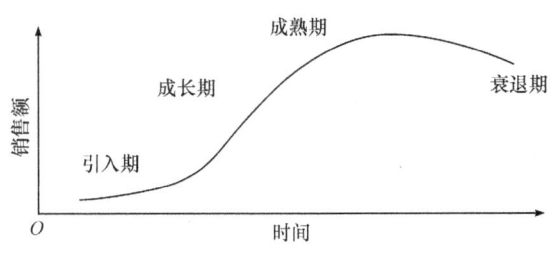

图 8-3 行业生命周期的一般阶段

缺乏变化,生产能力开始过剩,竞争激烈,利润不再增长甚至开始回落。

(4) 衰退期。在衰退期,销售明显下降,企业生产能力过剩,竞争的激烈程度由于某些企业的退出而变得缓和,利润大幅度下降。

只有了解企业目前所处行业的性质,才能决定企业在某一行业中采取什么样的竞争战略。

2) 行业发展动力分析

行业性质的分析结果提供了行业状况的部分信息,但每一行业都是处在不断的变化当中,因此,有必要了解哪些因素构成了变化的激励或压力,形成了行业变化的决定力量,即行业发展的推动力。一般而言,对于行业结构与环境变化影响最大的促进因素主要有以下几种。

(1) 行业长期增长率的改变会影响行业内外企业的投资决策,引起企业进入或退出该行业,从而改变整个行业的相对供求关系和竞争强度。

(2) 产品创新能够拓宽市场需求,增加各竞争卖主之间产品的差别,吸引其他企业进入该行业,从而对行业中各企业的生产方式、经济规模、营销渠道、相对成本地位等行业结构因素的变化起着推动作用,进而推动了整个行业的发展。

(3) 政府法规和调控政策的变化会对企业结构的发展变化产生重要的影响。

(4) 消费者及其消费偏好的变化,可能会带来新的市场需求,从而要求企业制定出新的战略与之相适应。

8.3.3 行业竞争分析

行业竞争分析是在行业结构分析的基础上,进一步回答行业中竞争压力的来源和强度,进而做好对竞争的防范。在对行业中的竞争进行分析通常所采用的方法是波特的竞争模型。

波特竞争模型首先由哈佛商学院的波特(Michael E. Porter)教授提出,波特认为:企业的获利能力很大程度上取决于企业所在行业的竞争强度,而竞争强度取决于市场上所存在的五种基本的竞争力量(见图 8-4)。正是这些力量的联合强度影响和决定了企业在行业中的最终赢利潜力,为此企业欲想在市场上取得竞争优势,必须首先对这五种基本的竞争力量进行分析。

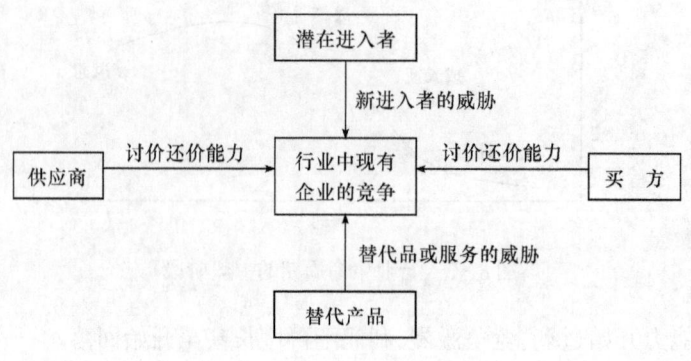

图 8-4 波特的竞争力模型

1）潜在的进入者威胁

潜在的进入者威胁有两种形式，即行业中增加新的企业和行业中已有企业新增生产能力。新的进入者会带来新的生产能力，促进获得市场占有率的愿望。这种情况可能造成价格下跌或行业内部企业费用的上升，由此减少了获利能力，严重的甚至还会危及企业的生存。竞争性进入威胁的严重程度取决于两方面的因素，即进入新领域的障碍大小和预期现有企业对进入者的反映情况。

2）现有企业之间的竞争

现有竞争者之间的竞争之所以会发生，是因为一个或更多的竞争者感到有压力或看到有改善其市场地位的机会。在绝大多数的行业内，某家厂商所采取的竞争性行动会对其竞争对手产生消极的影响，从而会触发报复或抵制该项行动的努力。如果行动和抵制逐步升级，那么行业内所有的企业都会蒙受损失。

3）替代品生产的威胁

现有企业产品售价以及获利潜力的提高，将由于存在着可能被用户方便接受的替代品而受到限制；由于替代品生产者的侵入，使得现有企业必须提高产品质量，或者通过降低成本来降低产品的售价，或者使其产品更具特色，否则其销售量与利润增长的目标就有可能受挫。

4）供应商的讨价还价能力

供应商是指向特定企业及其竞争对手提供产品或者服务的企业。供应商的讨价还价能力是指供应商通过提高价格或者降低所售产品或服务的质量等手段对行业内的企业所产生的威胁的大小。供应商对企业的生产经营具有很大的影响力，特别是当企业所需的资源供应来源十分专有和稀缺时。供应商可以通过提价、限制供应、降低供货质量等条件来向企业施加压力。

5）买方的讨价还价能力

买方主要通过压低价格和对产品质量或服务质量的要求,来影响行业中现有企业的赢利。一般来说,在具有下列竞争优势时购买者的讨价还价能力将会得到强化:相对于卖方的销售量来说,买方的市场集中度更大或者进货批量较大;卖方行业是分散性行业;买方从行业购买的产品是标准化的或无差异的;买方形成了后向一体化威胁,而卖方难以前向一体化;买主拥有更全面的信息。

8.4 企业内部环境分析

8.4.1 企业内部条件构成

企业内部环境是相对于外部环境而言,是由存在于组织内部、通常短期内不为企业所控制的变量构成,具体包括企业的组织结构、企业文化、资源与能力等。其中:组织结构是指企业内部的信息沟通、权力关系、产品或服务流的配置连接方式;企业文化是指企业成员分享的信念、期望、价值观的类型,这影响和决定了能为企业全体人员所接受的行为规范;企业资源与能力泛指企业从事生产活动或提供服务所需的人、财、物等能力和条件。企业内部环境分析的主要任务和内容就是对这些要素进行分析,从中总结出若干影响企业未来发展的关键战略要素,即企业自身的优势与劣势。

8.4.2 企业资源、能力与竞争优势分析

企业资源泛指企业从事经营生产活动或提供服务所需要的人、财、物、信息、技术与组织等方面的能力与条件。从本质上说,进行企业战略管理,实际上就是要在竞争市场上为企业寻求一个能够充分利用自身资源的合适地位。

1）企业资源分析

企业资源分为有形资源与无形资源。企业的有形资源主要包括企业的厂房、土地及机器设备等固定资产。无形资源包括企业的知识产权、技术诀窍、企业形象、专利权、商标权、交易秘诀、专用知识、商誉、企业文化等。企业的各种资源都体现在企业职能活动之中,企业只有认真进行职能活动的分析,才能找出企业在资源条件方面所存在的战略优势与劣势。

2）企业能力分析

（1）企业价值链分析。企业价值链是指企业从事设计、供应、生产、营销、交货以及对生产经营起辅助作用的各种价值活动的集合。价值链分析是用价值链的方法来分析企业内部条件,找出最有价值的活动加以改进,从而提高企业的素质,见图 8-5。

企业价值链分为基本活动和辅助活动两部分。企业的基本活动包括企业的内部后勤（如原材料的储存、库存控制等）、生产作业、外部后勤（如产品的储存、发送、运输等）、市场

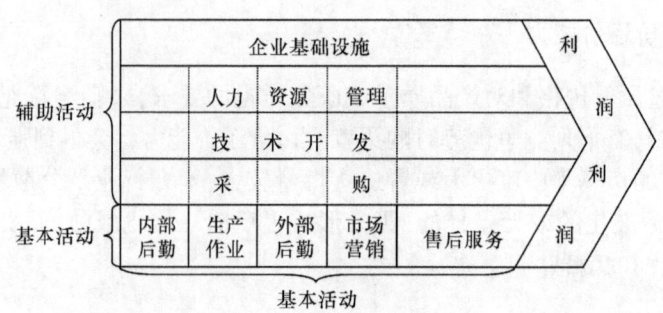

图 8-5 企业价值链图

营销、售后服务等,这是企业生产经营的基本活动。企业为生产经营活动服务的其他方面的活动叫辅助活动,包括采购(指企业整个价值链各项活动的投入)、技术开发(指发生在企业各部门的工作改进,而不仅是研究与开发)、人力资源管理(指各类人员的管理)、企业基础设施(指企业的总体管理、财务管理、质量管理、信息管理、法律服务等各项活动)。

从图 8-5 可以看出,价值链的各项活动之间是紧密联系的,恰恰是这种联系才形成了企业竞争优势,而价值链的各项活动对企业竞争优势的形成所起的作用是不同的。企业内部条件分析就是要抓住企业价值链中的关键环节仔细进行分析,从而找出企业存在的优势及劣势。

竞争优势来源于企业在设计、生产、营销、交货等过程及辅助过程中比竞争对手更强的许多独立的活动,企业的产品最终成为买方价值链的一部分。如果企业所得的价值超过生产经营产品所花费的成本,企业就有利润。如果企业的成本低于竞争对手,就有竞争优势。企业通过价值链分析可以发现自身的核心能力。

(2) 企业外包活动分析。在大多数行业内,很少有哪一个企业能够单独完成全部的价值链活动,这就需要进行专业分工,把价值链上的某些活动外包给其他企业去完成,而本企业只要抓住最关键的价值链上的某些活动,就可以创造较好的经济效益。因此,企业必须对外包活动进行分析。

(3) 企业资源使用和控制能力分析。在评估企业资源使用效率及控制能力时,企业应当进行成本分析、资源利用的有效性分析以及财务分析。通过上述三方面分析,来考察企业资源使用效率及资源控制能力。

3) 企业优势与资源和能力的关系

企业的一项资源或能力要成为竞争优势必须满足四个条件:

(1) 这种资源和能力必须是稀缺的。

(2) 这种资源和能力应当成为顾客可感知的价值。如果这种资源和能力并不为顾客所感知,那么它们也不会成为竞争优势。

(3) 这种资源或能力在不同企业之间的可转移性较差。如果企业的竞争对手很容易获得模仿其战略所需要的资源和能力,那么该企业的竞争优势就难以维持。

(4) 上述这种资源和能力较多地体现在企业的人才资本上,企业具有优秀的人才,才能不断地创造新的优势。

4) 企业竞争优势的可持续性及适用性

企业竞争优势的可持续性是指企业能在较长时期内维持其竞争优势。相对来讲,企业的优秀人才、企业文化、企业信誉及知名度、企业组织机构及其他特有资源等,是能够在比较长时期内维持其竞争优势的。而优秀人才的使用、企业组织机构及企业文化等又都与企业的具体经营情况紧密联系,这就要求企业根据自己的实际情况创造独特的竞争优势。

8.4.3 企业核心能力分析

1) 企业核心能力的概念

企业核心能力一词是英国哈默教授与美国普拉哈拉德教授首先提出来的。一般地说,企业核心能力是指企业在长期生产经营过程中逐渐积累起来的知识、技能与其他资源相协调并有机结合而形成的经营体系。通俗地讲,企业就像一棵大树,树根就是企业的核心能力,树干就是企业的核心产品,树叶、花、果等就是企业的最终产品。任何企业的优势都是暂时的,而不断创造企业优势的能力才是最宝贵的,这种不断创造优势的能力就是企业的核心能力。

2) 企业核心能力的特征

企业核心能力具有以下五个特征:
(1) 有价值性。即企业核心竞争能力是有价值的,它能为企业创造价值;
(2) 很难被竞争对手模仿;
(3) 独特性。核心能力是稀缺性资源;
(4) 内生性。即核心能力很难从市场上买来,大多数都是在企业内部生成的;
(5) 延展性。核心能力能为企业打开多种产品市场提供支持。如液晶技术可以用于笔记本电脑上,也可以用于袖珍计算器及大屏幕电视等领域。

3) 企业核心能力的组成

企业核心能力由四个因素所组成:
(1) 企业员工的知识和技能水平。不仅包括企业中每个员工的知识技能水平,也包括企业员工的知识结构及技能结构;
(2) 企业的技术体系。不仅包括硬件系统,如企业机器、设备、仪器、仪表等,也包括企业软件系统,如企业的知识产权、技术规范、管理软件及技术诀窍等;
(3) 企业的管理体系。不仅包括企业管理的各个方面,也包括企业领导人的领导艺术在内;
(4) 企业的价值观念。企业文化是企业核心能力的重要组成部分。

4）某些公司的核心能力举例见表 8-1

表 8-1 某些公司的核心能力举例

公司名称	核心能力	市场及产品
日本本田公司(Honda)	发动机和电动火车技术	摩托车、割草机、汽车、发电机等
美国 3M 公司	黏结技术	砂纸、磁带、录像带、告示贴等
日本索尼公司(Sony)	家电小型化、袖珍化	便携式收录机、小型液晶电视、小型收音机等
日本卡西欧公司(Casio)	液晶显示技术	计算器、电视机、电脑显示器等

5）企业核心能力应不断完善发展

不能认为一定的核心能力会永远提供企业的竞争优势。如果企业的核心能力不再发展，就有变成核心刚性的可能。核心刚性是指过去的陈旧了的核心能力，它种下了企业惯性的种子，使得公司不能随着外部环境的变化及时地做出反应。过于固守已经过时的核心能力，会导致企业战略近视症，可能会扼杀其适应环境、抵御威胁的能力，这是企业应当注意的。

8.4.4 战略环境与战略能力综合分析——SWOT 分析法

SWOT 分析法就是对企业外部环境中存在的机会与威胁和企业内部能力的优劣势进行综合分析，据此对备选的战略方案做出系统的评价，最终选择出最佳的竞争战略。SWOT 中的 S(strengths)是指企业内部的优势；W(weaknesses)是指企业内部的劣势；O(opportunities)是指企业外部环境中的机会；T(threats)是指企业外部环境的威胁。如图 8-6 所示。

企业内部条件	优势 S strengths	劣势 W weaknesses
企业外部环境	机会 O opportunities	威胁 T threats

图 8-6 SWOT 示意图

SWOT 分析的做法是：根据企业的总体目标和总战略的要求，列出对企业发展有重大影响的内部及外部环境因素，确定标准、进行评价，判断是优势还是劣势，是机会还是威胁。

相对于竞争对手，企业内部的优势和劣势可以表现在资金、技术、设备、产品、市场、管理和职工素质等方面。判断企业内部的优势和劣势有两项标准：一是单项标准，如市场占有率低表示企业在市场上存在问题，处于劣势；二是综合标准，对影响企业的一些重要因素根据其重要程度进行加权打分评价。

企业外部的机会是指环境中对企业有利的因素。如政府支持、高新技术的应用、良好的供应和销售关系等。企业外部的威胁是指环境中对企业不利的因素，如新竞争对手的出现、市场增长率减缓、供应者和购买者的讨价还价的能力增强、技术老化等影响企业目前竞争地位或未来竞争地位的主要因素。

根据上述分析,就可以判断企业应采取的战略,如图 8-7 所示。

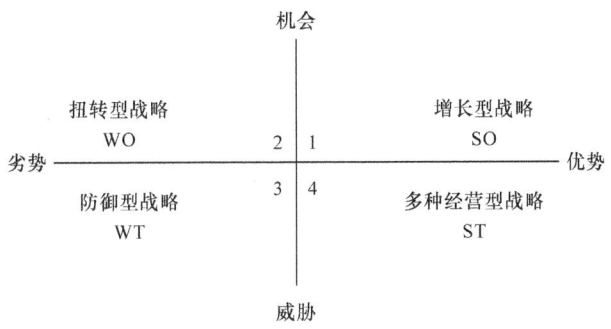

图 8-7　SWOT 分析图

SWOT 分析法为企业提供了四种可供选择的战略:增长型战略(SO)、扭转型战略(WO)、防御型战略(WT)和多种经营型战略(ST)。

在第 1 象限的企业拥有强大的内部优势和众多的环境机会,可以采取开发市场、增加产量等增长型战略。奔驰汽车公司就利用自己技术先进和质量上乘的声誉扩大豪华型汽车的生产,抓住市场对豪华型汽车需求增长的机会。位于第 2 象限的企业有外部机会但缺少内部条件,可以采取扭转型战略,改变企业内部的不利条件。位于第 3 象限的企业既有外部威胁,内部状况又不佳,应当采取防御型战略,以避开威胁和消除劣势。位于第 4 象限的企业拥有内部优势而外部存在威胁,应利用自身的优势开展多种经营,避免或减轻外在威胁的打击,分散风险,寻找新的发展机会。

企业内部条件	优势 S (1) 1985～1987 年产品质量提高 35% (2) 劳动力成本比福特和通用低 (3) 在航天工业中处于领先地位 (4) 盈亏平衡点从 240 万辆降为 150 万辆 (5) 拥有 50% 的小型面包车市场	劣势 W (1) 购买美国汽车公司的负债资本比例上升为 60% (2) 固定资产占 40% (3) 缺少合资企业 (4) 经营区域仅局限于美国、加拿大、墨西哥
企业外部条件	机会 O (1) 美元贬值 (2) 航天工业每年增长 20% (3) 消费者税后收入每年增加 5% (4) 利息率下降 (5) 通用公司的一种新车计划遇到问题	威胁 T (1) 外国汽车增加了对美国市场的占有 (2) 中东局势不稳定使油价上涨 (3) 福特公司有一种节油型的新车推出
WO 战略 (1) 建立一个航天工业的合资企业 (2) 在欧洲建立一个生产小轿车的工厂		SO 战略 (1) 收购一家航天行业内的公司 (2) 增加 50% 的小型面包车的出口量
WT 战略		ST 战略 增加广告费 50%

图 8-8　克莱斯勒汽车公司的 SWOT 战略组合

在使用SWOT分析方法的过程中,要将企业内外因素有机地结合起来,需要企业决策层具有敏锐的洞察力、崇高的理想、远大的抱负以及高超的决策艺术。克莱斯勒公司的SWOT战略组合就很好地说明了这一点,即:多种因素结合而产生一个可供选择的战略;战略选择的陈述不要一般,要尽可能的具体化。见图8-8。

8.5 企业发展战略

企业总体战略(公司层战略)的内容丰富,形式多样,可以从不同角度对其进行分类,一般按照态势可以分为:发展战略、稳定战略和紧缩战略。这里只讨论企业发展战略。

企业发展战略(growth strategy)要求企业在现有的战略基础水平上向更高一级的方向发展,企业的发展战略包括进行进入新经营领域战略、一体化战略和多样化战略。

8.5.1 进入新经营领域战略

在经过行业分析并确定了所要进入的新经营领域之后,有两种战略可供企业选择:这就是并购战略和内部创业战略。

1) 并购战略

兼并与收购本属不同的概念,但二者的含义对企业发展战略而言无太大差别,故将它们合称为并购战略。

兼并是指通过有偿转移和资本集中等途径,把别的企业并入本企业系统,使被兼并企业失去法人资格或改变法人实体地位的经济活动。通过兼并,被兼并企业全部或部分资产的产权归属发生变动,被兼并企业的全部或主要生产要素(如厂房、设备、资金、存储原材料、库存品等)发生整体流动,实行生产要素的优化组合,兼并双方实行资产一体化,形成一个新的企业实体。收购是指一个公司购买另一个公司,并将其完全吸收为本公司的附属单位或事业部。

从并购方的角度看,通过并购可以缩短企业发展所需的时间,一般自行研制开发的时间较长,采用并购可以在短期内获得新业务、新产品。通过并购有利于获得被兼并方的产品、市场和技术;有利于本企业资源在更大范围内的使用;有利于取得规模经济效益。

2) 内部创业战略

内部创业战略就是通过开发新产品进入一个新的行业。在进入一个新的行业时,主要受进入障碍和现有企业两个因素的影响。进入障碍主要是开发新产品所支付的费用。在考虑费用时不能仅计算那些可见的投资,如用于生产设计、组织销售等方面的费用开发,而且不能忽视那些更精细的成本,如用于品牌的建立、购买技术专利的费用等。现有企业的反应是该行业已经存在的企业将如何对待本企业新产品的进入,应从以下几个方面考虑:市场增长速度;商品类别;行业集中程度;行业内原有企业的战略观。

8.5.2 一体化战略

并购战略是从企业财产组织形式的角度进行研究与分析的,一体化战略(intergration strategy)则是从企业经营业务的角度进行研究与分析的。

一体化战略就是将独立的若干个部分有机的结合在一起组合一个整体的战略。一体化并不是企业间简单的联合,这些结合起来的企业在生产过程或市场上应该有一定的联系。采用一体化战略必须具备两个条件:一个企业所属的行业有广阔的前景;另一个是企业经一体化后能增加活力、效益、效率和控制力。一体化战略分为纵向一体化战略和横向一体化战略。

1) 纵向一体化战略

纵向一体化战略(vertical intergration strategy)又叫垂直一体化战略,是将生产与原材料供应,或者生产与产品销售联合在一起的战略形式。

(1) 后向一体化战略(backward intergration strategy)。后向一体化战略是指企业通过建立或购买一个或若干个企业而进入其原材料生产行业。其目的是为了保证产品或劳务所需的全部或部分原材料的供应,加强对所需原材料的质量控制,降低成本,提高保证供应的程度。

(2) 前向一体化战略(forward intergration strategy)。前向一体化战略是指企业通过兴办或购入一个或若干个企业而进入其产品的销售行业。目的是为了促进和控制产品的需求,搞好产品营销,从而达到扩大市场的目的。

采用纵向一体化的好处是:前向一体化可以获得由提高加工深度使产品获得较丰厚的利润。后向一体化可以使企业对它现有的产品生产所需的原材料、半成品的供应更加有保证,而且可以对所需原材料、半成品供应的数量、质量、时间、成本等诸方面实行更有效的控制。通过广泛的纵向一体化战略的实施,形成巨大的生产规模,从而取得规模制造所带来的巨大利润。其缺点是:自己制造或自行销售其效率往往低于专业制造和专业销售;机动性差;生产能力不平衡;需要较多的资金;管理幅度加大。

2) 横向一体化战略

横向一体化战略(horizontal intergration strategy)也叫水平一体化战略,是指为了扩大生产规模、降低成本、巩固企业的市场地位、提高企业竞争优势、增加企业实力而与同行业企业进行联合的一种战略。这种战略一般是企业在竞争比较激烈的情况下进行的一种战略选择,可能发生在行业成熟化的阶段中,成为增加竞争实力和提高效率的手段;也可以发生在行业成熟之后,成为避免过度竞争和提高效率的手段。

采用横向一体化战略的好处是:能够吞并或减少竞争对手;能够形成更大的竞争力量去与竞争对手抗衡;能够取得规模经济效益;能够取得被吞并企业的技术及管理等方面的经验。其战略的缺点主要是:企业要承担在更大规模上从事某种经营业务的风险;由于企业过于庞大而会出现机构臃肿、效率低下的情况。

8.5.3 多样化战略

多样化战略(diversification strategy)最初是由著名的战略学家安索夫在20世纪50年代提出来的。此后,尤其是在70年代,多样化经营战略曾风靡一时,各国企业争先恐后地采用。

多样化战略按产品之间的关系和收入比例可以分为相关多样化和非相关多样化;也可以分为水平多样化和垂直多样化;还可以分为同心多样化和复合多样化。

1) 同心多样化战略

同心多样化战略(concentric diversification strategy)是以企业现有的设备和技术能力为基础,发展与现有产品或劳务不同的新产品或劳务。例如,美国先锋电子公司(pioneer electronics corporation)在1984年即采用这种战略。他们先后生产出家庭音响设备、激光唱片、激光音响、电话录音和自动化回答机、收录机、双向有线电视机等家庭电子产品。随后,日本的索尼公司、夏普公司、松下电器公司等也都采取了这种战略,在家用电器领域中推出了许多新产品。

同心多样化战略的好处是:可以充分利用生产技术、原材料、生产设备的类似性,获得生产技术上的协同效果,风险比较小,易于取得成功。其缺点是:由于新产品在销售渠道、促销等方面与原有产品有所不同,在市场营销的竞争中有时会处于不利的地位。

2) 复合多样化战略

复合多样化战略(conglomerate diversification strategy)是指通过合并、收买其他企业或合股经营等形式来增加与现有产品或劳务不相同的新产品或新劳务生产的一种战略。如美国通用汽车公司除主要从事汽车产品生产外,还生产电冰箱、洗衣机、飞机发动机、潜水艇、洲际导弹等;柯达照相器材公司除生产照相器材外,还兼营医疗设备、录像器材、动物饲料、抗衰老产品等。这种战略通常适合于规模庞大、资金雄厚、市场开拓能力强的大型企业。

复合多样化战略的优点有:通过向不同的行业渗透和向不同的市场提供服务,可以分散企业经营的风险,增加利润,使企业更加稳定地发展;有利于企业迅速地利用各种市场机会,逐步向具有更大市场潜力的行业转移,从而提高企业的应变能力;有利于发挥企业的优势,综合利用各种资源,提高经济效益。这种战略的缺点是:组织机构的膨胀加大了管理的难度,有时过于强调多样化而导致企业可能在各类市场中都没有取得领先地位,当外界环境发生剧烈变化时,企业会受到来自各方面的压力,导致巨大的损失。

8.5.4 企业战略联盟

1) 战略联盟的概念

企业战略联盟是指各公司之间建立伙伴关系,使各公司之间的资源、能力及核心能力能够集中在一起,形成一个临时性的经营联合体,更有效地向市场提供商品和服务,完成单个企业不能承担的经营功能,实现企业的战略目标。通过建立战略联盟,使具有互补优势的企业既保持其独立经营权又可利用对方的优势竞争力,快速适应市场变化,获得竞争优势。战略联盟已成为许多企业的重要战略之一,该联盟容易取得双赢或多赢的效果。

2) 建立战略联盟的原因

经济全球化使得竞争已不只在一个国家或地区的企业间展开,竞争的范围已空前扩大。科技的飞速发展使得原本分明的行业界限日趋模糊,新的竞争者可能随时会出现,迅速改变行业原有竞争格局。产品生命周期普遍缩短,迫使企业加大科技开发的投入,加快推出新产品的步伐。面对这些变化,任何一个企业都没有足够的力量单独能迎接市场的挑战。它们必须与别的企业携手面对激烈的竞争。因此战略联盟应运而生。

建立战略联盟的好处是会提升企业的市场竞争力,使各公司分担了科技开发的巨大风险及研发支出;也容易取得规模经济和范围经济的效应;由于各公司的合作,可以克服市场进入的壁垒,达到扩张市场的目的;也可以促使竞争对手之间加强合作,共同理顺市场,防止市场的过度竞争等。

3) 战略联盟的类别

由于产品的特点、行业的性质、竞争的程度、企业的自身优势等因素各不相同。所以企业间的战略联盟的形式也不同。其分类方法也很多。一般来讲,依据股权参与和合伙人的数量这两个标准,大致可将战略联盟分为以下五种形式。

(1) 契约性协议。战略联盟的伙伴共同投入力量进行联合开发、联合生产和联合营销,以达到共同发展的目的。

(2) 非正式合作。合伙人在一起工作,却并不存在一个具有约束力的协议。非正式合作的具体形式很多,既可以采取互相访问的形式,也可以采取在一定时间内交换企业人员的形式。

(3) 合资。这是由两家以上的公司共同出资、共担风险、共享利润、合作经营某一企业,这种形式的联盟目前已被广泛采用。

(4) 股权参与。某企业在其他企业中占有一定的股权,其战略目的在于确保供应商的供货能力和建立非正式的工作关系。也就是说,合伙人继续以独立的实体从事经营,但各自都能享受到对方优势所提供的好处。

(5) 国际联合。这种形式的联盟主要是在美国、西欧、日本的企业之间,为对付技术开发的高额成本和巨大风险而建立的,在电子通信、飞机发动机和制药领域,这种国际联合已经非常普遍。

4) 如何建立成功的战略联盟

企业战略联盟与传统的企业之间的合作不同,前者带有明显战略性,而后者则仅表现为战术性。战略联盟注重于长期的目标和收益,考虑企业的整体发展;传统的企业合作则仅侧重于近期目标,着眼于当前的利润。因此战略联盟是企业高层管理者为贯彻其战略意图,实现其战略目标而采取的两大战略决策。

成功进行战略联盟的前提是要选择好的联盟伙伴,选择联盟成员要看其综合竞争能力是否是联盟业务所需要的;联盟成员之间应该优势互补;各成员企业之间的战略目标及文化相容。

国际上成功进行战略联盟的企业,有七条成功的经验:① 要考虑各种可变因素对战略联盟的影响;② 要预测战略联盟风险并拟好相应对策;③ 在业务发展上要量力而行,突出重点,分清主次;④ 对战略联盟的对象要进行全面评估和筛选;⑤ 要明确规定战略联盟各方投入资源的时间及资源的质量;⑥ 要将报酬与绩效挂钩,是否增资要视联盟企业表现而定;⑦ 要有明确分工。

8.6 企业竞争战略

企业确定竞争战略就是为了在行业与市场中取得竞争优势。市场经济的实质是竞争型经济,企业在市场竞争中通过有效的竞争以取得在本行业中的领先和支配地位。

8.6.1 成本领先战略

成本领先战略(low-cost strategy)就是在追求产量规模经济效益的基础上,通过降低产品的全部成本,用低于竞争对手的成本优势战胜竞争对手的一种战略。成本领先战略也叫做低成本战略。成本领先地位可以给企业带来许多战略益处,也是众多企业追逐的目标,但要取得这种地位并不容易,需要采取各种措施,如实行规模经济生产,充分利用生产能力,产品的再设计,降低输入成本,采用先进的工艺技术等。

采用低成本战略的好处是:企业的成本低可以使企业为那些欲进入本行业的潜在进入者设置较高的进入障碍,使那些生产技术不熟练、缺乏经营经验或缺乏规模经济的企业很难进入此行业;企业的低成本可以使企业增加对供应者和购买者的讨价还价能力,降低由于供应者和购买者的供应或购买价格(量)等因素变化的影响;企业的低成本可以使企业在与行业内的竞争对手进行价格竞争。

8.6.2 差别化战略

差别化战略(high differentiation strategy)是指企业向市场提供与众不同的产品或服务,用以满足顾客特殊的需要,从而形成竞争优势的一种战略。产品或服务的特色可以表现在产品设计、生产技术、产品性能、服务、销售网络、商标形象等方面。当企业进行价格竞争,但不能达到扩大销售的目的时,实行差别化就可以培养顾客的品牌忠诚性,降低对价格的敏感性。差别化战略是企业获得高于同行业平均水平利润的一种有效的战略。

1) 产品质量差别化战略

产品质量差别化是指企业向市场提供竞争对手不具有的高质量的产品,通过高质高价获得竞争对手更多的利润。如青岛"海尔"电冰箱,以开箱合格率达100%的高质量形象进入市场,从而建立起了独特的质量形象。

2) 产品可靠性差别战略

产品可靠性差别战略,这是与产品质量差别化相关的一种战略,其核心就是要保证企业产品的可靠性。

3) 销售与服务差别化战略

销售与服务差别化战略是通过转变销售方式或者加强售后服务,建立服务的竞争优势。以服务取胜是世界上许多成功企业都采用的共同战略。

4) 产品创新差别化战略

产品创新差别化战略,对于一些拥有雄厚研究开发实力的高科技企业,实行以产品创新为主的差别化战略,不仅可以保持企业在科技上的领先地位,而且可以增强企业的竞争优势和获利能力。

5) 产品品牌差别化战略

产品品牌差别化战略就是通过创名牌产品、保名牌产品,使企业经营活动持续稳定发展的战略。其核心就是如何建立和保护产品的品牌,所以也叫名牌战略。所谓名牌产品就是具有较高知名度和市场占有率的产品,名牌不仅是社会对某一产品的评价,而且是对企业整体的评价,是企业实力和地位的象征。

8.6.3 重点集中战略

重点集中战略(focus strategy)是指企业把经营战略的重点放在一个特定的目标市场上,并为这个特定的目标市场提供特定的产品或服务。重点集中战略要围绕一个特定的目标进行密集性的生产经营活动,要能够提供比竞争对手更为有效的产品或服务。企业一旦选定了目标市场,就可以通过产品差别化或成本领先的方法形成重点集中战略。从这个意义上说,采用重点集中战略的企业就是特殊的差别化企业或特殊的成本领先企业。

8.7 企业战略的实施与控制

8.7.1 企业战略实施的组织支持

在战略管理中,有效地实施战略的一个重要方面是:建立适宜的组织结构,以使其与战略相匹配。它们之间匹配的程度如何,将最终影响企业战略实施的效果与效率。

1) 组织结构的战略含义

企业组织结构是实施战略的一项重要工具,一个好的企业战略需要通过与其相适应的组织结构去完成方能起作用。企业组织结构是随着战略而定的,它必须按战略目标的变化及时调整。在战略运作中,采取何种组织结构,主要取决于企业决策者和执行者对组织战略结构含义的理解,取决于企业自身的条件和战略类型,也取决于对组织适应战略发展标准的认识。企业不能仅从现有的组织结构去考虑战略,而应根据外在环境的变化去制定战略,然后再调整企业原有的组织结构。

2) 组织结构调整的内容

组织结构是战略实施的一种手段和措施。为了有效地实施战略,必须根据战略的特点和要求、环境、技术、企业规模等要素的特点来选择相应的组织结构类型。与企业战略相适应的组织结构调整工作包括以下三个内容。

(1) 正确分析企业目前组织结构的优势和劣势,设计开发出能适应战略需求的组织结构模式;

(2) 通过企业内部管理层次的划分、相应的责权利匹配和适当的管理方法与手段,确保战略的实施;

(3) 为企业组织结构中的关键战略岗位选择最合适的人才,保证战略的顺利实施。

8.7.2　企业战略实施的信息支持

企业战略的实施过程,同时也是一个信息收集、处理的过程。充分的、准确的和及时的信息资源,正是科学地进行企业战略管理的基础。一个企业要想成功地进行企业战略管理,就必须建立健全自己的战略管理信息支持系统。

在企业战略管理中,从战略分析直至战略实施,每一环节都与信息支持系统密切相关,因此,信息支持系统必须具有以下几项功能。

1) 信息获取功能

要制定企业战略,进行战略分析,就要求获得企业周围的环境(包括宏观和微观环境)的重要信息,为战略实施提供广泛而可靠的数据和资源料。

2) 分析功能

取得信息后,哪些信息是可用信息,哪些信息适用于不同层次的需要,均是信息支持系统要完成的工作,即对所收集的信息进行分析和加工。

3) 论证功能

战略实施的方案甚多,哪个方案能被选中,在很大程度上取决于人们对信息的占有和评价。

4) 反馈功能

无论战略实施的情况如何,信息支持系统均会将战略实施状况反馈给企业高层管理人员,以便于对其战略及战略实施做出正确的判断和评价,并及时做出各种调整。

8.7.3 企业战略实施的文化支持

在战略的实施过程中,企业文化起着重要的作用,它既可以成为战略的推动因素,又可以对战略的执行起到抵触作用。企业文化与战略的关系主要表现在三个方面。

1) 文化为战略提供成功的动力

一个企业组织自身具有很强的文化特色时,会通过企业成员的共同价值观念表现出企业的特殊性。这有利于企业形成别具一格的战略,为企业的成功提供原动力。

2) 文化是战略实施的关键

企业文化可以激发员工的热情、统一全体成员的意志,从而使战略得到有效的贯彻和实施。

3) 文化与战略的适应和协调

在企业中,一个新的战略也要求原有文化的配合与协调。由于企业组织中原有文化有它的滞后性,很难马上对新战略做出反应,因此,企业文化既可成为实施战略的动力,也可能成为阻力。在战略管理过程中,企业内部的新旧文化必须相互适应,相互协调,为战略成功提供保证。

8.7.4 企业战略控制

企业战略管理过程的最后一步就是战略控制。在实施工作中,由于各种原因导致战略实施的结果偏离预定的战略目标,这些原因主要有:制定企业战略的外部环境和内部条件发生了变化;战略本身存在缺陷或比较笼统,需要在实施过程中进行修正、补充和完善;在战略实施过程中,受企业内部某些主观因素变化的影响,偏离了战略的预期目标。因此,战略控制是战略管理过程中不可缺少的一步。高层领导者是执行战略控制的主体,又是战略控制的对象。企业战略控制的方式有以下几种。

1) 事前控制

在实施战略之前,要设计好正确有效的战略计划,该计划要得到企业高层领导人的批准后才能执行,这种控制多用于重大问题的控制,如任命重要的人员、重大合同的签订、购置重要设备等。

2) 事后控制

在战略计划实施后,将实施结果与原计划标准相比较,由企业职能部门及各事业部门定期地将战略实施结果向高层领导报告,由领导者决定是否要采取修正措施。

3）随时控制

企业高层领导者要控制企业战略实施中关键性的过程或全过程，随时采取控制措施，纠正实施中产生的偏差，引导企业沿着战略的方向进行经营。

4）业务控制

业务控制是在战略决策指导下，为了战略的成功实施，对企业内部各部门的业务进展情况进行控制。主要的业务控制有财务控制、生产控制、销售规模控制、质量控制、成本控制等方面。

8.7.5 企业战略调整

及时对企业的战略进行调整的作用是十分明显的。赢利能力的突然下降、新的竞争环境的剧烈变迁，以及其他许多情况都可能要求企业做出战略上的调整。实践表明企业的成功或失败取决于管理者能否及时认识到需要进行战略调整的能力。

1）常规战略变化

常规战略变化是指企业为了吸引顾客为自己的产品确定位置，而在战略上采取的正常变化。企业可以在正常的生产经营活动中改变自己的广告、包装形式，使用不同的定价战略，甚至改变销售分配的方式来进行常规的战略变化。

2）有限的战略变化

有限的战略变化是指企业在原有的产品系列基础上向新的市场推出新的产品时只需要做出的局部变化。由于产品更新的方式较多，这种变化的形式也较多。

3）彻底的战略变化

彻底的战略变化是指企业的组织结构和战略发生重新组合等重大变化。这种变化有两种主要形式：一种是在同一行业里的企业之间形成联合或兼并时会出现这种变化。另一种形式是企业自身发生重大的变化。特别是多种经营企业中，企业管理高层如果对下属的经营单位采取大出大进的方式推进联合或出售的，这种变化便格外明显。

4）企业转向

企业转向是指企业改变自己的经营方向。这种变化主要也有两种方式：一种是不同行业之间的企业进行联合和兼并时所发生的变化。这种变化的程度完全取决于行业之间彼此不同的程度，以及新企业实行集中管理的程度。企业转向的另一种形式就是一个企业从一个行业中脱离出来，转到一个新的行业中。这种转向会使企业战略的实施变得更为复杂。因为它往往需要企业的使命发生变化，而且要开发新的管理技能和产品技术。

【案例】 华为技术有限公司成立于1988年,是一家专于电信设备研究、开发、制造的高科技企业。自行开发的产品涵盖了交换、传输、接入、无线及移动通信、ATM、数据通信、智能网、支撑网、智能高频开关通信电源、动力环境集中监控系统等主要通信领域。目前华为已成为世界上少数掌握了光网络核心技术并具备业界一流开发力量的厂商之一,提供从骨干网到接入网的光网络解决方案和全套产品,成为世界级光网络产品供应商。

华为在成立之初就做出了"做一个世界级的、领先的电信设备提供商"的定位。华为为自己确定7条核心价值观,其中第一条就是关于华为的发展战略。华为将发展定位在电子信息领域,华为的追求是在电子信息领域实现顾客的梦想,并依靠点点滴滴、锲而不舍的艰苦追求,使其成为世界级领先企业。

为使华为成为世界一流的设备供应商,华为人确定了永不进入信息服务业的决心。这体现了华为可贵的危机意识,他们通过无依赖的市场压力传递,使内部机制永远处于激活状态。决心永不进入信息服务业,把自己的目标定位成一个设备供应商。这曾经历过很大的争论,最后被肯定下来,是因为只有这样一种方式,才能完成无依赖的压力传递,使队伍永远处于激活状态。华为的发展战略建立在以客户的价值观为导向的基础之上,以客户满意度作为评价标准,瞄准业界最佳,以远大的目标规划产品的战略发展,立足现实,孜孜不倦的追求、一点一滴地实现。

华为充分吸收全球最新技术,借鉴、研究运营商的建设经验,以创造性的解决方案为运营商投资建设光传输网络提供全面支持。建立产品线管理制度,贯彻产品线经理对产品负责,而不是对研究成果负责的制度。在设计中构建技术、质量、成本和服务优势,是华为竞争力的基础。华为的发展得益于华为对核心技术的开发和投入,华为总是比别人早走半步。华为2000年的销售额超过25亿美元,已经步入世界级通信设备供应商的行列,这得益于华为对核心技术的大投入。华为坚持按大于10%的销售收入拨付研究经费。追求在一定利润水平上的成长的最大化。华为坚持达到和保持高于行业平均的增长速度和行业中主要竞争对手的增长速度,以增强公司的活力,吸引最优秀的人才,和实现公司各种经营资源的最佳配置。

华为不仅在技术上采取的发展模式得当,取得了巨大的成就,而更重要的是有华为及其领导者超前战略思路的功劳。虽然数据通信目前还不是华为的利润中心(1999年3.9个亿的销售额甚至只占整个公司销售额的3%),但是华为已经为下一步更大的发展前景做准备了。显然华为的研发重点和企业领导关注的重点都已经转移到了数据通信方面。一直以来,华为经常强调数据中心不应该仅仅是一个增长点,而应该是整个公司未来的重心。因为华为的根本——电信正在转向这一领域。所以这已经不是一个增长的问题,而是一个生存的问题了。现在在华为内部,数据通信的市场正在逐渐地切入电信领域,甚至与原来的平台进行融合。事实证明,这次正确的选择为华为带来的收获是巨大的。除了企业业务发展上的先机,最大的收获莫过于让华为上上下下发现虽然实力使其现在的目标还只能是做一个技术跟随型企业,但是自己成为"世界级一流厂商"却是一件看得见、摸得着的事情。

任正非总裁经常说到,华为当初选择通信产业完全是出于幼稚。只知道通信产业市场巨大、前景广阔,没想到通信产业这么规范、竞争对手这么强大、技术创新这么快。是什么驱使华为刚解决温饱就毅然转向自主研究开发的道路呢？是企业家的远大追求和使命感。信息产业的风险之大、难度之大、竞争之激烈、淘汰之残酷，是其他产业所无法比拟的。有着华为先知先觉、"早起鸟"似的超前的精神，华为有决心和信心在电子信息产业撑起民族工业的脊梁。

本章小结

　　企业战略管理是一个日益重要并正在迅速发展的领域，它从整体上把握企业，在动态发展变化的环境中考察企业的发展与增长问题。企业战略管理由战略分析、战略决策、战略实施与控制三个基本阶段组成，这三个阶段之间存在着相互制约、相互影响、相互作用的反馈联系。

　　企业战略分析包括以下内容：明确企业宗旨与长期目标，识别企业的外部机会与威胁，认准企业的内部优势和弱点。企业宗旨是办企业的指导思想，战略目标是企业宗旨的具体化，是制定企业战略的出发点。环境分析是企业战略管理过程的基础工作，企业外部环境包括宏观社会环境和行业结构环境，它构成了企业存在的背景，为企业发展提供了丰富的机会，从而影响和决定了企业在动态环境中可做些什么和应做些什么的选择。企业内部环境主要包括企业的各种资源能力，企业资源能力条件影响了企业的实力，决定了企业客观上能做些什么；竞争优势来源于企业在设计、生产、营销、交货等过程及辅助过程中比竞争对手更强的许多独立的活动，企业的产品最终成为买方价值链的一部分。任何企业的优势都是暂时的，而不断创造企业优势的能力才是最宝贵的，这种不断创造优势的能力就是企业的核心能力。SWOT分析法是一种有效的战略环境综合分析方法。

　　企业战略决策包括战略方案形成、评价和选择。本章重点介绍了可供选择的企业总体战略中的发展战略和企业竞争战略。企业发展战略是企业在现有水平上向更高更强方向发展的总体战略，主要包括进入新经营领域战略、一体化战略、多样化战略和战略联盟。企业竞争战略是为了在行业和市场中取得竞争优势而展开的，主要包括成本领先战略、差别化战略和重点集中战略等基本竞争战略。了解这些不同战略类型的特点，是进行企业战略决策的前提。

　　企业战略形成后，还需将它付诸实施。企业战略实施是一个将企业战略目标与政策转化为实际行动并取得成果的过程，它需要企业组织结构、企业信息系统、企业文化和企业战略管理者的积极支持。企业战略管理的最后阶段工作是对企业战略实施活动过程与业绩效果进行控制、评价和调整，其目的就是使企业战略的实施效果尽量符合战略的预期目标。

思考与练习

1. 基本概念

　　企业宗旨　社会环境　企业价值链　企业核心能力　一体化战略　多样化战略　战略联盟　并购战略　成本领先战略　差别化战略　重点集中战略

2. 思考题

（1）如何理解企业战略管理是从整体上把握企业，在动态变化的环境中考察企业总体的发展问题？

（2）企业宗旨包括哪些内容，它对企业战略管理有什么作用？

（3）企业战略分析阶段存在哪些基本分析要素？

（4）企业外包活动与创建企业核心能力有什么关系？

（5）企业为什么要建立战略联盟？

（6）企业战略实施要考虑哪些因素？

3. 讨论题

（1）用波特的竞争力模型分析某个行业的竞争状况。

（2）为一个企业进行SWOT分析，在此基础上做出一个新的战略决策。

第9章 市场营销

9.1 市场与市场营销观念

9.1.1 市场与市场营销

现代意义的市场,一般有狭义与广义两种解释。从狭义上讲,市场是指商品交换的场所。如农贸市场、小商品批发市场等。从广义上讲,市场是指商品供求关系的总和。它是对市场的高度概括和抽象,体现着商品的供应方、需求方及中间商之间的关系。从市场营销的角度来理解,市场是指某种产品的现实购买者与潜在购买者的需求总和,或者说,市场是人口、购买力和购买意向(购买欲望)有机组成的总和。即市场的实际形成,必须具备人口、购买力和购买欲望三个基本要素。用公式表示就是:市场=人口+购买力+购买欲望。

市场可以按不同的标准,划分为不同的类型,但市场营销学一般根据两种标准划分:一是按购买者及其不同的购买目标来分类,可将市场划分为:消费者市场、生产者市场、中间商市场、政府市场和国际市场。不同的市场有不同的需求和购买行为,因此,这种划分有利于分别研究各类市场的特点,使企业能按照特定顾客的要求制定专门的市场营销策略。二是按购买对象及其不同产品和服务的用途来分类,可将市场划分为:生产资料市场、消费资料市场、服务市场、金融市场、技术市场、信息市场、房地产市场、旅游市场等。这种分类方法有利于研究不同产品和服务的特点,制定具体的市场营销策略。

市场营销译自英文 marketing 一词,它包含了两种含义。一是指企业的市场买卖活动,即企业的市场营销(略称营销)或市场经营。另一个是指研究企业的市场营销活动对象的市场营销学。国际上对市场营销的定义还没有一个统一的定论,但较有权威性的是以"现代营销学之父"著称的美国营销专家菲利普·科特勒教授所下的定义:市场营销是个人和群体通过创造并同他人交换产品和价值以满足需求和欲望的一种社会管理过程。也就是说,市场营销是与市场有关的人类活动,即以满足人类各种需要和欲望为目的,通过市场变潜在交换为现实交换的活动。希望从别人那儿得到资源并愿意以某种有价之物作为交换的人称为市场营销者,营销者可以是一个卖主、也可以是一个买主。在潜在交换转变为现实交换的活动时,就会有营销管理。因此,所谓营销管理是指为了实现企业目标,而对整个市场营销活动,包括营销计划的编制、执行,营销手段的采用,分销渠道的选择,产品价格的制定等进行控制、调节。其过程一般是:分析市场机会、研究和选择目标市场、制定营销战略与策略以及实施控制营销计划。

9.1.2 市场营销观念

市场营销观念,是指企业从事营销活动的指导思想或经营观念,也就是企业开展市场营销过程中处理企业、顾客和社会诸利益所持的态度、思想和意识。其核心内容是：以"什么"为导向(中心)来开展企业的经营活动。企业的经营思想和经营观念决定了其经营态度和思维方式，决定了其营销战略与营销战术的制定与运用。

从西方国家的经济发展看，市场营销观念的演变迄今大致经历了生产观念、产品观念、推销观念、市场营销观念、社会营销观念等五个阶段。

1) 生产观念

生产观念是一种最古老的经营思想。这种观点认为，消费者喜爱那些随处可以买到而且价格低廉的产品，企业应将全部精力放在扩大生产和降低成本上。这种"以生产为导向"的经营观是在卖方市场上产生的。19 世纪末到 20 世纪 20 年代以前，西方企业面临的是求过于供的卖方市场，当时产品生产不多，竞争者不多，产品不怕卖不出去。在这种情况下，企业只要集中一切力量扩大生产，降低成本，生产越多，成本越低，取得的利润就越多，根本不用考虑销售问题。

2) 产品观念

产品观念是从生产观念中派生出来的又一种经营思想。这种观念认为，消费者喜爱那些高质量、多功能和有特色的产品，只要产品质量好，就不怕卖不了。这种以"产品为导向"的经营观容易导致"市场营销近视"，即不适当地把注意力放在产品上，而不是放在市场需要上，在市场营销管理中缺乏远见，只看到自己的产品质量好，而看不到市场需求的变化。我国有些谚语，如"酒香不怕巷子深"、"一招鲜，吃遍天"等，都是产品观念的反映。

3) 推销观念

推销观念或称销售观念是随着科学技术的进步，生产力的提高，产品数量与花色品种的增加，市场上的商品出现供过于求而产生的一种经营思想。这种观念认为，消费者通常不会因自身的需求和愿望而主动地购买商品。企业需要通过积极推销和进行大量的促销活动，以刺激消费者购买本企业产品。这种"以推销为导向"的经营观，只重视产品的推销技巧和广告宣传，而不关心消费者的要求，售后服务和购后是否满意。其核心是企业生产什么，我销售什么，仍然没有摆脱以企业为中心的框架，使市场营销仍然停留在旧的观念基础上。

4) 市场营销观念

市场营销观念产生于 20 世纪 50 年代中期。它的形成是企业经营观念上的一次"革命"。这种观念认为，实现企业目标、获取最大利润的关键在于，以市场需求为中心组织企业营销活动，有效地满足消费者的需求和欲望。这种"以市场为导向"的营销观，其核心可以用一句话来概括，即：顾客需要什么，企业就生产什么。这种观念完全抛弃了以企业为中心的指导思想，代之而起的是以消费者为中心的指导思想。

西方国家许多企业的经营实践表明，在买方市场下，凡是真正接受和奉行市场营销观念的企业，其经营效益往往比较好。例如，美国的 P&G、IBM、Walmart 等大公司都是运用市场营销观念取得成功的典型。

5）社会营销观念

20世纪70年代以来,市场营销环境发生了许多变化:环境污染、资源短缺、人口激增、全球性饥荒、通货膨胀、忽略社会服务等现象层出不穷,尤其是环境污染。这导致人们从不同的角度对市场营销观念进行了补充,即产生了社会营销观念。这种"以社会为导向"的营销观强调在保证满足顾客需求的基础上,服从全社会的利益,把企业利润与社会利益协调起来,整个市场营销活动不能损害社会利益;要求营销者在制定市场营销政策时,要统筹兼顾三方面的利益,即企业利润、消费者需求和社会利益三者的平衡与协调。

9.2 市场购买行为

在市场经济条件下,企业的一切生产经营活动,包括市场营销,都是以购买者的购买行为为前提的。企业生产的产品,只有被购买者所购买,才能够实现其价值,企业的再生产活动才能顺利进行。

9.2.1 消费者市场的含义与特点

市场营销学按照购买者的任务、特点、目的将市场分为消费者市场和产业市场(包括生产者市场、中间商市场和政府团体市场等)两种基本类型。所谓消费者市场,是指所有为个人消费而购买物品或服务的个人和家庭的营销场所和领域。消费者市场或消费品市场又称最终产品市场,因为产品进入生活消费领域,才算最终完成,它在市场营销中具有特殊的重要意义。

消费者市场出售的商品,包括吃、穿、用、住、行等方面的成千上万个花色品种和千变万化的式样。消费者市场主要有以下特点。

(1) 从消费者市场交易的商品看,由于消费者的需求千差万别,所以需求弹性很大。

(2) 从消费者市场交易的规模和方式看,消费者市场广阔,购买者人数众多而且分散,交易次数频繁但交易数量不多。

(3) 从消费者市场购买动机和行为看,消费者市场的购买者大都缺乏专门的商品知识和市场知识。

(4) 从市场的动态看,由于消费者的需求复杂多变,使商品供需之间的矛盾表现频繁而明显。

9.2.2 影响消费者购买行为的主要因素

从购买者本身来分析,影响消费者购买行为的因素主要有:文化因素、社会因素、个人因素和心理因素。

1）文化因素

文化因素对个人的需求和购买行为影响极其深广,此种影响在当前的消费行为中越来越明显。其中,最主要的有文化、亚文化与社会阶层。文化是人类从社会实践中建立起来的价值观念、道德、理想、知识体系和其他有意义的象征的综合体。

在每一种文化中,往往存在许多一定范围内具有文化同一性的群体,它们被称为亚文化群。亚文化群可分为四种:第一,民族亚文化群。不同的民族有着独特的风俗习惯和文化传统;第二,种族亚文化群。不同种族有着不同的文化传统和生活习惯;第三,宗教亚文化群。不同宗教具有不同的文化倾向或戒律;第四,地域亚文化群。不同的社会阶层具有不同的价值观念、不同的生活方式及不同的兴趣。文化和社会阶层是影响人们欲望和购买行为的重要因素。

2）社会因素

消费者行为不仅受到广泛的文化因素的影响,同时也受到社会因素的影响,如受到参照群体、家庭、角色与地位的影响。

参照群体是指那些直接或间接影响人的看法和行为的群体。它有首要群体、次要群体、有共同志趣的团体等。以上各类参照群体都会直接或间接影响消费者的购买行为。家庭对消费者购买行为有着重要的影响。一个人在其一生中一般要经历两个家庭。第一个是父母的家庭,在父母的养育下逐渐长大成人,然后又组成了自己的家庭,即第二个家庭。当消费者做出购买决策时,必然要受到两个家庭的影响。一个人在其一生中会参加许多群体,如家庭、俱乐部及其他各种组织。每个人在各种群体中的位置可用角色和地位来确定。每一个角色及不同地位都将在某种程度上影响其购买力。

3）个人因素

消费者的个人特性也是影响其购买行为的重要因素,它包括以下几个方面:① 年龄及家庭生命周期,不同年龄的消费者对于商品有不同的爱好与需要。家庭生命周期一般可分为六个阶段:单身阶段、备婚阶段、新婚阶段、培育阶段(包括满巢一、二、三期)、空巢阶段(包括一、二期)、丧偶阶段,很显然,不同时期的家庭,其购买行为是不同的。② 职业。③ 经济状况,经济状况是人们购物的基础,它制约着个人的购买行为。④ 生活方式。⑤ 个性,个性是个人对环境反应相对持久的行为方式的特征。消费者的个性可以从能力、气质、性格三方面分析。

4）心理因素

消费者心理支配着消费者的购买行为,影响消费者的购买行为的心理因素主要有:需要和动机、感觉和知觉、思维和学习、信念和态度等。

9.2.3　消费者的购买决策过程

在分析了影响消费者购买行为的主要因素之后,还需了解消费者如何真正做出购买决策,即了解谁做出购买决策,购买决策的类型以及购买过程的具体步骤。

1) 人们在购买决策过程中所扮演的角色

人们在购买决策过程中所扮演的角色,概括起来有五种。
(1) 有意者,即首先提出或有意想购某一产品或服务的人;
(2) 影响者,即其看法或建议对最终决策产生影响的人;
(3) 决策者,即对是否买、为何买、何处买等方面的购买决策做出最后决定的人;
(4) 购买者,即实际采购人;
(5) 使用者,即实际消费或使用产品或服务的人。

2) 消费者购买行为分类

根据消费者参与的程度和品牌的差异程度,可将消费者购买行为分为四种类型。
(1) 习惯型。即消费者购买价值低、需频繁购买且品牌差别很小的商品的行为,如购买食盐、牙膏等,消费者往往是根据习惯或经验购买这类产品。
(2) 多变型。即消费者购买价值低、需频繁购买且品牌差别很大的商品的行为,如购买饼干、糖果等。消费者为使消费种类多样化,常常变换所购商品的品牌。
(3) 复杂型。即消费者购买价值较高且品牌差别很大的耐用消费品的行为,如购买电视机、电冰箱、照相机、电脑等。
(4) 和谐型。即消费者购买价值较高但品牌差别不大的耐用消费品的行为,如购买中档家具等。

3) 消费者购买行为过程

消费者购买行为过程是指消费者购买行为的形成和实现的全过程。一般可分为五个阶段:即认知问题、搜集信息、判断选择、购买决策和购后评价。
(1) 认知问题。指消费者发现现实情况与其所想达到的状况之间有一定的差距,从而意识到自己的消费需求。这种需求是购买决策的起点。需求可由内在刺激或外在刺激引起,以及两者相互作用的结果。
(2) 收集信息。消费者形成购买某种商品的需求以后,就会采取购买行动。但是大多数情况下并不是马上就购买,而是常常先收集与这一商品有关的信息。
(3) 判断选择。当消费者收集了各种信息之后,就会对此加以整理和系统化,并且进行对比分析和评价。这种对比和评价一般围绕产品的属性而展开的。
(4) 购买决策。这是消费者购买行为过程中的关键性阶段,因为只有做出购买决策以后,才会产生实际的购买行动。
(5) 购后评价。消费者在购买产品后会产生某种程度的满意和不满意感。消费者对其购买的产品是否满意,将影响到以后的购买行为。如果不满意的话,甚至会通过大众媒体公之于社会;而满意的购后感觉,则会在客观上鼓动、引导其他人购买该商品。所以,企业在营销中一定要加强与用户的联系,视质量为产品的第一生命,努力做好销售服务工作,力争获得消费者对产品的良好购后评价。

9.3 目标市场选择与市场定位

9.3.1 市场细分

所谓市场细分是指从顾客的不同购买欲望和需求的差异性出发,按一定标准将一个整体市场划分为若干个子市场,从而确定企业目标市场的活动过程。其中任何一个子市场都是一个具有相似的购买欲望和需求的群体。

市场细分的目的在于发现市场机会,从一系列细分市场中选择出最适合企业经营的市场,它是企业实施目标市场营销策略的出发点和基础。

市场细分的客观基础是消费者需求的差异性。由于消费者所处的地理、社会环境不同,自身的心理素质以及购买的动机不同,造成了他们对产品的价格、质量、款式上需求的差异性。如:有的消费者要求服装的款式新颖,面料的质地精良;有的消费者则要求服装穿着舒适,面料耐磨。这样就可将服装的消费者分为两个类别,服装市场也就被细分为两个子市场。如果再考虑到儿童、妇女、男子在服装款式方面的不同需求,则服装市场可以进一步细分为六个子市场。这些引起需求差异的原因就是市场细分的客观根据。

市场细分要依据一定的细分变量来进行,如消费者市场细分的变量主要有地理变量、人口变量、心理变量和行为变量等四类。

1) 地理细分

地理细分是指企业按照消费者所在的地理位置以及其他地理变量(如地理区域、行政区域、地形气候等)来细分消费者市场。不同的地理条件,不同的居住环境造成了消费习惯的差异,对企业的产品价格、分销渠道、广告宣传等营销措施的反应也各不相同。

2) 人口细分

人口细分是指企业按人口变量(如年龄、性别、家庭数、收入、教育、职业、宗教和国籍等)来细分消费者市场。按照这些变量可以将消费者市场分成不同的群体。如:用年龄来划分玩具市场;用家庭的规模来划分家庭用品、房屋市场;用收入来划分汽车市场等。

3) 心理细分

心理细分是指企业按照消费者的社会阶层、生活方式、个性特征等心理变量来细分消费者市场。

4) 行为细分

行为细分是指企业按照消费者购买或使用某种产品的购买时机、追寻利益、使用者情况及使用率、忠诚程度和对产品的态度等行为变量来细分消费者市场。

(1) 购买时机是按消费者购买和使用产品的时机细分,扩大本企业的某些产品或某项服务。

(2) 追寻利益是依据消费者购买商品所追寻的利益的侧重点不同而实现市场细分。

(3) 使用者情况及使用率,主要变量有非使用者、曾经使用者、潜在使用者、初次使用者、经常使用者等。

(4) 忠诚度,主要变量有单一品牌忠诚者,多品牌忠诚者,转移忠诚者和非忠诚者四类,企业通过分析并采取一系列营销策略来稳固忠诚者,吸引多品牌忠诚者和转移忠诚者。

(5) 对产品的态度,消费者对产品的态度可细分为五个变数,即热爱、肯定、无差别、拒绝和敌意,企业应针对消费者产品的不同态度,采取不同的营销策略,培养消费者对本产品热爱的态度。

9.3.2 目标市场选择

1) 目标市场的含义

所谓目标市场,就是企业营销活动所要满足的市场,是企业为实现预期目标而进入的市场。也就是说:目标市场是在细分市场的基础上所选择的既能发挥企业相对优势,又能提供获利机会,值得进入的市场。企业的一切营销活动都围绕目标市场进行的。确定目标市场与市场细分既有区别又有联系。市场细分是按消费者需求差异性划分消费者群体的过程,而确定目标市场则是对细分以后的市场所采取的抉择,也就是从细分市场中选择一个或几个作为企业营销活动的目标市场的过程。市场细分是确定目标市场的基础和前提条件,而确定目标市场则是市场细分的目的。

2) 占领目标市场可选择的主要策略

企业为了有效地占领目标市场,可以选择的策略主要有以下三种。

(1) 无差异性策略。指企业以整个市场(全部细分市场)为目标市场,提供单一的产品,采用单一的营销组合策略。这种策略的特点是企业只注重细分市场的共性而不考虑细分市场的特性,把市场看成一个无差别的整体。无差异市场营销策略的优点在于,能够通过单一产品的大批量生产降低产品成本和提高设备利用率,同时避免开发费用投入和节省促销费用,以利于用低价争取最广泛的消费者。其缺点在于它不能满足消费者各种不同的需要,只是停留在大众市场的表层,无法进一步发展。同时这种策略缺乏弹性,难以适应市场的频繁变化。

(2) 差异性策略。指企业在对市场进行细分的基础上,根据各细分市场的不同需求,分别设计不同的产品和运用不同的市场营销组合,服务于各细分子市场。这是很多企业采用的目标市场策略。通过不同的产品来满足各个细分子市场的需要,可以为企业吸引到更多的消费者,扩大企业的销售额,增加企业在市场上的竞争力。这一策略的缺点在于由于增加了企业产品种类和市场营销组合的多元化,会使企业用于设计、试制、制造和改进工艺的生产成本、管理成本、促销成本都大大提高。

(3) 集中性策略。指企业集中全部力量于一个或极少数几个细分子市场,提供能满足这些细分子市场需求的产品,以期在竞争中获得优势。这是大多数中小企业采用的策略,其优点在于可以充分利用其有限的资源,发挥其在某些方面的优势,以达到集聚力量,与竞争对手抗衡的目标,从而提高产品的市场占有率。其缺点在于有较大的风险。由于企业所选择的目标市场的范围较狭窄,一旦市场情况突变,或者出现强大的竞争对手,企业可能陷入困境,没有回旋的余地。

上述三种目标市场策略既有联系又有区别。无差异性市场策略与差异性市场策略都力图覆盖整个市场,所不同的是前者实际并没有对市场加以细分,而只是以一种产品、一种营销组合策略面对整个市场;后者则是在市场细分的基础上生产多种产品,采用多营销组合策略,以开拓各个细分市场。差异性市场策略与集中性市场策略都以市场细分为基础,所不同的是前者要进入许多细分子市场,后者则以少数几个,甚至一个细分市场作为目标市场。

3) 影响目标市场策略的主要因素

影响目标市场策略的因素主要有以下几种。

(1) 企业资源。当企业规模较大,技术实力雄厚,资源丰富时,可采用差异性或无差异性市场营销策略,反之,则应采用集中市场营销策略,以规避市场风险。

(2) 产品同质性。对同质性产品,特别是消费者无过分要求的产品可用无差异市场营销,反之,则应采用差异性市场营销策略和集中市场营销策略。

(3) 产品所处的生命周期。产品所处的生命周期不同,采用的市场营销策略也不同。当产品处于导入期或成长期时,宜采用无差异的市场营销或集中市场营销策略,去探测市场需求和潜在的顾客。当产品进入成熟期或衰退期时,企业应转向差异市场营销策略,这样才能延长产品的生命周期,开拓市场,维持和扩大销售量。

(4) 市场的同质性。该类市场上顾客群的需求欲望和偏好都相似,以一定时期内购买数量相同,对市场营销刺激的反应也相同。因而,企业可采用无差异市场营销。反之,如果市场差异很大,则企业应采用差异性市场营销策略或集中市场营销策略。

(5) 竞争对手的市场营销。企业处于竞争的环境中,对营销策略的采用也将受到竞争者的制约。如果对手采用无差异市场营销策略,则本企业应寻找机会,实行差异性市场营销或集中市场营销策略。另外,竞争者的多少,也是企业选择目标市场营销策略时要考虑的因素之一。

企业应当根据内部条件和外部环境,综合考虑竞争对手各方面的情况,有针对性地选取目标市场和营销策略。

9.3.3 市场定位

企业通过市场细分,确定目标市场后,就要进行市场定位。市场定位的实质是使产品在顾客心目中树立某种形象。所谓市场定位是指目标市场产品的定位,是依据竞争者现有产品在市场上所处的位置,针对消费者或用户对该种产品某种特征或属性的重视程度,强有力地塑造出本企业的产品与众不同的、给人印象鲜明的个性形象,并把这种形象生动地传递给顾客,使该产品在市场上确定适当的位置。

1) 市场定位的重要性

市场定位的重要性主要有以下几点。

(1) 市场定位是市场营销组合的基础。市场营销组合是企业占领目标市场,进行市场竞争的基本手段。

(2) 市场定位是整合市场传播的依据。整合市场传播的最大优势在于用多样化的传播或促销手段,向目标市场传达同一要求,实现了各种传播资源的合理配置,从而以相对较低的投入产出较高的效益。

(3) 市场定位有助于树立企业及其品牌形象。

2) 市场定位的分类

市场定位的类型主要分为初次定位与重新定位、针对式定位与创新式定位。

(1) 初次定位与重新定位。初次定位,是在新成立的企业初入市场,新品牌投入市场,或产品进入新市场时,企业面向缺乏认识的目标顾客进行的市场定位工作。重新定位,则是企业改变市场对其原有的印象,使目标顾客对其建立新的认识的过程。

(2) 针对式定位与创新式定位。针对式定位是企业选择靠近于现有的竞争者或与其重合的市场位置,争夺同样的目标顾客。创新式定位则是企业避开与竞争者直接对抗,将其位置定于某处市场"空隙",发展目前市场上未有的某种特色产品,开拓新的市场领域。进行这一决策前,企业必须明确:创新式定位所需的产品特色在技术上、经济上是否可行,以及是否有足够的顾客偏好这样产品特色。

3) 市场定位的依据

定位的目的非常明确,要在顾客心目中建立企业的产品形象和企业形象,要使顾客一提及某产品时能优先想到企业,因此定位的出发点应是"顾客关心什么"。分析企业常用的产品定位方式,主要有以下几种。

(1) 根据特定的产品属性来定位;
(2) 根据需要满足的需求或所提供的利益来定位;
(3) 根据使用场合及用途定位;
(4) 根据使用者的类型来定位;
(5) 根据竞争者来定位;
(6) 根据企业的竞争战略来定位。

9.4 产品策略

产品策略在市场营销组合中处于关键地位。产品是一切营销活动的基础,没有产品,也就没有价格、渠道和促销。因此,产品策略是市场营销组合策略的核心内容,市场营销组合策略中的其他各要素都是以产品策略为基础,并为产品策略服务的。

9.4.1 产品与产品组合

1)产品的整体概念

人们通常理解的产品是指具有某种特定物质形状和用途的物体,是看得见,摸得着的东西,这是对产品的一种狭义理解。广义的产品是指人们通过购买而获得的能够满足某种需求和欲望的任何东西,它既包括具有物质形态的产品实体及其品质、特色、品牌等,又包括非物质形态的利益,如服务、策划、主意等。具体说,产品整体概念包括:核心产品、有形产品、附加产品,如图 9-1 所示。

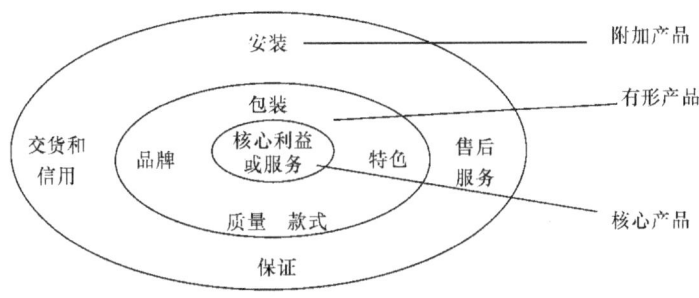

图 9-1　整体产品构成示意图

(1)核心产品。又称实质产品,是产品整体概念中最基本、最主要的层次。它是顾客购买的目的所在,是顾客追求的效用和利益。顾客购买一种产品,不仅为了占有一件有形的、可触摸的物体,而且是为了满足自身特定的需要和欲望。当生产者设计产品时首先必须确定核心产品给消费者带来的利益。

(2)有形产品。是指产品的实体,是对目标顾客某一需求的特定满足形式。要满足买主追求的利益,必须通过有形产品体现出来,可以说,有形产品是核心产品的转化形式。产品存在的物质形式主要有五种特征可供辨认:质量水平、产品特色、产品款式、品牌以及包装。有形产品这些重要属性的不同组合,能满足消费者的不同需求。

(3)附加产品。即顾客在购买产品时所获得的各种附加利益的总和,能满足顾客更多的需要。它包括:提供产品说明书、产品保证书、安装、维修、送货、技术培训、售前与售后服务等。未来市场竞争的关键,在于产品所提供的附加价值,包括安装、服务、广告、用户咨询、购买信贷、及时交货和人们以价值来衡量的一切东西。因此,生产者期望在激烈的市场竞争中获胜必须正确发展附加产品。

2) 产品组合

产品组合,也叫产品搭配,是指一个企业提供给市场的全部产品线和产品项目的组合,即经营范围和经营结构。产品线,是指具有相同的使用功能或能满足类似需要而在规格、款式等方面的不同的一组产品,又称产品大类。产品项目,是指产品线中各种不同品种、规格、质量和价格等的特定产品。

企业的产品组合还具有一定的宽度、长度、深度和关联度。

(1) 产品组合的宽度,是指一个企业生产经营的产品线(或大类)的多少。产品线越多,表明宽度越大;产品线越少,表明宽度越小。

(2) 产品组合的长度,是指企业所有产品线中产品项目的总和。项目总数越多,表明长度越长;项目总数越少,表明长度越短。

(3) 产品组合的深度,是指产品线中每种产品所提供的规格、型号、质量、价格等级的多少,即每一产品线中产品项目的多少。

(4) 产品组合的关联度,是指各条产品线在最终使用、生产条件、销售渠道或其他方面的关联程度。

3) 产品组合策略

产品组合策略,就是企业根据其目标和市场竞争环境,对产品组合的宽度、长度、深度和关联度进行抉择,使之形成最佳的产品组合,通常企业采用的产品组合策略有以下几种:扩大产品组合策略,这个策略包括拓展产品组合的宽度和加强产品组合长度与深度;缩减产品组合策略;产品延伸策略。

制定合理的产品组合策略,有利于企业扩大市场份额,增加销售额和利润,提高企业的经济效益。产品组合策略应视企业资源的占有情况、市场的需求情况及竞争格局的变化而调整。

9.4.2 产品生命周期

1) 产品生命周期的概念

一种产品在市场上的销售和获利能力,是随时间推移而发生与生命历程相类似的变化,也经历着孕育、诞生、成长、成熟和衰老的过程。所谓产品生命周期,是指新产品研制成功后,从投入市场开始直到被市场淘汰为止所经历的全部时间过程,即产品在市场上的全部销售历史。

产品生命周期一般以产品销售和利润的变化为标志分为四个阶段:导入期、成长期、成熟期和衰退期,如图9-2所示。

2) 产品生命周期各阶段的特征

(1) 导入期的特征:① 消费者对产品不太了解,销售量小,单位产品成本较高;② 广告费用和其他营销费用开支较大;③ 企业利润少,通常亏损现象比较普遍;④ 产品技术、性能

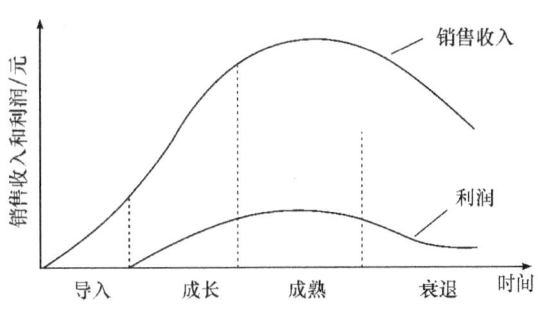

图 9-2 产品生命周期曲线

不完善;⑤ 企业承担的市场风险最大;⑥ 如果开发研制或市场预测失误,许多新产品就在这一时期夭折;⑦ 市场竞争者较少。

(2) 成长期的特征:① 消费者对产品已日趋熟悉;② 销售量迅速增加;③ 由于大批量生产和可观利润,吸引了大批生产者纷纷介入,竞争比较激烈;④ 产品的技术、性能逐步完善,单位产品成本下降,利润增加。

(3) 成熟期的特征:① 产品销售量虽然有所增长,但增长率常呈现递减趋势;② 由于生产成本、促销费用下降,且产品总销量不减或仅略有下降,使企业利润丰厚、稳定;③ 市场上同类产品增多,竞争十分激烈;④ 成熟期末,企业利润开始下降。

(4) 衰退期的特征:① 产品销售总量急剧下降,产品出现积压,价格下跌,利润剧减;② 产品的弱点和不足已经显露,市场上出现了性能更好的替代产品;③ 竞争者相继退出市场。

3) 产品生命周期各阶段的营销策略

由于产品生命周期各阶段特点不同,企业在各阶段做出的经营决策的内容也不相同。

(1) 导入期营销策略。新产品一旦正式投放市场销售,就进入"导入期阶段"。这一时期由于销量少而销售费用高,企业往往无利可图或者获利甚微、甚至可能亏损。因此,在导入期,企业营销重点集中在促销与价格方面。一般有四种策略可供挑选:① 迅速取脂策略,即以高价格和高促销水平的方式推出新产品。采用这一策略的条件是:大部分人还没有意识到产品的潜在市场;知道它的人渴望得到该产品并有能力照价付款;企业面临着潜在的竞争和想建立品牌的偏好。② 缓慢渗透策略,即以低价格和低促销水平推出新产品。采用这一策略的条件是:市场规模大;市场上该产品的知名度较高;市场对价格相当敏感;有一些潜在的竞争。③ 迅速渗透策略,即以低价格和高促销水平的方式推出新产品。采用这一策略的条件是:市场规模很大;市场对该产品不知晓;大多数购买者对价格敏感;潜在竞争很强烈;随着生产规模的扩大和制造经验的积累,企业的单位制造成本会下降。④ 缓慢取脂策略,即以高价格和低促销水平方式推出新产品。采用这一策略的条件是:市场的规模有限;大多数的市场已知晓这种产品;购买者愿出高价;潜在竞争并不迫在眉睫。

(2) 成长期营销策略。成长期的标志是销售迅速增长。早期使用者喜欢该产品,中间多数消费者开始追随领导者。由于大规模的生产和利润的吸引,新的竞争者进入市场。企业可有如下策略以供选择:① 改进产品质量和增加产品的特色及款式类型;② 寻求和进入新的细分市场;③ 扩大分销覆盖面并进入新的分销渠道;④ 改变广告内容,从产品知觉广告转向产品偏好广告;⑤ 适时适当降低价格,以吸引对价格敏感的购买者。

(3) 成熟期营销策略。在产品成熟阶段,许多企业都在千方百计地努力延长成熟的时间。如降低成本、倾销、加强广告宣传和用户服务等。主要可采取如下策略:① 市场改进策略,通过扩大顾客阶段和提高每个顾客使用率,来提高销售量;② 产品改进策略,通过改进现行产品的特性,以吸引新用户或增加现有用户使用量;③ 营销组合改进策略,通过改变营销组合中各非产品要素的先后次序和轻重缓急,以达到保持市场占有率的目的。

(4) 衰退期的营销策略。在产品衰退阶段,主要可采取如下策略:① 维持策略。由于这阶段很多企业会先行退出市场,对一些有条件的企业来说,并不一定很快减少销售量和利润,使用这一策略可延长产品寿命。② 缩减策略。即企业仍留在原目标市场上继续经营,但在规模上做出适当收缩。③ 撤退策略。即确定产品已处于衰退期,企业果断地选择放弃。当企业决定放弃衰退产品时,它面临着进一步的决策:是迅速还是缓慢地放弃该产品,为从前的顾客保留多少零部件的库存和维修服务;品牌及生产设备等资源能否用于新产品,否则应如何转让或出卖等。

9.4.3　新产品开发

从市场营销角度看,新产品是一个相当广泛的概念。既指绝对的新产品,又指相对的新产品;既可以对市场而言,又可以对企业而言。也就是说,只要是产品整体概念中任何一个要素的创新、变革或改造,都可以被理解为新产品。所以,这里所谓的新产品是指在企业经营活动中一切新开创的产品,包括全新的新产品,还包括现有产品的改进,竞争产品的仿制和产品线的增设等。

产品生命周期理论要求企业不断开发新产品。一般而言,当一种产品投放市场时,企业就应当着手设计新产品,使企业在任何时期都有不同的产品处在周期的各个阶段,从而保证企业赢利的稳定增长和竞争优势的获取。尤其是在科学技术飞速发展和消费者需求日益多样化的今天,产品生命周期越来越短,更新换代速度越来越快,新产品研制开发能力已成为企业生存和发展的重要保证。

9.4.4　品牌、包装和服务策略

1) 品牌策略

品牌的作用我们有目共睹,好的品牌是企业的无形资产,能为企业带来巨大的竞争优势。企业采用品牌策略可以建立稳定的顾客群,吸引那些具有品牌忠诚性的消费者,使企业的销售额保持稳定;厂家可用自己的品牌建立自己的信誉,并和购买者建立密切的联系;中间商通过自己的品牌不仅可控制价格,而且在某种程度上可控制生产者。品牌策略包括两个方面,一是决定是否采用的品牌;二是采用什么的品牌,是采用生产者的品牌还是销售者的品牌,是采用统一的品牌还是不同品种采用不同的品牌,是否采用与企业名称一致的品牌,等等。

2) 包装策略

包装就是指设计和制造产品容器以及包装产品的活动。"包装是无声的推销员",这是现代营销学对包装策略的高度概括。包装策略包括是否采用包装和采用什么包装的决策。

3) 服务策略

提供服务是整体产品的一个重要组成部分,服务可分为有形的产品服务和附加的产品服务。近年来,服务显得越来越重要,已成为影响企业信誉的竞争能力的一个重要因素。因此,许多企业建立了为顾客服务的专门机构,负责提供维修、信贷、技术信息和咨询服务等,并接待顾客来访,处理顾客投诉,将顾客的批评建议和各种要求反映给企业的有关部门,以改进产品的设计和生产,提高服务质量,满足顾客需要,促进销售。

9.5 价格策略

价格是市场营销策略中十分敏感而又难以控制的因素,它直接关系着市场对产品的接受程度,影响着市场需求和企业利润的多少,涉及生产者、经营者、消费者各方面的利益。因此,价格策略是市场营销决策中一个极其重要的组成部分,合理的定价和价格策略,是企业市场营销活动取得良好经济效益的保证。

9.5.1 影响定价的主要因素

企业为了科学地进行产品定价,必须研究分析影响企业定价的基本因素。制约企业定价的因素是多方面的,如定价目标、成本、其他市场营销组合因素、国家法律和政策、市场需求情况、市场竞争形势等。

1) 市场需求

产品的最高价格取决于产品的市场需求,而需求又受价格和收入变动的影响。企业可利用需求弹性作为定价参考因素,大致预测出价格调整后市场需求的变化。

2) 生产成本

企业制定的价格,应包括它所有生产和销售过程中的支出,以及对企业所做的努力和承担风险的合理而公平的补偿。产品成本的变化必然影响产品的价格变化。产品成本下降,则产品价格有下降的趋势或可能;反之亦然。在竞争激烈的市场上,企业要想用降价来取胜,就必须先降低产品成本,因为产品成本在产品价格中占有很大比重,只有产品成本减少,才能使产品降价有可靠的经济基础。

3) 市场竞争结构

市场经济的显著特点是竞争,需求和成本所决定的可能价格范围,并不一定适应竞争的需要。而合理的价格却是有效地直接参与竞争的最好方式。因此,企业有必要认真研究市场结构,分析竞争者在产品质量、技术水平、售前与售后服务等方面的情况,尤其是竞争者产品的价格水平,以制定合适的价格参与市场竞争。在完全竞争市场结构条件下,生产者是市场价格的接受者;在完全垄断市场结构条件下,生产者是市场价格的制定者。在垄断竞争和寡头垄断的市场结构条件下,认真分析竞争对手对本企业产品的定价尤为重要。

4) 社会环境

政府的政策、法规和改革措施,有监督性的,有保护性的,也有限制性的。它们在市场经济活动中制约着市场价格的形成,是各类企业制定价格的重要依据。例如,《中华人民共和国价格法》于1998年5月1日起实行,各类企业制定价格都必须遵循价格法。

5) 其他营销组合因素

在对某种产品定价时,有必要考虑其他因素。比如,品质优、性能好、知名度高的产品,价格可以定得高一点;反之亦然。处于导入期和成长期的产品,价格可定得高一点;而处于成熟期和衰退期的产品价格则相对定得低一点。当广告或其他费用支出较多时,价格可相应定高,以平衡成本与风险;反之,价格就应低一些。总之,定价时不能脱离其他营销组合因素而单独决定。

9.5.2 定价方法

1) 需求导向定价

需求导向定价法是以消费者需求的变化及消费者心理作为定价的基本依据,是伴随营销观念更新所产生的新型定价方法。需求导向定价主要有以下方法。

(1) 习惯定价法。这是按市场已经形成了一种习惯来制定价格的方法。市场上一些廉价的日常消费品,产品差异很小,由于销售历史已久,容易在消费者心目中形成一种习惯性价格标准,符合这种标准的价格往往容易被接受,反之则会引起消费者对产品的排斥。

(2) 可销价格倒推法。这种定价方法是以消费者对商品价值的感受及理解程度为基础,以预测消费者可以接受的大体价格为基数,企业再参照产量、成本等因素进行调整,制定出产品价格。市场销售渠道中的批发商和零售商较多地采用此定价方法。

(3) 需求差异定价法。需求差异定价法是指企业根据市场需求的时间差、数量差、地区差、消费水平及心理差异等来制定其产品价格。需求差异定价法主要有以下几种形式:① 对不同的顾客群体,采用不同的价格;② 根据产品式样外观的差别制定不同的价格;③ 相同的产品,在不同的地区销售,其价格也可以不同;④ 相同的产品,在不同的时间销售,其价格也可以不同。

2) 成本导向定价

成本导向定价法是以产品成本作为制定价格的基本依据,即成本加利润的定价方法。主要有以下几种形式。

(1) 成本加成定价法。这就是在单位产品的总成本上加若干百分比的毛利的定价方法。公式为

$$产品售价 = 单位成本 \times (1 + 预期利润率) \qquad (9-1)$$

这种定价方法具有计算简单、简便易行的优点,在正常情况下按此方法定价可使企业获得预期赢利。其缺点是,忽视市场竞争和供求状况的影响,缺乏灵活性,难以适应市场竞争的变化形势。

(2) 目标收益率定价法。这是根据企业的总成本和预计的总销售量,加上按投资收益率制订的目标利润额,作为定价基础的方法。其计算公式是

$$单价 = \frac{总成本 + 投资总额 \times 投资收益率}{销售量} \qquad (9-2)$$

(3) 盈亏平衡点定价法。也称损益平衡定价法和保本点定价法,是根据盈亏平衡点总成本来确定产品价格的定价法。盈亏平衡点是指企业收支平衡,利润为零时的销售水平。其计算公式是

$$利润 = 销售量 \times 单价 - 成本总额 \qquad (9-3)$$

由式(9-3)可以得出,当利润为零时,在一定的销售水平下,产品的平衡点价格为

$$平衡点价格 = \frac{成本总额}{销售量} \qquad (9-4)$$

(4) 边际贡献定价法。也称边际成本定价法,即仅计算可变成本,不计算固定成本,而以预期的边际贡献补偿固定成本,获得收益的定价方法。边际贡献是指企业增加一个产品的销售,所获得的收入减去边际成本的数值,即

$$边际贡献 = 价格 - 单位可变成本 \qquad (9-5)$$

从式(9-5)可以推出单位产品价格的计算公式

$$价格 = 单位可变成本 + 边际贡献 \qquad (9-6)$$

这种定价法有以下优点:易于各产品之间合理分摊固定成本;有利于企业选择和接受市场价格,即只要价格高于平均可变成本即可,从而大大提高产品的竞争力;根据各种产品的边际贡献的大小安排企业的产品,易于实现最佳产品组合。

3) 竞争导向定价

竞争导向定价,是指企业通过研究竞争对手的同类产品价格为基础,确定自己产品的价格,并随着竞争状况的变化不断调整自己的价格水平。这种方法的特点是:价格与成本和市场需求不发生直接关系。只要竞争者价格不动,即使成本或需求变化了,价格也不动;反之,虽然成本或需求都没有变动,但竞争者的价格变化了,也应随之调整价格。竞争导向定价方法有以下几种形式。

(1) 随行就市定价法。这是以竞争情况为中心的定价方法中最为流行的一种。它要求企业制定的产品价格与同类产品的平均价格保持一致。在产品差异很小的行业,往往采用此定价法。

(2) 竞争价格定价法。这是一个主动竞争的定价方法,这种定价方法一般为一些实力雄厚、产品有很强的竞争力的企业所采用。

(3) 密封投标定价法。一般是指在商品和劳务的交易中,采用投标招标方式,由一个买主对多个卖主的出价择优成交的一种定价方法。在国际上,建筑包工和政府采购,往往采用公开招标的办法。

9.6 销售渠道策略

9.6.1 销售渠道的概念与特征

1) 销售渠道的概念

销售渠道也叫分销渠道或流通渠道,是指产品或服务由生产者向消费者转移的途径,是促使产品或服务顺利地被使用或消费的一系列相互依存的组织。在市场经济条件下,大多数产品不是由生产者直接提供给消费者的,而是要经过一层或多层的中间环节,才能到达消费者手中。这一过程由商品销售方式、销售环节和销售机构组成。不同的销售方式、销售环节和销售机构,组成不同级数的商品销售渠道,见图9-3。

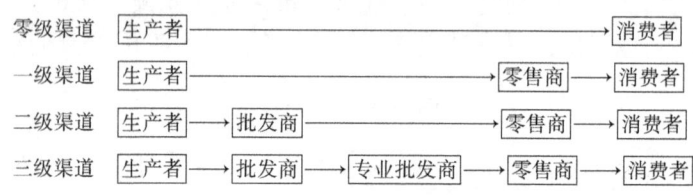

图9-3 不同级数的销售渠道

2) 销售渠道的特征

销售渠道的特征主要有下述几个。

(1) 销售渠道是一个由不同企业或人员构成的整体,即是由参加商品流通的各种类型的机构和人员组合而成。如生产者和各种类型的代理商、零售商以及消费者等。这些统统被称为渠道成员。

(2) 销售渠道的"起点"是生产者,"终点"是消费者或用户。

(3) 在销售渠道中,产品所有权至少要转移一次。即使是代理商的转卖,也属于间接转移产品所有权的性质。

(4) 在销售渠道中,除了商品所有权转移形成的"商流"外,还有其他使生产者和消费者相连接的流动形式,如实物流、信息流、货币流等。它们相辅相成,但在时间和空间上并不完全一致。

9.6.2 销售渠道的类型

销售渠道可以按不同的标准进行划分。

1) 按生产者和消费者发生联系的方式划分

按生产者和消费者发生联系的方式划分,可将销售渠道分为直接销售渠道与间接销售渠道。

(1) 直接销售渠道。商品生产者通过自己的销售人员或销售机构把商品直接销售给消费者，这种销售渠道称为直接销售渠道。直接销售渠道的形式主要有：销售人员上门推销；通过设专卖店、设门市部销售；邮购；电话销售；与客户之间的合约销售。

(2) 间接销售渠道。即生产者通过中间商来销售自己的产品。绝大多数生活消费品都是采用这种销售渠道，也有部分生产资料的销售采用此渠道。

2) 按产品销售过程中中间环节的多少划分

按产品销售过程中中间环节的多少，可将销售渠道划分为长销售渠道与短销售渠道。

(1) 长销售渠道。即生产者在产品销售中利用两个或两个以上的中间商销售产品。主要形式有以下几种。

生产者→零售商→消费者

生产者→批发商→零售商→消费者

生产者→批发商→专业批发商→零售商→消费者

长销售渠道的优点是：渠道长、分布密、触角多，能有效地覆盖市场，扩大商品的销售，能充分利用中间商的职能作用，市场风险小。当然，长销售渠道也有缺点，如长销售渠道使生产者市场信息迟滞；商品价格不利于竞争；生产者、各中间商与消费者相互之间关系极其复杂，难以协调等。

(2) 短销售渠道。即生产者仅利用一个中间商或自己销售产品。短销售渠道有两种形式：

生产者→消费者

生产者→零售商(代理商)→消费者

短销售渠道能减少流通环节，流通时间短，费用省，产品最终价格较低，能增强商品竞争力；信息迅速、准确地反馈到生产者，从而使生产者及时做出决策；由于环节少，生产者和中间商较易建立直接的、密切的合作和服务关系。但短销售渠道使生产者承担较多的商业职能，不利于集中精力搞好生产。

3) 按销售过程中使用中间商的多少划分

按销售过程中使用中间商的多少，可将销售渠道划分为宽销售渠道与窄销售渠道。销售渠道的宽度，是指组成销售渠道的每个环节或层次中，使用的相同类型的中间商的数量。同一层次或环节的中间商越多，渠道就越宽；反之，渠道就越窄。其主要形式有以下几种。

(1) 广泛销售。即尽可能通过较多的中间商销售产品，以扩大市场覆盖面或快速进入一个新市场，使众多的消费者随时随地能买到这些产品。

(2) 选择销售。即在同一目标市场上，依据一定的标准选择少数中间商经销其产品，而不是允许所有合作意向的中间商都参与经销。这样可以较好地维护企业、产品的形象和声誉，建立和巩固市场地位。

(3) 独家销售。即企业在一定时间、一定地区，只选择一家批发商或零售商经销其产品。通常规定此中间商不得再经销竞争对手的产品，当然企业也不再向其他中间商供应其产品。这样可以更好地控制市场,彼此得到对方更积极的配合,强化产品形象。

市场营销的渠道策略,不仅要保证产品及时到达目标市场,而且要求设计的渠道销售效率高,销售费用少,能取得良好的经济利益。渠道策略主要有:是否采用中间商的策略,渠道长短的策略,渠道宽窄的策略,以及选择具体渠道成员的策略。

9.6.3 分销渠道的管理

对设计好的分销渠道必须加强管理,以保证渠道的正常运行。渠道管理主要包括渠道成员的选择、激励、评价和渠道的改进。

选择中间商应综合考察中间商的从业历史、经营的产品类别、市场覆盖面、仓储条件、财务状况、信誉及发展潜力,企业在选择中间商对面临的任务是不同的。在中间商主动的情况下,企业应设计好渠道结构,仔细筛选;反之,当中间商不积极时,企业的主要任务是说服中间商,使之认识到与企业合作能够带来的利益,并制定有吸引力的交易条件和职责。

激励中间商的重要性已为我国众多企业的实践所证实。激励一方面可以写进与中间商的交易条件,另一方面也可以在交易条件之外补充一些措施,以加强对中间商的控制和监督。激励可以是鼓励性的,如让利、合作促销补贴等,也可以是惩罚性的,如减少或推迟供货。

渠道成员评价是根据交易条件和职责规定,定期检查中间商业绩的过程。它是渠道管理、激励和提出改进措施的基础。

随着企业经营环境的变化,有时需要对渠道做出改进。因为顾客的购买习惯和购买方式在变,企业经营的产品的性质和特点在变,中间商的情况也在变。改进渠道的基础是渠道评价。改进的方式主要是增加或剔除部分中间商以及引进新渠道。

9.7 促销策略

9.7.1 促销策略及其作用

现代企业的市场营销活动是在以广泛的地域范围和复杂的人际关系为背景的社会化大生产条件下进行的,仅有优质的产品、合理的价格和适当的渠道并不一定就能吸引大量顾客。因为在商品经济的大千世界里,人们对某一企业的产品及其有关情况并不一定引起注意,甚至闻所未闻。这就需要企业通过各种促销手段来调动消费者的注意力,激发他们的需求欲望,吸引他们购买本企业的产品。

促销是企业通过一定的方式向顾客传递信息,并与顾客进行信息沟通,以影响顾客购买行为,促进企业产品销售的营销活动。促销的实质是信息沟通。

企业通过促销要达到的目的和作用有以下几方面:

(1) 传递信息。有针对性地向目标市场传递信息,使目标市场了解企业及其产品。

(2) 强调差别。向目标市场强调本企业产品的优势及这些优势将带给顾客的价值。

(3) 刺激需求。通过促销手段引发潜在顾客的购买欲望,促成其购买行为。

(4) 稳定销售。有些产品的销售会有周期性、季节性，即有旺季和淡季之分。为保持企业生产的稳定性，企业应在需求低潮期采取适当促销手段，刺激需求。

企业常用的促销手段有四种：广告、人员推销、营业推广和公共关系。

9.7.2 人员推销

人员推销，就是指由企业派出专职或兼职的推销人员，向可能的购买者进行面对面的推销活动。这是一种传统促销方式，国内外许多企业在人员推销方面的费用支出远远大于在其他促销组合因素方面的费用支出。在现代企业市场营销和社会经济发展中，人员推销起着十分重要的作用。

1) 人员推销的特点

人员推销有如下几个特点。

(1) 直接性。人员推销是一种和消费者面对面的直接销售方式，它在推销产品的同时直接促成产品的交易，实现产品使用价值的转移。

(2) 灵活性。由于推销人员是与顾客直接接触的，因而，推销人员在推销活动中，可随时灵活地处理遇到的各种问题，推销人员有一定的工作主动性。

(3) 选择性。推销人员一般在推销之前就已经做出选择，选择那些最有可能成为用户的顾客，有重点地进行推销，提高推销效率。一旦发现顾客流露出购买的期望时，推销人员可及时抓住时机，促成交易。

(4) 完整性。人员推销不但可以促进销售，而且经推销人员之手可以实现钱货交易，实现销售，这是其他促销手段所不能比拟的。当然，人员推销也不是在所有场合都适用的。而且人员推销成本高，传播速度比较慢，影响面也小，因而在市场范围广阔，且买主分散的情况下，不宜采用。

2) 人员推销的作用

人员推销是一种双向信息沟通的过程，它有如下作用。

(1) 推销功能。这是人员推销的核心功能，它能帮助企业的产品不断找到新顾客。

(2) 宣传功能。人员推销可以直接向顾客宣传本企业的产品信息，引导消费者的消费。

(3) 协调功能。推销人员代表生产产品的企业，与消费者产生关系，从而协调买卖关系，缓解供需矛盾。

(4) 服务功能。推销人员不仅能推销企业的产品，而且还能够给顾客提供多种服务，帮助顾客解决困难和问题，使顾客满意，从而建立企业及产品的良好形象。

9.7.3 广 告

广告是由明确的发起者以公开支付费用的做法，以非人员的任何形式，对产品、服务或某项行动的意见和想法等的介绍。

1) 广告的作用

广告作为企业传递信息,宣传产品,开拓市场的手段,主要有以下方面作用。
(1) 广而告之,传递信息。
(2) 树立形象,拓展市场。
(3) 介绍知识,指导消费。此外,一则好的广告还能丰富文化生活,引导人们的生活方式,推动社会文明的进步。

2) 主要广告媒体及其特点

(1) 报纸,优点是弹性大且及时。
(2) 广播,优点是大量使用,可选择适当的地区和对象,成本低,缺点是仅有音响效果,不如电视吸引人,展露瞬间即逝。
(3) 杂志,优点是可选择适当的地区和对象,可靠且有名气,时效长,传阅读者多;缺点是成本高,灵活性差。
(4) 电视,优点是视听紧密结合且吸引人,接触度高;缺点是绝对成本高,展露瞬间即逝,灵活性较差。
(5) 直接邮寄,优点是沟通对象已经过选择,有灵活性,无同一媒介的广告竞争;缺点是成本比较高,容易造成滥寄的印象。

3) 网络广告

随着网络技术的不断发展,网络广告也应运而生。所谓网络广告,就是利用互联网作为新型媒体进行的广告活动。网络广告不但集传统媒体的文字、声音、影像等多种形式于一体,而且又有了极大的丰富和发展。从目前网上站点的功能区别来看,网络广告有两种类型:一类是网络服务门户广告,指在网络服务提供者或网络内容提供者的门户网站上做广告,其访问者较多,有较高的广告价值,但能提供的广告空间有限;另一类是广告主门户广告,一般是企业(广告主)自己的信息网站,专业化程度高,广告信息量可以有相当的扩充。

9.7.4 营 业 推 广

营业推广是指人员推销、广告宣传和公共关系活动以外的促销活动,旨在一个比较大的目标市场中,为了刺激需求而采取的能够迅速产生强烈作用的促销措施。由于它是直接围绕营业额进行的促销,故称营业推广。

1) 营业推广的特点

营业推广属于非正规、非经常性的促销活动,具有强烈的刺激性,常能引起顾客的快速反应。但促进的作用短暂,因而常被用做广告和人员推销的补充措施加以应用。营业推广的优点主要有如下几个。
(1) 针对性强,方式灵活多样。

(2) 非正规性和非经常性。

(3) 短期效益比较明显。一般来说,只要营业推广的方式选择运用得当,其效果可以很快地在经营活动中显示出来,而不像广告、公共关系那样需要一个较长的周期。

2) 营业推广的作用

(1) 营业推广可以有效地刺激消费者购买和向消费者灌输有利于本企业的意见。如有的企业对价值较大的家电产品实行包退、包换、包修,通过售后服务来促进销售。

(2) 营业推广可以有效地影响中间商,特别是零售商的交易行为。如通过向中间商提供购买馈赠、陈列馈赠来鼓励订货。

(3) 营业推广可以有效地扩大企业影响,尤其是可以加速新产品进入市场的过程。例如,让消费者免费试用新产品样品,可以帮助新产品迅速占领市场,同时有效地扩大企业的影响,树立企业和产品的形象。

3) 营业推广的策略

营业推广的策略是指营业推广活动实施的具体安排。营业推广策略要求企业根据不同的营业推广对象,制定不同的营业推广方案。如表9-1所示。

表9-1 常用的营业推广方式

营业推广对象	营业推广方式
消费者	赠送样品、有奖销售、使用示范、价格折扣、附赠品、折价券、免费品尝、不满意退款
中间商	价格折扣、折让、合作广告、赠品、陈列品、推销竞赛、产品展销会、招待会
推销人员	奖金、推销会议、推销竞赛、销售宣传资料

9.7.5 公共关系

公共关系,是指一个企业或组织为了促进其产品的销售,争取顾客对其产品的了解、信任、支持和合作,以树立企业及产品良好的形象和信誉而采取的有计划的行动。

公共关系不仅仅是一种促销手段,而且包含着更为广泛的管理职能,如参与处理各种问题和难题,帮助管理部门及时了解舆论并做出反应,使企业随时掌握并有效利用变化的形势,帮助预测发展趋势等。就促销来讲,它只是一种间接的推广工具。

1) 公共关系的特点

公共关系作为一种促销策略,具有以下特点。

(1) 真实感。可以巧妙避开人员促销、广告等手段"自卖自夸"之嫌,能够突破公众及顾客的防范戒备心理,易于深入人心,效果持久。

(2) 新鲜感。公共关系不是直接劝诱购买,而是以新闻或其他方式传播信息,经常把"文章"做在社会、公众关心、瞩目的焦点问题,容易吸引视听。

(3) 亲切感。公共关系传播的信息,重在表现企业的"人情味"和社会责任心,更利于买卖双方之间建立长期合作关系,发展友好往来,形成顾客对企业、品牌的高度向心力。

2) 公共关系的活动方式

公共关系促销的方式很多,其宗旨在于协调企业与公众的关系,提高企业或品牌的知名度、美誉度,树立良好的企业形象或品牌形象,为产品的销售创造和谐的舆论环境。如新闻宣传,公关广告,印刷、出版各种资料,参与社会公益活动等。

3) 公共关系的促销作用

公共关系之所以引起企业的重视,主要是因为公共关系除了具有其他促销方式同样的沟通作用外,还具有其他促销方式无法起到的作用,主要有下述三个方面。

(1) 协助企业拓展市场。公共关系可以使企业密切与新闻媒体的关系,将有新闻价值的信息通过媒体予以传播,从而吸引公众对企业、产品或服务的注意。

(2) 建立和谐的公众关系。公共关系开展广泛的沟通活动,可以帮助公众加强对企业的了解。

(3) 创造有利于企业营销的外部环境。外部环境对企业来说虽然是不可控制的,但企业可以通过公共关系活动,促使外部环境向着有利于企业的方向发展。

9.7.6 促销组合

促销组合的构成要素可从广义和狭义两个角度来考察。就广义而言,市场营销组合的各个因素都可归入促销组合,诸如产品的式样、包装的颜色与外观、价格等都传播了某些信息。就狭义而言,促销组合只包括具有沟通性质的促销工具,主要包括各种形式的广告、包装、展销会、购买现场陈列、销售辅助物(目录、说明书、影片等)、劝诱工具(竞赛、赠品券、赠奖、赠送样品、彩券)以及宣传等。企业的促销方式主要包括:人员推销、营业推广、广告和公共关系等。

由于不同的促销手段具有不同的特点,企业要想制定出最佳组合策略,就必须对促销组合进行选择。企业在选择最佳促销组合时,应考虑下述几种因素。

(1) 产品类型。产品类型不同,购买差异就很大。不同类型的产品应采用相应的促销策略。一般来说,消费品主要依靠广告,然后是营业推广、人员推销开展市场传播;生产用品的市场传播,往往首选人员推销,然后是营业推广、广告和公共关系。人员推销较适合用于技术、性能复杂,价格昂贵,购买风险又大的产品促销,而这些正是大多数生产用品的特点。

(2) 产品生命周期。对处于不同时期的产品,促销的重点目标不同,所采用的促销方式也有所区别。在产品生命周期的导入期应多采取促销措施,因为在这一阶段,顾客对于产品还不太熟悉,需要企业进行大规模的促销活动来促使消费者认识、了解企业的产品,进而引起消费者的购买欲。此外,在产品生命周期的成熟期,也要多采取促销措施,以维持已有的市场占有率。

(3) 市场状况。市场需求情况不同,企业应采取的促销组合也不同。一般来说,市场范围小,潜在顾客较少以及产品专用程度较高的市场,应以人员推销为主;而对无差异市场,因其用户分散,范围广,则应以广告宣传为主。

(4) 促销预算。企业在选择促销组合时,首先必须进行费用预算,即综合考虑促销目标、产品特性、企业财力及市场竞争状况等因素,预测企业需要且能够提供的促销费用;其次,综合分析比较各种促销媒体的费用和效益,以尽可能低的促销费用,取得尽可能高的促销效益。促销媒体不同,费用差异很大。企业应全面衡量、综合比较,使促销费用发挥出最大效用。

9.8 电子商务与网络营销

9.8.1 电子商务

随着计算机和通信技术的迅速发展,互联网正逐步渗入我们的经济生活,电子商务的出现无疑给企业市场营销带来了新的机遇和挑战。

所谓电子商务至今并无统一定义,但一般认为,它是指在整个贸易过程中实现各个阶段贸易活动电子化的过程。电子商务带给企业的不仅仅是一种新的销售渠道或是交易完成的工具,它实质上是一种新的商业模式。

电子商务包括企业对企业(business to business, BtoB)、企业对消费者(business to consumer, BtoC)、企业对政府机构(business to government, BtoG)等类型。BtoB 电子商务就是企业与企业之间的交易,比如一个公司通过互联网向它的供货商订货。BtoB 的电子交易方式已经有一段发展历史,如通过专有的网络进行的 EDI 交易。BtoC 的交易很大程度上就是电子零售。网上零售随着 Web 的出现而迅速发展,现在互联网上已经有成千上万的网上购物场所,提供各种消费品。BtoG 包括企业与政府机构之间所有的事务交易处理。比如:政府机构的采购信息可以发布到网上,所有的公司都可以参与交易。除此之外,政府也可以通过电子交换的方式处理企业的报关和纳税等业务。

电子商务与企业营销有关的业务包括:信息交换、售前服务、销售、电子支付、售后服务,等等。与传统营销模式相比,利用电子商务开展营销活动的主要好处如下:一是可以降低交易成本。通过利用网络技术,减少了交易环节,也简化了产品信息传播过程,因而降低了交易成本和促销成本;二是可以提高企业运营效率;三是通过为顾客提供个性化服务,可以提高顾客的满意度。

对于企业来说,实现电子商务有赖于企业供应链管理(SCM)和企业资源计划系统(ERP)管理的建立和完善(参见第 16 章),需要以企业内部的信息化建设为基础,重组企业的核心业务流程,建立适应电子商务要求的订货、发货、销售管理、库存管理和资金管理流程,并置于网络有效的监控之下。此外,参与交易各方的信誉以及网络安全问题也是必须考虑的因素。

9.8.2 网络营销

电子商务对企业的营销活动不论从理念还是方法和手段上都带来了很大的冲击。实施电子商务对于企业未来发展的意义不仅仅是一种新的销售渠道、新的广告传播及加快交易进程的工具,而带给企业的是一种新的营销模式——网络营销。

网络营销是指利用 Internet 技术满足客户的需求,来达到开拓市场,增加赢利的一个经营过程。包括企业实施网上在线式交易、网上有偿信息的提供、贸易伙伴之间约定文件或单据的传输等。网络营销最大的优势在于及时、正确的获取顾客需求信息,企业可以通过网络即时了解最终用户的需求,消费者通过网络向企业直接提出自己的要求,缩短了企业与消费者之间的时空距离,从而能制定更有效的营销策略,更好地满足顾客的需要。

网站是企业进行网络营销的基础,通过企业自己有特色的网站,一方面可以树立企业形象,另一方面可以吸引新顾客、沟通老顾客,而这一点又直接影响到网络营销的效果。因此作为企业"脸面"的网站必须注意以下几点:① 快捷的信息提供。网站的内容要不断更新,使消费者及时了解和获取企业及产品的信息;② 提高网站的质量与专业性。精良和专业网站的设计,会大大刺激消费者(访问者)的购买欲望;③ 加强网站的推广与宣传。优秀的网站同样需要辅之以成功的推广。利用搜索引擎、互惠链接等方法大力地宣传企业的网站,也可通过传统的宣传方式如电视广告、新闻媒体、印刷品等来扩大企业网址的影响;④ 把方便留给访问者。如果企业想促使访问者在线购买产品或得到服务,那么必须为他们建立一条方便的通道,以便他们得到各种想要的信息,如在网页添加快速进入网站各级页面的导航条,在网站上加入内部的搜索引擎,迅速回复客户的来信等。

网络营销对企业的组织结构和服务效率也提出了更高的要求。网络的特点要求企业对外界特别是消费者的反映必须迅速及时,为此企业要与电子商务认证机构、金融部门和各类物流公司建立良好的合作关系,以保障身份认证、支付结算、物流配送的安全、快捷、方便。同时要建立更加迅速周到的售后服务机制包括退货机制。

【案例】 新年伊始,海尔洗衣机实现新年开门红。2002 年 1 月份的国内外订单均比去年同期翻番增长,特别是海外订单,仅 1 月份海尔洗衣机就接到了来自欧、亚、美、非、澳五大洲 23 个国家和地区的出口订单,在出口国家和出口数量上均创下了海尔洗衣机单月之最。海尔洗衣机继续以强劲的发展势头在全球洗衣机市场迅猛增长。

海尔洗衣机之所以在国内市场一直保持领先优势并在国外市场不断稳定增长的原因,一方面是海尔洗衣机在国内外有着良好的品牌美誉和完善的售后服务保证,更重要的是,海尔洗衣机层出不穷的个性化高科技产品满足了不同国家、不同层次、不同消费者的各种需求,这些竞争优势是目前国内的一些企业所不具备的。

以 2002 年 1 月份来说,在国内市场,海尔"同心洗"系列洗衣机因其"不用皮带,直接传动"且高效省电 70% 的优势,成为中国大城市居民的首选洗衣机,海尔"多变神童"因其具有 640 种洗涤程序的可自由选择深受消费者喜爱;海尔"搓板洗"洗衣机人性化的设计更是赢得了千万个用户的心……源源不断的市场叫座、用户叫好的海尔洗衣机新品,使得海尔在国内千家商场洗衣机市场份额一直高居第一。为了满足农村市场需求,海尔开发出了"全塑一体桶"等价廉物美的经济型洗衣机,受到了广大农村消费者欢迎,国内著名的零点调查公司对中国农村洗衣机市场最新调查结果显示:在"打算购买洗衣机品牌"的调查中,海尔洗衣机以 28.9% 成为首选品牌,在认为最好的洗衣机品牌调查中,海尔洗衣机又以 26.6% 位居第一。在这两项调查中,海尔洗衣机的提及率均远远高于国内外其他品牌。

在国外市场,2001年底签订的以海尔品牌出口日韩47万台的订单,使得中国企业与日本企业第一次站到了同一水平线上;在伊朗,海尔洗衣机伊朗工厂凭借本土化的优势,迅速抢占了原本被日本、韩国垄断的西亚市场,份额已经超过20%,成为伊朗洗衣机的第一品牌;今年2月份,巴基斯坦海尔洗衣机工厂又将正式开工,投产后年生产能力可达30万台。按照"先有市场,后有工厂"的发展战略,海尔在突尼斯、孟加拉、尼日利亚等国的洗衣机工厂也正在紧张建设中。

目前,海尔洗衣机在国内外正积极扩大生产,以满足全球洗衣机市场的需求。据2001年欧洲Euromonitor统计公布,全球洗衣机品牌排名,海尔洗衣机位列第三。

本 章 小 结

市场营销是通过市场变潜在交换为现实交换的活动,也是企业实现市场目标的一种竞争战略和手段。满足顾客的需求是企业营销活动的核心,树立正确的市场营销观念是企业营销活动的保证。

市场营销是以购买者的购买行为为前提的。影响消费者购买行为的因素主要有文化因素、社会因素、个人因素和心理因素。

通过营销的市场细分和定位功能,企业可以明确怎样开拓市场,为哪些目标市场服务。市场细分的基础是消费者需求的差异性,消费者市场细分的变量有地理变量、人口变量、心理变量和行为变量。从细分市场中选择一个或几个作为企业营销活动的目标市场,主要有差异性策略、无差异性策略和集中性策略等。在此基础上,进行市场定位,在顾客心目中建立起企业产品形象和企业形象。

一般地说,市场营销组合策略包括产品策略、价格策略、促销策略和分销渠道策略。产品整体概念包括核心产品、有形产品、附加产品;产品组合要考虑宽度、长度、深度和关联度;产品生命周期理论反映了产品从投入市场到退出市场各阶段的特点及其不同的营销策略,对企业的市场营销有着重要意义。影响企业定价的主要有不同的市场需求、生产成本、市场竞争结构和社会环境等因素,由此产生了相应的需求导向、成本导向、竞争导向等定价方法。分销渠道是产品或服务由生产者向消费者转移的途径,不同的分销渠道适应了不同产品和行业特征。通过各种广告、人员推销、营业推广、公共关系等促销手段激发消费者的需求欲望并吸引他们购买本企业的产品是市场营销活动的重要内容,企业在选择最佳促销组合时,应考虑产品类型、产品生命周期、市场状况和促销费用等因素。

在经济全球化和信息化进程中,电子商务的出现给企业市场营销带来了新的机遇和挑战。通过网络营销能利用Internet技术满足客户的需求,开拓市场,增加赢利。

思考与练习

1. 基本概念

市场　市场营销观念　市场细分　市场定位　整体产品　产品生命周期　销售渠道

产品组合 促销组合 市场营销组合 电子商务 网络营销

2. 思考题

(1) 市场营销就是销售产品,就是促销,这种理解对吗？为什么？
(2) 消费者市场的含义与特点是什么？试举出一个你所熟悉的消费者市场。
(3) 产品生命周期有哪几个阶段,各有什么特征和营销策略？
(4) 产品价格主要受哪些因素影响,这些因素之间的关系如何？
(5) 影响促销组合的因素有哪些？

3. 讨论题

(1) 如何对服装市场进行细分？
(2) 试分析海尔产品的市场定位及其营销策略。

第 10 章　人力资源管理

10.1　人力资源管理概论

10.1.1　人力资源与人力资源管理

21 世纪,人类社会进入了知识经济时代。知识经济是以知识资本为基础发展的经济,知识经济时代的核心资源是知识资源,而知识资源的载体是人力资源。《大趋势》的作者奈斯比特曾提出,信息社会的人力资本已逐步取代工业社会里的金融资本成为战略资源。人才的竞争愈来愈激烈,愈来愈国际化和多元化,人才成为企业最稀缺和最宝贵的战略资源。有效的人力资源系统是任何一个组织进行竞争的优势所在,它是企业的一项重要无形资产,它渗透到企业组织的运作系统中,能够给企业创造竞争优势和提高绩效价值。

人力资源是指能够推动整个经济和社会发展的劳动者的能力,即处在劳动年龄的已直接投入建设和尚未投入建设的人口的能力。企业中的人力资源是指企业中全体员工的能力。人力资源是最积极、最活跃的生产要素,具有其他生产要素所无法比拟的重要性质。企业总是尝试许多方法来提高生产效率,但只有合理使用和开发人力资源,才能给企业带来潜在的持续的竞争优势,这主要是因为,生产技术、财务管理、营销方式总是可以让别的公司模仿,就人力资源管理中的基本原理而言,其他企业也可以效法,但成功的企业必须有适合自身员工人才和经营特点的特殊体系来吸引、保持和激励它的员工。也就是说企业机器设备、操作方式、资金成本可以是相同的,但企业中的人员,无论是素质、技能、还是背景都存在着相当的差异,这就要求经理人员,在掌握了基本的原理后,针对本企业的具体情况,研究适合自己的人力资源政策。

人力资源管理是研究如何才能充分调动员工的积极性,以及最充分地开发员工的能力,最终提高企业劳动生产率和员工的工作生活质量。我国人事人才部门的原有工作方式正面临着重大的革新和发展。现代人力资源管理与传统劳动人事管理在管理观念、管理模式、管理内容、管理重心和管理方法上都有本质上显著差异。长期以来我国传统的人事管理强调的是人事关系的管理,运用组织、协调、控制、监督等手段,形成人与人之间、人与事之间相互关系的某种状态,以实现一定的管理目的。而现代人力资源管理是根据企业发展的战略要求,对人力资源的取得、开发、利用和保持等方面进行计划、组织、指挥和控制,以激发员工积极性,充分发挥人的潜能,提高工作效率,实现组织的战略目标。即人力资源管理已成为企业战略管理的一项职能,大大超越了传统劳动人事管理的狭窄范围,作为一种战略杠杆有效地影响公司的经营绩效和竞争力。

10.1.2　人力资源管理职能

人力资源管理的全部职能可以简单概括为：选人、育人、用人、留人。主要有以下几方面。
(1) 人力资源配置。包括人力资源规划、招聘、选拔、录用、调配、晋升、降职、轮换等。
(2) 人力资源开发。包括技能培训、潜能开发、职业生涯管理、组织学习等。
(3) 人力资源使用。包括绩效评价、考核工资报酬与福利、员工激励等。
(4) 人力资源制度建设。包括组织设计、工作分析、员工关系、员工参与、人事行政等。
(5) 人力资源维护。包括保持与维护健康、积极的员工队伍，提高员工的工作生活质量。

10.2　人力资源计划

10.2.1　人力资源计划的概念

人力资源计划是整个企业经营计划的有机组成部分之一，是有关企业如何吸引招徕人才，如何培训、开发和使用人才的职能性计划。广义上讲，人力资源计划是预测未来的组织任务和环境对组织的要求，以及为完成这些任务和满足这些需要，决定引进、保持、提高、流出人力资源的预测及相关事项计划。

人力资源计划的重要性表现在如下几个方面。
(1) 确保组织在生存发展过程中对人力的需求。
(2) 人力成本的控制。人力成本中最大的支出是工资，而工资总额在很大的程度上取决于组织中人员的分布状况。人员分布状况指的是组织中的人员在不同的职务、不同级别上的数量状况。
(3) 组织结构规划。在大型和复杂的组织的结构中，人力计划的作用特别明显，因为无论是确定人员的需求量、供给量、还是职务、人员以及任务的调整，不通过一定的计划显然都是难以实现的。

10.2.2　人力资源计划的内容

人力资源计划的内容如图 10-1 所示。一份完整的人力资源计划应该涉及员工招聘与选拔、培训与开发、职业计划、报酬与考核系统、员工问题及其处理等人力资源开发与管理的各个领域。

制定人力资源计划，除了人力资源管理部门外，还涉及高层管理人员、其他职能部门管理人员及相应的管理专家。

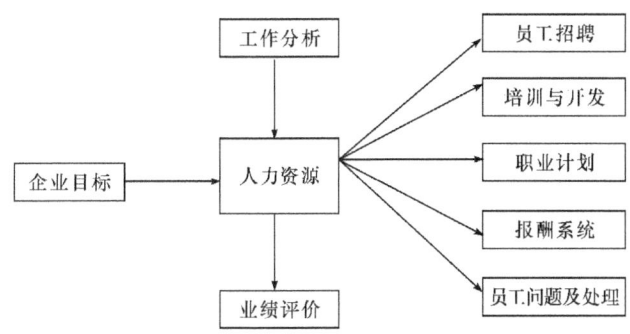

图 10-1　人力资源计划的内容

10.3　职业计划与职业管理

10.3.1　职业计划的含义

职业计划是指确立职业目标并采取行动实现职业目标的过程。职业计划是指个人而非指组织而言的。制定和执行职业计划的主体不是某个企业或组织,而是员工个体。

职业计划是个体在职业生涯中有意识地确立目标并追求目标实现的进程。目标确立后要通过职业活动去实现。职业目标的确定、实现、明晰和修正,都离不开组织,甚至需要组织的主动参与和帮助。

职业计划中的职业目标同工作目标有很大差异,同时又密切联系。工作目标较具体并相对短期。职业目标的达成,尤其在单一专业或组织内部的提升目标,同工作目标的选择及完成情况关系密切。选择适当的工作目标并很好地实现这些目标是最终达成职业目标的最佳途径。

组织既有责任帮助员工发展和实现自己的职业目标,又有必要加以引导,使员工职业计划的发展同组织整体发展目标相和谐。

10.3.2　职业计划的内容

(1) 自我定位。指客观地全面、深入地了解自己。明确自己信奉的价值观念、为人的基本原则、追求的价值目标。同时了解自己的技能、优势与弱点。

(2) 设立具体明确的职业目标。目标设定可以是多层次分阶段。一个多层次的目标设定可以使我们更快地摆脱窘境,保持开放、灵活的心境。

(3) 目标实现。通过各种积极的具体行动去争取目标达成。撰写求职简历,面试应聘、商议工资,制定和完成工作目标,参与培训,构建人际关系网,谋求晋升,调换工作,等等。

(4) 总结经验和教训,修正对自我的认知和最终的职业目标。大多数人不能一下子看清自己喜爱并适合从事什么职业,经过一段时间工作之后,可以检查自我定位是否贴切。修正定位和目标偏差可以大大地增强实现目标的信心。

10.3.3 职业管理的含义及内容

职业管理是指组织为其员工设计的职业发展、援助计划,有别于员工个人制定的职业计划。

职业管理则是从组织的角度出发,将员工视为可开发增值的而非固定不变的资本。通过员工职业目标的努力,谋求组织的持续发展。职业管理带有一定的引导性和功能性。它鼓励将职业目标同组织目标紧密相连的个人,尽可能给予他们机会。

职业管理必须满足个人和组织的双重需要。与一般的奖惩制度不同,职业管理着眼于帮助员工实现职业计划,满足职工的职业发展需要。因此,要实行有效的管理,必须了解不同员工都有哪些职业目标?实现职业目标过程中碰到哪些问题?员工的漫长的职业生涯有哪些明显的不同阶段?另一方面,良好的职业管理为组织的高层经营管理或技术人员提供人才储备。

职业管理形式多样,涉及面广,如各类培训计划,内部升迁制度,职称评议制度等。

职业管理内容包括:职业路径设置;职业评议;员工培训与发展计划;工作家庭联系;职业咨询;退休计划等。

10.3.4 职业发展阶段理论

人在职业生活的不同时期会有不同的需要,根据人在职业生活中普遍遇到的典型问题和不同经历,可以将职业划分为不同的阶段。

1) 工作准备阶段

工作准备阶段(22岁前)人们一般还没有参加工作,而是通过各种方式接受教育。确定职业取向和为实际工作做准备。

2) 进入组织阶段

进入组织阶段(18~25岁)的焦点是对工作和组织的选择,可能会影响整个职业生活,主要是学会适应和融入一个组织。

这一阶段的主要问题是"现实震荡"。一方面原有形成对工作的简单理想的观念同现实环境中复杂的多样的现实形成鲜明的对照。另一方面原有对工作的过高期望,及后来对实际工作中的单调乏味产生失望。所以容易丧失信心,影响工作积极性,工作成效不高。

3) 职业早期阶段

职业早期阶段(25~40岁)是在组织和职业中塑造自我。胜任现时的工作、力求在选定的具体领域获得成功是重要任务之一。这影响到组织和自己对自我工作能力的评价和看法,对个人以后的职业发展起着切实的基础作用。另一项重要任务是对成人世界的适应,学会承担家庭和社会的责任。

4) 职业中期阶段

职业中期阶段(40~55岁)的特征是对支配职业早期的生活方式进行重新确定,提炼出新的生活结构。员工在这一阶段回顾已经实现的目标,并且决定今后还可以争取什么目标。职业中期面临的问题有两个:中年危机和职业停滞。

中年危机常发生于40~50岁。这一年龄段的员工对最初的职业目标及与之相关的工作业绩加以重新的认识和检查。体力、精力不如以往,有过时感、缺乏安全感,及家庭压力等易产生中年危机。

职业停滞。在工作中晋升缓慢而且继续晋升的希望减少,停滞的原因可能是个人的,也可能是组织的。

5) 职业晚期阶段

职业晚期阶段(55岁至退休):一方面要对抗衰老保持工作中的创造性;另一方面又要做好从工作中解脱出来的准备。

10.3.5 "职业锚"理论

"职业锚"是美国管理学者从斯隆管理学院研究生的纵向研究中形成的。"职业锚"指的是"自省的才干、动机和价值观的模式"。新员工在早期工作中逐渐对自我加以认识,进而发展出的更加清晰全面的职业自我观。

1) 职业锚的特点

(1) 职业锚的定义比工作价值观,工作动机的概念更具体、更明确。"职业锚"产生于最初的工作价值观和工作动机之上,但又受到了实践工作经验和自我认识的具体强化。

(2) 职业锚是个人同工作环境互动的产物。由于实践工作成果的偶然性,"职业锚"不可能凭各种测试来预测。个体的一系列职业选择的偶然性,体现出从不适应,无法满足需要的工作环境向更和谐环境移动的必然性。"职业锚"在实践中选择、认知和强化。一般要在工作若干年后才可能发现。

(3) 职业锚强调了能力、动机和价值观的互动作用。我们可能喜欢某职业,对此职业的擅长又使我们更喜欢它。

(4) 职业锚概念倾向于寻求个人稳定的成长区域,它不意味着个人停止变化或成长。职业锚会发生变化。

2) 职业锚的类型

(1) 技术/职能能力型职业锚。这一类型的人在做出职业选择和决策时的主要精力放在自己正在干的实际技术内容或职业内容上。他们认为自己的职业成长只有在特定的技术或职能领域才意味着持续的进步。在传统的由职能型向全面管理型职业发展通道上,这一锚型的个体常经历严重冲突。为了不损害职业,他们常无法拒绝一些全面管理的工作,可是这使他们感到害怕或是心烦,无法胜任。

(2) 管理能力型职业锚。这一类型的个体相信自己具备胜任责任管理所必不可少的技能和价值观。他们根据需要在一个或多个职能区展现能力,但他们的最终目标是管理本身。他们具备三种能力:① 分析和决策能力:在信息不全或不确定情况下识别、分析和解决问题。② 组织和人际能力:能影响监督、领导和操纵组织各级人员更有效地完成组织目标。③ 感情控制能力:能够为感情危机和人际危机所激励,而不是被打倒;能承担高水平的责任,而不是变得软弱无力;能使用权力而不感觉内疚或羞怯。

(3) 安全/稳定型职业锚。安全型的人追求稳定安全的前途,比如工作的安全、体面的收入,有效的退休方案和津贴。为此他们愿意高度服从组织价值观和准则作为交换。安全锚的人仰赖组织或社区对他们能力和需要的识别和安排。

(4) 创造型职业锚。创造型的个体追求建立或创造完全属于自己的成就。他们要求有自主权、能施展自己的特殊才华,但是创造是他们自我扩充的核心。如他们对创建新的组织,为克服创业初期困难废寝忘食而又乐此不疲,成功的企业家大多出于这种锚型,而他们大多无法成为出色的总经理。

(5) 自主/独立型职业锚。自主型的个体追求的主要目标是随心所欲地制定自己的步调、时间表、生活方式和工作习惯,尽可能少地受组织的限制和制约。他们可能是自主性较强的教授、作家、设计师、自由职业者、小资产所有者。技术/职能型职业锚也可以从事这些职业,但他们很少为了自由的需要而放弃晋升的机会、更高的地位和收入。创造型锚的个体同样会有很多自主权,但他们关心的不是自由本身,而是全力以赴地建立自主的职业目标。

10.3.6 职业路径

职业路径是组织为内部员工设计的自我认知、成长和晋升的管理方案。职业路径在帮助员工了解自我的同时使组织掌握员工职业需要,以便排除障碍,帮助员工满足需要。

职业路径通过帮助员工胜任工作,确立组织内晋升的不同条件和程序对员工职业发展施加影响,使员工的职业目标和计划有利于满足组织的需要。

1) 职业梯

职业梯是决定组织内部的人员晋升的不同条件、方式和程序的政策组合。职业梯可以显示晋升机会的多少,如何去争取,从而为那些渴望获得内部晋升的员工指明努力方向,提供平等竞争的机制。

并非所有组织都有必要,或认为需要建立职业梯。在决定建立职业梯之前,组织需要先考虑两个问题:① 组织是否需要一个从内部提拔人才的长久机制;② 组织是否需要建立一个培训发展方案,以便提供更多的后备人才以供提拔选用?

职业梯的宽度。根据组织和工作需要不同,职业梯可宽可窄。要求员工在多个职能部门、多个工作环境轮换工作的职业梯是宽职业梯,它适应对员工高度综合能力的要求。要求员工在有限个职能部门和工作环境中工作经历的职业梯是窄职业梯,它适应只要求员工具备有限专业经验和能力的需要。

职业梯的速度。根据员工能力和成绩的不同,职业梯的设置有快慢之分,即快速梯和慢速梯。正规晋升和破格提升都应做到有政策依据。

但职业梯的建立可能导致招聘和晋升中差别对待的障碍。

2) 员工职业活动

员工的职业活动可以能动地管理自己的职业,会比没有自我管理时更为出色。职业中的"出色"可以用各种标准去衡量,比如安全感、自尊、成长、舒适、提升到组织高层的成就感或是工资待遇高等。通过计划和管理,可以提升选择判断能力,确认什么是当前环境中最重要的事物。图10-2列出了计划和管理自我职业活动的步骤和次序。这一基本策略的基础是个人评估。个人评估的重点确认个人的优势。

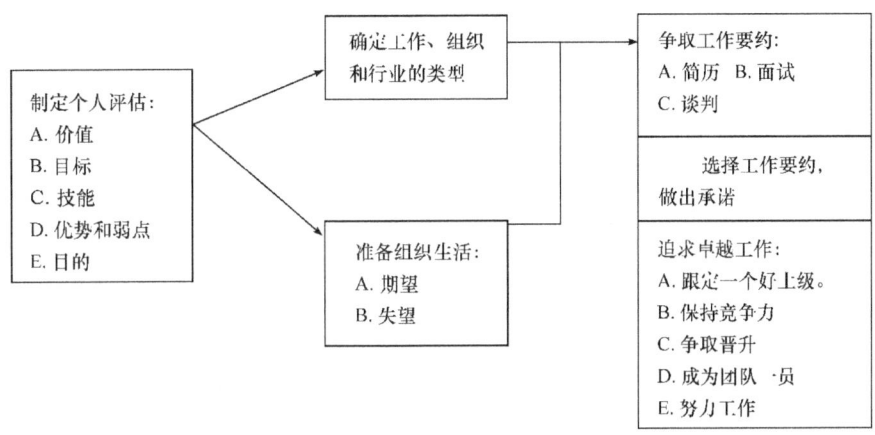

图 10-2　员工职业活动

10.4　劳动关系

劳动关系是指为了实现生产经营目标而对劳动力进行占有、支配、使用、交换和管理所形成的一种社会关系。它贯穿于企业组织各项活动的始终,同员工的工作生活质量,企业经济效益密切相关,对国家经济、政治和其他社会关系有重大影响,根据企业组织的具体情况,适时依法调整好劳动关系,是人力资源管理的重要任务之一。

10.4.1　劳动关系的法律基础

为了保护劳动者和用人单位的合法权益,调整劳动关系(主要是指用人单位与劳动者通过订立劳动合同而形成的劳动关系),建立和维护劳动制度,各国都颁布和实施一系列有关的法律法规。我国颁布和实施"劳动法"等一系列法律法规,其主要内容有如下两个方面。

1) 有关劳动者的基本权利和义务的法律规定

（1）劳动者依法享有的基本权利包括：① 劳动者有平等就业和选择职业的权利；② 劳动者有取得劳动报酬的权利；③ 有休息休假的权利；④ 有接受职业技能培训的权利；⑤ 有享受社会保险和生活福利的权利；有提请劳动争议处理权利；⑥ 法律规定的其他权利，如参加工会，参加企业民主管理，依法解除劳动合同等。

（2）劳动者依法必须履行的义务有：① 完成劳动任务；② 提高职业技能；③ 执行劳动安全卫生规程；④ 遵守劳动纪律；⑤ 遵守职业道德。

2) 有关调整劳动关系的法律规定

① 有关保障劳动者平等就业权利的规定；② 有关劳动合同、集体合同的订立、履行、变更、中止及争议处理的规定；③ 有关工作时间和休息休假的规定；④ 有关工资和工资支付的规定；⑤ 有关劳动卫生安全的规定；⑥ 有关女职工和未成年工的特殊保护的规定；⑦ 有关职业培训的规定；⑧ 有关工会和劳动者参与民主管理的规定；⑨ 有关劳动争议的规定，等等。

10.4.2 保障公平待遇

1）就业机会公平

（1）劳动法规定，劳动者就业，不因民族、种族、性别、宗教信仰不同而受歧视。

（2）反对就业歧视，保护每一个劳动者平等的就业权利，不排除对一部分有特殊情况的劳动者实行特殊的就业政策。"劳动法"分别对妇女、残疾人、少数民族人员和退出现役的军人的就业问题做出了规定。

（3）国家禁止未满16周岁的未成年人就业，禁止使用童工。

（4）对妇女平等就业权利的保护，主要体现在两个方面：① 适合妇女从事的劳动岗位，用人单位不得以性别为由拒绝录用，不得提高对妇女的录用标准。② 对于禁止妇女就业的岗位，国务院颁布的"女职工保护规定"作了明确规定。

在实践中，用人单位有的采用认真防卫的策略，有的则采用主动承诺的策略。所谓防卫策略，指的是防卫歧视控诉策略。其主要措施是，一是指把工作所必须的真正职业资格作为录用职工的标准；二是指存在着一个绝对必要的事业目标，以作为差别化待遇合理化的根据。

2）奖惩公平

在实际工作中，对员工正确的行为和卓越的工作成绩，必须及时给予肯定和奖励，而对员工的不良行为应根据情况，及时给予批评或处分。只有奖惩结合，以奖为主，并且公平公正，才能对员工行为起到正确的激励作用。

企业在员工奖惩方面的规章制度与行为，应符合国务院颁布的"企业职工奖惩条例"有关规定，不得与国家的法规相抵触。规则宽严适度，客观公正，前后一致，不能因人而异，要以书面形式列入员工手册,作为职业教育的主要内容之一。并有一套保证公平待遇的程序,使每个员工的申诉都能得到及时合理的答复。

3) 辞退与离职的处理

辞退员工的原因主要有:长期无法达到规定的工作标准;有不良行为;工作需求的改变。

因不良行为而辞退员工,是公司对员工所能采取的最严重的处罚,因此必须合法、公正,具有充分理由,而且是在经过教育或行政处分无效之后方可采取和实施的决定。根据《劳动法》规定,对严重违反劳动纪律或者用人单位规章制度,严重失职,营私舞弊,给用人单位利益造成重大损害,依法被追究刑事责任的员工,可依法立即辞退。但在实践中,被辞退员工可能心存不满或报复倾向,要认真做好教育引导工作,并按规定办好离职手续。

非惩罚性的辞退(离职)有三种可能的情况:一是不能胜任工作,经过培训或者调整工作岗位仍不能胜任工作的;二是用人单位生产经营状况发生困难确需裁员的;三是员工本人要求离职或提前退休的。

凡患职业病或因工负伤并被确认丧失或部分丧失劳动能力的人;患病或者负伤在规定医疗期内的人,在产期、孕期、哺乳期的女职工;以及法律规定的其他情形,用人单位不得辞退。

10.4.3 事实劳动关系

按照劳动法的规定,建立劳动关系必须订立劳动合同,这就是合同劳动关系,但是建立了《劳动法》第二条规定的范围内的劳动关系,而没有签订劳动合同的,就是事实劳动关系。

事实劳动关系首先违反了《劳动法》第十六条的规定,是不允许的。《劳动法》第十七条、第十八条规定了用人单位不签订劳动合同的责任和处罚。第九十八条也规定,"用人单位违反本法规定的条件解除劳动合同或者故意拖延不订立劳动合同的,由劳动行政部门责令改正;对劳动者造成损害的,应当承担赔偿责任。"这表明了法律对于处理事实劳动关系纠纷的规定。也就是说,虽然事实劳动关系的双方主体未签订劳动合同,如果一旦发生劳动争议,仍要按照现有的法律、行政法规作为解决和处理纠纷的依据。所以企业无论出于何种目的,利用不签订劳动合同来规避法律是最无效的做法,甚至是适得其反。

10.4.4 劳动合同

1) 劳动合同的含义和内容

劳动合同又叫劳动契约,是企业、个体经济组织、事业单位、国家机关、社会团体,同劳动者之间建立劳动关系,明确双方权利和义务的协议。劳动合同是确立劳动关系的法律凭证。

劳动合同的条款分法定条款和协定条款两部分。法定条款是法律法规直接规定的劳动合同必须具备的内容;协定条款是法定条款之外,由双方当事人自愿协商确定的。

按劳动法规定,劳动合同应具备以下条款:

(1) 劳动合同期限。企业要根据生产经营的需要,兼顾当事人双方利益,根据对人力资源需求的预测，建立劳动合同期限序列，区别哪些工种、岗位需要订立哪些种类或多长时间的劳动合同，做到心中有数。

（2）工作内容。

（3）劳动保护与劳动条件。

（4）劳动报酬。包括工资、奖金、津贴等，是劳动者履行劳动义务后必须享受到的劳动权利。

（5）劳动纪律。指劳动者必须遵守的工作秩序和劳动规则。

（6）劳动合同终止的条件。当事人协商确定什么条件下可以终止合同效力的内容，以及合同终止时双方应履行的义务或承担的责任。

（7）违反劳动合同的责任。当事人一方或双方，由于自己的过错造成劳动合同不能履行或不能完全履行，按照法律法规和劳动合同的规定而承担的行政、经济责任或司法制裁。

劳动合同中的协定条款，包括必要条件和补充条件两种情况，必要条件是指虽非法定条款但劳动合同中又必须具备的条件，如工作地点、工作性质等。补充条件是由当事人一方提出，双方一致同意的列入劳动合同的条款，如提供居住条件、保密条款等。

2）集体合同的含义和内容

集体合同是由工会（没有建立工会的企业由职工推举的代表）代表职工与企业、事业单位及产业部门就职业劳动报酬、工作条件、工作时间、休息休假、劳动安全卫生、社会保险福利等事项，进行协商谈判所缔结的书面协议。集体合同的作用在于改善劳动关系，维护职工的群体利益。集体合同对一个单位的全体职工有效，劳动合同中的劳动条件和劳动报酬等标准不得低于集体合同的约定。

集体合同的具体内容，按照"劳动法"规定主要包括以下几方面：① 劳动报酬，包括工资水平、工资分配方式和支付办法等；② 工作时间和休息休假；③ 劳动安全卫生，包括劳动条件、安全设施、防护用品、职工健康检查；④ 社会保险与福利，包括养老、工伤、医疗等待遇；⑤ 职业培训；⑥ 集体合同本身的规定及争议的处理办法等。

3）集体合同的管理、变更、终止

集体合同签订后，签约双方都要严格履行协议的条款，保证合同目标的实现，但是，集体合同不可能包括和回答实际中碰到的所有问题。所以实际中通过一定的申诉处理程序，使合同各有关条款都可得到具体的解释，因而更加切实可行。

集体合同的变更，是指在集体合同没有履行或没有完全履行之前，因订立集体合同所依据的主客观情况发生变化，原合同内容已不适合，当事人双方对原合同中的某些条款进行补充和修改。这里所谓的主客观情况发生变化，主要是指企业生产经营遇到困难而停产、转产等，使集体合同无法完全履行；国家劳动政策发生变化，法律有了新的规定等；因发生不可抗力等自然因素，使合同无法履行。

集体合同的终止，是指因某种法律事实的发生而导致集体合同法律关系消失，一般有这样几种情形：集体合同的期限届满；集体合同当事人一方不复存在，集体合同依法或依协商解决。

10.5 绩效考评

10.5.1 绩效与绩效考评

员工的工作绩效,是指他们的工作行为、表现及其结果。对于组织而言,绩效就是工作计划任务在数量、质量及效率等方面完成的情况。

绩效考评是一种正式的员工评价制度,它是通过系统的原理方法,评定和测量员工在职务上的工作行为和工作效果。最终目的是改善员工的工作表现,以完成企业的经营目标,并提高员工的满意程度和工作的成就感。

绩效考评是对员工一段时间的绩效做出评价的过程。基本过程包括:确定工作构成;确定绩效评价标准;评价实施;评价面谈;制定绩效改进计划;绩效改进指导。

10.5.2 绩效考评的作用

绩效评价的公正性和正确性会极大地影响员工的工作意愿和态度,客观公正的绩效评价制度对于一个企业来说是至关重要的。绩效考评的作用主要有以下几点。
(1) 改进工作绩效。绩效评价可使员工明了自己工作的优点和缺点。
(2) 员工工作职位的升迁与调整。
(3) 作为薪资调整的依据。
(4) 作为培训的参考。

10.5.3 绩效考评的方法

1) 客观评价

客观评价是建立在数量基础上对绩效的评价。直接反映一个员工的工作效率、质量等指标,如产量、销售额、绩效考试、经营单元业绩等。

每种客观评价都有自身的优点和缺点,在实际运用时,要根据具体情况进行选择和组合。客观评价的优点是不像主观评价那样存在偏见的错误。但是客观评价很少能完全反映个人对企业的全部贡献,即这种评价只能反映一个方面的情况,如忽视了对工作指标之外的合作度和贡献意愿度的衡量及对其他方面的改善提高。因此,大部分企业同时采用绩效的主观评价,来补充或代替客观评价。

2) 主观评价

尽管主观评价有着众所周知的缺点,但它仍然是企业最常用的方法。因为可以了解员工在提供产品或服务过程中的所有付出。主观评价在员工没有生产出可测实体产品的情况下也使用,它甚至可以用来评价员工工作成果,测评员工的行为和个人品质。

在主观评价中,只要能够观察到员工表现的人,包括上级、下属、客户以及员工自身,都可以做主观评价,但主要是由直接上级进行主观评价。

(1) 比较评价法。就是对每个员工的工作绩效做出主观比较,评价者按一定的标准将评价结果排序。

等级评价。是直接对每两名员工进行比较。经多次比较决定出优、良、中、差。当员工较多时,评价工作量较大,可先进行分组评价。

强制分布评价。就是评价者将员工绩效按百分比归类。如按20%归为表现优秀,30%表现良好,45%表现一般,50%表现差。

(2) 绝对标准法。该方法是建立在某一工作的绝对标准行为之上,对每一个员工评价都依据既定的标准,而不是将员工做互相比较。员工行为将通过许多具体的标准评定,因此员工能获得比较方式无法提供的反馈信息,而且值得一提的是,绝对标准法还可以用来比较从事不同工作的员工。

(3) 图表评价尺度法。是使用最广的评价技术。评价者通过几个行为尺度来评价员工,而该尺度是由几个定义非常清楚的点组成。这些点将被给予相应的分数(如5分为优,4分为良,2分为差等)通过计算所有行为线上的分数得到一个总分。如果一些行为比其他行为更重要,则可在加总前进行加权计算。如果编制的内容正确而且清晰,则会可信有效。如果对员工的评价标准不正确或模糊不清,则结果就会失去公正性。

10.5.4 绩效评价中要注意的问题

1) 绩效评价系统的要求

一个良好的评价系统应该有如下特征。

(1) 有效性。通过绩效评价得到的结果能够有效服务于企业的人力资源管理。即它的结果应该能够得到认可和使用。

(2) 可信赖性。评价结果是公正的、可接受的,而且具有可比性。

(3) 可操作性。一个良好的绩效评价系统应当是可操作的。它是由一系列可量化的标准或规定组成的。

(4) 没有偏误或偏误较少。

2) 防止评价偏误

由于受评价人的主观色彩影响,常见的评价偏误有以下几种。

(1) 晕轮效应,指评价者对受评者的某个方面作评价时,常受到对受评者的整体印象的影响。

(2) 光环效应。当一个人有一个显著的优点的时候,人们会误以为他在其他方面也有同样的优点。如被考评人工作非常积极主动,考评人会想当然认为他的工作业绩也非常优秀,从而对被考评人较高评价。

(3) 刻板印象,指评价者对受评者的评价,常受到受评者所属社会团体特性的影响。

(4) 个人偏见误差。考评人喜欢或不喜欢被考评人的某些个性或行为习惯,均会对考评结果产生不良影响。

(5) 集中趋势。指评价者不愿或无法确实区分受评者的实质差异。将被考评人的考评结果放置在中间的位置。这是考评人害怕承担责任或对被考评人不熟悉、不了解所造成的。

(6) 相似偏差。指评价者在评价别人时,常给予具有和自己相同特性、专长者,以较高评价。

(7) 极端倾向。指评价者将绩效评介定在同一极端的等级,不是失之过宽,就是评定太严。利用强制分配可调整其偏误。

(8) 膨胀压力。随着时间推移,评价者对受评者的评价有逐年提升的趋势。

(9) 不当替代。评价者在作绩效评价时,不选择实际绩效的客观标准,而以其他不当标准替代,如热心程度、积极态度、年资等。

(10) 自我比较误差。考评人不自觉地将考评人与自己进行比较,以自己作为衡量被考评人的标准,这样就会产生自我比较误差。

(11) 近期误差。考评人往往会用被考评人近一个月的表现来评判一个季度的表现,从而产生误差。

10.5.5 建立绩效考评体系

建立绩效考评体系,企业就可以长期、系统地实施绩效考评工作。建立绩效考评制度,一般分为选取考评内容、编写考评题目、选择考评方法及制定考评制度等四部分。

1) 考评内容

考评内容即考核要素,主要是以岗位的工作职责为基础来确定的,但要注意遵循下述三个原则。

(1) 与企业文化和管理理念相一致。考评内容就是对员工工作行为、态度、业绩等方面的要求和目标,它是员工行为的导向。考评内容是企业组织文化和管理理念的具体化和形象化,在考评内容中必须明确,企业在鼓励什么,反对什么,给员工以正确的引导。

(2) 考评内容要有所侧重。应选择岗位工作中的核心内容,不能面面俱到。

(3) 不考评无关内容。绩效考评是员工的工作考评,与工作无关的生活习惯、个人癖好等内容不能作为考评内容出现。

(4) 对考评内容进行分类,根据部门岗位的特点进行要素设计。考核要素一般有:

工作态度:责任心、服从意识、敬业奉献精神、协调合作、团队精神、纪律性;

工作能力:职务执行能力、专业技能、协作能力、创新能力、理解能力;

工作业绩:目标任务完成情况、质量、成本、创新发明等。

2) 考核标准

按评价的手段分:定量标准、定性标准;

按标准的属性分:主观标准、客观标准。

3) 制定考评尺度

考评尺度一般使用五类标准:优秀、良好、一般、较差、差,也可以使用分数,如0至10

分,10 分为最高分。对于不同项目根据重要性的不同,需使用不同的分数区间或不同权重;使用五类标准考评时,在计算总评分时也要使用不同的权重。

为了考评的可靠性,考评的尺度应该尽可能细化,如果优秀、良好、一般、较差、差等比较抽象,考评人容易产生主观判断误差,我们将每个尺度根据岗位工作特点进行细化,就会比较真实可靠。

4) 考评偏差控制

为了减少考评误差,提高考评的准确度,可同时采用多种方式考评。考评人或主管人员对被考评人的重要工作表现或日常工作经常进行检查,并记录关键事件,在正式考评时,可以以此为原始记录。

在考评中,还要注意以下几个问题:① 每次考评仅考虑一个因素,不允许某个因素的考评成绩而影响其他因素的考评成绩。② 考虑整个考评时期的业绩,避免集中在近期的事件或孤立的事件。③ 对所有考评人的同一项目进行集中考评,而勿以人为单位进行连续多项考评。

5) 制定考评制度

人力资源部门在完成考评内容选取、考评题目编写、考评方法选择及其他一些相关工作之后,就可以将这些工作成果汇总在一起,来制定企业的"绩效考评制度",该制度是企业人力资源管理关于绩效考评的政策文件,表示企业的绩效考评体系已经初步建立。

10.6　企业奖酬制度

建立在绩效评价基础上的奖酬系统管理,是人力资源管理的关键环节之一。一个运行良好的、公平的报酬系统,不仅能对外产生强大的吸引力,而且可以极大地激励内部员工达成组织目标,创造高质量的绩效。

10.6.1　奖酬的本质与意义

1) 奖酬的实质

奖酬就是企业对它的员工(包括干部)给企业所做的贡献,包括他们实现的绩效、付出的努力、时间、学识、技能、经验与创造所付出的相应回报。是一种公平的交换或交易。

2) 奖酬的各个构成成分及其所依据的公平规则

企业的奖酬,主要由下列三种成分构成。

(1) 工资。我国现在较普及的是结构工资制,它由基本工资、岗位技能工资、工龄工资及若干种国家政策性津贴构成。其中基本工资是较低而平均的,以保障任何员工能维持最低生活水准,是取平均形式的最低需要率;岗位技能工资当然基于贡献率,这是对员工履行了其职务说明中规定的基本职责而做出的贡献的酬金,一般较稳定少变;工龄工资常被误认为平均率,其实仍属贡献率,工龄长意味着对企业贡献的累积,也积累了较多经验,从而也提高了做出较大贡献的潜力而给予报酬;至于常误认为平均率,只是因为按我国政策,任何员工每增一年工龄,都增加几乎同样额度的工龄工资罢了。

（2）奖励。我国常采用的奖励形式有奖金、佣金、计件等形式。它们可与员工个人绩效挂钩,也可与群体(班组、科处室等)乃至整个企业效益结合。奖励的依据是贡献率,具有明确的针对性和短期刺激性,是对员工近期绩效的回报,故浮动多变。

（3）福利。从本质上讲,福利是一种补充性报酬,但往往不以货币形式直接支付,而多以实物或服务的形式支付,如带薪休假、津贴、廉价住房、优惠价购买本企业股票、保险,等等。

从支付对象上看,福利可分为全员性福利和只供某一特殊群体享受的特种福利和特困补助。全员福利是所有员工都能享受的待遇,其分配基础显然是平均率。特种福利是针对企业中的特殊人才设计的,如高层经营管理人员,或具有专门技能的高级专业人员等,这种福利的依据实际上是贡献率,是对这类人员的特殊贡献的回报。常见的特种福利有:高档轿车服务、出差时高级宾馆饭店住宿、股票优惠购买权、高级住宅津贴等。特困补助是为有特殊困难的职工提供的,如工伤残疾、重病等,这种福利的基础是需要率。

3) 奖酬的目的与功能

奖酬的功能与人力资源管理的总功能是一致的,说到底,便是能吸引、保留和激励企业所需的人力资源。简言之,就是能调动起员工们的工作积极性,使他们愿意在本企业努力工作。

10.6.2 对健全合理的奖酬制度的要求

1) 公平性

企业员工对报酬分配的公平感,也就是对报酬发放是否公正的判断与认识,是设计奖酬制度和进行奖酬管理时的首要考虑,因为员工对企业奖酬分配是否公平的看法,将直接影响到他们的工作积极性。

2) 竞争性

竞争性是指在社会上和人才市场中,企业的报酬标准要有吸引力,才足以战胜其他企业,招到所需人才。究竟将本企业摆在市场价格的什么范围,要视本企业财力、所需人才可获得性的高低等具体条件而定,但要有竞争力,报酬水平是不应低于市场平均水准的。

3) 激励性

激励性是要在内部各类、各级职务的报酬水准上,适当拉开差距,真正体现按贡献分配的原则。

4) 经济性

提高企业的报酬水准,固然可提高其竞争性与激励性,但同时不可避免地导致人力成本的上升,所以报酬制度不能不受经济性的制约。不过企业领导在对人力成本考察时,不能仅看奖酬水平的高低,而且要看员工绩效的质量水平;事实上,后者对企业产品的竞争力的影响,远大于成本因素。此外,人力成本的影响还与行业的性质及成本构成有关。在劳动力密集型行业中,有时人力成本在总成本中的比重可高达70%。这时人力成本确有牵一发动全身之效,需精打细算;但在技术或资本密集型行业中,人力成本却只占总成本8%~15%,而企业中科技人员的工作热情与革新性,却对企业在市场中的生存与发展起着关键作用。

5) 合法性

企业报酬制度必须符合国家和地方的政策与法律。例如,"妇女权益保障法"中有涉及反性别歧视的条款;此外许多地方政府都制定了最低工资保障制度,企业应当遵守执行。

10.6.3 影响奖酬制度制定的主要因素

1) 外在因素

(1) 劳力市场的供需关系与竞争状况。薪酬的丰欠,无可否认是吸引和争夺人才的一种关键性条件。对于企业成败至关重要的高级管理人员与技术和专业骨干这两类人才来说,尽管他们的需要往往是多方面的,不仅限于金钱与物质方面,但由于薪酬在满足人们各层次需要方面的多功能性,它的作用仍是巨大的。因此本地区、本行业、本国的其他企业,尤其是竞争对手对其员工所制定的薪酬政策与水准,对企业确定自身员工薪酬的影响至大,所以又称之为"比较规范"。一般企业总希望使自身员工的总的工资水平,在其财力允许条件下,订得至少不低于比较规范中的平均水准,以便在人力争夺战中不致落于下风。

(2) 地区及行业的特点与惯例。这里的特点也包括基本观点,道德观与价值观,例如,传统的"平均"、"稳定"至上的观点若仍主宰,则拉开收入差距的措施便多半不易被接受。这种影响也是十分显著的,如沿海与内地、基础行业与高科技新兴行业、国有大中型企业密集地区与三资企业集中地区等之间的差异,必然会反映到其薪酬政策上来。

(3) 当地生活水平。这个因素从两层意义上影响企业的薪酬政策:一方面,生活水平高了,员工们对个人生活的期望也高了,无形中对企业造成一种制定偏高薪酬标准的压力;另一方面,生活水平高也可能意味着物价指数要持续上涨,为了保持员工生活至少不致恶化,企业往往也不得不考虑定期地向上适当调整工资。但这个因素对决定基本工资并无关键作用,只在调整时需要考虑。

(4) 国家的有关法令和法规。随着我国法制的日趋完备,这类法律必然日益增多,企业的薪酬政策是必须遵守的。

2) 内在因素

(1) 本单位的业务性质与内容。如果企业是传统的、劳力密集型的,则员工们从事的主要是简单的体力性的劳动,而劳力成本可能占总成本中很大的比重;但若是高技术的资本密集型的企业,高级专业人员比重很大,他们从事的是复杂的、技术成分很高的脑力劳动,而相对于先进的技术设备而言,劳力成本在总成本中的比重却不大。显然这对企业的薪酬政策有不同的重大影响。

(2) 公司的经营状况与财政实力。一般说来,资本雄厚的大公司和赢利丰厚而正处于发展上升的企业,对员工付酬也较慷慨;反之,规模较小或处于不景气中的企业,则不得不量入为出,点滴计较了。但经营状况是不断变换的,而经营好坏也无绝对的判断标准,员工们一般不愿凭此来评价公司付酬的合理性。所以经营状况对薪酬的影响只是间接的和远期性的。

(3) 公司的管理哲学和企业文化。这方面的核心要素是指企业领导对员工本性的认识及态度。

事实上,企业在制定其薪酬政策时,是会综合地权衡所有这些内外因素的。除上述因素外,企业还可能有其特殊考虑。例如,有的企业背着"对员工苛刻吝啬"的恶名,为了改善形象与公共关系,就得适当调高其薪酬水平。

10.6.4 企业工资制度的基本过程

制定健全合理的工资政策与制度,是企业人力资源管理中的一项重大决策与基本建设,这就要有一套完整而正规的程序来保证其质量。图 10-3 表示了典型的工资制度建立的过程。它由七个环节或步骤构成。图中的方角粗线框表示了各步骤的名称,方角虚线框则说明了各该步骤对应的主要内容和活动,箭头指出了各步骤的顺序。

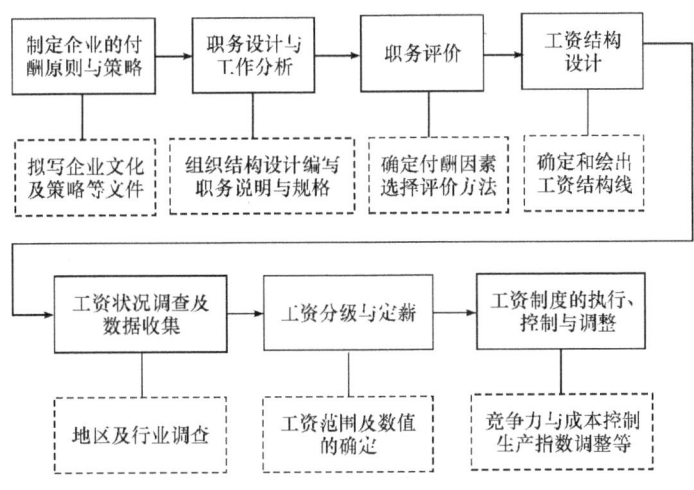

图 10-3 工资制定的基本过程

1) 制定企业的付酬原则与策略

这是企业文化的一部分内容,是以后诸环节的前提,对后者起着重要的指导作用。它包括对员工本性的认识(人性观),对员工总体价值的评价,对员工生活品质承担的责任,对管理骨干及高级专业人才所起作用的估计等这类核心价值观。

2) 职务设计与工作分析

这是工资制度建立的依据,将产生企业的组织结构系统图及其中所有职务的说明等文件。

3) 职务评价

这是上述过程中保证内在公平的关键一步,要以必要的精确性,以具体的数额来表示每一职务对本企业的相对价值,这个价值反映了企业对各该职务占有者的要求。需要指出的是,这些用来表示职务相对价值的数额,并不就是各该职务占有者真正的工资额,那是经过第五个步骤,溶入了外在公平性后,在第六个步骤"工资分级与定薪"完成的。

4) 工资结构设计

经过职务评价这一步骤,无论采用哪种方法,总可得到表明每一职务对本企业相对价值的顺序、等级、分数或象征性的金额。职务工作的完成难度越大,对企业的贡献也越大,对企业的重要性也就越高,这就意味着它的相对价值越大。使企业内所有职务的工资都按同一贡献率原则定薪,可保证企业工资制度的内在公平性。但找出了这样的理论上的价值后,还必须据此转换成实际的工资值,才能有实用价值。这便需要进行工资结构设计。

所谓工资结构,是指一个企业的组织结构中各项职位的相对价值及其对应的实付工资间保持着什么样的关系。这种关系不是随意的,是服从以某种原则为依据的一定规律的。这种关系和规律通常多以"工资结构线"来表示,因为这种方式更直观、更清晰、更易于分析和控制,更易于理解。

5) 工资状况调查及数据收集

这一步骤其实并不应列在上一步骤之后,两者应同时进行,甚至应在考虑外在公平性而对工资结构线进行调整之前。这项活动主要需研究两个问题:要调查些什么;怎样去调查和做数据收集。调查的内容,当然首先是本地区、本行业,尤其是主要竞争对手的工资状况。参照同行或同地区其他企业的现有工资来调整本企业对应职务的工资,可保证企业工资制度的外在公平性。

6) 工资分级与定薪

这一步骤是指在职务评价后,企业根据其确定的工资结构线,将众多类型的职务工资归并组合成若干等级,形成一个工资等级系列。通过这一步骤,就可以确定企业内每一职务具体的工资范围,保证员工个人的公平性。

7) 工资制度的执行、控制与调整

企业工资制度一经建立,如何投入正常运作并对之实行适当控制与管理,使其发挥应有的功能,是一个相当复杂的问题,也是一项长期的工作。

【案例】 洁净洗衣公司是一家在当地小有名气的个人合伙制公司,公司的服务质量受到顾客的普遍称赞,利润也因此逐年上升。在工资制定方面,公司既没有工资结构体系,也没有制定工资率系列或使用任何工作评价手段。它的工资水平只是参照周围社会的平均水平来制定的,公司合伙人李元还试图保持职责不同的职位表面上的平等。不过,李元在制定工资制度时,并未进行任何正式的薪水调查。他几乎每天都阅读求职广告,并通过他在当地其他洗衣店和清洁公司的朋友进行非正式的薪水调查。李元采用对号入坐的方法确定员工的工资水平,他的薪水表中有几条制定报酬政策的基本原则。他的许多同行坚持仅支付最低水平的工资政策,而李元一直按高于平均水平15%的标准支付工资。他认为所执行的政策有助于加强员工的忠诚感,从而减少劳动力的流动。李元的朋友比较关心李元工资政策中这样的条款:从事同样工作的男性的工资比女性高20%。李元对此的解释是:"男性身体更好,可以工作更长的时间,而且他们都要维持一家的生活。"①

讨论题:
1. 公司是否应当利用工作评价来建立正式工资结构制度?为什么?
2. 李元按高于平均水平15%的标准支付工资的政策是否合理?为什么?
3. 公司的男女差别工资制度是否明智?为什么?

本 章 小 结

一般来说,人力资源的基本内容,主要包括人力资源计划、工作分析与职位设计、员工招聘与甄选、培训与开发、职业计划与职业管理、劳动管理、绩效考核、工资福利制定及员工激励等。本章由于篇幅关系,着重讨论以下几方面内容。

(1) 人力资源计划。根据企业目标、现有人数、离职情况,制定有关的人力资源政策,确保有足够的人才在适当的时候,担任适当的工作。人力资源计划主要是预测未来的人力需求,估计外部的人力供应以及了解现有的人力资源,使人力供求达到平衡,保证企业目标的实现。

(2) 职业计划与职业管理。职业计划是员工在职业生涯中有意地确立目标并追求目标实现的过程。职业管理是企业为员工设计的职业发展、援助计划,它必须满足个人和组织的双重需要。根据员工自身的"才干、动机和价值观的模式",可以划分为不同的"职业锚",有技术/职能型职业锚、管理能力型职业锚、安全/稳定型职业锚、创造型职业锚、自主/独立型职业锚。企业通过职业路径的设计,确立组织内员工晋升的条件和程序,使员工的职业目标和计划有利于满足组织的需要。

(3) 劳动关系与劳动管理。用人单位与劳动者通过订立劳动合同而形成劳动关系,"劳动法"是调整劳动关系的法律基础。"劳动法"明确规定了劳动者和用人单位的基本权

---

① 引自关淑润.人力资源管理.212

利和义务。保障劳动者平等的就业权利,反对就业歧视。

(4) 绩效考核。员工考核是根据工作的范围及职责,考核员工是否履行了应尽的责任,评定他们的绩效,作为加薪或升职的依据。评价的方法分客观评价和主观评价,大多数企业采用两者相结合的方法进行绩效评价。考核要素主要从工作态度、工作能力、工作业绩三个方面来设置。企业需要建立绩效考评体系来进行长期、系统地实施绩效考评工作。

(5) 奖酬体系。一个公平合理的工资制度是用得最广的激励方法,工资水平高低不仅决定企业能否招聘到高素质的员工和挽留优秀的人才,并且对企业整体的士气有很大的影响。影响企业的工资制度有企业内在、外在多种因素,需要综合的权衡考虑。工资制度的建立包括确立工资原则、工作分析、职务评价、工资状况调查、工资结构设计、工资分级等一系列的工作内容和环节,需要一套完整而正规的程序来保证其质量。

思考与练习

1. 基本概念

人力资源　职业锚　职业计划　工作绩效

2. 思考题

(1) 什么是职业计划?什么是职业管理?企业管理中为何要运用职业计划和职业管理?

(2) 劳动关系包括哪些内容?了解劳动关系有什么意义?

(3) 简述绩效考评的主要方法及考评中应注意的问题。

(4) 薪酬管理政策的制定应考虑哪些因素?合理的薪酬制度要体现哪些方面要求?

第11章 技术创新管理

11.1 技术创新的地位和作用

11.1.1 企业面临的科技发展环境

和平与发展(特别是可持续发展)、新技术革命和改革开放被称为当代世界的三大潮流,是世界关注的焦点,当代科学的飞速发展,给经济、社会带来了深刻的变化。而科技发展又是企业生存与发展所面临的重要环境和条件,失察于科技环境的变化必然给企业带来灾难性的后果。

1) 新科学技术革命与科技发展

所谓科学技术革命,是指科学革命与技术革命融合在一起的重大变革。
(1) 科学革命,指人们认识客观世界的飞跃和科学研究的社会组织形式的重大变革。
(2) 技术革命,指生产工具和工艺过程即生产技术的重大变革。

科学革命不能直接变成生产力,技术革命则直接影响或推动生产力向前发展。资本主义在发展进程中经历的三次技术革命:① 18 世纪中叶至 19 世纪中叶,以蒸汽机为标志的技术革命;② 19 世纪下半叶和 20 世纪初,以发电机、电动机为标志的技术革命;③ 20 世纪中期开始,在主要资本主义国家兴起,源于美国,后扩展到西欧、日本以及其他资本主义国家的技术革命。

2) 20 世纪中期开始的科技革命的特点有如下两点

(1) 科学革命与技术革命融为一体。科学革命引起技术和生产的革命性变革,而技术和生产的成果,又变成现代科学研究的强大工具,促进并加速了科学革命的进程。此外,新的技术革命是以科学研究领域的重大突破为基础的(主要理论突破为:20 世纪初爱因斯坦提出的相对论;20 年代的量子力学;30 年代到 40 年代的原子核物理和基本粒子理论;50 年代的分子遗传学等),所以第三次技术革命又称为新科学技术革命。

(2) 包括了广泛的领域。不是某一门科学或某一项技术的一枝独秀,而是在自然科学的各个领域的齐头并进。

3) 科学技术飞速发展

(1) 新技术出现的间隔越来越短。18～19 世纪。纺织机、蒸汽机、发电机相继出现,它们之间相隔数十年,但到 20 世纪中叶以后,重大新技术出现的间隔越来越短。例如:1946 年电子计算机问世,1947 年研制出半导体,1951 年研制出集成电路,1955 年原子能发电站问世,1957 年人造地球卫星上天,1960 年发明激光技术,1969 年"阿波罗"飞船登月,1971

年微型计算机问世,1972 年"先驱者"飞出太阳系,1973 年遗传基因重组技术问世,1978 年超大规模集成电路一举成功,1981 年航天飞机飞上太空,等等;进入 90 十年代后,重大新技术更是频频取得突破。

(2) 新技术开发周期越来越短。新技术从科研到产业化的周期在不断缩短。例如:蒸汽机 100 年(1680~1780),蒸汽机车 34 年(1790~1897),喷气发动机 14 年(1929~1943),涡轮喷气发动机 10 年(1934~1944),聚丙烯 3 年(1954~1957),激光 1 年(1954~1955)。

近年来,计算机领域每隔半年左右就有新一代产品问世。电脑奇才比尔·盖茨在其著作《未来之路》中得出结论,个人电脑中央处理器(CPU)的运算能力在过去几年中,差不多每隔 18 个月就会增长一倍,而这在 20 年前几乎是不可想像的。同样,在两年前人们也许不能想像"克隆"羊"多利"的诞生及其对全世界的震撼性影响。我们正处在一个技术变革十分迅速的年代,以信息技术为中心的新技术的发展,正在迅速地改变着我们所处的世界,从而为现代企业的发展提出了新的课题。

(3) 新技术研究开发费用越来越大。研究开发费用占 GNP 的比重:美国 1920 年为 0.1%,1954 年为 1%,1964 年达 3%;日本 1978 年为 1.96%,1980 年达 2.18%。前西德的研究开发费用:1950 年 6.5 亿马克(占 GNP 0.7%),1967 年 94 亿马克(占 GNP 1.94%),1977 年 278 亿马克(占 GNP 2.2%),1979 年 310 亿马克(占 GNP 2.2%),1985 年 520 亿马克(占 GNP 2.8%)。

11.1.2 科技发展的趋势及其对经济的影响

有关科学技术越来越成为影响经济增长和劳动生产率提高的主要因素的统计数据:

	20 世纪初	70 年代	80 年代
科学技术在经济增长中所占的比重 (越来越大)	5%~20%	50%~70%	60%~80%

	18 世纪	19 世纪	二战以后
科技成果转化为生产力、转化为经济效益的周期 (越来越短)	100 年	50 年	7 年

11.1.3 技术创新与经济增长的理论分析

在熊彼特提出创新的概念之后,各国的经济学家们开始从不同的角度来分析、验证技术创新对于经济增长阶段及方式的重要影响。当然,经济理论并未直接研究分散的、间断的和个别的技术创新行为对于经济增长的推动作用,而是引进了技术进步的概念,而技术进步也就是宏观的和加总意义上的技术创新,但这种加总并不是简单的叠加,还包括了技术扩散过程。

1) 迈克尔·波特对经济增长与发展的阶段分析

从理论分析角度讲,一国实现经济增长的基本途径有两条:一是增加生产要素的投入量;二是提高生产要素的产出效率。由于世界各国所拥有的资源状况的不同和各国所处的经济发展阶段的不同,相应地,各国所选择的经济增长途径也不尽相同。美国哈佛大学商学院的迈克尔·波特(Michael Poter)教授曾从要素竞争和增长动力的历史演变角度,将经济增长与发展划分为四个阶段。

(1) 第一阶段是"要素推动的发展阶段"。这一阶段的经济增长特点是,在这一阶段,因为土地、劳动及其他的初级生产要素价格较低,因而谁拥有较多要素资源,谁就具有较大的竞争优势。因此,经济增长主要依赖于初级生产要素的投入增加作为推动力。这种经济增长带有较明显的粗放型增长的特点。

(2) 第二阶段为"投资推动的发展阶段"。这一阶段的主要特征是依靠大规模的投资推动经济增长。这是因为大规模投资所形成的规模经济效应使产品价格得以大幅度地降低,从而使其拥有低价格的竞争优势。在这一阶段,经济增长方式的特征,带有一定的集约化增长的性质,因为是大规模投资使人均产出得以明显提高;但另一方面又带有一定的粗放型增长的特点,这是因为人均产出的提高是由更高的人均资本占有额所带来的。

(3) 第三阶段为"创新推动的发展阶段"。在这一阶段,生产要素的稀缺程度进一步提高,为此,摆在企业及国家面前的一个重要问题就是如何在资源稀缺的前提下提高资源生产效率。也正因此,探索提高资源生产效率的知识和方法就变得更为重要。相应地,通过技术创新,重新组合生产要素并提高效率水平和人均产量水平,就成为推动企业发展和经济增长的主导方式,这一阶段的经济增长方式就是一种典型的集约化增长方式。

(4) 第四阶段为"财富推动的发展阶段"。这一阶段在目前仍无经验实证证据。

从上述经济增长推动形式的划分中,我们可清晰地看出技术创新对实现经济集约化增长的重要意义所在。我国的经济增长方式,经历了"要素推动阶段"和"资本推动阶段"。在中共中央十四届四中全会上,中央明确提出了实现两个根本性转变的目标:经济体制从传统的计划体制向社会主义市场经济体制转变;经济增长方式由粗放型增长向集约型增长转变。实现我国经济的高质量增长,必须清除资源的严重浪费,而技术创新就是一个重要的突破口和惟一途径。

2) 技术进步与经济增长的其他理论分析

如前所述,经济理论并未直接研究技术创新对经济增长的推动作用,而是引入了宏观和连续的技术进步的概念。

美国经济学家索洛(R. Solow)、丹尼森(E. Denison)和乔根森(D. Jorgensen)等先后都在测定技术进步对经济增长的贡献方面做出了重要的贡献,使这一研究取得了长足的发展。尽管他们所用的研究方法多不相同,但研究的进步思路却是一致的。特别是索洛于1957年8月发表在《经济学和统计学评论》上的"技术变化与总生产函数"这篇具有划时代意义的论文,揭示了这样一个基本事实:从长期的角度看,正是技术创新而非规模经济或资本的投入(积累)和劳动力的增加才是经济增长的最根本的因素。

索洛提出的新古典增长模型是以新古典的生产函数为基础的。生产函数是一种技术经济的关系式,它表示在一定的技术条件下,投入与产出之间的数字表达式,其最简单的数字模型是柯布—道格拉斯生产函数

$$Y = A \cdot L^{\alpha} \cdot K^{\beta} \tag{11-1}$$

式中,Y 为产出;L 为劳动力投入;K 为资本投入;α,β 分别为劳动力和资本的弹性系数;A 为比例常数。

在以资本、劳动的同质性,资本和劳动的可替代性,边际收益不变等性质的假设前提下,通过对式(11-1)的推导(求导),可得

$$\beta \Delta K/K \div (\Delta Y/Y) + \alpha \Delta L/L \div (\Delta Y/Y) + E \div (\Delta Y/Y) = 1$$

令

$$P_{\alpha} = \beta \Delta K/K \div (\Delta Y/Y), P_{\beta} = \alpha \Delta L/L \div (\Delta Y/Y), P_E = E \div (\Delta Y/Y)$$

得到

$$P_{\alpha} + P_{\beta} + P_E = 1 \tag{11-2}$$

P_{α},P_{β},P_E 分别为资本、劳动力增长和科学技术进步在企业产出增长中的贡献所占份额。因此式(11-2)也定量地描述了一个经济系统中技术进步对经济增长的贡献。

依照上述思路和方法我们可以测算出西方发达国家和我国经济增长要素贡献率及其变化状况[①]。从中我们可以看出:

西方发达国家在其经济增长的主要阶段,技术进步对其经济增长的贡献是十分明显的。如1960~1973年间,美国、日本、英国、法国、加拿大和原联邦德国,技术进步贡献率分别达到39.47%、62.74%、74.0%、66.6%、66.1%、33.3%、60.8%,而我国自改革开放以来,技术进步也在不断推动着经济增长,而且作用越来越明显,1953~1990年,技术进步对我国经济增长的贡献率平均为5.46%,而1979~1990年,这一贡献率达到30.3%。尽管由于测算方法局限性和经济增长原因的复杂性,使我们难以直接度量技术进步对经济增长的贡献。但上述数据至少说明了这一点,那就是技术进步对经济增长的贡献是显著的。在发达国家中,它已超过劳动、资本而成为经济增长的第一大推动力。根据以上模型,索洛对美国1909~1944年非农业部门经济增长资料的实证分析表明,在这近40年内每年的增长率只有1.2%,但人均总产值却翻了一番。之所以增长如此迅速,其中87.5%归因于技术创新,而劳动和资本投入的增加对经济增长的贡献只占12.5%。

11.1.4 科技发展对企业的挑战

1) 加速产业更替

科技进步加快了新产业的兴起,减少了对传统产业的需求,这些都会使部分传统产业加速衰退,由此对传统产业的企业造成了巨大的压力。

---

① 李京文.科技富国论.社会科学文献出版社,1995

2) 产品寿命期缩短

科技进步使产品生命期缩短,依靠一种产品吃一辈子的"几十年一贯制"的情况已成为历史,传统产品必须加快更新,高新技术产品的更新则呈加速趋势。产品更新加快使企业经营的难度加大,对企业技术革新、经营应变性等都增加了压力。

3) 竞争加剧

现代经济竞争和政治角逐越来越依赖于技术,由此导致技术竞争日益激烈。在国家层次上各国政府为了在竞争中争取优势,都倾注了极大的力量。在企业层次上技术激烈竞争的例子更是屡见不鲜,商业竞争和技术竞争日益显现一体化趋势,数以亿计的侵权赔款案时有发生,以获取技术为目的的兼并、收购呈迅速上升态势。

11.2 技术创新的内涵、种类及形式

11.2.1 技术创新的含义

有关技术创新的论述始于 20 世纪初,由著名的美籍奥地利经济学家熊彼特(J. A. Schumpeter)最早应用于经济学分析中。在他的名著《经济发展理论》一书中,熊彼特提出了"创新"的概念,并将其定义为"企业家对生产要素的重新组合"。之后,人们继续对技术创新做出了种种不同的解释。

归结这些观点,可将技术创新概要地定义为:技术创新通常是指新的技术(包括新的产品和新的生产方法)在生产等领域里的成功应用,包括对现有技术要素进行重新组合而形成新的生产能力的过程活动。全面地讲,技术创新是一个全过程地概念,既包括新发明、新创造的研究和形成过程,也包括这些新发明和新创造的应用和实施过程,还应包括新技术的商品化、产业化的扩散过程,也就是新技术成果商业化的全过程。

11.2.2 技术创新的特征

从上述定义我们可以知道,技术创新实际上是一项重要的经济活动,其主要的经济特征可归结为以下几个方面。

1) 创造性

创造出新的资源以及对生产要素的重新组合,必然伴随着改进与提高的创造性活动,这是技术创新的最基本的特征。技术创新是企业的一种创造性行为,是企业创新精神的实践,它要求创新的主体——必须要具有强烈的创新意识、富有一定的创造性的决策能力和勇于承担风险的胆识,要有创造性的组织才能。正是基于这一特征,熊彼特将创新活动形容为一种"创造性的破坏"。另外,从创新成果而言,不管创新程度如何,可以说所有的技术创新都具有一定程度的独创性;或是创造出全新的功能价值,或对原功能、原价值的增加或革新。

2) 累积性

每一轮新的创新是要以先前的创新成果为基础的,新一轮创新并不是全盘否定原有的产品和生产要素组合,而是在已有知识积累到一定程度时对旧有产品和工艺的一种扬弃和技术突破。技术创新累积性的另一层含义是,技术创新并不是一定会带来技术上的重大突破,在企业创新实践过程中,大量的成功的创新往往是渐进的,是点点滴滴累积而得的,而不是一定是技术上的新飞跃。

3) 效益性

任何层次及规模的技术创新活动,都需要一定数量的资源投入,这是实现预期的创新目标的物质性保证。伴随着这种投入,每一次成功的技术创新又总会相应获得一定的新增财富或比较利益,这也是企业进行技术创新活动的根本动力所在。从更高的角度讲,技术创新的效益性,不仅表现为企业的经济效益,而且技术创新还会有一定程度的社会效益以及宏观的经济效益,这一点,诸多的理论研究及实践均已证实:企业的持续不断的技术创新是促进一国经济增长和发展的基本保证。

4) 风险性

创新所能获得的增量收入的多少又是与创新活动所面临的风险的大小相对应的。不是所有的技术创新活动都必然会为企业带来增量收益,技术创新活动同时又是一项风险系数很高的创造性的技术经济活动,在这一过程中,有些因素是可控的,但也有一些是不可控的,是事先难以估计或把握的。即便在发达的工业化国家,也有将近90%的技术创新项目在进入市场实现商业化之前阶段即宣告失败。概括起来,技术创新的风险性主要体现在这样三个方面:一是技术性风险,如技术开发本身的成熟度不够;二是市场风险,如竞争对手率先推出更具创造性的新产品,或是消费者的消费观念和需求发生变化,或是为新产品培育新市场所需的投入太高,而使产品成本过高,企业赢利过低或是根本无赢利可言;三是社会风险,如自然风险和政策性风险,这显然更是企业无法控制的因素。正因为有风险性的存在,所以企业在创新过程的始终必须有严密的组织、控制和决策,以将风险性降到最低限。

5) 扩散性

尽管创新活动会伴随着高失败率的风险性,但一旦取得成功,就会对企业的发展直至对整个社会经济的增长,发挥一定的推动作用。促使成功的创新活动产生最大的经济影响力的一个重要途径就是成功技术创新成果的扩散。技术创新及其扩散的过程,才是真正的促进发展、增进财富的过程,技术创新的宏观经济效益才能得以实现。

11.2.3 技术创新的类型

1) 产品创新与工艺创新——按照创新对象的不同划分

顾名思义,产品创新的对象是产品,创新的目的是获得与已有产品不同的新产品;而工艺创新则是创造出不同的加工方法和工艺条件。

2）渐进型创新与突破型创新——按照创新技术的变化性质和技术创新程度及重要性的不同而划分

所谓渐进型创新，是指对下游产品和工艺的非质变性的改革与改进。这是一种渐进式的连续创新，创新的思路常常源自于一线的工程师、工人乃至直接用户。虽然这是一种非质变性的创新，但其重要性却不可轻视，这种改进的不断进行，最终也可能使某项技术产生质的突破，也会给人们的生产、生活方式带来一定的影响，也可能具有良好的商业价值。

突破型创新，也可称之为根本性创新，则是指技术上的重大突破，并在商业化方面取得成功，获得相应效益的创新活动。如，计算机行业由电子管到晶体管到集成电路和大规模集成电路乃至人工智能技术的发展历程，这些技术的突飞猛进的创新过程，大大促进了计算机行业的迅猛发展，为其商业化的成功奠定了重要基础。这类创新活动，通常都是研究开发部门精心研究的结果。

3）资本节约型技术创新和劳动节约型技术创新——按照创新技术所涉及的生产要素的不同而划分

创新是为了节约生产要素。企业生产过程所需的两大基本要素是资本和人力。所谓资本节约型技术创新，是指这类创新的效益主要是缩小了生产要素结构中物化劳动的投入比例，会使生产向劳动密集型生产方式转移。而劳动节约型创新，则是创新的效益主要是减少活劳动的价值构成比例，会促使生产方式向资本密集型方式转移。

4）企业技术创新与产业技术创新——按照创新技术的层次不同而划分

这两种技术创新活动的规模及影响是不同的。企业创新，是以某个企业为主体的创新活动，而产业创新是指某一类技术创新活动的产业化。产业技术创新或是表现为由某类创新技术的商业化及扩散而使传统产业的传统技术得以突破改进，使整个产业实现整体的高效化。如，微电子技术在机械行业中的应用，既为这个行业带来了新的发展过程，相应地也带来了生产要素组合的产业化的改变。当然，产业创新活动是要以企业创新活动为基础和主体的，但它也不仅仅是某个产业中企业技术创新结果的简单叠加，而是同一产业中多个企业技术创新结果的结合与扩散。

11.2.4　技术创新的形式

熊彼特在其创新理论的分析中，将企业的创新活动划分为以下五个方面：一是引入新产品；二是采用新的生产方法（主要是生产工艺）；三是开辟新的市场；四是获得新的原材料或半成品的供给来源；五是实现企业组织形式的重组（制度和管理）。在对创新形式进行五个方面的区分的基础上，熊彼特并未进一步明晰地界定出技术创新的概念，但却界定了发明创造与技术创新的区别，界定了创新是企业家把发明引进企业生产体系的过程，是发明创造的商品化过程，这是技术创新的实质所在，在熊彼特对创新活动的五种形式的划分中，前一、二种形式即为技术创新。

在企业对产品或工艺进行的创新过程中,按照创新基础、创新投入和介入创新主体的范围的不同,又可以将这两种类型的技术创新活动进行不同的区分。

1) 首次创新与二次创新

企业首次创新是指其创新成果可以主导这一技术的形成和发展轨迹并主导技术范式。这一技术创新活动的主要特点表现为创新活动的率先性和创新活动新技术成果的独占性,这些特性又意味着取得首次创新成功的企业在实现新技术的商品化过程中,能较其他企业优先享有一定的垄断收益(如:微软)。但与这些优点相伴随的,又是首次创新的高投入和高风险性,前面所论及的技术创新的特性在企业的首次创新活动中会表现得较为突出和明显。

二次创新是相对于首次创新而言的,是在首次创新结果的基础上进行的,是在首次创新结果的商业化过程中出现的。其运行过程可以简要地归结为:技术选择、技术引入、引入技术的消化与吸收、对引入技术的再度创新。与首次创新相比,其创新周期短而且创新成本投入也大大减少,进而相应的创新风险也会大为降低。

2) 自主创新与合作创新

按照在技术创新活动过程中参与的主体不同,技术创新可以分为自主创新和合作创新。

对企业而言,完全依靠自身的技术力量,依靠企业自身的努力攻破某些主导技术或称之为核心技术的难关,取得有价值的突破性研究成果,并将这一成果有效地加以运用,自主完成技术成果的商业化过程,这种技术创新就是企业的自主创新。

与自主创新相对应,合作创新过程中的创新主体范围大大扩展,合作创新的主体可以是不同企业之间的合作,也可以是企业与科研机构或大专院校之间在资源共享或资源互补的利益驱使下的合作性经济技术行为。合作方共同投入,共担风险,也共享利益(如:法、英的协和飞机、欧洲的阿丽亚娜火箭等)。

自主创新与合作创新,不仅是企业的两种不同形式的技术创新行为,从创新对企业发展的战略意义上讲,自主创新和合作创新又是企业技术创新活动的两种类型的战略选择。

11.2.5 技术创新过程

技术创新是一个动态过程。在这一过程中,以创新思维的形成为起点,随着信息、资源、人力、物力等要素的不断投入,创新活动不断深入,各个环节必须紧密配合,才能顺利实现创新目标。鉴于技术创新过程中的这些关键性特点,经济学家引入了"技术创新链"的概念来分析技术创新过程。

澳大利亚经济学家唐纳德·瓦茨认为:"技术创新链"由七个主要环节相连而成,它们依次为:因某项发明或实际需要而产生创新设想;为市场分析、企业计划和技术开发活动筹集资金;进行技术开发活动;进行市场分析,拟订发展计划;为生产和销售进行投资;投入生产并销售;取得应有的收益。

将这一过程加以进一步的概括,可将技术创新活动总结为四大环节:一是创新思路形成阶段;二是将创新思维转化为新的产品或新的工艺的开发阶段;三是新产品的市场营销活动阶段,也就是技术创新成果的商业化阶段。在这一阶段中,创新企业会因技术领先优势而享有一定的垄断收益;四是创新成果的扩散阶段。在这一环节,技术创新成果开始形成规模效益和累积效应,其结果是推动了企业乃至整个产业的技术进步与发展。而这一过程的循环不息,则最终会推动整个国家技术水平的不断提高,进而推动国家经济的日益繁荣。

当然,我们这里对技术创新过程的描述是以技术创新成果为前提的。在这一过程中,无论哪一环节出现问题,都会使"技术创新链"断裂,会使技术创新过程无法继续。这是由技术创新的高风险特点所决定的。

11.3 技术创新的战略选择

11.3.1 技术创新战略的内容

企业在确定技术创新战略时,首先必须明确战略的任务和内容,否则难以明确企业技术创新的方向、重点和方式。

技术创新战略的基本内容是要回答以下六个主要问题。

(1) 本企业所在产业属于哪种技术类型? 一般说来,每个产业都有其最基本的技术类型。如大多数消费品行业技术含量不高,属低水平稳定型技术;机械、精密仪器、运输工具等产业技术含量较高,属中水平的动态型技术;通讯设备、电脑等产业技术含量最高,属高水平的领先型技术。对于技术含量越高的产业,技术创新的依赖度也越高,技术创新活动越需要进行统筹安排。

(2) 预测本企业所在产业在未来会不会出现革命性的技术进步? 如果有,最可能出现在哪些方面? 对这一问题的回答,将决定企业技术创新的基本方向。

(3) 近期本企业所在产业会有哪些技术变革? 本企业顾客需求对技术变革产生了什么要求? 通过对这一问题的研究,将决定企业技术创新的重点。

(4) 竞争对手的技术创新战略是什么? 它们目前在研究和开发哪些新技术和新产品? 这些新技术和新产品的前景如何? 对这些技术创新情报的分析,有助于本企业形成技术创新思路的实现途径。

(5) 本企业有足够的力量去研究开发这些新技术、新产品吗? 有足够的财力支持购买相关的专利吗? 这些新技术、新产品的市场前景如何? R&D 投资能否在未来新产品销售额的增长或市场占有率的扩大中得到弥补? 对这一系列问题的详尽研究,将决定企业技术创新的方式。

(6) 本企业在完成新技术和新产品的研究和开发后,是否要立即投入使用或投入市场? 这主要涉及企业技术创新节奏的合理安排问题,同时也涉及创新收益的最大化问题。世界著名的电脑微处理器制造商英特尔(Intel)公司在安排新产品替代老产品方面有着十分成功的经验。如在推出"奔腾"时,将486处理器的价格降至任何竞争者都无利可图的程度,而在推出"奔腾Ⅱ"时又将"586"价格降至足够低的水平,从而既保证新产品的领先地位,又不至于对旧产品市场构成威胁,这种技术创新战略,非常值得我国企业学习。

11.3.2 技术创新战略的类型选择

现代企业技术创新战略可以按照两个方面进行分类：一是按照企业在所在产业技术创新中的地位划分；二是按照企业技术创新的源泉划分。

1）按照技术创新地位划分，现代企业可以选择三种类型的技术创新战略类型

（1）主导型技术创新战略。这一战略要求企业在所在产业的技术创新过程中扮演创新"发动机"的角色，一般需要有雄厚的研究与开发力量，有充足的研究与开发资本，力求采用最先进的技术，以推动整个产业的技术进步。就世界范围看，电脑产业的 IBM、Intel，汽车产业的 GM、BENZ、TOYOTA，复印机产业的 XEROX、CANON 等均成功地采用了这种主导型的技术创新战略。

（2）跟随型技术创新战略。即企业追随同一产业主导企业开展相应的技术创新活动，其主导方式是对主导型企业的新技术和新产品加以选择、改进和提高，并在降低制造成本和拓展市场方面做更多的努力。这类企业具有较强的技术开发力量，但往往研究与开发费用不是很丰裕，采用跟随战略可以减少大量开发试验费用。同时，采用跟随战略的企业也可以避免走弯路，减少失败与缺陷，从而具备"后发优势"。

（3）模仿型技术创新战略。即企业自己不进行新技术的研究与开发，而是靠购买技术专利、进行仿制，步人后尘。这种战略投资少，获得技术的速度快，比较适合于那些技术开发力量薄弱而制造能力相对较强的企业。我国不少企业通过技术引进、消化和吸收，成功地开发出了自己的新技术和新产品，由此推动了企业的发展。

2）按照企业技术创新的源泉划分，企业的技术创新战略也可分为三类

（1）独立研究开发型。这种战略是由企业通过市场调研，预测市场需求和技术发展趋势，建立自己的研究开发机构，开展基础理论及有关新技术、新材料的研究，探讨新产品的原理与结构，从而研制出本企业独特的新产品或更新换代产品。这一过程一般要经历基础研究、应用研究和开发研究等三个阶段，故多为实力雄厚的企业所采用。世界上许多知名的大公司如杜邦公司、通用电器公司、贝尔公司等不仅是第一流的生产制造企业，而且是第一流的研究开发企业，都建有世界一流水平的研究实验室，拥有一批世界一流科学家，它们采用的技术创新战略一般都是独立开发型战略。

（2）技术引进型。这是指在技术转移过程中买进技术，包括专有技术、技术培训、聘请专家指导和引进先进管理等。如果产品在市场上已有成熟的制造技术，那么采用这一战略，现代企业可以尽快掌握该产品的制造技术，缩短产品投入市场的周期，提高投资的收益率。这一战略一般运用于技术相对落后的国家或地区的企业。战后日本企业的技术创新多采用这一战略，并取得了举世瞩目的成功。

（3）引进与创新相结合型。这种战略有各种具体形式：① 通过引进关键设备，或对原有设备进行改装，利用并采用现代化的测量、监视与控制技术，使工艺实现最优化，提高工作效率；② 在某些生产工序之间采用新技术、新设备、强化工艺过程，使生产流程合理化、高效化;③ 充分利用原有厂房与外国设备,拆旧换新,引进先进设备替换落后设备;④ 以技术引进带动技术改造;⑤ 实行加速折旧,以促进设备更新与技术改造。

引进与改造相结合不仅强调引进时的技术革新、技术改造,而且更为重视技术引进之后,在消化、吸收基础上进行的"二次技术创新",因为这种"二次技术创新"是一种质的飞跃,反映了企业技术创新能力的提高,是企业实现自主发展的基础。20 世纪 80 年代我国也从美国、欧洲和日本引进了大量的技术,到目前已基本完成消化、吸收过程,因此,如何进一步开展引进基础上的"二次技术创新"已成为摆在我国企业面前的重要任务。所以,这一战略是我国制造业大多数企业应采用的主要战略类型。

11.3.3 现代企业技术创新战略选择的考虑因素

企业到底选择何种技术创新战略,不能一概而论;而应根据企业宗旨与发展目标、总体经营战略、企业实力、产业竞争态势和国家政策等因素进行综合评判以后做出自己的选择。

1) 企业的宗旨与发展目标

企业宗旨确立了自己的产品和服务范围,从而也决定了企业技术创新战略的基本方向与方式。美国国际矿物化学品公司将自己定义为"消灭人类饥饿",故该公司也相应地把自己技术创新的方向定为"为提高农业生产力"而进行相关的"新型化肥的研究与开发"。

企业的发展目标直接或间接地影响着企业技术创新战略选择。比如长虹电器股份有限公司确定自己所要实现的基本目标是中国最大、世界前列的家用电器制造商,因此该公司技术创新也主要以扩大电视机生产能力为主,通过形成"大而全"的自我配套系统而降低生产成本。这使得该公司能以比竞争对手想像还要低的价格拓展市场。

2) 企业的总体经营战略

总体经营战略是技术创新战略的前提,只有明确了总体经营战略的类型,才能决定技术创新战略的基本方式。一般而言,选择成本领先战略的企业在技术创新方面必须以工艺创新为重点,着重解决降低成本和扩大规模方面的流程改善问题;选择差异化战略的企业,则要以产品创新为技术创新战略的基本目标,积极开发新产品,使产品系列化、多样化;而选择集中战略的企业,其技术创新战略的重点是针对目标市场形成自己独特的技术优势或产品专利。

3) 企业实力

企业实力是指企业拥有资源的数量、质量及其资源配置能力的大小。一般而言,企业实力越大,技术创新能力越强,有利于选择主导型技术创新战略或独立研究开发型技术创新战略。反之,企业实力越弱,技术创新能力也较差,则选择模仿型或技术引进型技术创新战略就较为合适。

但是,在不同的产业,企业实力对技术创新战略选择的影响是不尽一致的。在传统的制造业,企业实力与企业规模一般成正比,其对技术创新战略选择的影响如前所述。在高新技术产业,企业实力并不一定与企业规模相关,而与人员素质以及对高新技术发展趋势的把握能力相关,故其对企业技术创新战略选择的影响比较复杂。如规模和名气远不如微软公司的网景(Netscape)公司却在计算机网络浏览器方面走到了前头,使微软的 IE 只能对网景的成功俯首称臣。一般而言,在高新技术产业面前,企业面临着相同的机会,故都可以选择主导型或自主型技术创新战略,而选择模仿型或技术引进型技术创新战略的风险反而比较大。

4) 产业竞争态势

技术创新需要由市场需求来拉动或由市场竞争来推动,这些都与产业竞争态势有关。波特教授提出的产业竞争分析框架,可以帮助我们理解这一点。

产业内现有企业之间的竞争主要由竞争者数量、竞争战略利益、产业增长空间和退出壁垒等因素决定。一般说来,竞争者数量越多、战略利益越有诱惑、产业增长空间越小和退出壁垒越高,企业之间的竞争越是激烈,企业技术创新的压力也就越大,为此企业就会倾向于采用自主型技术创新战略,以超越竞争对手。

潜在进入者威胁主要由进入壁垒、预期报复、进入扼制价格等因素决定。其中规模经济、专有技术等具体影响进入壁垒高低的因素对企业技术创新战略的影响有至关重要的作用,它决定着企业到底以工艺创新能力为主,还是以产品创新为主,抑或两者兼而有之。

替代品威胁往往是由于替代品具有更好的性能价格比或者更能满足顾客的需要。这对企业的产品创新提出了更高的要求,为此企业一般需要尽快获得相关产品专利,迎头赶上,才能在竞争中站稳脚跟。这样企业就倾向于选择模仿型或跟随型战略,或者以技术引进与创新相结合的战略为主。

供应方的谈判能力和需求方的谈判能力主要是由产品供求关系决定的。对企业而言,要在竞争中获得有利地位,就必须使自己的产品及其服务取得足够的竞争优势,这对企业技术创新至少有两个要求:一是努力提高企业产品或服务的差异化程度,以形成市场垄断;二是获得产品或服务方面的专有技术和知识产权,以形成技术垄断。为此,企业应更多地采用主导型或者自主型的技术创新战略。

5) 国家政策

国家对企业技术创新的政策引导和支持,已成为各国经济增长与发展不可或缺的推动力。在欧美、日本等市场经济国家,政府都十分注意制定科技与产业政策,以鼓励和管理企业的技术创新活动,并取得了不少成功的经验。如美国政府对高新技术产业化十分重视,支持创办硅谷等开发区,大力建设基础设施以保证高新技术的研究与开发,每年花巨资扶持企业的技术创新活动,日本则制定了"技术立国"战略,对企业的技术创新进行了宏观规划。我国政府近年来也制定了国家鼓励企业研究与开发活动的法律与政策,并在产业政策方面做出了相应的规定。政府政策主要是为现代企业的技术创新活动提供良好的环境和起到引导和鼓励作用。企业则可以在政策指导下选择相应的技术创新战略。

总之,现代企业的技术创新战略已成为企业发展战略的中心内容,而技术创新活动效率的提高,又要求企业选择适合自身发展的技术创新战略。需要指出的是,一个企业并不是只能选择一种类型的技术创新战略,而是可以根据其不同产品的市场竞争态势和企业的经营战略安排，选择各种不同的产品创新或工艺创新战略，并可以在市场经营不同阶段进行调整，只有这样，企业的技术创新活动才能真正保证企业形成自己的竞争优势。

11.4 现代企业产品创新与工艺创新

对于产品创新之于企业的重要性，索尼公司的创始人盛田昭夫曾有过这样一段话："企业的本能就是要使自己的产品过时、变旧，如果我们自己不这样做，我们的竞争对手也会迫使我们的产品成为过时的东西。"因此，面对日益激烈的市场竞争，积极主动地进行产品创新，以增强企业的市场竞争力，是现代企业市场竞争的要点所在，也是企业产品创新的意义所在。但是，以技术创新为核心的市场竞争能力的提高，仅有产品创新还不够，还需要有能够生产创新产品的工艺过程和装备，为此，工艺创新也成为企业技术创新活动的另一个主要内容，通过工艺创新，来提高产品质量、降低消耗并提高效率。

11.4.1 企业产品创新及其市场风险

1) 产品创新及新产品的界定

对产品创新的简要定义是，产品创新是指开发全新的产品或是将现有产品在结构、性能或形体、材质等某一个或某几个方面所作的明显的改进与改善活动。按照创新过程中技术变革程度的高低不同，产品创新又包括重大产品创新和渐进的产品创新两个层次。由此可知，产品创新实际上包括了技术变化程度不同的多种含义。相应地，我们对产品创新的成果——新产品的界定，也因产品创新程度的不同而分为两个层次。

（1）全新型产品。顾名思义，全新型产品意指前所未有的、新问世的产品。这类新产品通常是科学技术研究取得重大突破的必然产物，其转化为具体的产品、进入商业化运用的结果，往往会对人们的生活产生划时代的影响。例如，晶体管技术的出现为我们开辟了半导体的时代，而美国得克萨斯仪器公司的集成电路，又将我们带入微电子时代，继兰德发明电子计算机，计算机技术的突飞猛进的发展，将人类带入了完全的信息时代。

（2）更新型产品。更新型产品则是在已有的产品基础上，运用某项新技术、新材料或新工艺制造出的性能更加优良、更具特色的产品，也包括与原有产品性能相似但成本更低的产品。这类产品的创新活动，并不是对产品技术原理和已有的技术范式的重大突破，而主要体现在适应市场需求变化而不断做出的技术改进，如在电视机问世之后，有关企业相继开发的彩色电视机、高清晰度、立体音响、大屏幕、多功能的不同系列的电视机，就是在已有的技术基础上不断改进和创新的成果。这类产品创新的技术变化量较之全新产品的创新活动而言相对不高，但却同样可以创造许多市场机会，同样会产生巨大的市场吸引力，同样会对企业的竞争与发展产生推动作用。

2) 企业产品创新的策略选择及市场风险

由上面对产品创新及对新产品的不同层面的界定可以知道，企业的产品创新活动，相应地有两方面的策略选择：一是开发、创新全新产品，以赢得产品技术领先的绝对优势；二是在现有产品的基础上进行技术改进与再次开发,以维持和推进企业的发展。不同的企业,根据各自技术创新能力的不同、根据所处市场环境的不同,会有不同的产品创新策略选择。

不管企业具体选用怎样的产品创新策略,都需要大量的人力、财力、物力和智力的投入,都要承担相当的市场风险——高额的产品创新费用和过高的新产品开发失败率,也正因为如此,才促使越来越多的企业趋向于选择改进产品的创新组合。产品创新是一项失败率很高的高风险性技术活动,有资料显示,企业开发全新产品的失败率大致在20%~80%。

造成产品创新的高失败率的因素,可能来自于多个方面,也因不同企业所面对的具体环境的不同而产生不同的影响。归结起来,主要源自于如下几个方面。

（1）有发展前景的新产品构思的缺乏。一个独特的产品构思是产品创新的起点。在市场供应极大丰富的今天,有些产品如钢铁的创新构思已无更大的发挥空间。

（2）市场的过度细分化。市场竞争的愈演愈烈,导致了市场细分的过度化,这一方面促使企业更多地选择不同程度地改进产品以在不同的细分市场上满足目标顾客的需求;另一方面,细分后的较小的分市场,对企业而言也意味着产品进入后销售数量和销售利润的缩小,这必然又加剧了新产品的投入市场的投资回收风险。

（3）高额的产品创新成本。在一项新产品成功地为市场所接受之前,企业要为之付出巨额的创新投入。为获得一个良好的产品构思,企业必须先投入资金以取得大量的构思再加以提炼,整个构思的实现过程亦即产品开发过程亦需要相当的资金投入,随之而来的则是为新产品的推广而进行的生产性投入和市场营销投入。此外,企业还必须分担对已舍弃的诸多构思而投入的调研试验等费用。高额的产品创新成本,无疑会影响新产品的价格竞争力和顾客吸引力。

（4）资金短缺。即使拥有一个优秀的产品构思,也不是所有拥有它的企业都能如愿将其转化为创新的产品。其中的一个重要的制约因素,就是与高额的产品创新成本相对应的资金需求,很多企业的产品创新活动会因此而夭折。这一要素的客观存在,也是促成现今很多企业相互间选择结成战略联盟,乃至合并的主要动因之一。产品创新费用和与之相随的创新风险的高昂,会大大影响企业的产品创新能力和产品成本水平,进而影响企业的市场竞争力。为此,一些企业选择了合作创新的模式,彼此合作,共同分担创新费用,共同承担创新风险,并减少重复性的创新活动。

（5）开发速度加快,周期缩短。迫使企业必须要以比竞争对手更突出的优势、比竞争对手更快的速度来推陈出新,竞争的结果,带来了产品创新手段的不断更新和产品创新速度的加快。

（6）产品生命周期缩短。与产品开发速度加快相对应,一项新产品进入市场后,由于竞争的压力,其市场生命周期也会是缩短化的趋势。某一企业如若成功地开发了某项新产品,其竞争对手会迅速采用仿制、改进型模仿等各种途径来分享由这一新产品所创造出来的新市场,这就大大缩短了创新产品的生命周期,也使创新企业享有首创开发利益的时段也大为缩短。

从上述种种风险因素的分析中我们可以看出,导致产品创新高风险性的原因是多方面的,有生产方面的原因,有技术上的原因,还有一个重要原因来自于市场营销过程。美国的一个全国性工业团体对这一问题统计分类结果表明,由于前期市场分析失误、市场进入时机把握失误以及销售不力等市场营销工作方面的失误所导致的产品创新失败率高达63%,这表明产品创新并不只是一项仅属于技术范畴的活动,更需要相应的营销策略和营销技巧方面的配合。

11.4.2 产品创新过程

1) 一般阶段性模式(撇开消费品和工业品的具体差异)

产品创新活动的高风险性的客观存在,促使企业在产品创新活动过程的始终都必须遵循着一种步步为营、循序渐进的开发思想,对这一过程中的每一个环节都必须加以深入的研究。这里,我们撇开消费品和工业品的具体差异,而从一般意义来概括产品创新活动过程,这个过程通常可概括为三大阶段和10个环节。

概念开发(构思形成、构思筛选、经济效益分析);

实体开发(功能设计、结构设计、工艺设计、营销设计);

市场开发(技术性试验、市场试验、商品化)。

上述不同的环节存在着前后相连的逻辑联系,共同组成产品创新活动系统。其中任何一个环节的失败,都会导致整个创新活动的失败。换句话说,产品创新活动的成功,取决于创新过程中每个环节的成功,这一产品创新活动过程是国内外理论界和企业界普遍遵循并实践着的一种常见的新产品创新过程模式。但随着市场竞争的愈演愈烈和市场需求变化等市场环境的特征的日益明确,这种分工明确、循序渐进的阶段性开发模式的弊端也暴露得愈明显,过长的开发周期难以适应产品开发的新需求。

2) 同步开发模式

如前所述的一般模式,将开发过程视为一种环环相扣的阶段性过程,因此又可称之为阶段性模式。这一模式的突出特点是循序渐进,分工明确,便于组织与管理,而相对的不足则是开发周期的拉长,这与当今竞争异常激烈的市场背景存在着一定的相悖之处。因此,也有一些企业在寻求一种更新的、可以弥补这一缺陷的创新过程模式。例如,日本丰田汽车公司首创并推广了它的同步工程理论,并由此延伸出一种新的创新模式——同步开发模式。

对同步开发模式的简要解释就是打破创新过程的不同环节的前后逻辑关联,各环节可以并行作业,不同的专业人员(包括设计人员、工艺制造人员、销售维修人员、市场营销人员等)组成一个多专业开发组,协同工作,在同一个网络环境下,还可实现异地设计。信息的流动是双向的或多向的,而不只是单向流动,从而使创新过程犹如一个纵横交错的网络,这样可以保证产品设计阶段尽可能消除不必要的重复工作,大大缩短开发周期,并可以大大提高创新效率。同步开发模式的另一个优势体现在通过信息的多向流动,不同专业间可以密切合作,这有利于产生新的思想和概念。但同时,对不同环节的开发设计人员(包括工程技术人员、财务分析与控制人员以及营销策划人员等)的沟通与合作的要求也会大大提高,需要一种高度的团队协作精神,更需要一个强有力的管理与协调组织,这个组织的管理者必须具有迅速决策能力和协调能力,在重大产品创新活动中,甚至有必要对企业的整个结构乃至员工的工作方式均加以重点改变。

因此，面对现代产品开发的多重目标要求，企业必须着重对产品创新过程的研究，既要了解市场环境因素的变化动态，也要及时了解和尽快跟随开发技术的发展趋势。

目前，国内很多企业已广泛采用计算机辅助设计（CAD）、计算机辅助工艺规划（CAPP）、计算机辅助工程（CAE）等计算机辅助设计技术，这些技术的使用，为企业在新的市场环境和技术环境中寻找新的、能够满足减少创新投入，降低创新风险，同时又可缩短开发周期等多重目标的产品开发模式提供了有力的技术支持。

11.4.3 工艺创新

作为企业技术创新的另一个重要构成方面，工艺创新与提高产品质量、降低消耗和提高生产效率有着密切的联系。从广义的角度来界定工艺创新，应包括这样三个层面：一是对生产装备的更新，所谓"工欲善其事，必先利其器"，生产装备的先进程度如何，是企业技术基础的重要组成部分；二是对生产过程的重组，这是更高一个层次的工艺创新活动，是新的生产技术的运用，是对提高生产效率所做的根本性的创新活动；第三个层面也是最高层次的工艺创新活动，既有对生产装备的更新，又包括对整个生产过程的重组，这一层面的工艺创新活动，代表着企业生产方式的革命。

产品创新的成功，为企业的生存与发展，赢得了一定的竞争优势，但在竞争激烈的市场环境中，大量的创新模仿者及潜在竞争对手会受创新利益的吸引而迅速地进入同一市场，以分享创新产品的市场收益。竞争的结果，会使该产品的创新达到一个相当的程度，产品开始基本定型，这时该项产品的垄断利润会很快减少乃至消失。而此时，生产企业间市场竞争的焦点，就开始转向生产效率的提高和生产成本的降低，也就是说，此时企业对工艺创新活动的需求会不断增强，可以说这是市场竞争的必然。

实际上，产品创新与工艺创新，是企业技术发展历程中必须经历的两种创新活动。企业所要做的，是如何找到这两种创新类型间的制衡点，只是在企业发展的不同阶段，会有不同的侧重。此外，从提高技术水平，促进技术进步的角度讲，工艺创新带动的是企业技术基础水平的提高，达到相当程度的工艺创新活动，还会导致企业生产方式的重大变革。

与其他类型的创新活动一样，工艺创新也伴随着相应的风险。我们以工艺装备的更新为例，作为工艺创新的重要内容之一——生产装备的改进，就需要企业有大量的投入，这虽是企业提高产品质量和生产效率的必要步骤，但同时也构成了相当的投资压力。一般而言，现代企业尤其是最终产品生产企业在设计开发、加工制造和市场开拓这三大项活动的安排上，会选择重视两头，加强产品开发设计，并设立强大的市场开拓部门，而尽可能地把大部分部件的设计与制造实现社会化生产。在企业的实际运行过程中，我们也可以举出很多的成功实例来证明，对于企业的生存与发展而言，先进的管理方式（包括创新与营销）是更重要的，管理落后，即使装备再先进，也不可避免地要被市场所淘汰。但从宏观角度而言，从整个行业乃至整个社会的技术基础水平提高角度而言，工艺装备的更新，仍是相当重要的，它是生产工艺和生产方式创新能够取得应有的创新效益的物质基础和保证。

11.5 现代企业技术创新的扩散机制

11.5.1 技术创新扩散的基本含义

简要地讲,技术创新扩散就是"技术创新通过一定的渠道在潜在使用者之间的传播采用过程"。

按照扩散主体范围的不同,技术创新扩散可以分为三个层面:一是企业内部的技术创新扩散,主要是指创新技术在企业内部的应用范围的扩大,如某项工艺创新在企业内部的全面使用过程;二是企业和企业之间的技术创新扩散,通常含义上的技术创新扩散,就是指企业间的技术创新扩散,是指某一率先创新企业的创新技术被同一产业内的不同企业纷纷采用的过程;三是总体扩散,既包括企业内部的扩散,也包括企业间的扩散,这种扩散的结果,会使整个产业的技术水平因之而出现增长变化。按技术创新扩散主体所处的地理位置的差异,技术创新扩散又包括不同国家间的创新技术扩散,具体表现在创新企业的技术转移和他国企业的技术引进活动中;还包括在一国内的扩散情况,在国内的创新扩散过程,还可以此标准进一步细分化为不同地区之间的技术创新扩散。这对像我国这样不同地区间也存在着明显的技术差距的国家而言,如何组织和实施创新技术在不同地区企业间的扩散,应是技术创新政策的一个重要组成部分,也应是创新企业进行技术转移范围、方式等决策时要考虑的重要方面。从技术创新扩散的内容来看,技术创新的扩散主要包括创新观点的扩散,研究与开发扩散以及技术创新实施技术扩散三个方面。按照在技术创新扩散过程中所处地位的不同,企业可分为创新供应企业和创新采用企业两类。

创新采用企业可以从一个创新供应企业处获得创新技术,也可以从多个创新供应企业处获得创新技术,并且,创新技术的供应者也不一定只是企业,也可以是科研机构或大专院校。企业间的技术创新扩散,有时还要借助技术中介机构从中"穿针引线"。

创新观点的扩散,是技术创新扩散的第一步,研究开发技术和创新实施技术的扩散又统称为技术扩散。因此可以说,技术创新扩散包括创新观点扩散和技术扩散两方面。其中,创新观点扩散是技术扩散的前提,企业只有真正理解、接受了创新观点,明确了某一创新观点之于市场和技术发展的作用,这样才有可能产生采用创新技术的需要。因此,创新观点的扩散成功与否,主要取决于企业的经营者——企业家的洞察力和判断力,取决于企业家能否预见到这一技术观念的实际推广运用将会在市场上产生怎样的市场机会,并进一步判断是否要抓住这一机会。在企业接受了创新观点后,技术扩散过程就开始了,技术扩散能否成功,也就是说采用企业对创新技术的接受、吸收的程度会怎样,则将主要取决于采用技术本身的特性,比如复杂性等,取决于企业现有的技术基础是否为企业提供了必要的接受能力和吸收能力。比较创新观点的扩散过程而言,技术扩散过程存在着更多的障碍。

随着市场意识和竞争观念的不断深化,绝大多数中国企业都已充分认识到了技术创新对于企业发展的重要性,但在实际的技术扩散中,却仍存在着各种各样的障碍,如资金短缺、技术基础薄弱等,这些因素的不足,在一定程度上阻碍了技术扩散的进程,也削弱了技术扩散应有的效果。

11.5.2 对技术创新扩散的几种理论解释

技术扩散过程也就是企业采用技术创新成果的过程,对企业采用新技术成果的行为,学术界存在着如下一些解释。

(1)"传染说"。这种观点认为,技术创新的扩散过程是一个模仿的过程,这个模仿过程类似于传染病的传播过程,先由少数染病个体逐渐向外扩散,使得染病体不断增加,不被传染的健康个体越来越少,而且将被传染的概率越来越大。一个企业,是否会采用某种创新技术,在很大程度上是受其他企业是否采用的影响,如果某项技术,被某一个企业采用,则这一采用过程就会逐步"传染"开来,采用的企业就会越来越多,其他企业受到影响也会不断加入采用的行列,从而使这项新技术就在这一过程中扩散开来。

(2)学习说。这种观点认为,在扩散过程中,企业采用新技术的过程也就是企业的学习过程,既向率先企业学习,也向其他采用企业学习,学习已采用企业的采用经验以调整自己的采用行为,从而降低采用过程中的不确定性和风险性。如果某项创新技术,其他企业的采用效果较好,而取得这一效果的风险性和不确定性又很低时,企业就会采用这一创新技术,这是企业间技术扩散的学习过程。这种观点认为在企业内部的后续扩散过程中也存在着学习的情况,这一过程主要是自我总结,自我学习,学习和总结采用经验和采用效果,以便寻找出企业最佳的应用新技术的比例。

(3)"刺激——反应"说。这种观点认为,在创新的扩散过程中,企业的采用行为是一个"刺激——反应"机制。技术创新对某个尚未有采用行为的潜在采用者来说,是一个刺激变量,当技术创新的实际效果所给予这个企业的刺激量达到某个临界反应水平的时候,企业就会被激发而开始它的采用过程。这其中,对不同的企业而言,某项创新技术的刺激量和临界水平的高低是不一样的,而且在不同的时段也是不一样的。

(4)"竞争选择"说。这种观点认为,技术扩散是企业在采用创新技术的过程中,在多个可供选择的备选技术中,按某个标准进行选择的结果。各备选技术之间存在着相互的竞争,并且还可以相互替代,企业从中选择哪一项技术在很大程度上取决于当时的技术经济环境,而企业选择并采用的结果又反过来对技术经济环境的动态变化发生作用。

11.5.3 技术创新的扩散效应

技术扩散之所以与技术垄断一样,都是企业间技术竞争行为的一种,是因为与技术垄断相比,技术扩散也能给创新企业带来相应的"扩散效益"。这种效益与垄断效益一样,也是技术创新效益的一种形式。具体讲,创新企业所能取得的扩散效益包括如下几个方面。

(1)技术扩散是延长产品生命周期的有效途径。按照产品生命周期理论所揭示的产品发展轨迹,创新企业可以利用领先国和引进国间在技术发展水平上的差距,通过技术输出,向其他国家转移,这本身就是一个对外扩散技术过程。在这一过程中,本来业已走向成熟的技术及其产品又寻找到了新的市场,其生命周期在空间转移的同时得以延长。

(2)技术扩散也是企业分散风险的有效途径。通过对外扩散,为技术寻找生产成本更低的新市场,可以带动引进企业的二次创新活动,从而共同将这一技术的应用领域扩大,也就是共同将这块蛋糕做得更大,而这其中,最大的受益者往往还是技术输出企业。

(3) 技术扩散还有助于形成"创新—转让—再创新"的良性循环。对一项创新技术而言,要取得良好的创新效益,必须要实现批量生产。如若不能尽可能快地形成一定的生产能力,则这项技术的开发投资就无法及时收回,就会影响企业下一步的创新活动,更为严重的是,技术还有可能在这种半闲置或闲置状态中,面临惨遭淘汰的局面,这对企业而言,就是更大的威胁。因此,许多企业在创新技术的市场化选择上,会选择通过专利出售、技术授权等形式将创新技术在行业内扩散,一方面可以和接受技术的公司联合,分享创新技术的市场收益,获得相关的信息;另一方面又可以回收资金,进行下一轮的技术创新,使企业在资金积累的同时,始终保持创新能力。

(4) 尽管当前的技术竞争已演化到可谓"白热化"的程度,但世界各国企业,尤其是技术实力相当先进的企业,也在竞争中开始走向合作。当然,这种合作是建立在竞争基础上的,较之两败俱伤的"恶性竞争",有合作的竞争更能促成整个产业的良性发展。通过技术扩散,不仅可以为创新企业开启一个更广阔的市场,而且在既有竞争又有合作的新竞争原则下,通过其他企业各扬其长的尽情发挥,还可将技术创新的市场效益推向最大化,最终的结果,则是带动了整个产业的繁荣与发展。

11.5.4 技术创新扩散过程及其管理

技术创新的扩散过程,简要地说,包括创新供应过程,创新采用过程和供需双方的交流过程三个过程。如前所述,参与扩散过程的主体,不仅有企业,也可能是科研机构,大专院校和技术中介机构。参与者,尤其是企业,在扩散过程所担任的角色往往是多重的,因为扩散过程本身是一个发散的、范围不断扩大的过程。

一个最简单、也是最基本的扩散过程由这样三个不同主体相互合作完成。扩散源为起点,由技术创新中介从中搭桥,被一个采用企业接受,这是一个基本的扩散单元。而整体的扩散过程,则是由很多个这样的基本单元组成的,但却并不是基本单元的简单的叠加。在扩散过程中,作为扩散出发点的扩散源范围会不断扩大,第一个采用者在采用创新技术的同时,又成为一个潜在的创新供应者,它也由此而成为创新源的一部分。随着采用企业不断地增加,潜在采用企业中仍没有采用的企业数就不断缩小,直至完全采用,这时,该技术创新的扩散过程就结束了。

充当初始扩散源的可能是首次创新企业或科研机构,也可能是企业与科研机构的联合。在第一个采用企业采用了创新技术之后,它同时又成为其他潜在采用者的扩散源,是可能的或者称之为潜在的创新供应者,第二个采用企业可能会通过中介源扩散,从第一个采用企业处获得创新技术,也可能仍从初始扩散源处获得,以此类推,扩散范围不断加大。但需要指出的是,在扩散源形成之后,它的供应对象并没有确定,而是面向所有的潜在采用者的。不同的创新技术,因创新技术特点的不同,也因采用企业的能力差异,每一次基本扩散单元的扩散速度会各不相同,要提高整体扩散速度,就必须要提高每个扩散过程的扩散速度。

【案例 11-1】

1998年新年伊始,世界电脑产业报出特大新闻,名列全球个人电脑制造业第一的美国康柏公司宣布着手兼并另一家美国著名的计算机厂家——数字设备公司(DEC),两者合并成立的新康柏公司将成为全球第二大计算机公司(居IBM之后)。如果以1997年的产销量计算,在全球桌面PC、笔记本电脑、计算机工作站、PC服务器、入门档及中档企业级服务器和协同集成技术服务等7个领域中,除中档服务器,新康柏公司名列第六外,其余均进入全球前3名行列,而在桌面PC、PC服务器和入门级服务器等3个领域中,新康柏均居全球第一。

在许多人还在津津乐道这一事件的新闻价值时,不少职业人士已经清楚地看到这一购并案的真正意义。显然,这是康柏公司和DEC公司谋划已久的战略行动,其核心是实现这两大公司在产品、技术方面的优势互补效应,以提高新公司在未来全球计算机市场的竞争能力。以前,康柏公司的主要技术优势集中在个人电脑制造方面,而DEC公司则以服务器技术和系统集成技术服务为优势,DEC拥有2万余名技术服务工程师,有一个完善的全球客户和支持网络。在电脑网络化趋势日益明显的今天,PC技术如能配以强劲的服务技术则无异于如虎添翼,必将极大地增强康柏公司的技术优势和产品市场的优势。

康柏公司的这一大手笔是现代企业通过技术创新寻求战略发展机会的典型案例,对我国企业也是一个很好的启示。

【案例 11-2】

为实现2010年进入世界500强的战略目标,上海宝钢于1997年11月18日公布了宝钢的跨世纪的科技发展战略。该项跨世纪科技发展战略,在研究开发、产品创新和装备创新方面,都提出了具体要求。具体地讲,在产品创新方面,按照"生产一代,试制一代,预研一代"的原则,开发一批跟踪世界发展方向、技术领先、适应国内外市场需要的新产品;在装备创新方面,结束以引进设备为主的状况,发挥集团综合优势,联合国内外制造力量形成全新的设备制造体系。宝钢的这一技术创新战略中,包含了技术创新活动的两个方面:产品创新和工艺创新,也反映了我国企业面对国际市场竞争,以技术创新为核心提高自身竞争实力的发展思路。

本 章 小 结

企业面临的科技发展环境是:新技术出现的间隔越来越短;新技术开发周期越来越短;新技术研究开发费用越来越大。

科学技术越来越成为影响经济增长和劳动生产率提高的主要因素。

技术创新是一个全过程的概念,既包括新发明、新创造的研究和形成过程,也包括这些新发明和新创造的应用和实施过程,还应包括新技术的商品化、产业化的扩散过程,也就是新技术成果商业化的全过程。

技术创新的特征可归结为以下几个方面:① 创造性;② 累积性;③ 效益性;④ 风险性;

⑤ 扩散性。

技术创新的类型。① 按照创新对象的不同划分为：产品创新与工艺创新；② 按照创新技术的变化性质和技术创新程度及重要程度不同划分为：渐进型创新与突破型创新；③ 按照创新技术所涉及的生产要素的不同划分为：资本节约型技术创新和劳动节约型技术创新；④ 按照创新技术的层次不同划分为：企业技术创新与产业技术创新。

技术创新的形式。① 按照创新基础、创新投入和介入创新主体的范围的不同分为：首次创新与二次创新。② 按照技术创新活动过程中，参与创新活动的主体不同可以分为：自主创新和合作创新。

技术创新过程包括四大环节：① 创新思路形成阶段；② 将创新思维转化为新产品或新工艺的开发阶段；③ 新产品的市场营销活动阶段；④ 创新成果的扩散阶段。

现代企业技术创新战略可以按照两个方面进行分类：一是按照企业在所在产业技术创新中的地位划分；二是按照企业技术创新的源泉划分。

产品创新是指开发全新的产品或是将现有产品在结构、性能或形体、材质等某一个或某几个方面所做的明显的改进与改善活动。产品创新活动过程可概括为三大阶段和10个环节：概念开发（构思形成、构思筛选、经济效益分析）；实体开发（功能设计、结构设计、工艺设计、营销设计）；市场开发（技术性试验、市场试验、商品化）。

作为企业技术创新的另一个重要构成方面，工艺创新与提高产品质量、降低消耗和提高生产效率有着密切的联系。

技术创新扩散就是技术创新通过一定的渠道在潜在使用者之间的传播采用过程。

思考与练习

1. 基本概念

技术创新　技术扩散　产品创新　工艺创新　首次创新　二次创新　同步开发模式　渐进型创新　突破型创新　自主创新　合作创新

2. 思考题

（1）技术创新有哪些主要的经济特征？
（2）简述技术创新的主要形式。
（3）技术创新包括哪些主要过程？
（4）产品价格主要受哪些因素影响，这些因素之间的关系如何？
（5）技术扩散能给创新企业带来哪些扩散效益？

3. 讨论题

（1）技术创新战略的基本内容应着重回答哪些主要问题？
（2）企业技术创新战略选择应考虑哪些主要因素？
（3）试分析造成产品创新的高失败率的主要因素有哪些？

第12章 生产与运作管理

12.1 生产运作管理概述

生产是大多数人都了解的概念,它使人联想到工厂、机器和装配线。的确,过去生产管理几乎完全集中在制造领域,强调的是工厂使用的方法和技术。然而,随着服务业的兴起,生产的概念已经扩展,生产不再只是工厂里从事的活动了,而是一切社会组织将其主要的资源投入进去的最基本的活动,没有生产活动,社会组织就不能存在。于是,生产运作管理这一概念便应运而生了。

生产与运作活动是一个"投入→变换→产出"的过程,即投入一定的资源,经过一系列、多种形式的变换,使其价值增值,最后以某种形式的产出提供给社会的过程。也可以说,是一个社会组织通过获取和利用各种资源向社会提供有用产品的过程。上述定义可用图12-1表示。

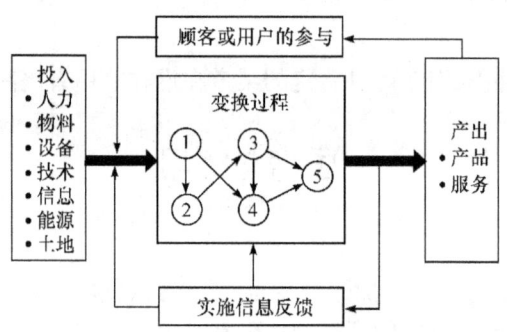

图12-1 生产与运作活动过程

12.1.1 生产运作管理的内容

生产运作管理是对生产运作系统的设计、运行与维护过程的管理,它包括对生产运作活动进行计划、组织与控制。

生产运作系统的设计包括产品或服务的选择和设计、生产运作设施的定点选择、生产运作设计布置和工作设计等。生产运作系统的设计对其运行有先天性的影响,其设计的好坏将直接影响到该系统的设计运行的绩效,甚至决定着一个企业的兴衰。

生产运作系统的运行,主要是在现行的生产运作系统中,组织如何适应市场的变化,按用户的需求,生产合格产品和提供满意服务。生产运作系统的运行涉及生产计划、组织与控制三个方面。计划方面解决生产什么、生产多少和何时生产,包括预测市场需求,确定提供产品或服务的种类与数量,编制生产作业计划等。组织方面解决如何合理组织本企业的劳动者、劳动资料、劳动对象和信息等生产要素,使有限的资源得到充分而合理的利用。控制方面解决如何保证系统按计划运行,包括生产进度控制、质量控制、物质消耗与库存控制以及成本控制等。

12.1.2 生产运作管理的目标与基本问题

生产运作管理所追求的目标可以用一句话来概括:高效、低耗、灵活、准时地生产合格产品或提供满意服务。

生产运作管理的基本问题包括以下五个方面。

1) 质量

如何保证和提高质量。质量包括产品的使用功能、操作性能、安全性能和保全性能等多方面含义。这些特性在生产运作管理中相应地转化为产品的设计质量、制造质量和服务质量问题——质量管理(quality management)。

2) 时间

如何保证适时适量地将产品投放市场。在现代化大生产中,生产所涉及的人员、物料、设备、奖金等资源成千上万,如何将全部资源要素在它们需要的时候组织起来,筹措到位,是一项十分复杂的系统工程,这也是生产运作管理所要解决的一个最主要问题——产品数量与交货期管理(delivery management)。

3) 成本

如何才能使产品的价格既为顾客所接受,同时又为企业带来一定的利润。它涉及人、物料、设备、能源、土地等资源的合理配置和利用,涉及生产率提高的问题,还涉及企业资金的运用和管理问题。归根结底,它可以归结为一个问题:努力降低生产运作成本——成本管理(cost management)。

上述三个问题可简称为 QDC 管理。QDC 管理历来都是生产运作管理的基本问题,但在今天,企业生产运作管理中还需要考虑以下两个问题:

4) 服务

如何提供附加服务,对于产品制造企业来说,随着产品的技术含量、知识含量的提高,产品销售过程中和顾客使用过程中,所需要的附加服务越来越多。当制造产品的硬技术基本一样时,企业通过提供独具特色的附加服务,就有可能赢得独特的竞争优势。对于服务业企业来说,在基本服务之外提供附加服务也会赢得更多的顾客。现在我国有些企业在制造产品的"硬"技术上与国际上的一些企业已相差无几,但在提供服务上,尚有较大的差距,从而影响了产品的竞争力。我国企业在改进和加强售后服务上,还需要下大功夫。

5) 环境

如何保护环境和合理利用资源。企业在生产对社会有用产品的同时,也会生产出一些"负产品",即所排泄的废水、废气、废渣等,从而给环境造成污染。当今,环境保护已经成为人类所面临的一个重大问题,而企业在这个问题上负有最直接的责任。此外,节约自然资源、使人类可持续发展的社会目标也需要企业在生产运作过程中尽量合理地获取和利用资源。为此,国际标准化组织已经于1996年颁布了有关环境管理的ISO1400系列标准,以此推动和促进企业在环境管理和人类可持续发展方面的责任,当今,企业是否取得了ISO14000的认证已经成为企业走向国际市场的又一个"通行证"。

以上五个问题,构成了当今生产运作管理的基本问题。但这并不是生产运作管理的全部内容。生产运作管理的另一大类基本内容是资源要素管理,包括设备管理、物料管理、信息管理以及人员管理。其中在设备管理和人员管理中,尤其需要强调的一点是"安全生产"问题。安全生产主要包括两个含义:通过设备保障和事故预警系统来提高生产的安全性;通过安全教育、技能培训和严格操作规程来保证生产人员的安全。这个问题看起来是老生常谈,但却仍然是当今我国企业生产管理中一个十分重要的问题。

事实上,生产运作管理中的这两大类管理是相互关联、相互作用的:质量保证离不开物料质量、设备性能以及人的劳动技能水平和工作态度;降低成本取决于人、物料、设备的合理利用。反过来,对设备与物料本身,也有QDC的要求。因此,应当以系统的、集成的观点来看待和处理这些不同的分支管理之间的相互关系和相互作用。

在市场竞争环境下,不同企业有各自不同的竞争策略和各自不同的成功经验。但归纳起来,有一点是共同的,即最终都体现在企业所提供的产品的好坏上,哪个企业的产品质量好,价格低,又能及时提供,哪个企业在竞争中就能取胜。因此,企业之间的竞争最终是企业产品和服务之间的竞争,而企业产品和服务的竞争力,在很大程度上取决于企业生产运作管理的绩效:如何保证质量,降低成本,把握时间。从这个意义上来说,生产运作管理是现代企业经营管理领域中最富有挑战性的内容之一。在20世纪80年代,美国工商企业界的高层管理者们曾经把兴趣更多地偏重于资本运营、营销手段的开发等,而对集中了企业绝大部分财产和设备的生产系统,缺乏应有的重视,其结果导致整个生产活动与市场竞争的要求相距越来越远。而后起的日本企业,则正是靠它们卓越有成效的生产管理技术和方法,使其产品风靡全球,不断提高其全球竞争力。在今天,绝大多数美国企业已经意识到了生产运作管理对企业竞争力的重要意义,开始大力通过信息技术的应用等手段来加强生产运作管理。今天的中国企业实际上也面临类似的问题,西方国家的经验教训值得我们借鉴。

12.1.3 生产运作管理与传统生产管理的区别

首先,生产运作管理的范围与传统生产管理相比,变得更宽。一方面体现在传统生产管理的范围集中于制造业,而生产运作管理的范围扩展到制造业以外的服务业;另一方面体现在传统生产管理的着眼点主要在生产系统内部,即着眼于在一个开发、设计好的生产系统内,对开发、设计好的产品的生产过程进行计划、组织与控制,而生产运作管理既包括对生产运作系统内部运行的管理,又包括对生产运作系统设计的管理。

其次,由于计算机已代替手工成为企业管理的主要手段以及随着市场需求的日趋多变和技术突飞猛进,企业生产类型的主流已由大量生产类型转变为多品种、中小批量的生产类型,因此生产运作管理与传统生产管理相比,无论是在管理组织结构还是在管理的技术与方法上都有很大的差异。

12.1.4 生产运作管理的有关概念

1) 生产过程

广义的生产过程是指从生产技术准备至产出成品的全过程。狭义的生产过程是指原材料投入生产至产出产品的全过程。产品的生产过程是人的劳动过程和自然力相结合发生作用的组合。研究生产过程应从广义角度进行。

制造企业的生产过程从它所经过的各个阶段对产品生产所起的作用看,都由以下四部分组成。

(1) 生产技术准备过程。生产技术准备过程是指产品在投入生产前所进行的各种生产、技术、组织的准备工作(如产品设计、工艺设计、工艺装备的设计与制造、工艺操作规程的编制,标准化工作等)的过程。

(2) 基本生产过程。基本生产过程是指直接对劳动对象进行加工,把劳动对象变为企业产品的过程。企业的基本生产过程代表了企业基本特征、专业方向和专业化水平。

(3) 辅助生产过程。辅助生产是指为保证基本生产过程正常进行所必须从事的各种辅助性生产活动(一般包括企业动力生产和供应,刀具、模具制造,专用设备制造,设备修理与维护等)的过程。

(4) 生产服务过程。生产服务过程指为保证基本生产和辅助生产过程的正常进行所必须从事的各种非物质生产活动(如原材料及半成品供应、运输、保管、产品检验以及产品的发运等)的过程。

在上述生产过程的四个组成部分中,基本生产过程是核心部分,其他三个部分是为基本生产过程服务的。

2) 生产类型

按一定标志对生产过程划分的类别,就是生产类型,它是生产产量、品种以及专业化程度在技术、经济、组织上的综合反映。生产类型是我们认识企业特征的桥梁,是影响生产过程组织的主要因素。生产类型可以从多角度进行划分,如图12-2所示。

在制造业中一般按生产的专业化程度划分生产类型。生产的专业化程度可通过产品品种、产量、生产的重复性等因素来衡量。按这种标志分类在实际中习惯将生产类型分为大量大批生产、成批生产和单件小批生产。三种生产类型的主要特点如表12-1所示。

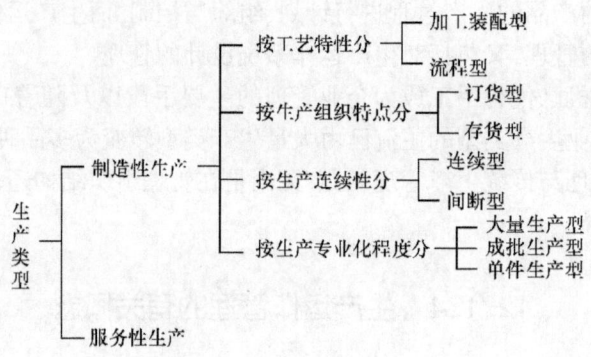

图 12-2 生产类型划分

表 12-1 不同生产类型的特点

	大量大批	成批生产	单件小批
产品品种	单一或很少	较多	很多
产品产量	很大	较大	单个或很少
工作地工序数目	1道或2道工序	较多	很多
设备布置	按对象原则,采用流水生产或自动线	既有按对象原则排列的又有按工艺原则排列的	基本按工艺原则排列
生产设备	广泛采用专用设备	专用、通用设备并存	采用通用设备
设备利用率	高	较高	低
应变能力	差	较好	很好
劳动定额的制定	详细	有粗有细	粗略
劳动生产率	高	较高	低
计划管理工作	较简单	较复杂	复杂多变
生产控制	容易	难	很难
产品成本	低	较高	高
产品设计	易按"三化"设计	"三化"程度较低	按用户要求设计

12.2 生产过程组织

12.2.1 组织生产过程的基本要求

生产过程组织是指对生产过程中的劳动者、劳动工具、劳动对象以及生产过程的各个环节、阶段和工序的合理安排,使之在空间上平衡,在时间上衔接,紧密配合,形成一个协调的产品生产系统。它的基本任务是保证产品制造的流程最短、时间最少、耗费最省,并按计划规定的产品品种、质量、数量、期限等生产出社会需要的产品。合理组织生产过程要满足以下要求。

1）生产过程的连续性

生产过程的连续性是要求产品生产过程的各个工艺阶段、工序之间在时间上紧密衔接，连续进行。它表现为产品及其零部件在生产过程中始终处于运动状态，不发生或很少发生中断现象。保证和提高生产过程的连续性，可以缩短产品生产周期，减少在制品的数量，加速资金周转，同时能更充分地利用物资、设备和生产面积。

实现生产过程的连续性要注意几个关键环节：设计合理的生产工艺路线，采用先进的生产组织形式，做好技术准备，搞好生产服务工作。

2）生产过程的比例性

生产过程的比例性是要求生产过程各基本生产与辅助生产之间，各工艺阶段、各工序之间，在生产能力和生产数量上保持一定的比例关系。它表现在人员、设备、生产面积之间达到能力协调和相互适应，料、物成比例。必须指出，生产过程的比例性是相对的、动态的，应随着生产技术的改进，产品品种、产量和原材料构成的变化而进行相应的调整。

3）生产过程的均衡性

生产过程的均衡性是要求生产过程的各基本环节和工序在相同的时间间隔内，生产相等或稳定递增数量的产品，每个工作地的负荷经常保持均匀，未出现前松后紧的现象，保持有节奏的均衡生产。均衡性特点是连续性和比例性特点所决定的。

4）生产过程的平行性

生产过程的平行性是要求生产过程的各工艺阶段、各工序在时间上实行平行作业，产品各零部件的生产能在不同空间同时进行，为此，产品的生产周期大大缩短，在同一时间内提供的产品更多。平行性是生产过程连续性的前提。

5）生产过程的适应性

生产过程的适应性是要求生产过程的组织设计应能较好地适应市场多变的特点，能灵活进行多品种、小批量的生产，不断满足复杂多变的社会需求。要提高生产过程的适应性，必须采用先进生产组织方式和方法，使用先进加工技术，如成组技术、混流生产等。

合理组织生产过程的五项要求是互相联系、互相影响的，在生产过程的组织、计划、控制过程中，需根据具体情况综合考虑时间，资金占用，有关费用等多项因素，统筹安排，提高经济效益。

12.2.2 生产过程组织的基本内容

生产过程的组织包括互相联系的两项内容，即生产过程的空间组织和生产过程的时间组织。

1）生产过程的空间组织

生产过程的空间组织是指在一定的空间内,合理地设置企业内部各基本生产单位(车间、工段、班组),使生产活动能高效地顺利进行。这里主要从生产车间的设备布置角度加以说明。生产过程的空间组织有以下两种典型的形式。

(1) 工艺专业化形式。工艺专业化又称为工艺原则,就是按照生产过程中的各个工艺阶段的工艺特点来设置生产单位。在工艺专业化的生产单位内,集中着同种类型的生产设备和同工种的工人,完成各种产品的同一工艺阶段的生产,即加工对象是多样的,但工艺方法是同类的,每一生产单位只完成产品生产过程的部分工艺阶段和部分工序的加工任务,产品的制造完成需要各单位的协同努力。如机械制造业中的铸造车间、机加工车间、热加工车间及车间中的车工段、铣工段等,都是工艺专业化生产单位。工艺专业化示意图见图12-3。

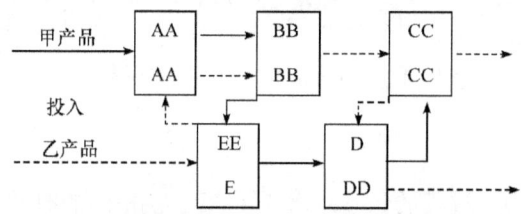

图 12-3 工艺专业化示意图

(A,B,C,D,E 为不同类型设备;——→甲产品路线;----→乙产品路线)

工艺专业化组织形式的优点是:适应性强,可以适应企业中不同产品的加工要求;便于充分利用设备和生产面积;利于加强专业管理和进行专业技术指导;个别设备出现故障或进行维修,对整个产品的生产制造影响小。它的缺点是:产品加工过程中运输路线长,运输数量大,停放、等待的时间多,生产周期长;增加了在制品数量和资金占用;生产单位间的协作复杂,生产作业计划管理、在制品管理、成套性进度管理等诸项管理工作,量大且复杂。

工艺专业化形式适用于企业产品品种多、变化大、产品制造工艺不确定的单件小批生产类型的企业。它一般表现为按订货要求组织生产,特别适用于新产品的开发试制。

(2) 对象专业化形式。对象专业化又称为对象原则,就是按照产品(或零件、部件)的不同来设置生产单位,即根据生产的产品来确定车间的专业分工,每个车间完成其所负担的加工对象的全部工艺过程,工艺过程是封闭的。在对象专业化生产单位(如汽车制造厂中的发动机车间、底盘车间、机床厂中的齿轮车间等)里,集中了不同类型的机器设备、不同工种的工人,对同类产品进行不同的工艺加工,能独立完成一种或几种产品(零件、部件)的全部或部分的工艺过程,而不用跨越其他的生产单位。对象专业化示意图如图12-4所示。

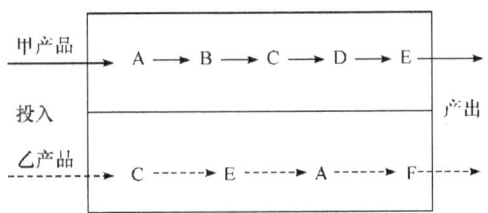

图 12-4 对象专业化示意图

(A,B,C,D,E,F 为不同类型设备；——甲产品路线；----乙产品路线)

对象专业化形式的优点是：生产比较集中，生产周期短，运输路线短，周转量小；计划管理、库存管理相对简单；在制品占用量少、资金周转快，协作关系少；有利于强化质量责任和成本责任，便于采取流水生产等先进生产组织形式，提高生产效率。它的缺点是：对市场需求变化适应性差，一旦因生产的产品商场不再需求而进行设备更换，则调整代价大；设备投资大(由于同类设备的分散使用，会出现个别设备负荷不足，生产能力不能充分利用)；不利于开展专业化技术管理。

对象专业化形式适用于企业的专业方向已定，产品品种稳定、工艺稳定的大量大批生产，如家电、汽车、石油化工品生产等。

在实际生产中，上述两种专业化形式往往是结合起来应用的。根据它们所占比重的不同，专业化形式又可分为：在对象专业化形式基础上，局部采用工艺专业化形式；在工艺专业化形式基础上，局部采用对象专业化形式。

2) 生产过程的时间组织

合理组织生产过程，不仅要求生产单位在空间上密切配合，而且要求劳动对象和机器设备在时间上紧密衔接，以实现有节奏的连续生产，达到以提高劳动生产效率和设备利用率、减少资金占用、缩短生产周期的目的。生产过程在时间上的衔接程序，主要表现在劳动对象在生产过程中的移动方式。劳动对象的移动方式，与一次投入生产的劳动对象数量有关。以加工零件为例，当一次生产的零件只有一个时，零件只能顺序地经过各道工序，而不可能同时在不同的工序上进行加工。如果当一次投产的零件有两个或两个以上时，工序间就有不同的移动方式。一批零件在工序间存在着三种移动方式，这就是顺序移动、平行移动、平行顺序移动。

(1) 顺序移动方式。顺序移动方式指一批零件在前一道工序全部加工完毕后，整批转移到下一道工序进行加工的移动方式。其特点是：一道工序在工作，其他工序都在等待。若将各工序间的运输、等待加工等停歇时间忽略不计，则该批零件的加工周期的计算公式 $T_{顺}$ 为

$$T_{顺} = n \sum_{i=1}^{m} t_i \qquad (12-1)$$

式中，n 为该批零件数量；m 为工序数；t_i 为第 i 道工序的单件加工时间。

顺序移动方式的优点是：一批零部件连续加工，集中运输，有利于减少设备调整时间，也便于组织和控制。其缺点是：零件等待加工和等待运输的时间长，生产周期长，流动资金周转慢。

(2) 平行移动方式。平行移动方式指一批零件中的每个零件在每道工序加工完毕以

后,立即转移到后道工序加工的移动方式。其特点是:一批零件同时在不同工序上平行进行加工,因而缩短了生产周期。其加工周期 $T_平$ 的计算公式为

$$T_平 = \sum_{i=1}^{m} t_i + (n-1)t_长 \tag{12-2}$$

式中,$t_长$ 为各加工工序中最长的单件工序时间。

采用这种移动方式,不会出现制件等待运输的现象,所以整批制件加工时间最短,但由于前后工序时间不等,当后道工序时间小于前道工序时间时,后道工序在每个零件加工完毕后,都有部分间歇时间。

(3) 平行顺序移动方式。平行顺序移动吸收了上述两种移动方式的优点,避开了其短处,但组织和计划工作比较复杂。其特点是:当一批制件在前道工序上尚未全部加工完毕,就将已加工的部分制件转到下道工序进行加工,并使下道工序能够连续地、全部地加工完该批制件。为了达到这一要求,要按下面规则运送零件:当前一道工序时间少于后道工序的时间时,前道工序完成后的零件立即转送下道工序;当前道工序时间多于后道工序时间时,则要等待前一道工序完成的零件数足以保证后道工序连续加工时,才将完工的零件转送后道工序。这样就可将人力及设备的零散时间集中使用。平行顺序移动方式的生产周期 $T_{平顺}$ 在以上两种方式之间,计算公式为

$$T_{平顺} = n\sum_{i=1}^{m} t_i - (n-1)\sum_{i=1}^{m-1} t_{较短} \tag{12-3}$$

式中,$t_{较短}$ 为每相邻两道工序中较短的单件工序时间。

例 某产品生产 3 件,经 4 道工序加工,每道工序加工的单件工时分别为 10 分钟、5 分钟、20 分钟、10 分钟,现按三种移动方式计算其生产周期,三种移动方式示意图如图 12-5、图 12-6、图 12-7 所示。

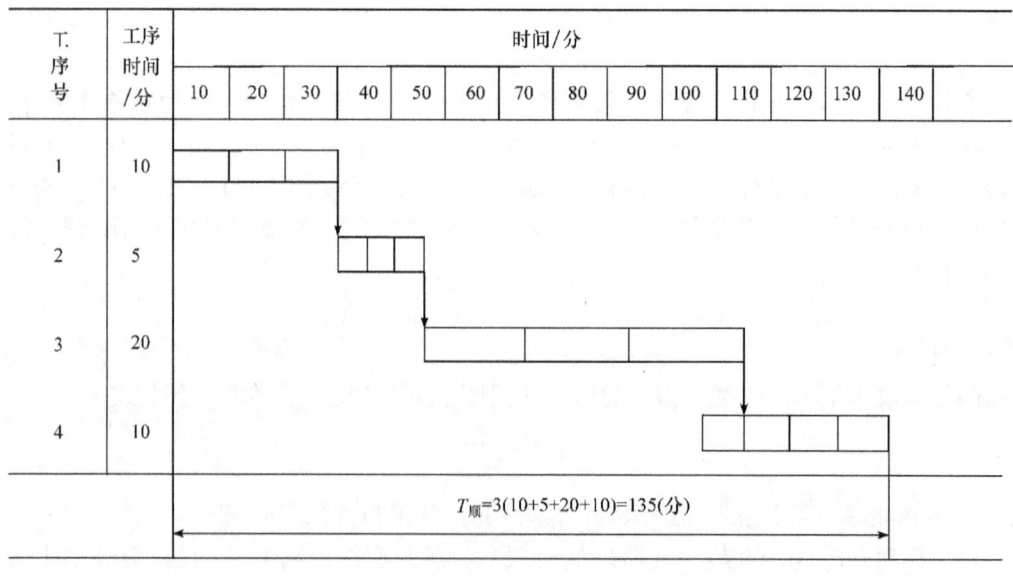

图 12-5 顺序移动方式示意图

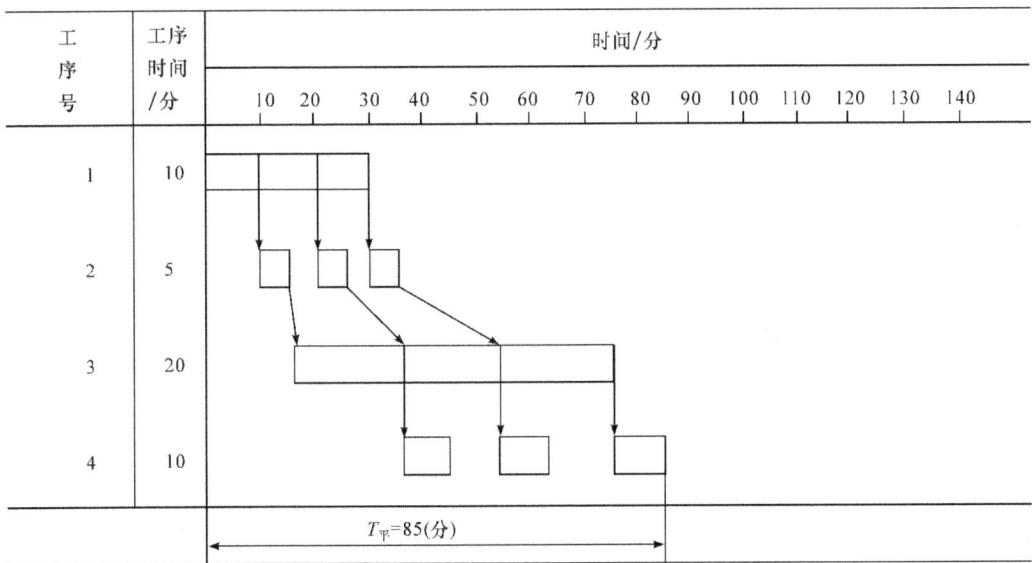

注：$T_{平} = \sum_{i=1}^{m} t_i + (n-1)t_{长} = (10+5+20+10) + 2 \times 20 = 85(分)$

图 12-6 平行移动方式示意图

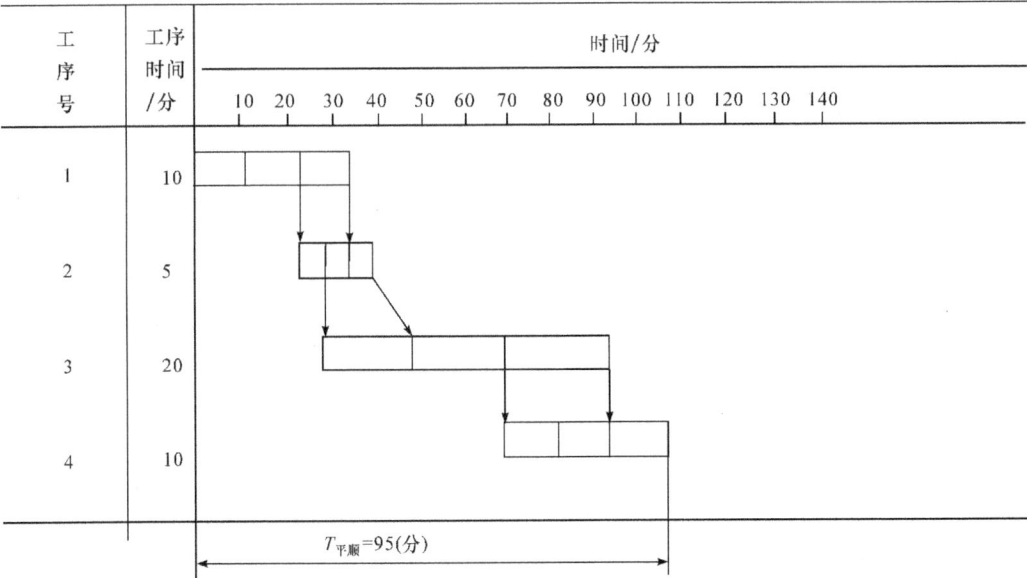

注：$T_{平顺} = n\sum_{i=1}^{m} t_i - (n-1)\sum_{i=1}^{m-1} t_{较短} = 3 \times (10+5+20+10) - 2 \times (5+5+10) = 95(分)$

图 12-7 平行顺序移动方式示意图

在选择移动方式时,应结合具体情况来考虑,灵活运用。一般对批量小或重量轻而且加工时间短的零件,宜采用顺序移动方式,反之宜采用另外两种移动方式;按对象专业化形式设置的生产单位,宜采用平行顺序移动方式或平行移动方式;按工艺专业化形式设置的生产单位,宜采用顺序移动方式;对生产中的缺件、急件,则可采用平行或平行顺序移动方式。

12.2.3 生产过程的组织形式

研究分析生产过程组织的基本目的,在于寻求高效、低耗的生产组织形式,将生产过程的空间组织与时间组织有机地结合。企业必须根据其生产目的和条件,采用适合自己生产特点的生产组织形式。

1) 流水线和自动化流水线

流水线(又称为流水作业)是指劳动对象按照一定的工艺过程,顺序地、一件接一件地通过各个工作地,并按照统一的生产速度和路线,完成工序作业的生产过程组织形式。它将对象专业化的空间组织方式和平行移动的时间组织方式高度结合,是一种先进的生产组织形式。流水线具有如下特点。

(1) 专业性。流水线上各个工作地的专业化程度很高,即流水线上固定地生产一种或几种制品,固定地完成一道或几道工序。

(2) 连续性。流水线上的制品在各工序之间采用平行或平行顺序移动,消除或最大限度地减少制品的延误时间。

(3) 节奏性。流水线生产都必须按统一节拍或节奏进行。所谓节拍,是指流水线上连续出产两件制品的时间间隔。

(4) 封闭性。生产工艺过程是封闭式的,各工作地按照制品的加工顺序排列,制品在系统内部作单向顺序移动,完成工艺过程的全部或大部分加工。

(5) 比例性。流水线上各工序之间的生产能力要相对控制,力求平衡,尽量保证生产过程的比例性和平行性。

流水线的形式和种类繁多,若按流水线机械化程度来划分,可分为自动化流水线、机械化流水线和手工流水线。目前出现最多的是机械化流水线。自动化流水线是流水线生产的高级形式,其生产连续性强,繁重的手工劳动和有害条件下的手工劳动完全由自动设备和机器人取代,产品在流水线上自动地进行加工、检测、装卸和运输,生产效率大大提高。

一个企业若要建流水线,应进行充分的可行性分析和论证。建流水线一般应具有以下条件:①市场需求大,产品品种稳定且量大,以保证流水线的正常负荷;②产品的结构、加工工艺、性能等应比较先进;③产品的加工过程能够细分,能分解成单个的工序,以便组织生产;④企业自身条件,如资金、生产面积、技术力量能达到要求;⑤产品的检验工作能够在流水线上进行或通过工艺设备保证。

2) 成组技术与成组加工单元

随着社会经济的发展,社会的需求出现了多品种、多变化的趋势。为提高多品种小批量生产的效率,出现了成组技术,使多品种小批量生产获得大量流水线生产的高效率和低成本效果。成组技术(GT)是一种以零部件的相似性(主要指零件的材质结构、工艺等方面)和零件类型分布的稳定性、规律性为基础,对其进行分类、归并成组并进行编码制作,以提高加工的批量,获得较好的经济效益的技术。在应用成组技术中,发展了一具多用的成组夹具,一组成组夹具一般可用于几种甚至几十种零件的加工。成组技术根本改变了传统的生产组织方法,它不以单一产品为生产对象,而是以"零件组"为对象编制成组工艺过程和成组作业计划。

成组加工单元,就是使用成组技术,以"组"为对象,按照对象专业化布局方式,在一个生产单元内配备不同类型的加工设备,完成一组或几组零件的全部工艺的生产组织。采用成组加工单元,加工顺序可在组内灵活安排,多品种小批量生产可获得接近于大量流水生产的效率和效益。目前,成组技术主要应用于机械制造、电子、兵器等领域。它还可应用于具有相似性的众多领域,如产品设计和制造、生产管理等。

3) 柔性制造单元

柔性制造单元,即以数控机床或数控加工中心为主体,依靠有效的成组作业计划,利用机器人和自动运输小车实现工件和刀具的传递、装卸及加工过程的全部自动化和一体化的生产组织。它是成组加工系统实现加工合理化的最高级形式。它具有机床利用率高、加工制造与研制周期短、在制品及零件库存量低的优点。柔性制造单元与自动化立体仓库、自动装卸站、自动牵引车等结合,由中央计算机控制进行自动加工,就形成柔性制造系统。柔性制造单元与计算机辅助设计等功能的结合,则成为计算机一体化制造系统。

总之,上述技术的出现改变了单件小批生产的生产过程组织形式和物流方式,使之获得了接近于大量流水生产的技术经济效益,符合市场需求多样化、小批量和定制方向的趋势,代表了现代制造技术的发展方向。

12.3 生产计划和生产作业计划

12.3.1 生产计划

生产计划,是指企业在一定时期内,规定产品的品种、数量、质量、进度等项指标的计划。它是企业生产管理的重要依据。工业企业的生产计划分为中长期生产计划、年度生产计划和生产作业计划几个层次。

中长期生产计划是企业中长期发展计划的重要组成部分,计划期一般是3年、5年、10年或更长。它是根据企业经营发展战略中有关产品方向、市场范围、生产规模、技术水平和财务成本等方面的发展要求,对企业生产能力的增长水平、企业重大技术改造和设备投资等方面所做的规划。

年度生产计划是企业年度经营计划的核心,计划期为1年,它是根据企业的经营目标、利润计划、销售计划的要求和其他主客观条件,确定企业计划年度内的生产水平,包括产品品种、质量、产量、产值等生产指标。

1) 年度生产计划的指标体系

（1）产品品种指标。产品品种指标规定了企业在计划期内出产的产品名称、型号、规格和种类。

（2）产品质量指标。产品质量指标规定了企业在计划期内产品质量应达到的质量标准（国际标准、国家标准、部颁标准、企业标准等）。一类是产品本身的质量指标，如等级率（一等品率、优等品率）、使用寿命等，另一类是产品生产过程中的工作质量指标，如合格品率、废品率、返修品率等。

（3）产量指标。产量指标规定了企业在计划期内出产的合格产品的数量，以实物单位计量。确定产量指标时可用盈亏平衡分析法、线性规划法等。

（4）产值指标。产值指标是用价值量表示产量指标，能综合反映企业生产的总成果。

2) 生产计划的编制

编制生产计划要围绕企业经营目标的要求，了解市场需求，遵循"以销定产"的原则，根据企业的生产能力，合理安排企业年度生产品种、质量、产量、产值和生产进度等指标。编制的生产计划要与企业经营计划的其他各项专业计划协调平衡，即与销售计划、财务计划、物资供应计划、成本计划、辅助生产计划等计划协调平衡，同时生产计划的实施要有企业技术改造计划、技术组织措施计划的支持和保证。编制生产计划一般要通过调查研究、试编、反复修改、协调，最后达到综合平衡。

12.3.2 生产能力

企业的生产能力，是指企业在一定的生产组织技术条件下，在一定的时期内（通常为一年），全部生产性固定资产所能生产某种产品的最大数量或所能加工处理某种原材料的最大数量。它是反映企业生产可能性的一个重要指标，是企业安排生产任务、制定规划的依据。目前，我国企业生产能力主要从用途和结构角度进行分类。

1) 从用途的角度分为设计能力、查定能力和计划能力

设计能力是企业在设计任务书和技术文件中规定的、在正常条件下应达到的生产能力。查定能力是指经过技改或革新，原有设计能力与实际发生变化，进行重新调查和核定后的生产能力。计划能力又称为现实能力，指在计划年度内，依据现有的生产技术组织条件以及年度内能够实现的技术组织措施而实际能够达到的生产能力。计划能力是编制年度生产计划和各项指标的依据。

2) 按结构分为单机生产能力、环节生产能力、综合生产能力

从结构上看，单机生产能力决定环节生产能力，环节生产能力决定综合生产能力，综合生产能力受环节中最薄弱部分的生产能力制约。

12.3.3 生产作业计划

生产作业计划是企业生产计划的延续和具体化,是为实施生产计划、组织企业日常生产活动而编制的执行性计划。

1) 生产作业计划的任务和内容

生产作业计划工作包括制定期量标准、生产作业准备的督促与检查、生产调度、在制品管理、生产作业统计与分析、生产作业计划执行情况的考核等。

生产作业计划从空间、时间、劳动对象三个角度把生产计划落到实处。把生产计划的各项指标层层落实到科室、车间、工段、班组及机台,把全年的任务细分为每月、每周直到每天、每班的具体任务;把劳动对象细分后落实到部件、零件、工序,从而明确在具体的机台、具体的时间完成具体的任务,通过生产作业计划使企业各部门、各环节之间达到互相配合,紧密衔接。

2) 期量标准

编制生产作业计划需要科学的依据。这个依据就是对加工对象(零件、部件、产品等)在生产期限和生产数量上所规定的标准数据,所以它也称为期量标准("期"就是时间,"量"就是数量)。不同类型的企业,不同的生产过程组织形式,所采用的期量标准不同,现介绍几种主要的期量标准。

(1) 批量和生产间隔期。批量是一次投入(或出产)的同种产品(或零件)的数量,即花费一次准备和结束时间生产相同制品的数量。生产间隔期是指相邻两批同种产品(或零件)投入(或出产)的时间间隔,通常采用日、周、旬、月、季及其倍数。二者关系可用下式表示

$$批量 = 生产间隔期 \times 平均日产量 \qquad (12-4)$$

式中

$$平均日产量 = \frac{计划期产量}{计划期工作日数}$$

由式(12-4)看到,生产间隔期延长,则批量加大,准备次数变少,设备利用率提高。但由于生产间隔期延长,导致在制品量加大,流动资金占用额增加,周转变慢;反之,则准备次数变多,设备利用率变低。因此,批量与生产间隔期的确定合理与否,直接影响企业的各项费用(如存货保管费,设备、工具调整费等)。企业应根据实际情况,合理确定批量和生产间隔期,常用的确定方法有经济批量法、以期定量法、最小批量法。

(2) 生产周期。产品的生产周期,是指产品从原材料投入生产开始一直到成品出产为止的全部日历时间(或工作日数)。产品的生产周期由各个零部件的生产周期组成,一般先根据生产流程,确定零部件在各工艺阶段上的生产周期,然后汇总确定产品的生产周期。

为缩短产品的生产周期,应尽可能使各工艺阶段平行交叉作业,同时为防止生产脱节,在工艺阶段之间要注意留有必要的保险时间。

(3) 生产提前期。生产提前期是指制品在各工艺阶段投入或出产的日期比成品出产日

期应提前的时间。它是以成品出产日期为起点,按反工艺顺序计算出各工艺阶段的出产提前期和投入提前期。

(4) 在制品定额。在制品是指从原料投入到成品入库为止,处于生产过程中所有尚未完工的毛坯零件、部件和产品的总称。一定数量的在制品是保证生产连续不断进行的必要条件。但在制品过多,又会使工作场所拥挤,流动资金占用过多,保管费用增加,因此必须确保生产衔接所必需的最低限度的在制品储备。这个储备量标准就叫做在制品定额。

3) 生产作业计划的编制

生产作业计划有厂级、车间级、班组级三种。在编制次序上,首先有全厂分解到各车间的生产作业计划,然后再编制车间内部生产作业计划。不论哪级生产作业计划,其编制方法都是基本相同的。决定生产计划编制的主要因素是生产类型、企业规模和生产组织形式。以制造装配型企业为例,生产作业计划编制方法主要有:在制品定额法、提前期法(累计编号法)、生产周期法等,对于大型的、关系复杂的生产任务的安排可采用网络计划技术方法。

12.3.4 生产作业控制

生产作业控制,是按照生产计划的要求,组织生产作业计划的实施,在产品投产前的准备到成品入库的整个过程中,从时间和数量上对作业进度进行控制,在实施中及时了解计划与实际之间的偏差并分析其原因,认真调整生产进度,调配劳动力,合理利用生产能力,控制物料供应及运送,保质保量完成任务。

生产作业控制是实现生产作业计划的重要保证,是整个生产过程的一个主要组成部分。

1) 实施控制的两个重要环节

(1) 产前控制。产前控制是生产过程控制的开始,主要指投产前的各项准备工作控制,包括技术、物资、设备、动力、劳动力等的准备,以保证投产后整个生产过程能均衡、协调、连续进行。

(2) 产中控制。产中控制即投入产出控制,是在投料运行后对生产过程的控制。它具体分为投入控制和产出控制两个方面。投入控制(又称为投入进度控制)是指按计划要求对产品开始投入的日期、数量、品种的控制,是预先性控制。产出控制(又称为出产进度控制)是指对产品(包括零件、部件)出产日期、生产提前期、出产数量、出产均衡性和成套性的控制。

投入产出控制主要是从生产进度与计划进度的对比中发现偏差,观察生产运行状态,分析研究其原因,采取相应措施纠正偏差。通常是根据企业不同生产类型,通过一系列"进度控制图表"加以控制的。

2) 作业控制的手段

(1) 生产调度工作。生产调度工作就是组织执行生产作业计划的工作。它包括检查、督促、协助有关部门做好各项生产作业准备工作,检查、了解、控制各生产环节的生产进度(投入进度、出产进度、工序进度),对计划完成情况进行统计分析。

(2) 生产作业核算。生产作业核算是指在实施生产作业计划过程中,对生产各阶段、各环节中的原材料投入、在制品流转和产品出产,以及设备运转、维修时间消耗,分析检验等所进行的核算,是为保证作业计划实现而进行的日常统计、汇总、对比、分析工作。

(3) 在制品管理。在制品管理是生产作业控制的辅助性手段,是指对在制品的计划、协调和控制工作的总称。它起着调节各车间、工作地、工序之间连续、协调、平衡生产的重要作用。在制品管理工作要体现在对在制品的投入、产出、领用、发放、保管;周转等方面,做到"有数、有据、有手续、有制度、有秩序"。

12.4 现代生产运作管理的新方式

12.4.1 精益生产

在20世纪七八十年代,日本曾经创造了令世界震惊的经济奇迹,日本产品以其高质量、低价格风靡全球。这其中,日本独特的生产管理方式——精益生产方式(lean production)起了相当大的作用。精益生产方式起源于日本丰田汽车公司,最早曾被称为丰田生产方式,其后又被称为准时制(just in time,JIT)生产方式,它的突出特点是在多品种小批量生产条件下高质量、低成本地进行生产。

精益生产方式经过几十年的反复试行而逐渐形成,它包括从企业的经营理念、管理原则到生产组织、生产计划、控制、作业管理以及对人的管理等等在内的完整的理论和方法体系。所谓日本生产经营方式的许多特点都来源于精益生产方式,精益生产方式在形成独具特色的日本式生产管理系统中起了很大的作用。

到20世纪80年代中期,精益生产方式已在世界范围内得到了相当的传播,但是,它到底是日本独特的社会、经济、文化背景下的产物,还是在全球范围内具有普遍意义?带着这样的疑问,以美国麻省理工学院(MIT)教授为首,由日美欧各国50多位专家参加的一个研究小组,用了五年时间,耗费了500万美元的巨资,对精益生产方式进一步做了详尽的实证考察和理论研究,最后得出的结论是,精益生产是一种"人类制造产品的非常优越的方式",它能够广泛适用于世界各个国家的各种制造企业。

精益生产方式主要有如下特点。

1) 通过排除各种浪费降低成本

在多品种小批量生产条件下,规模效益不再显著,因此必须寻找另外的降低成本的方法。精益生产方式认为,通过排除生产过程中的各种浪费,就可以大幅度降低成本,这些浪费主要有七种:过量生产的浪费;工件、人员、设备等待的浪费;搬运的浪费;库存的浪费;无效动作的浪费;作业安排上的浪费;不合格品的浪费。精益生产方式开发了很多具体方法来排除这些浪费。

2) JIT式的生产

精益生产方式有一句名言:"只在必要的时候,按必要的量,生产必要的产品",这就是

JIT 本来的含义。精益生产方式认为,只能生产市场所需要数量的产品,而决不能为了追求产值或提高设备利用率而盲目增加生产。为此,精益生产方式创造了包括"看板"在内的一系列方法。

3) "零库存"生产

精益生产方式认为,在上述的诸种浪费中,库存是一种最大的浪费,因为它除了带来各种库存成本以外,还会掩盖生产经营过程中的多种问题。精益生产方式开发了多种方法来降低库存,无穷地向"零库存"逼近,有数据表明,精益生产方式下的在制品库存只是大量生产方式下的 1/10。

4) 弹性配置作业人数

生产系统中对人员的配置历来都是"定员制",即按岗定员,人员配置不随生产数量的变化而变化。但在精益生产方式中,认为市场需求变了,生产量就要相应地增减,从而人员也应该弹性地增减,以免造成人员的浪费。精益生产方式采用独特的 U 型设备布置、标准作业和培养"多面手"调节作业人数。

5) 质量控制

精益生产方式下,生产出来的产品质量之高,是非常著名的,它是靠精益生产的颇具特色的质量控制方法得到的,这种方法的主要特点是:将质量控制融入每一道工序,产品每经过一道工序就被把一次关;如果在生产过程中发现了质量问题,每一个工人都有权停止生产线;全员参与质量管理。

6) "连续改进"的管理理念

精益生产方式总是把现有的生产方式、管理方式看做是改进的对象,不断地追求进一步降低成本、降低库存、质量完善、缺陷为零、产品多样化等目标。从理论上来说,这样的极限目标是不可能实现的,但正是这种无穷逼近的不懈追求,带来了产品质量和生产率的不断提高。

12.4.2 计算机集成制造系统(CIMS)

1) 计算机集成制造系统的概念

1973 年,美国的约瑟夫·哈林顿博士首次提出了 CIM 的概念。他的基本思想有两点:一是从产品的研制到售后服务的生产周期的全部活动,是一个不可分割的整体、每个组成过程应当联系起来综合考虑,不能单独考虑;二是整个企业的生产制造过程是一个对信息数据收集、处理、传递的过程。

一般 CIM(computer intergraded manufacturing)多被认为是一种技术,表示计算机集成制造的思想方法或生产模式,而 CIMS(computer intergraded manufacturing systems)是指 CIM 对企业的具体应用,即将 CIM 的各项技术综合应用所形成的,一个实现具体目标的生产系统。

CIMS 的出现是计算机工程、信息处理技术、通信技术、管理科学、生产制造自动化、自动控制、自动检测等多种科学技术综合发展和应用的结果。

CIMS 的概念至今无可定论,但可归纳如下:它是运用系统工程整体优化的观点,以现代信息技术、管理技术、生产技术为基础,通过使用电子计算机及其软件,对生产制造企业从接受订货到设计、生产、销售、服务用户的全过程,进行统一管理和控制,以提高经济效益,增强企业市场竞争力的生产管理活动。

CIMS 的核心在于集成,不仅是设备、机器等硬件的集成,更重要的是技术的集成、信息的集成,立足于整体,将各子系统有机地结合起来,实现企业生产经营管理的整体优化。这也是 CIMS 的目标。

2) CIMS 的体系结构

CIMS 体系结构是从信息技术的角度出发来建立的企业模型框架。图 12-8 以一个 CIM 轮来体现 CIMS 体系结构。

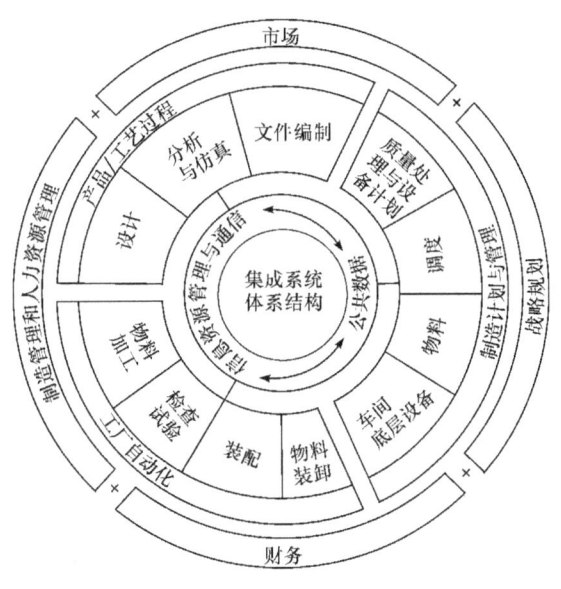

图 12-8 CIM 轮

从 CIM 轮可以看到,轮的内层是由公共数据库、信息资源管理与通信组成。利用信息资源管理与通信来控制、选择使用公共数据库的信息、资料,供给次外层制造计划与管理、产品设计与工艺过程,企业生产自动化中各功能的集成,达到集成制造的目的。通过这些的实现,从而达到企业战略规划、决策、市场、财务、资源等的最外层的集成实现,最终实现企业的经营目标,进行统一、系统、优化的管理。

制造型企业的 CIMS 的典型功能模型见图 12-9,由此可以看到 CIMS 系统基本部分通常包括四个应用分系统。

(1) 管理信息分系统。管理信息分系统(MIS)具有生产计划与控制、经营管理、销售管理、采购管理、财务管理等功能,主要承担生产方面信息的处理。其中,生产计划与控制子系

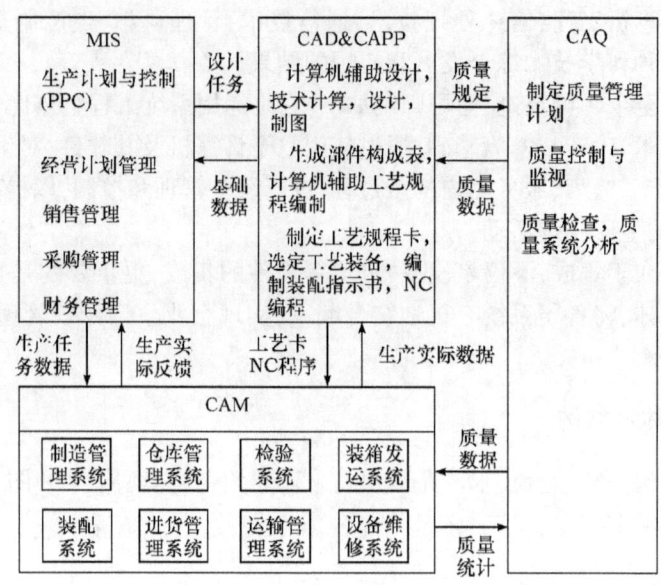

图 12-9　制造企业的 CIMS 的典型功能模型

统(PPC)是 CIMS 的核心子系统,它进行生产全过程的计划、监督、控制,起到指挥作用。

PPC 子系统的功能有三个基本部分:生产计划功能、主生产进度计划与 MRP、生产活动控制。

(2) 技术信息分系统。技术信息分系统(CAD&CAPP)包括计算机辅助设计(CAD)、计算机辅助工艺规程编制(CAPP)及数控程序编制(NCP)等功能,能进行产品的设计及工艺准备,处理有关产品结构方面的信息。

(3) 制造自动化分系统。制造自动化分系统(CAM)也可称为计算机辅助制造系统。它包括各种不同自动化程度的制造设备和子系统,如数控机床、柔性制造单元、柔性制造系统、装配系统、进货管理系统、运输管理系统、设备维修系统等。它利用计算机对生产设备进行直接控制,用来实现信息流对物流的控制和完成物流的转换。它是信息流和物流的接合部,用来支持企业的制造功能。

(4) 计算机辅助质量管理分系统。计算机辅助质量管理分系统(CAQ)以全面质量管理的理论和科学的质量控制方法为基础,利用计算机来辅助实现质量管理的计划、实施、检查、处理(改进),即 PDCA 循环。它可通过各种计算机自动化控制设备,进行适时、动态的质量监控与检测,及时、准确地收集质量数据并存储于计算机中。它可自动根据质量要求产生抽检方案,能根据收集的数据自动在计算机屏幕上显示或打印输出排列图、因果图、直方图等多种统计图表,辅助管理人员分拆质量状况和产生质量问题的原因,辅助管理人员掌握质量变动规律,分析质量成本,进行质量管理决策与计划,促进 PDCA 循环。

为了实现上述四个应用分系统的信息集成,还要设置两个支持分系统,即:①数据管理分系统,它用于管理整个 CIMS 的数据,实现数据的集中存放及共同使用。②网络分系统,它用于传送 CIMS 各分系统之间和分系统内部的信息,实现 CIMS 的数据传递和系统通信功能。

CIMS 各分系统都有独立的数据处理能力,用户可以只选择其中某一部分作为用户的专用系统,也可以选用其中若干部分松散地或紧密地联在一起使用,具有使用灵活性。同时,当系统中某一个分系统发生故障时,并不影响其他分系统的工作,从而提高了 CIMS 整体系统的可靠性。

CIMS 在自动化技术、信息技术及制造技术的基础上,利用计算机及其软件,把企业整个生产过程的有关单元技术、各局部的自动化有机地结合在一起,有效地利用信息资源,实现系统的优化。它特别适合于多品种,小批量的生产环境,大大提高了生产效率。

我们应该看到,CIMS 在我国的真正应用和实施还需要付出巨大的努力,除了技术上的困难外,观念的转变、管理思想的转变以及企业内部管理体制的变革是我们面临的更加艰巨的任务。

12.4.3 敏捷制造

敏捷制造(agile manufacturing,AM)是美国为重振其在制造业中的领导地位而提出的一种新的制造模式。它的特点可概括为:通过先进的柔性生产技术与动态的组织结构和高素质人员的集成,着眼于获取企业的长期经济效益;用全新的产品设计和产品生产的组织管理方法,来对市场需求和用户要求做出灵敏和有效的响应。具体地讲,它有以下几个特点。

1) 从产品开发到产品生产周期的全过程满足用户要求

敏捷制造采用柔性化、模块化的产品设计方法和可重组的工艺设备,使产品的功能和性能可根据用户的具体需要进行改变,并借助仿真技术可让用户很方便地参与设计,从而很快地生产出满足用户需要的产品。它对产品质量的概念是,保证在整个产品生产周期内达到用户满意;企业的质量跟踪将持续到产品报废,甚至直到产品的更新换代。

2) 采用多变的动态组织结构

21 世纪衡量竞争优势的准则在于企业对市场反应的速度和满足用户的能力。而要提高这种速度和能力,必须以最快的速度把企业内部的优势和企业外部不同公司的优势集合在一起,组成为灵活的经营实体,即虚拟公司。

所谓虚拟公司,是一种利用信息技术打破时空阻隔的新型企业组织形式。它一般是某个企业为完成一定任务项目而与供货商、销售商、设计单位或设计师,甚至与用户所组成的企业联合体。形成单个公司所无法比拟的绝对优势。当既定任务一旦完成,公司即行解体。当出现新的市场机会时,再重新组建新的虚拟公司。

虚拟公司这种动态组织结构,大大缩短了产品上市时间,加速产品的改进发展,使产品质量不断提高,也能大大降低公司开支,增加收益。虚拟公司已被认为是企业重新建造自己生产经营过程的一个步骤,预计 10 年或 20 年之后,虚拟公司的数目会急剧增加。

3) 战略着眼点在于长期获取经济效益

传统的大批量生产企业，其竞争优势在于规模生产，即依靠大量生产同一产品，减少每个产品所分摊的制造费用和人工费用，来降低产品的成本。敏捷制造是采用先进制造技术和具有高度柔性的设备进行生产，这些具有高柔性、可重组的设备可用于多种产品，不需要像大批量生产那样要求在短期内回收专用设备及工本等费用。而且变换容易，可在一段较长时间内获取经济效益，所以它可以使生产成本与批量无关，做到完全按订单生产，充分把握市场中的每一个获利时机，使企业长期获取经济效益。

4) 建立新型的标准基础结构，实现技术、管理和人的集成

敏捷制造企业需要充分利用分布在各地的各种资源，要把这些资源集成在一起，以及把企业中的生产技术、管理和人集成到一个相互协调的系统中。为此，必须建立新的标准基础结构来支持这一集成。这些标准基础结构包括大范围的通讯基础结构、信息交换标准等的硬件和软件。

5) 最大限度地调动、发挥人的作用

敏捷制造提倡以"人"为中心的管理。强调用分散决策代替集中控制，用协商机制代替递阶控制机制。它的基础组织是"多学科群体"（multi-decision team），是以任务为中心的一种动态组合。也就是把权利下放到项目组，提倡"基于统观全局的管理"模式，要求各个项目组都能了解全局的远景，胸怀企业全局，明确工作目标和任务的时间要求，但完成任务的中间过程则由项目组自主决定。以此来发挥人的主动性和积极性。

显然，敏捷制造方式把企业的生产与管理的集成提高到一个更高的发展阶段。它把有关生产过程的各种功能和信息集成扩展到企业与企业之间的不同系统的集成。当然，这种集成将在很大程度上依赖于国家和全球基础设施。它是企业走向信息时代的新的迈进。

【案例】 1995 年 11 月 14 日，美国制造工程学会在芝加哥将该年度 CIMS（computerintegrated manufacturing system，计算机集成制造系统）应用与开发的"工业领先奖"（该奖被誉为"制造业的诺贝尔奖"）授予北京 A 厂。

北京 A 厂根据企业的需要，1989 年就从加拿大引进了 MRPII 软件包，随后结合厂情做了进一步开发，从 1991 年起，在厂内陆续投入使用。在库存实现计算机管理的基础上，逐步实现由计算机编制经营计划、厂级生产计划和车间作业计划的优化排序。然后根据计算机打印的凭证，按产品成套计划对原材料和零部件进行收发控制和资金核算。工程设计集成系统由一台服务器和 18 台 CAD（计算机辅助设计）工作站组成，它集成了 CAD，CAPP（计算机辅助工艺设计）和 CAM（计算机辅助制造）的功能。实施该系统后，可以按照用户的要求，进行新产品的方案设计。制造自动化系统中的两条 FMS 柔性线和一台柔性单元投产后，实行两班作业，在生产中发挥了重要作用。特别是复杂箱体的加工，不仅加工效率提高

8倍,而且由于加工一致性高,节省了装配时间。质量管理控制系统是贯彻 ISO9000 质量体系的辅助手段,它包括质量信息管理、计量器具管理和检验卡自动生成三个子系统。该系统与其他分系统是紧密结合的。CIMS 环境中的管理信息系统是信息集成的核心,它不仅要覆盖企业的市场战略规划、工厂计划、车间作业计划、销售与供应计划、人力资源与财务管理等,还要能够与产品设计和工艺设计自动化系统、制造自动化系统和质量管理控制系统进行数据通信和信息共享。在制造系统中,北京 A 厂根据国情、厂情,不追求全盘自动化,而是对多数车间和 FMS 柔性线分别采取两种不同的方法。对多数车间进行低成本 CIMS 集成,这些车间的底层设备以普通机床为主,各机床加工进度由人工从车间的计算机终端汇报给 MRPII 系统,对 FMS 柔性制造线则实行从设计、工艺制定、数控编程到生产的自动无纸加工,以保证某些关键性的设计和加工时间,而且通过关键技术的攻关,可以带动整个 CIMS 系统信息集成的工作。在质量管理系统中,制造现场的质量数据采集与 MRPII 系统的车间管理子系统使用同一个数据源,质量信息管理系统通过 MRPII 系统进行成品情况的汇报,同时汇报废品情况及废品原因,经质量问题统计分析后,反馈给工程设计系统,为改进设计提供参考。根据 MRPII 系统中的材料费、工时费等信息,计算废品带来的经济损失,为加强管理提供依据。

北京 A 厂实施 CIMS 工程后,提高了各个环节的工作效率,使企业的信息进一步畅通,企业的整体运行效率显著提高。如产品开发技术准备周期缩短了 1/3～1/2；制造周期缩短 10%～20%；按计划控制库存,减少资金占用 10% 以上。实施 CIMS 工程后,企业几种主要产品设计、开发所需要的时间缩短了 50% 以上,其中,复杂箱体加工所需要的时间从 70 小时减少到了 8 小时,缩短了 89%。

本章小结

生产与运作活动是一个"投入→变换→产出"的过程,即投入一定的资源,经过一系列、多种形式的变换,使其价值增值,最后以某种形式的产出提供给社会的过程。生产运作管理是对生产运作系统的设计、运行与维护过程的管理,它包括对生产运作活动进行计划、组织与控制。生产运作管理所追求的目标:高效、低耗、灵活、准时地生产合格产品或提供满意服务。生产过程的合理组织要满足:连续性、比例性、均衡性、平行性和适应性。生产过程的组织主要包括空间组织和时间组织两方面。

生产计划是指企业在一定时期内,规定产品的品种、数量、质量、进度等项指标的计划。它是企业生产管理的重要依据。工业企业的生产计划分为中长期生产计划、年度生产计划和生产作业计划几个层次。编制生产计划要围绕企业经营目标的要求,了解市场需求,遵循"以销定产"的原则,根据企业的生产能力,合理安排企业年度生产品种、质量、产量、产值和生产进度等指标。编制的生产计划要与企业经营计划的其他各项专业计划协调平衡。编制生产计划一般要通过调查研究、试编、反复修改、协调,最后达到综合平衡。

LP、CIMS、敏捷制造等现代生产运作管理的新方式,正在日益广泛地为我国企业所采用,产生了巨大的经济效益。

思考与练习

1. 基本概念

生产运作管理　生产过程　生产类型　生产计划　生产周期　LP　CIMS　敏捷制造

2. 思考题

（1）生产运作管理的目标和基本问题是什么？
（2）合理组织生产过程有哪些基本要求？
（3）对象专业化和工艺专业化生产单位各有什么特点？
（4）现代企业生产过程组织形式有哪些？各有什么特点？
（5）精益生产方式有哪些主要特点？
（6）敏捷制造方式有哪些主要特点？

3. 计算题

已知 $m=5$, $n=4$, $t_1=10$ 小时, $t_2=4$ 小时, $t_3=8$ 小时, $t_4=12$ 小时, $t_5=6$ 小时, 分别求在顺序移动、平行移动和平行顺序移动方式下, 这些零件的加工周期。

第13章 质量管理与质量体系

产品质量是一个国家文化教育、科学技术水平、社会经济发展水平的综合反映,也是一个企业经营管理水平、技术开发能力、经济实力的重要标志。在21世纪的市场竞争中,商品的丰富和人们生活水平的提高,产品的高品质将是企业赢得竞争优势,提高市场占有率的必要前提。所以企业必须把提高产品质量作为经营战略的一个重要组成部分,才能在市场中生存和不断发展。

13.1 质量和质量管理的概念

13.1.1 质 量

根据 ISO8402-94 的定义,质量是指"反映实体满足规定和潜在要求(或需要)的特征和特性总和"。这里的"实体"可以是活动或过程,可以是产品,可以是指一个组织或者一个体系,或者是上述各项的任何组合。

"规定"就是产品的质量标准、工程建设质量标准等各种质量标准的规定和合同中有关质量要求的规定。而"潜在要求"或"潜在需要"是指上述规定之外的用户需要及用户要求。在合同环境中,供需双方可以在合同中对用户需要做出明确的规定,以弥补标准的不足,而在非合同环境中,供方应通过市场调研和售后服务,主动识别用户潜在的需要,并在企业标准中做出明确规定,而不仅仅满足于达到国家或行业的有关标准规定。

广义的质量除了产品或服务质量之外还包括工作质量。狭义的质量就是产品质量。

1) 产品质量

用经济学的尺度衡量,产品质量就是指产品的使用价值。美国著名的质量管理专家朱兰博士从用户观点出发,把产品质量的定义概括为产品的适用性,并以此来衡量产品在使用中成功地满足用户要求的程度。产品能够满足使用要求的属性在质量管理学中称为质量特征或特性。概括地说,产品质量是指产品适合一定用途,满足使用要求所具备的特征和特性的总和。产品可以包括服务、硬件、流程性材料、软件或它们的组合。

凡是用户对产品的使用目的所提出的各项要求都属于质量特性,具体可概括为性能、使用寿命、可靠性、安全性、经济性、美观性等。

(1) 性能。指产品所具有的技术特性。如汽车的时速、电机的功率等。

(2) 寿命。指产品能够正常使用的年限。如显像管的使用时间,轮胎的行程里数,开关的使用次数等。

(3) 可靠性。是指产品在规定时间内和规定条件下完成规定工作任务而不发生故障的概率。

(4) 安全性。即产品在使用过程中对人身或财物、环境的损害限制在可接受的水平。

(5) 美观性。产品外观体现工艺美、色彩美、形体美、和谐美等美学要求。

(6) 经济性。指较低的寿命周期成本(包括购买成本及使用成本),较优的性价比。

2) 服务质量

服务质量,就是服务工作的质量,一般包括服务态度、服务技能、服务的及时性等所体现的服务效果。

从质量是适用性的认识出发,质量的好坏要用满足用户需要的程度来评价,而用户的满足程度除了表现在对产品内在特性要求之外,还表现为对服务质量的要求和满足上,如售后服务、交货期就是有关服务质量的问题。

随着时代的发展和营销观念的变化,服务质量已是现代质量概念和营销观念中的不可缺少的重要内容。

3) 工作质量

工作质量是指那些产品质量有关的工作对提高产品质量的保证程度。具体地说就是企业的组织工作、质量工作、管理工作等对提高产品质量的保证程度。

4) 产品质量与工作质量的关系

产品质量与工作质量虽是两个不同的概念,但它们之间却有密切的关系。产品质量取决于工作质量,它是企业和各项工作质量的综合反映;工作质量保证了产品质量,它主要通过设计质量、制造质量、服务质量来保证产品质量。由此可见,企业开展质量管理,不只是要管好产品质量,更重要的是要管好产品质量赖以产生和形成的工作质量,只有企业的每个部门、每位职工都能提供优异的工作质量,才能保证生产出优质的产品。

13.1.2 质量的形成

产品质量是经过生产经营的全过程而产生和形成的,而不是靠最后检验出来的。一般来说,产品质量的产生和形成大致经过市场调查研究、新产品研制、设计试制、生产制造、成品检验、产品销售以及用户服务等重要环节。

为了保证和提高产品质量,企业的各个职能部门都应当发挥自己的作用各尽自己的职责,这就是质量职能。因此,质量职能就是企业为了实现产品质量而进行的与产品质量直接有关的全部活动的总称。包括管理性活动和技术性活动。比较重要的质量职能有:① 市场调查研究;② 产品开发设计;③ 生产技术准备;④ 外购货品的质量管理;⑤ 生产制造;⑥ 工序控制;⑦ 质量检验;⑧ 保管与存贮;⑨ 销售与交付;⑩ 安装与调试;⑪ 售后服务。

质量职能是一个很重要的概念。据此可以认识到,在产品质量的形成和实现过程中的各个环节,均分布在企业的各个主要职能部门,质量管理所要解决的基本问题,就是要对分散在企业各部门的质量职能活动进行有效的组织、协调、检查和监督。由此可见,质量管理必然是全过程、全员的管理。

质量职能是保证产品质量的一个个环节,互相依存,互相促进,不断循环,不断提高,周而复始,与螺旋线的上升趋势相似,所以又称为质量螺旋。

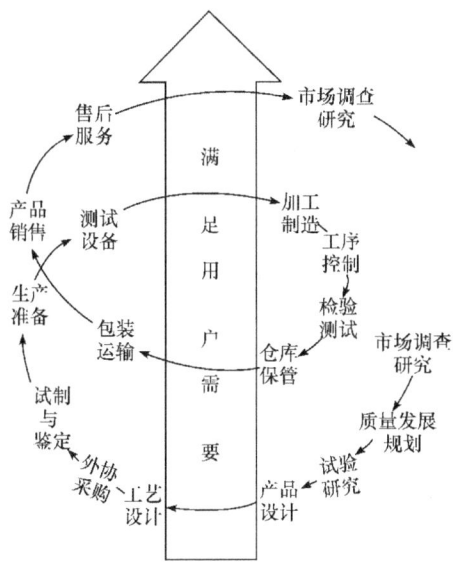

图 13-1 产品质量螺旋形上升循环

从图 13-1 中可以看出,产品质量在产生、形成和实现的过程中,各个环节之间存着相互依存、相互制约、相互促进的关系,并不断循环,周而复始。每经过一次循环,产品质量就提高一步。从产品质量的形成和实现过程出发,可以把产品质量进一步分为:

(1) 市场调研质量。确定能反映和满足市场的需要的产品概念及产品功能要求。

(2) 设计质量。即把市场需要转化为在规定等级内的产品设计特性,最终通过图样和技术文件的质量来体现。

(3) 制造质量。即确保为顾客提供的产品质量同设计质量相一致。

(4) 使用质量。即在产品寿命周期内按需要提供质量特性保障的能力。

13.1.3 质量管理的相关术语

质量管理这个概念,随着现代化工业生产的发展而逐步形成、发展和完善,质量管理已经发展成为一门新兴的学科。根据 ISO8402 标准,几个相关的重要质量术语含义如下:

1) 质量管理

关于质量管理,各国学者有着不同的论述,但基本内容一致的。美国质量管理专家费根堡姆认为:"质量管理是把一个组织内部各个部门在质量发展、质量保持、质量改进的努力结合起来的一个有效体系,以便使生产和服务达到最经济水平,并使用户满意"。ISO8402 质量术语标准则对质量管理术语解释为"确定质量方针、目标和职责,并在质量体系中通过诸如质量策划、质量控制、质量保证和质量改进使其实施的全部管理职能的所有活动"。即制定和实施质量方针的全部管理职能。这就是说,在企业领域,质量管理是企业全部管理职能的一个方面,其管理职能主要是确定企业产品、过程或服务的质量方针,并组织实施。

2) 质量体系

质量体系是指"为实施质量管理,由组织机构、职责、程序、过程和资源构成的有机整体"。

企业为了实现其质量方针和质量目标,就需要分解其产品质量形成的过程,设置必要的组织机构,明确各部门、各级各类人员的职责和义务,确立工作规范和工作程序,采取适当的控制措施和方法控制影响产品质量的因素,减少、消除特别是预防质量缺陷的产生,同时要对人力、财力、物力等资源进行有效的配置与调整,所有这些项目或活动的有机综合,就是质量体系。

需要指出,过去在开展质量管理活动时,人们常常使用"质量保证体系"、"质量管理体系"等说法,鉴于我国于1992年正式发布ISO9000质量管理与质量体系系列标准,为了避免混乱,应依据该标准统一称为"质量体系"。

3) 质量保证

为使人们相信某一产品或服务质量能满足规定的质量要求所必需的有计划、有系统的全部活动。显然,质量保证一般适合于有合同的场合,其主要目的是使用户确信产品或服务能满足规定质量要求。如果给定的质量要求不能完全反映用户的需要,则质量保证也不可能完善。

质量保证分为内部质量保证和外部质量保证,内部质量保证是企业管理的一种手段,目的是为了取得企业领导的信任。外部质量保证是在合同环境下,供方取信于需方信任的一种手段。质量保证的内容绝非是单纯的保证质量,而需要通过对那些影响的质量体系要素进行一系列有计划、有组织的评价活动,为取得企业领导和需方的信任而提出充分可靠的证据。

4) 质量控制

质量控制是指为达到质量要求所采取的作业技术和活动。这里的作业技术包括专业技术和管理技术,均作为控制的手段。活动是指运用作业技术所开展的有计划、有组织的系统活动。质量控制往往针对某一项具体的环节和阶段。

上述几个重要的概念既相互区别,又相互联系,为了便于理解,可利用图13-2来反映它们的相互关系。图中的正方形区域表示质量管理工作,其首要任务是制定质量方针并组织实施。实施质量方针,需要确定必要的组织机构,职责,程序,过程和资源,即建立健全质量体系(图中大虚线圆)。为使质量体系有效运转,需要依靠两个基本手段,即质量控制和质量保证。这两项工作贯穿于产品或服务质量形成全过程的各个环节。为了满足企业内部管理的要求,主要应进行质量控制和内部质量保证。若处于合同环境下需要满足需方的特定要求,这时,在原有基础上,对质量控制、质量保证乃至质量体系、质量管理的方针和内容进行必要的调整。

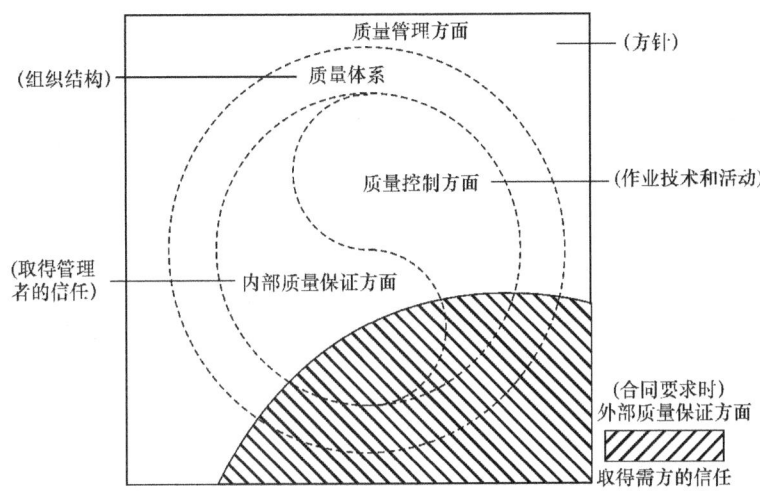

图 13-2 质量管理术语概念关系示意

13.2 全面质量管理

13.2.1 质量管理的发展过程

研究质量管理的发展过程,有助于我们正确认识质量管理的产生、发展的必然性和实现全面质量管理的必要性。质量管理的发展经历了质量检验阶段、统计质量控制阶段和全面质量管理阶段。

1) 质量检验阶段

20 世纪初至 20 世纪 30 年代末。这一时期的质量管理工作是单纯依靠检验,专职检验在工厂中广泛推行,以保证产品质量。其方法是全数检验或抽样检验,其作用是事后把关,不让不合格品出厂或转到下道工序。但它没有研究质量预防和质量保证问题,对那些破坏性检验的产品也无法进行有效的质量把关,如炮弹、感光胶片等产品。这个时期世界上很多国家先后制定和颁布了加工公差制度,出现了统一的质量检验标准。

2) 统计质量控制阶段(SQC)

20 世纪 40 年代初至 50 年代末。1924 年,美国贝尔电话研究所的工程师,统计学家休哈特(W. A. Sheuhart)应用数理统计学的原理,提出了"3σ"法控制生产过程的产品质量,建立了第一张工序质量控制图,作为预防生产过程中出现废品的重要工具,它不是等到一个工序整批零件加工完了,才去进行事后检查,而是在生产过程中定期地进行抽查,并把抽查结果当成一个反馈信号,通过控制图发现或检查生产过程是否出现了不正常的情况以便能及时消除不正常原因,防止废品的产生。这一阶段的质量管理指导思想,由以前的事后把关,转变为事前的积极预防。但是由于片面强调质量管理的统计方法,忽视组织管理工作的重要作用,数理统计计算方法也较复杂,因此在一定程度上限制了它的普及与推广。

3) 全面质量管理阶段

20 世纪 60 年代初,美国通用电气公司费根堡姆质量总经理和质量管理专家朱兰提出了全面质量管理的概念(TQC)。费根堡姆在他的 1961 年出版的《全面质量管理》一书中,指出应改变单纯强调数理统计的倾向,要把统计方法的应用与改善组织管理密切结合起来,要对产品质量形成的全过程进行管理,建立一套完整的质量管理方法和体系。这一新思想得到理论界和工业界的广泛响应,很快在世界范围内传播和推广。经过四十年来的实践和运用、总结和提高,全面质量管理的内容和方法都有了充实、发展和提高。

从上述质量管理发展的历史可以清楚地看出,人们在解决质量问题中所运用的手段、方法是不断发展和完善的,而这一过程又同科学技术进步和社会生产力水平的不断提高密切相关的。随着新技术革命的兴起,知识经济的发展,人们解决质量问题的思想、方法必然会更为科学、完善与丰富,从而使质量管理迈向一个更新的阶段。

13.2.2 全面质量管理

1) 全面质量管理的含义

全面质量管理的英文原是 total quality control,简称 TQC,源于美国,后来各发达国家开始开展全面质量管理,并在实践中各有所长,于是就有各种各样的叫法,现在国际标准化组织(ISO)把它统一称为 TQM。它是质量管理发展的最新阶段。

全面质量管理就是企业全体职工和各部门同心协力,把专业技术、经营管理、数理统计各思想教育结合起来,建立起包括产品研究、设计、生产制造、售后服务等活动在内的全过程质量保证体系,从而用最经济的手段,生产用户满意的产品,从而使组织获得长期的效益和发展。

从统计质量管理发展到全面质量管理,质量管理这一学科发生了质的飞跃,与以往的质量管理相比,全面质量管理不仅是单纯业务方法、具体工作内容的变化,而且是质量管理思想、目的以至整个管理组织方面的变化,是质量管理的科学化、合理化、群众化的深入发展,它不仅是一种现代化的管理手段,也是一种新的、以质量为中心的企业经营管理思想。

2) 全面质量管理的基本观点

全面质量管理要求企业全体成员具有强烈的质量意识,牢固树立"质量第一"的思想,为此必须建立下列三个观点。

(1) 系统的观点。既然产品质量的形成和发展有个过程,这个过程包含了许多相互联系,相互制约的环节,那么不论是保证和提高质量,或是解决产品质量问题,都应把企业看成是个开放系统,运用系统科学的理论和方法进行质量管理。

(2) 预防的观点。这个观点要求企业的管理工作重点从"事后把关"转移到"事前预防",把从管理产品质量的"结果"变为管理产品质量的影响"因素",真正做到防检结合,以防为主,把不合格品消灭在产品质量的形成过程中。

（3）用户第一的观点。它是从用户的立场来认识质量，即把质量看成是适用性的思想是一致的，用户第一的思想就是要把用户的需要和利益放在首位，提供在产品质量、数量、品种、价格、交货期诸方面使用户满意的产品，并向用户提供优质服务。这里的"用户"不仅仅指产品出厂后的直接用户，而且包括企业内部前后工序，前后工段或车间，以及任何一件工作的执行者与工作结果的受用者之间的关系。

树立用户第一的思想并不意味着不要经济效益，否则用户再满意，企业也经营不下去，但效益是在经济地生产和为用户服务的思想指导下，通过向用户提供能使用户满意的产品和优质的服务，在取得信誉信赖基础上，扩大生产，扩大销售获得长期稳定的经济效益。

13.2.3 全面质量管理的特点

1）全面质量的管理

全面质量的管理是指管理的对象是广义的质量。即不仅管理产品质量，还要管理过程质量、服务质量和工作质量，还包括交货期、价格等客户的所有质量特性要求。

2）全过程的管理

"全过程"是指产品产生、形成和实现过程。该过程包括若干环节，每个环节又有各自的质量职能，而且这些职能既涉及企业内部的各项工作，又涉及企业外部的有关业务。因此，凡是同产品质量的产生、形成和实现有关的部门和单位，都要实行全面质量管理。质量管理向全过程管理的发展，要以顾客为中心，逐步建立一个包括从市场调查、设计开发、生产制造、销售、使用等全过程的质量体系。

3）全员参加的管理

产品质量是企业各部门工作质量的综合反映，产品质量形成的每一个环节，每个岗位的工作质量都会不同程度地、直接或间接地影响产品质量，因此，保证与提高产品质量需要依靠全体职工的共同努力。一方面需要抓好全体职工的质量教育工作，另一方面需要建立健全各部门各岗位的质量责任制，广泛开展各种形式的群众性质量管理活动。

4）广泛采用各种质量管理方法

全面质量管理要求以各种现代化管理方法为手段，即综合应用各种常用的数理统计方法；实行组织管理、专业技术、数理统计三结合，充分发挥它们在质量管理的中作用，综合治理，才能保证不断提高产品质量。这些方法有 PDCA 循环工作程序、数理统计方法、价值分析法、系统分析法、优选法以及现代化的检测手段和计算机信息系统管理，等等。

5）全面质量管理的工作程序——PDCA 循环

美国质量管理专家戴明把质量管理的工作过程划分为计划（plan）、执行（do）、检查（check）、处理（action）四个阶段。这就是在质量管理中广泛运用的 PDCA 循环法。PDCA 循环要求质量管理活动既有阶段性，又有连续性，要不断地提出问题，解决问题，不断进行

PDCA 循环,使质量工作不断提高到新的水平。具体内容如表 13-1 所示。

表 13-1 PDCA 循环的工作程序内容

工作阶段	工作步骤分解	工作任务
计划阶段(P)	调查现状,找出存在的质量问题 分析问题,明确造成质量问题的原因 寻找主要原因,确定解决质量问题的方向 针对主要原因,制定解决质量问题的计划	确定质量方针与质量目标,以及制定与此有关的活动计划
执行阶段(D)	执行所制定的计划,落实各种措施	按照所制定的计划,采取措施,实现质量方针和目标
检查阶段(C)	明确应该巩固的成果,找出确实存在的问题	针对计划,检查执行情况,鉴定成果,找出存在的问题
处理阶段(A)	巩固所取得的成果,将成果的经验标准化 提出尚未解决或新出现的问题,将其转入下一个 PDCA 循环去解决	根据检查结果,采取措施,进行处理,总结经验,吸取教训

13.3 工序统计质量管理

产品制造过程是产品质量形成过程中的重要环节,是企业中参加的人员最多、涉及的部门最广的一个阶段。在确认产品设计质量的前提下,它是保证和提高产品质量的关键。

构成制造过程的基本单位是工序。产品制造质量是在工序加工过程中逐渐形成的。对工序的加工质量发生作用的因素概括为操作人员(man)、机器设备(machine)、材料(material)、加工方法(method)、测量手段(measurement)、环境(environment)等因素。工序就是这些因素(5M1E)综合起作用的过程,它决定着产品的制造质量。工序质量因素的变化及其对产品质量的作用是一个极其复杂的过程,工序管理与控制就是对影响工序质量水平的质量因素进行分析、控制和管理的活动,使工序能稳定生产合格品。

13.3.1 工序统计质量管理的理论基础

1) 工序质量管理中的数据

在工序质量管理中,涉及的数据按其本身的特性来分,一般可分为计量值数据和计数值数据两大类。

计量值数据是指用测试工具可连续测取的数据,如产品的重量、长度、材料的强度、硬度及化学成分含量等,所取之值可为小数,是连续的数据。计数值数据是以个数或点数计算的质量特性值。如合格品数、疵点数,取值不连续,一般为整数。

收集数据一般采用抽样检查方法。抽样检查的对象称为母体,从母体中抽取的一部分样品叫子样。对子样进行测试就得到若干数据,通过对数据的整理分析,便可判断母体是否符合质量标准。同时,由于目的不同,收集数据的对象和方法主要有两种:一种是以工序为对象,按零件或产品生产时间先后顺序取样,如每隔一段时间连续取几件子样,进行检验,主要用于工序质量控制;另一种是以一批产品为对象,按一批产品随机抽样进行测试,每件产品被抽取的概率完全相同,主要用于批量产品验收。

2) 产品质量特性值的波动性

产品加工即使在相同的工艺技术条件下,所生产出来的产品,都不能绝对相同,其产品质量总是在一定范围内波动,影响质量波动的原因很多,但可归纳为以下两大类。

(1) 正常原因(随机原因)。如机床的微小振动,工具的正常磨损,夹具的微小松动,操作各材质的微小变化等,这些因素所引起的质量波动是生产中不能完全避免的,属于正常波动。

(2) 异常原因(系统原因)。如机床振动太大,工具过度磨损,量具准确性差,材料规格不符,工人操作失误。这些原因造成的质量波动较大,使工序处于不稳定或失控状态,属于异常波动。但这类原因在技术上容易识别和消除,是工序统计质量管理的主要对象。

质量特性值不仅具有波动性,而且具有统计规律性,如加工误差遵从正态分布,疵点、气孔等遵从泊松分布,合格与不合格遵从二项分布,可靠性指标大多遵从威布尔分布和指数分布等。根据数理统计理论,连续型随机变量的概率分布为正态分布,非连续型随机变量,只要样本的含量足够大,则样本均值的分布也渐近于正态分布,样本数 $n=4\sim5$ 时,其近似程度已经很好。正是质量特性值的这种性质,提供了工序统计质量管理的理论基础。

3) 质量波动的正态分布

在正常情况下,产品质量特性分布是成正态分布的,如果将产品按质量特性(尺寸、重量等)分成若干组,计算出每组产品数(频数),以质量特性为横坐标,以数量为纵坐标,以各矩形的高度表示各组的产品数,画出一个质量分布图(又称直方图),连接各矩形顶端就得到一条光滑的曲线,此曲线就是正态分布的曲线形态,不同的是正态分布的纵坐标反映的是分布的概率密度。

根据概率论的原理,在正态分布下,从总体中抽取子样,求出平均值,再求出标准差,就可以判定总体的概率分布,做出正态分布曲线,如图 13-3 所示。

标准差的计算公式如下

$$\sigma = \sqrt{\frac{\sum (X - \bar{X})^2}{n}} \tag{13-1}$$

式中,n 为样本数;σ 为标准差;X 为样本特性值;$\bar{X}$ 为样本特性值的均值。

正态分布曲线具有以下特点。

(1) 当 X 值等于平均值 $\bar{X}$ 时,曲线处于最高点,表示此处概率密度最大(频数高),变量 X 在此处出现的概率较大。

(2) 曲线以 $X=\bar{X}$ 为对称轴,呈左右对称,呈现中间高,两边低的钟形形态。

(3) 曲线与横坐标围成的面积等于1,表示分布的总概率为1,所有数据都落在此面积之内。在 $(\bar{X}\pm\sigma)$ 范围内数据分布的概率为 68.25%,在 $(\bar{X}\pm2\sigma)$ 范围内的数据分布概率为 95.45%,在 $(\bar{X}\pm3\sigma)$ 的范围内数据分布的概率为 99.73%。

(4) 在正常条件下,正态分布数据在一定范围 $(\bar{X}\pm3\sigma)$ 以外出现的概率是很小的,因为

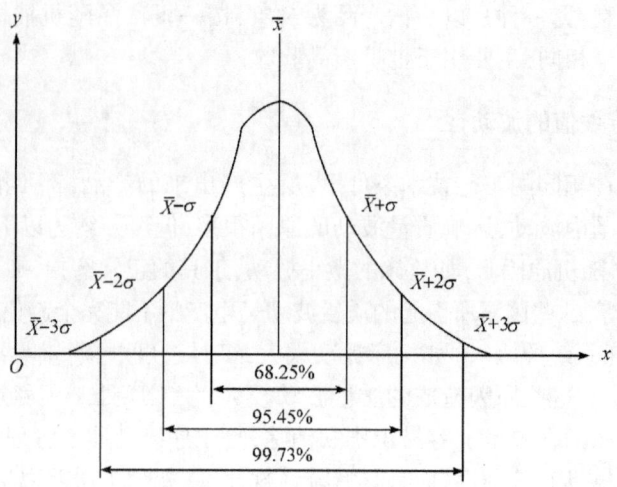

图 13-3 正态分布图

99.73%的数据都将落在这个界限内,超出这个界限的概率只有3‰的可能性,这也称之为3‰规律。根据数据分布的这个规律,以质量数据的平均值 $\bar{X}$ 为中心,计算出上下控制界限($\pm 3\sigma$),绘制控制图,用以对工序生产过程中的加工产品质量进行控制。

13.3.2 工序能力指数

工序能力是指工序在正常和稳定状态下,所表现出来保持产品质量特性值一致性的能力,即其加工产品质量的正常波动幅度。

在工序中,产品质量的波动体现为加工后产品质量特性值的不一致,而质量特性值的波动具有正态分布或近似正态分布的规律。而由正态分布的性质可知,质量特性值落在($\bar{X} \pm 3\sigma$)范围内的概率为99.73%,故6σ几乎包括了质量特性值的整个正常变异范围。这正代表了工序能够达到的质量水平。故工序能力(代号为B)用6σ表示,反映了工序加工产品的质量特性数据的波动幅度(分散程度)。

工序能力只能说明工序能够达到的质量水平,但还不能说明工序所达到的质量水平是否满足设计标准的质量要求,这需要通过工序能力指数反映。

工序能力指数(C_p)是反映工序能力满足质量要求程度的一个量度,它用公差范围数值与工序能力的比值来表示。其计算公式如下

$$C_p = \frac{T}{B} = \frac{T}{6\sigma} = \frac{T_u - T_l}{6\sigma} \qquad (13-2)$$

式(13-2)中,T为公差范围;T_u为上公差;T_l为下公差;B为工序能力;用6σ反映质量特性的波动幅度。

工序能力指数是衡量工序质量能力的综合性指标,通过对工序能力的测算,可以了解工序能否保证质量,满足公差的要求。工序能力指数的高低及合适与否,可以根据表13-2进行初步判断。

表 13-2 工序能力指数及其判断标准

C_p	判 断 标 准
$C_p > 1.33$	工序能力充分满足要求,但过大时,应避免设备精度浪费
$C_p = 1.33$	工序能力较理想
$C_p > 1$	表明工序能力尚可,加工精度能满足公差要求
$C_p = 1$	有发生不合格品的可能性
$C_p < 1$	工序能力不足,应采取措施,改变工艺条件
$C_p < 0.67$	表明工序能力非常不够,已产生大量废品,应立即停产,查出原因,采取改进措施

13.3.3 控 制 图

生产过程的工序质量控制有两个基本要求:一是在生产过程中要有足够的精度;二是生产过程应保持稳定,即处于控制状态。前者可用直方图、工序能力指数和公差相对比来判断和调整,后者则可用控制图来判断解决。

控制图又称为管理图,它是带有控制界限的一种图表,是利用图表来反映生产过程工序质量稳定状况,并据此进行分析、监督、控制的一种工具。控制图基本格式如图 13-4 所示。

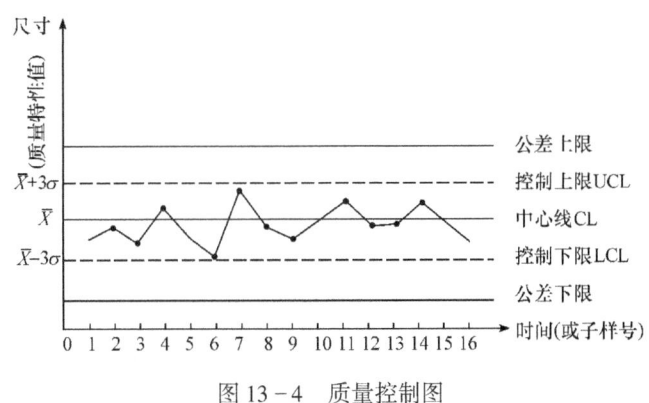

图 13-4 质量控制图

从图 13-4 中可以看出,纵坐标是质量特性值,横坐标为取样时间或子样号。图中有五条线,上面一条实线表示公差上限,最下面一条实线表示公差下限;上面一条虚线叫控制上限,用 UCL 表示,下面一条虚线叫控制下限,用 LCL 表示;中间一条实线叫中心线,用 CL 表示。控制上限、下限、中心线是通过收集过去一段时间生产处于稳定正常状态下的质量特性值数据计算出来的。为保证工序质量,控制线的范围应比技术标准的(公差)范围要窄。

在生产过程中,每隔一定时间抽检一定数量的样品,计算出相应控制图所需要的统计量,并将它们标在控制图上,并连成折线。如果图中所有取样点子均落在上下控制线之内,而且点子排列没有异常倾向性,则表示工序处于稳定状态;否则表示工序中出现了影响产品质量的异常性原因,需分析原因,采取相应措施,使工序恢复稳定状态。

控制图中的控制界限是判明生产过程是否存在着异常性原因的判断基准。根据数理统计原理,随机变量 X 服从正态分布,则变量 x 落在 $(\bar{X}\pm3\sigma)$ 的概率为 99.73%,所以如果随机抽取的样本值 x 超出了这一范围,则有充分理由认为工序分布规律发生了变化,工序的稳定状态受到了破坏,生产过程出现了异常原因,因此,控制图的控制界限一般取 $(\bar{X}\pm3\sigma)$ 的原则来确定。这就是常说的"3σ"法则。

控制图的观察与分析:当生产处于控制状态时,图中点子在控制界限范围内和在中心线两侧附近活动;当生产处于不稳定状态时,就会出现异常情况。工序是否稳定和点子的分布是否异常,是根据概率统计理论的原理确定的。判别异常情况,根据实践归纳为以下几点:① 连续 7 个点子落在中心线一则;② 连续 3 个点子中有 2 个接近控制线;③ 点子分布发生倾向性排列,连续上升或下降;④ 点子有周期变化的分布。凡是出现以上情况,就应引起注意,查明原因,采取有关措施予以解决。

13.4 质量成本控制

13.4.1 质量成本的概念

质量成本是 20 世纪 60 年代以后形成的成本概念,是质量管理科学的一个重要组成部分。随着市场经济的发展,企业间的竞争日益剧烈,要求企业必须不断地提高产品质量和降低成本,以物美价廉取胜。但是,提高产品质量,会增加一定费用,使产品成本升高,影响企业利润。怎样才能即使产品质量有所提高,又使质量成本费用支出最少?这就要求我们对质量成本进行深入研究。

质量成本是指企业为保证或提高产品质量管理活动所支出的费用和由于质量故障所造成损失费用的总和。企业在生产过程中,为了防止缺陷产品的流转,就必须对产品进行检验或试验,这就发生了鉴别费用;产品在检验或试验时可能失效,也可能在使用中发生故障,出厂前对产品进行返修或保修期内为用户更换、修理等,使企业不得不为此支付一些故障费用;由于存在出现故障的可能性和进行鉴别的必要性,企业还必须付出预防费用,以减少生产产品和新开发产品的故障费和鉴别费。如果产品没有出现故障的可能性,则不需要进行检验和试验,也就不需要采取任何预防措施,质量成本将大大降低。

13.4.2 质量成本的基本内容

质量成本有广义和狭义之分。广义的质量成本包括设计质量成本和制造质量成本;狭义的质量成本是指制造质量成本。制造质量成本又分为直接质量成本(故障、鉴定和预防成本)和间接质量成本(用户不满成本、用户损失成本、声誉损失成本)。这里仅对制造过程中的直接质量成本做一些研究。

1) 内部故障成本

内部故障成本是指产品出厂前,由于自身缺陷而造成的损失,加上为处理缺陷所发生费用的总和。它包括以下几个方面。

(1) 废品损失,指无法修复的缺陷或经济上不值得修复,使产品报废所造成的原材料和人工费损失。

(2) 返修损失,指修复次品所发生的费用,包括为解决一般性质量问题,在定额工时以外所增加的费用。

(3) 复检费用,指返工或合格的产品又重复检验或试验所发生的费用。

(4) 停工损失,指因多种缺陷引起设备停工造成的损失。

(5) 事故分析处理费用,指处理内部质量事故所发生的费用,如不合格品处理工作费用或抽样不合格而进行的筛选费用。

(6) 产品降级损失,指产品因质量事故达不到原有精度而降级所造成的损失。

2) 外部故障成本

产品出厂后,在销售、运输和使用过程中,因质量问题而支付的一切费用,这就是外部故障成本。它包括以下几个方面。

(1) 索赔费用,指因产品质量问题,经用户申诉而进行索赔处理所支付的一切费用。

(2) 退货损失,指因产品质量问题,致使用户退货、换货而支付的一切费用。

(3) 保修费用,指保修期内或根据合同对用户提供修理服务的一切费用。

(4) 折价损失,指因产品质量低于标准,经与用户协商同意折价接受产品所造成的损失,即因折价而减少的收益。

3) 鉴定成本

鉴定成本是指在一次交验合格的情况下,按照计划,对原材料、零部件进行质量检验或试验所支出的费用。

4) 预防成本

预防成本是指企业为使产品质量不低于标准的开支费和提高质量水平的活动费。它包括:质量计划工作费用、检验计划工作费用、新产品评审费、工序能力研究费、质量审核费、质量情报费、质量培训费用、质量资料费、质量奖励费等。

13.4.3 故障成本、鉴定成本与预防成本的关系

质量成本中的故障成本、鉴定成本与预防成本之间的关系,可用图13-5表示。

从图13-5中可以看出,随着产品质量的提高,预防鉴定成本随着增加,而故障成本则减少;故障成本曲线与预防鉴定成本曲线的交点是最佳质量费用点,这时质量适宜,花费合理而较少,经济效益高。故障成本、预防鉴定成本之间,客观上存在着一个合理的比例,但这

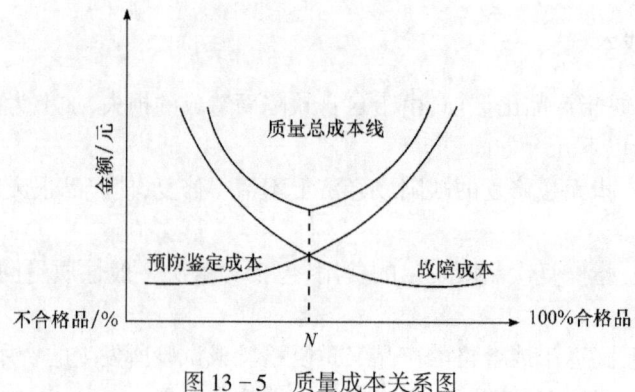

图 13-5 质量成本关系图

个比例无法进行理论计算,要根据不同的行业、不同的企业规模、不同的产品结构来分析,结合实际情况大致确定质量总成本。如果预防鉴定成本过少,将导致故障成本剧增,利润急剧下降。

13.4.4 质量成本适宜区域的确定

根据质量总成本的变化规律,可以将质量区域划分为改善区、适宜区、至善区。

从图 13-6 可以看出,质量水平处于改善区时,质量水平较低,故障成本较高,应尽快提高产品质量;质量水平处于适宜区时,质量适当,用户满意,质量成本最低,经济效益高,是最佳质量区域;质量水平处于至善区时,产品质量水平最高,超过了用户的要求,出现了剩余质量。在至善区域,故障成本虽然小了,但预防鉴定成本却很高,结果质量总成本也很高,于是企业经济效益降低,一般也不宜取此区域。

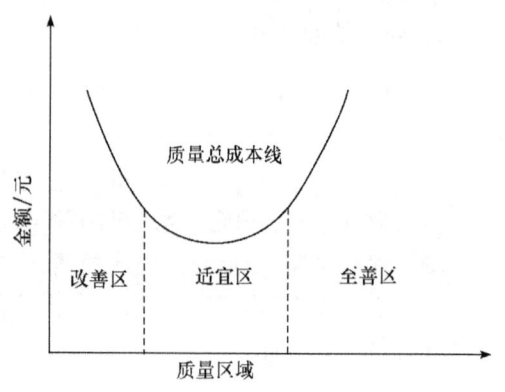

图 13-6 质量成本适宜区域

13.5 质量认证

13.5.1 质量认证的含义

质量认证,是由一个独立的、第三方的权威机构对企业产品质量及其质量体系进行证实的活动。

认证一词的英文为 certification,原意是指一种出具证明文件的行动,当用作质量认证时,也称为合格认证。根据 ISO/IEC 指南 2-1986,合格认证是指"由可以充分信任的第三方证实某一经鉴定的产品或服务符合特定标准或规范性文件的活动"。

质量认证制度是随着市场经济的发展而逐步建立起来的。在现代的质量认证产生之前,供方为推销自己的产品,往往采用"合格声明"的方式,以此取得需方对产品质量的信任。随着科学技术的发展,产品结构和性能的日趋复杂,产生了需方对供方进行质量保证能力的评定,或称"第二方合格评定"。

现代的第三方认证制度起源于英国。1903年,英国创立了世界上第一个质量认证标志,该标志以英国国家标准为检验依据,具有科学性和公正性。1922年,该标志按英国商标法注册,成为受法律保护的认证标志。二次大战后,英国、法国、美国、日本、加拿大等国家相继颁布并实行产品质量认证制度。1970年后,大多数发展中国家也推行了质量认证制度。

1970年,ISO成立了"认证委员会"(ERTICO),并于1985年更名为"合格评定委员会"(CASCO),开始从技术角度协调各国的认证制度,促进各国认证机构和检验结果的相互认可,以消除各国由于标准、检验和认证过程中存在的差异所带来的贸易困难,并进一步制定出国际的质量认证制度。

质量认证具有如下特点:① 质量认证的对象是产品、服务或质量体系;② 质量认证是依据标准按程序进行的,认证是以标准或技术规范为准则;③ 质量认证是独立的、有权威的第三方从事的活动;④ 质量认证的证明方式为认证证书和认证标志。

13.5.2 质量认证制度的主要类型

世界各国实行的质量认证制度主要有以下八种类型。

第一种,型式试验。按规定的试验方法对产品的样品进行试验,以证明样品符合指定标准或技术规范的全部要求。

第二种,型式试验加认证后监督——市场抽样检验。这是一种带有监督措施的型式试验。监督的办法是,从市场上购买样品中随机进行抽样检验,以证明认证产品的质量持续符合标准或技术规范的要求。

第三种,型式试验加认证后监督——工厂抽样检验。监督的方式不是从市场上抽样,而是从生产厂发货前的成品仓库中随机抽样进行检验。

第四种,型式试验加认证后监督——市场和工厂抽样。

第五种,型式试验加工厂质量评定加认证后监督——质量体系复审加工厂和市场抽样检验。特点是在批准认证的条件中增加了对产品生产厂质量体系检查评定,在批准认证后的监督措施中也增加了对生产厂质量体系的复审。

第六种,工厂质量体系评定。这种认证制是对生产厂按所要求的技术规范生产产品的质量体系进行检查评定,常称为质量体系认证。

第七种,批检。根据规定的抽样方案,对一批产品进行抽样检验,并据此做出该批产品是否符合标准或技术规范的判断。

第八种,对每一件产品在出厂前都要依据标准,经认可的独立检验机构进行检验。

上述八种类型的质量认证制度所认证的对象和实施认证的方式存在差异,所能提供信任程度也存在着较大差异。

质量认证制度是国家宏观管理的重要手段,实行质量认证制度的作用和好处有以下几点。

(1) 可以促进企业改进产品质量和提高质量管理水平。

(2) 维护消费者的利益。质量认证是由第三方的认证,其检验是客观的、公正的、经常性的,因而是可信的。

(3) 为用户选择商品提供方便。用户见到有认证标志的商品,可以更放心购买。

(4) 给企业带来较大的经济利益。获得认证标志的产品,用户信得过,可以提高产品的市场竞争力,从而获得更好的经济效益。

13.5.3　产品质量认证

1991年5月7日颁发的《中华人民共和国产品质量认证管理条例》中,对"产品质量认证"下的定义是:"依据产品标准和相应的技术要求,经认证机构确认并通过颁发认证证书和认证标志来证明某一产品符合相应技术要求的活动。"由上述定义可知:

(1) 产品质量认证的对象是产品;

(2) 产品质量认证的依据是产品标准和相应的技术要求;

(3) 产品质量认证的批准方式是颁发认证证书和允许产品使用认证标志;

(4) 产品质量认证由认证机构来进行。

根据认证管理条例,认证分为安全认证和合格认证。安全认证是贯彻强制性标准的一种措施,因此要实行强制性管理。合格认证一般是自愿的。申请认证的企业由认证机构按规定程序和标准经审查批准后,颁发认证证书并进行注册管理。

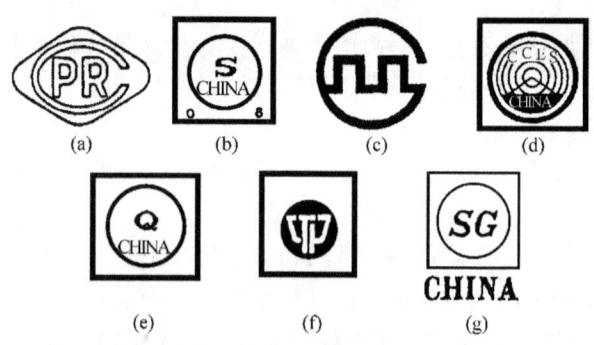

图13-7　我国部分产品质量认证标志

(a) 中国电子元器件质量认证标志;(b) 中国消防产品质量认证标志;
(c) 中国电工产品认证标志;(d) 中国卫星地球站设备质量认证标志;
(e) 中国水泥产品质量认证标志;(f) 中国玩具产品认证标志;
(g) 中国汽车用安全玻璃认证标志

产品质量认证证书是认证机构证明产品质量符合认证要求和许可产品使用认证标志的法定证明文件。认证证书由国务院标准化行政主管部门组织印制并统一规定编号,由产品质量认证委员会负责颁发。可以在企业产品广告、展销会等产品推销活动中宣传、展示,以提高企业的产品信誉。

产品质量认证标志是由认证机构设计并发布的一种专用质量标志(见图13-7)。产品质量认证标志经认证机构批准,可使用在认证产品、包装物、产品使用说明书或出厂合格证上,用来证明该产品符合特定标准或技术规范。

我国国家标准局颁布的产品质量认证标志有三类,即方圆标志、长城标志及 PRC 标志,方圆标志又分为合格认证标志和安全认证标志。经国家标准部门认证机构或有关授权认证机构批准认证合格的产品,均可使用上述认证标志。我国成立的 17 个产品质量认证机构都具有相应的产品质量认证标志。各机构对标志的使用(包括印制、标志形式、标志色等)都有明确的规定,获准使用认证标志的企业应遵照执行。

13.5.4 质量体系认证

1) 质量体系认证的依据

质量体系认证是指根据国际标准化(ISO)组织颁布的《质量管理与质量保证》国际标准,经过认证机构对企业的质量体系进行审核,并以颁发认证证书的形式,证明企业的质量体系和质量保证能力符合相应要求,授予合格证书并予以注册的全部活动。

根据我国的法规,在国内从事质量体系认证的机构必须取得国家的资格认可。中国质量体系认证机构国家认可委员会是由国家质量技术监督局授权,统一负责质量体系认证国家资格认可和获准认可后日常监督的认可机构。

当今各国广泛认可的质量体系认证的依据是 ISO 9001、ISO 9002、ISO 9003 质量保证模式标准,我国等同采用了这套标准,因此我国开展质量体系认证也依据这三个质量保证标准。

企业在申请质量体系认证,选择质量保证模式时,一般要考虑下列因素。

(1) 企业承担的质量活动范围。当企业承担的质量活动范围为产品质量形成过程的全部活动时,如从自行设计、生产、交付直至售后服务全过程的企业,一般选择 ISO 9001 标准模式;若企业承担的质量活动只是全过程的一部分,则应选择 ISO 9002 或 ISO 9003 标准模式。

(2) 产品特点和复杂程度。产品设计、制造的复杂程度高,安全性能要求高时,一般选择 ISO 9001 或 ISO 9002。这样,质量体系通过认证会使顾客增强信任感。

(3) 市场需要和经济因素。申请认证的企业要从市场经营的需要和所花的认证费用之间权衡,从而做出保证模式的选择。

2) 质量体系认证的程序

质量体系认证是通过第三方质量体系审核活动完成的。所谓第三方质量体系审核,是指由独立的、并经国家认可的第三方组织——质量体系认证机构,依照规定的程序,对受审核企业进行的有计划、有系统的检查活动。其内容包括:检查质量体系文件及其各要素的活动是否符合所选定的标准模式要求;检查质量体系文件中的各项规定是否得到有效贯彻并适合达到质量目标。

质量体系认证的实施程序一般包括下列四个阶段。

第一阶段,认证的申请与受理。

第二阶段,认证前的准备。包括组成审核组、文件审查、制定审核计划、编制审核文件几项工作过程。

第三阶段,现场审核与评定。通过现场收集客观证据评定质量体系运行与质量体系文件的规定是否一致,证实其符合程度,并做出审核的结论。通过审核的企业经审批后则予以颁发认证证书,有效期一般为三年。

第四阶段,监督审核与管理。在三年的证书有效期内,由认证机构负责监督与管理。有效期满,根据获证方的重新认证申请,认证机构将再次组织认证审核。

3) 质量体系认证证书和认证标志

认证机构向获得认证通过的企业颁发质量体系认证证书及带有认证机构专有标志的体系认证标志。企业可以利用体系认证标志做广告宣传,表明本企业所具有的质量信誉和质量保证能力,但不得张贴在产品上,也不得以任何可能误解为产品合格的方式使用。

13.6 ISO 9000 系列标准与质量体系

13.6.1 ISO 9000 系列标准的产生和发展

1979 年英国标准化学会(BSI)向 ISO 递交了一份建议,要求制定有关质量保证技术和实践的国际标准,以便对管理活动和通用特性进行标准化。ISO 根据 BSI 的建议于 1979 年成立了"质量保证"技术委员会 TCl76,专门研究国际质量保证领域内的标准化问题,并从事制定质量管理和质量保证标准的工作。我国于 1981 年参加 TCl76 技术委员会,现已成为正式成员国。经过各国质量管理专家的努力工作,ISO 于 1986 年至 1987 年正式发布了以下 ISO 9000 系列标准:

ISO 8402:1986《质量术语》;
ISO 9000:1987《质量管理和质量保证标准——选择和使用指南》;
ISO 9001:1987《质量体系——设计、开发、生产、安装和服务质量保证模式》;
ISO 9002:1987《质量体系——生产和安装质量保证模式》;
ISO 9003:1987《质量体系——最终检验和试验的质量保证模式》;
ISO 9004:1987《质量管理和质量体系要素——指南》。

其中,ISO 9000 是为该系列标准的选择和使用提供原则、指导;ISO 9001,ISO 9002,ISO 9003 是三种质量保证模式;ISO 9004 是指导企业内部建立质量体系的指南。

ISO 9000 系列标准发布后,得到了各国工业界的广泛认同和推广,并以其作为质量认证的依据。由于国际贸易和国际交流的发展,世界范围内市场竞争的加剧促进了 ISO 9000 系列标准的发展和完善。从 1987 年到 1994 年七年间,ISO 9000 系列标准已发展成一个大家族,即 ISO 9000 族,包容了 21 个标准。

由于 ISO/TCl76 出色的工作,ISO 9000 族已在全世界受到普遍的承认。为使我国的质量管理与国际接轨,提高我国产品在国际市场上的竞争力,国家质量技术监督局于 1992 年 10 月决定等同采用 ISO 9000 系列标准,正式颁布了双标号系列国家标准 GB/T19000-92——ISO 9000-87 质量管理和质量保证系列标准。并于 1994 年 12 月正式颁布了新版的

GB/T19000-94 等同采用 ISO 9000-94 版系列标准。

13.6.2 质量保证标准的主要内容

质量保证标准以标准的形式确立了三种典型的质量保证模式。所谓质量保证模式是指为满足给定情况下的质量保证需要所确定的一组标准化的或经选择的质量体系要求。依质量保证模式对组织的质量体系进行评价，可以确定其质量体系的运行情况，以及组织中技术和管理对质量保证的能力。

1）质量保证标准的用途

ISO 9001，ISO 9002，ISO 9003 是用于外部质量保证的三个质量体系要求标准。其制定的目的是作为供需双方签订质量保证协议的通用模式来使用，采用时可根据具体的情况进行剪裁或补充。

质量保证标准在给定的环境下，供实施外部质量保证使用，用于供方证实自身的质量保证能力和外部对供方能力的评定。其用途有如下几种。

（1）用于第二方对供方的评价、认定或注册。供需双方在签订合同前，顾客往往对供方的质量体系进行评价，以确定供方满足质量体系要求的能力。这时，ISO 9001，ISO 9002，ISO 9003 三个质量保证模式标准可作为顾客对供方质量体系进行评价的依据。有些企业在选择合格的供应商时，据此对多家企业进行质量体系评价，对符合要求的企业给予认定或注册，即第二方认定或注册。

（2）在订货合同中引用，规定对供方质量体系的要求。在合同环境下，合同的双方经协议，可在质量保证模式标准中选择一项较合适的标准，在订货合同中引用，明确顾客对质量体系的要求，以此作为合同中产品技术要求的补充。

（3）用于第三方质量体系认证和注册。一些组织为了提高其质量信誉，在市场竞争中处于有利地位，以获得更多的订货；或者为了满足顾客提出的要求，往往向有权威的质量认证机构（第三方）提出申请，请求其对本组织的质量体系进行评定，做出质量体系认证，取得客观公正的结论。这时，质量保证模式标准可用于对企业质量体系进行上述认证时的依据。

2）质量保证标准的体系要素

质量保证标准给出了三个质量保证模式标准。这三个标准包含的质量体系要素如表 13-3 所示。

从表 13-3 中可见，质量保证标准的三个模式是有差异的，这种差异不仅表现为质量体系要素的数量不同，而且表现为质量体系要素的内容和程度也不同。

表 13-3　质量体系要素表

序号	在标准中的章节号	质量体系要素名称	GB/T 19001	GB/T 19002	GB/T 19003
1	4.1	管理职责	■	■	○
2	4.2	质量体系	■	■	○
3	4.3	合同评审	■	■	■
4	4.4	设计控制	■	×	×
5	4.5	文件和资料控制	■	■	■
6	4.6	采购	■	■	×
7	4.7	顾客提供产品的控制	■	■	■
8	4.8	产品标志和可追溯性	■	■	○
9	4.9	过程控制	■	■	×
10	4.10	检验和试验	■	■	○
11	4.11	检验、测量和试验设备的控制	■	■	■
12	4.12	检验和试验状态	■	■	○
13	4.13	不合格品的控制	■	■	○
14	4.14	纠正和预防措施	■	■	○
15	4.15	搬运、储存、包装、防护和交付	■	■	■
16	4.16	质量记录的控制	■	■	○
17	4.17	内部质量审核	■	■	○
18	4.18	培训	■	■	○
19	4.19	服务	■	■	×
20	4.20	统计技术	■	■	○

注：■：全部要求

○：比 GB/T 19001 和 GB/T 19002 要求低

×：无此要素

(1) ISO 9001 设计、开发、生产安装和服务的质量保证模式。该模式由 20 个质量体系要素构成。模式要求建立设计、开发、生产、安装和服务过程的质量体系。该模式用于在设计、开发、生产、安装和服务等阶段由供方保证产品符合规定要求的场合。该模式所规定的要求的目的主要在于防止从设计直至服务的所有阶段中发生不合格，以使顾客满意。

该模式主要规定了供方应制定质量方针、目标；确定从事与质量有关的管理、执行和验证工作人员的责任、权限和相互关系；设置管理者代表；确保质量保证模式标准的实施和保持；按要求编制质量手册、程序文件和质量计划；实行合同评审；进行设计控制；对文件实施控制；在采购前评定和选择分供方；对购入的和需方提供的产品进行验证；实行过程控制；对进货、过程和最终进行检验和试验；对检验测量和试验设备进行全面控制；严格控制不合格品；对产品实行标志并标志其验证状态；要求实行内部质量审核；对生产过程及产品偏离技术标准和质量体系要素偏离规定要求的情况采取纠正和预防措施；要求组织的最高管理者定期进行管理评审；确保质量体系的持续适合和有效。

(2) ISO 9002 生产、安装和服务的质量保证模式。该模式由 19 项质量体系要素构成。模式要求供方建立生产、安装和服务过程的质量体系。该模式用于在自采购起至产品交付、服务的整个过程中的各阶段由供方保证符合规定要求的场合。该模式所规定的要求的主要目的在于防止从生产到服务过程中发生不合格,从而让顾客满意。

ISO 9002 与 ISO 9001 两个模式的主要差别为,ISO 9001 要求供方建立一个全面的质量体系,而 ISO 9002 要求供方建立从生产到服务过程的质量体系。因此,ISO 9002 比 ISO 9001 缺少一个"设计控制"要素,而其他要素在这两种模式标准中的文字叙述是相同的。

(3) ISO 9003 最终检验和试验的质量保证模式。该模式由 16 项质量体系构成。模式要求供方建立对成品进行检验和试验的质量体系。该模式用于由供方仅在最终检验和试验方面保证符合规定要求的场合。ISO 9003 与 ISO 9002 两个模式的主要差别为,ISO 9002 要求供方建立一个除设计环节外较全面的质量体系,要求自采购起至产品到达目的地,以及售后服务的整个过程中实施质量控制。而 ISO 9003 则主要着眼于产品最终质量的把关,通过对完工产品的最终检验和试验来判断产品的符合性。因此,ISO 9003 中的质量体系要素除缺少 ISO 9002 中也没有的"设计控制"之外,还缺少"采购"、"过程控制"和"服务"要素。另外,ISO 9003 的质量体系要素只有 10 项,相同要素在内容上也少于 ISO 9001 和 ISO 9002。

通过对质量保证标准中三种模式的比较,可以得出三种模式呈依次包含的结论,即 ISO 9001 的质量体系要求完全包含 ISO 9002,而 ISO 9002 的质量体系要求又完全包含 ISO 9003。三种模式对供方质量体系要求的范围大小,反映了不同复杂程度的产品所要求的质量保证能力不同,而不应理解为质量保证程度的高低之别。

3) 实施 ISO 9000 质量保证系列标准的意义和作用

贯彻实施 ISO 9000 系列标准,对我国企业参与国际经济活动,消除技术障碍,促进我国质量管理深入开展,提高产品质量起到了良好的作用。

(1) 促进我国质量管理进一步发展与提高。ISO 9000 系列标准是从标准的角度,对质量管理和质量保证体系理论和方法进行系统性提炼、概括和总结,并使其系统化、规范化,它与全面质量管理(TQC)的理论依据是一致的,方法上可以互相兼容。因此,推行 ISO 9000 系列标准可促进我国质量管理工作向纵深发展。

(2) 有利于发展社会主义市场经济,提高企业竞争能力。随着改革开放的深入发展、社会主义市场经济的建立,我国很多企业需要转换经营机制、搞跨国经营,参与国际市场竞争,这就要求企业必须依靠技术进步,加快技术改造步伐,及时引进先进技术和技术装备,搞好新产品开发和老产品升级换代,以增强产品在国际市场上的竞争能力。这时只有等效采用 ISO 9000 系列标准,用它来处理在国际交往中发生的质量问题,对企业产品质量和质量保证进行检验评审,实施质量认证,才能符合国际惯例的要求。

(3) 维护消费者利益。由于产品质量认证工作是由第三方承担的,这种检验是客观的、经常性的,所以是可信任的。这能有效地防止生产者粗制滥造,以次充好,可避免不合格品投放市场。特别是对那些危害人身安全和健康的产品,采用认证制度后,强制其不合格品不得出厂,这对保护消费者利益与人身安全,无疑是十分重要的。

（4）为用户购买商品提供方便。由于现代科学技术飞快发展，市场商品日益增多，用户要选购商品，以现有知识和经验往往是很难适应的。如果商品有认证主管部门颁发的认证证书或质量标志，用户会对商品产生"信任感"和"安全感"，可放心地去购买，解除其后顾之忧。

（5）使企业获得更多的经济效益。凡获得产品质量认证证书或有认证标志的产品，往往可简化其他各种检验手续，直接投放国内外市场进行交易，这样，既节省了大批检验费用、简化了检验手续，又扩大了产品销路，在激励的市场竞争中处于有利地位，使企业获得更多的经济效益。

本章小结

本章概述了质量的有关概念，质量管理的发展过程，全面质量管理的思想及特点，常用的工序统计质量管理方法，质量认证制度，产品质量认证及质量体系认证的特点，ISO 9000族质量保证标准的构成及应用特点。

质量有广义和狭义之分，狭义的质量就是指产品质量，产品可以包括服务、硬件、流程性材料、软件或它们的组合。广义的质量有工作质量、过程质量、产品质量。质量是逐步形成和实现的，各环节的相互依存，相互促进，构成质量螺旋。重要的质量职能有市场调查研究、产品设计、采购、生产制造、检验及使用过程的质量职能。

质量管理的发展经历了质量检验阶段、统计质量控制阶段、全面质量管理阶段。全面质量管理是一种"质量第一"的经营思想，就是一个组织以质量为中心，通过全员参与、全过程的、综合系统的质量管理，使顾客满意，从而达到组织的长期成功。

生产制造过程是产品质量形成过程的重要环节，在确认质量设计的前提下，它是实现产品质量的关键。工序质量控制是制造企业日常质量管理的主要内容。常用的工序质量控制方法有直方图法、控制图法。

质量认证制度是国家宏观质量管理与质量监督的重要手段。质量认证，是由一个独立的、第三方的权威机构对企业产品质量及其质量体系进行证实的活动。质量认证按认证对象分产品质量认证和质量体系认证。根据认证管理要求，又可分为强制性认证和自愿性认证。当今世界上公认的质量体系认证的依据是 ISO 9000 族质量保证标准，我国开展的质量体系认证也依据该系列的三个质量保证标准。

1987 年 ISO 发布了 ISO 9000 质量管理和质量保证系列标准，迅速被世界各国所采用，并以其作为质量认证的依据。该系列标准由五个标准构成，另有质量术语标准与之配套。

ISO 9000 质量管理和质量保证标准选择和使用指南。它阐述了质量管理与质量保证标准在选择和使用中的若干问题，是学习和运用这套标准的钥匙。

ISO 9001，ISO 9002，ISO 9003 三种质量体系的质量保证模式，是系列标准的核心标准。阐述了在合同环境下或第三方认证情况下可供选择的三种质量保证模式，主要用于外部保证的目的，供需双方在签订合同时选择应用。

ISO 9004 质量管理与质量体系要素指南。该标准是指导企业内部质量管理体系建立和运行的标准。它阐述了质量管理体系的目标、任务和各个组成要素的要求，它的基本原则对所有组织都是适用的。

思考与练习

1. 基本概念

质量　产品质量　质量体系　工序能力　质量成本　质量认证

2. 思考题

（1）什么是质量职能？认识质量职能对搞好质量管理有何实际意义？
（2）简述质量管理的发展过程及各阶段的主要特点。
（3）什么是全面质量管理？它的基本要求和特点是什么？
（4）什么叫产品质量认证和质量体系认证？质量认证有何作用？
（5）ISO 9000 系列标准如何构成？它们有哪些应用环境？

第14章 财务管理

14.1 财务管理概述

14.1.1 财务管理研究的对象

企业财务管理就是对企业的资金运动及其所体现的财务关系的管理。企业财务管理的对象,是企业在再生产过程中的资金运动。所谓企业的资金运动,是指企业中资金从货币形态转到其他资金形态,又回到货币资金形态的运动过程。它分为资金的筹集、资金的运用、资金的耗费和资金的分配四个阶段。

1) 资金的筹集

资金筹集是企业资金运动的起点。所谓筹资,是指企业为了满足生产经营投资和用资的需要筹措所需资金的过程。无论企业采取何种渠道和方式筹集资金,其途径不外乎以下三种:第一种是接受投资者投入的资金,即企业的资本金和资本公积金;第二种通过企业的生产经营而形成的积累,即盈余公积金和未分配利润,它和第一种筹集的资金合在一起,称为企业的所有者权益,或称权益资金。第三种是向债权人借入的资金,即企业的负债,称为负债资金。在筹资过程中,既要合理确定筹资总量和时间,选择好筹资渠道和方式,还要降低资金成本,合理确定资金结构,充分发挥财务杠杆的作用,降低财务风险。

2) 资金的运用

资金的运用就是把筹集到的资金合理地投放到生产经营的各项资产上。资金的运用也就是对各种资产的投资和营运过程。企业为了进行生产经营活动,一方面要兴建房屋、建筑物、购置机器设备、运输车辆等固定资产;另一方面要使用货币资金购进原材料、商品等,投资在各种流动资产上。此外,企业还可以进行无形资产的购买或创立,形成无形资产的投资;也可以用现金、实物、无形资产等方式对其他企业进行投资,形成短期投资和长期投资。

3) 资金的耗费

企业在生产经营过程中,生产者使用劳动手段对劳动对象进行加工,生产出产品。在这过程中要消耗各种材料、物资,而且固定资产经过使用,价值要发生损耗;此外,还要支付职工的工资和各种费用。成本和费用从实质上看都属于资金的耗费,随着产品的制造完成,又转化为成品资金,并通过销售实现,成品资金形态又转化为货币资金形态。

4) 资金的分配

资金的分配就是将企业取得的经营收入进行分配。经营收入包括营业收入、投资收益等。取得的收入首先要用以补偿生产经营耗费,以保证企业生产经营活动的继续进行;其次要缴纳流转税和支付利息,形成税前收益;可按规定弥补亏损,依法缴纳所得税;剩余部分是企业的税后利润,它的所有权属于投资者,可按规定提取公积金和公益金及向投资者分配利润,或形成未分配利润继续留在企业运用。

14.1.2 财务管理的目标和内容

财务管理目标可概括为两方面:一是维持良好的财务状况;二是争取最大资产报酬率。从而最终实现企业的发展和企业价值最大化。

企业财务状况是指企业的资产、负债、所有者权益的状况,以及它们之间相互适应的情况。一个企业财务状况良好,意味着该企业有较强的支付能力和偿债能力;有合理的资产构成和资本结构。不仅能避免企业财务风险,还能不断提高效益和企业信誉,使企业得到发展壮大。

资产报酬率指企业运用全部资产的收益率,是企业投入的全部资产与取得收益的比率,能综合反映企业对经济资源的运用效益。一个企业对经济资源运用效益的好坏,不仅能反映出企业的生产经营组织状况、成本费用支出情况,而且还能反映出企业产品为市场接纳的程度、满足消费需要的程度。

良好的财务状况是提高资产报酬率的重要前提,而提高资产报酬率又是改善财务状况的必要途径,只有将两者结合起来,才能实现了财务管理的目标。财务管理目标的实现,必然促进企业发展,也能为社会做出更大的贡献。

财务管理的内容包括:筹资管理、投资管理、资产管理、成本费用管理、收入和赢利管理、财务报告与评价及特殊事项的财务处理等。财务管理是企业管理的主要内容之一,通过加强财务管理,对促使企业不断改善经营管理,提高经济效益将起着至关重要的作用。

14.1.3 财务管理的基本环节

财务管理的基本环节包括进行财务预测、决策,编制财务预算,组织实施财务控制,开展财务分析和实行财务检查等。这些环节紧密联系,互相配合,只有全面掌握运用,才能顺利完成财务管理工作。

(1) 进行财务预测、决策。根据企业财务活动的历史资料,考虑现实情况,对未来财务活动及结果进行预测,对经过预测确定的若干财务方案进行评价和选择,选出最优方案。

(2) 编制财务预算。财务预算是企业全面预算的重要组成部分,包括长期资金支出预算和短期财务预算,如现金收支预算等。财务预算也是财务预测和财务决策的具体化,也是组织实施财务控制的依据。

(3) 组织实施财务控制。财务控制是指在进行财务管理过程中,对财务活动施加影响或进行调节,以实现预定的目标。

(4) 财务分析。指根据会计核算和有关信息资料,运用特定的方法,对企业财务活动的过程和结果进行评价和分析。财务分析常用的方法有对比分析法、比率分析法、因素分析法等。

(5) 实行财务检查。财务检查是指对企业财务活动的合法性、有效性、合理性所进行的检查和监督。

14.1.4 会计要素

会计的对象是资金的运动。企业的资金运动总是表现为各种经济业务。为了分门别类地反映这些经济业务,需用特定的概念对会计对象进行分类。会计要素就是用特定的概念对会计对象的具体内容所做的基本分类,也称为会计对象要素。我国企业的会计要素有资产、负债、所有者权益、收入、费用和利润等六项,是构成会计报表的基本组成部分。

在这六项基本会计要素中,依据它们所反映的内容,可分为两类:一类是反映企业财务状况的要素,包括资产、负债和所有者权益。它们之间的关系表现为"资产=负债+所有者权益",并因此构成了资产负债表的基本框架。另一类要素是反映企业经营成果的要素,包括收入、费用和利润。它们之间的关系表现为"收入-费用=利润",并因此构成了损益表的基本框架。下面对这两类要素分别予以说明:

1) 资产

资产指的是企业拥有或控制的、能以货币计量的各种经济资源。作为经济资源,一般意味着能在企业生产经营活动中带来经济利益。对资产应把握以下几点:

(1) 资产的内涵是经济资源。企业的资产仅限于能以货币计量的经济资源,因此非经济资源就不属于企业的资产范畴。

(2) 资产是企业所拥有或控制的。就是说企业的资产除了包括其所有权属于企业的经济资源外,还包括那些没有所有权但实际归企业支配的资产。

(3) 资产还必须具有能为企业带来经济利益的特性。因此,对于过去属于企业的资产,由于各种原因现在不再能为企业带来经济利益,应不再成为企业的资产,如报废的机器资产。

(4) 资产能够用货币计量。这是区别会计资产与非会计资产的主要标志。

资产可分为流动资产和长期资产两大基本类型。流动资产是指企业在一年以内或长于一年的一个营业周期以内变现或耗用的资产,包括现金、银行存款、应收票据、存货和待摊费用等。长期资产是指变现或耗用期在一年以上的资产,主要包括长期投资、固定资产和无形资产等。

2) 负债

负债是指企业所承担的、能以货币计量、并需用资产或劳务偿付的各种债务。

负债可分为流动负债和长期负债两大类。流动负债是指企业偿还期在一年以内的债务,包括短期借款、应付账款、应付工资、应交税金和应付利润等。长期负债是指偿还期在一年以上的债务,主要包括长期借款、应付债券等。

3) 所有者权益

所有者权益是指企业所有者对企业净资产的所有权,即投资者所拥有的产权。企业的净资产是指企业全部资产减去全部负债后的净额。所有者权益由四部分构成,即投资者投入的资本、资本公积、盈余公积和未分配利润。

(1) 投入资本。指企业的投资人(包括国家、法人单位、个人等)实际投入到企业经营活动的各种财产物资。

(2) 资本公积金。指企业由于依法进行财产价值重估接受捐赠等而形成的资本积累,包括股票溢价、法定财产重估增值、接受捐赠的资产价值。

(3) 盈余公积金。指企业按规定从利润中提取的那部分资金。

(4) 未分配利润。指企业留于以后年度分配的利润或待分配利润,或未弥补的亏损。

4) 收入

收入是指企业在某一会计期间发生的营业收入、投资收益和营业外收入的总称。其中,营业收入指企业在生产经营活动中销售产品、提供劳务取得的收入;投资收益是指企业对外投资所获得的投资报酬,如对外投资分得的股利等,营业外收入是指与企业生产经营活动无直接关系的各项收入,如罚款收入等。

5) 费用

费用是指企业在生产经营的一定时期内发生的、用货币表现的各项耗费。费用具体包括为生产产品发生的各种直接生产费用;与生产产品无直接关系,属于某一时期耗用的期间费用(管理费用、销售费用和财务费用);与企业正常生产经营活动没有直接关系的各项损失即营业外支出。

6) 利润

利润是指企业在一定期间内生产经营的财务成果,反映为企业净资产的增加。具体包括营业利润、投资净收益和营业外收支净额。营业利润是企业营业收入减去营业成本和期间费用等费用之后的余额;投资净收益是企业对外投资收入减去投资损失后的余额;营业外收支净额是企业的各项营业外收入减去营业外支出之后的余额。

14.1.5 会计等式

一定量的资金价值表现为双重存在,一方面是作为企业经济资源的特定的资产形态,如银行存款,库存材料,机器设备等;另一方面,它又表现为资金的所有者对该资产的相应求偿权,即权益。企业的投资者和债权人将资本提供给企业使用,一方面形成了企业的各项资产,另一方面投资者和债权人对其形成了相应的权益。所以两者必然相等,即

$$资产 = 权益$$
$$资产 = 债权人权益 + 所有者权益 \quad (14-1)$$
$$资产 = 负债 + 所有者权益（基本会计方程式）$$

所有者权益是企业资产总额与负债总额相抵后的净资产，即

$$所有者权益 = 资产 - 负债 \quad (14-2)$$

上述的会计等式(14-1)、(14-2)高度概括了任何时点上的财务状况，它是建立资产负债表的理论基础。不论企业的经济业务多么复杂，引起企业的会计要素发生怎样的增减变化，都不会破坏会计等式的恒等关系。

企业在经营过程中必将产生收入、费用以及由收入与费用配比后得到的利润，这正是会计对象的另外三个要素，三者之间的关系是

$$收入 - 费用 = 利润 \quad (14-3)$$

式(14-3)反映了某个时期收入与费用的配比及利润的形成情况，因而它是建立损益表的理论依据。

利润又可表现为是企业净资产的增加，即是所有者权益的增加，所以式(14-3)进一步分解

$$收入 - 费用 = 期末所有者权益 - 期初所有者权益$$
$$收入 - 费用 = 期末资产 - 期末负债 - 期初所有者权益$$

所以

$$期末资产 + 费用 = 期末负债 + 期初所有者权益 + 收入 \quad (14-4)$$

在会计期间，会计资产项目与负债项目反映的正是某个任何时点资产与负债，而所有者权益项目则是期初权益数，所以式(14-4)可进一步简化为

$$资产 + 费用 = 负债 + 所有者权益 + 收入（完整会计方程式） \quad (14-5)$$

会计期末，收入与费用配比后形成利润，构成期末所有者权益的一部分，式(14-5)则转为基本会计等式。

式(14-5)将资产负债表和损益表联系起来，它是所有会计要素的关系表达式，并完整地表现了企业财务状况及其形成过程。企业的一切经济业务归根结底将引起资产、负债、所有者权益、收入、费用项目之间的增减变动，但任何一项经济业务的发生，必然在会计方程式中导致双重影响，并始终保持恒等关系。完整会计方程式正是复式记账的理论基础。

14.2 流动资产管理

14.2.1 现金管理

现金是立即可以投入流通的交换媒介。它的特点是普遍可接受性，可以立即用于购买商品、货物，用于劳务支出或偿还债务。因此，现金是流动性最强的资产。财务上的现金包括库存现金、各种形式银行存款和银行汇票。现金收支是资金运动的主要形式，进行现金收支管理，需要做好以下几个方面工作。

1) 完善企业现金收支的内部管理

为了保证企业现金收支不出差错、财产安全完整,需要完善现金收支的内部管理。主要有以下几点。

(1) 现金收支的职责分工与内部牵制。这主要是现金的保管职责与记账职责应由不同人员担任,即出纳和会计不能由一人担任,业务的执行要由不同职责的人员共同完成,以防止弄虚作假、贪污挪用现象的发生,也有利于减少误差。

(2) 现金的及时清理。现金的收支应做到日清月结,确保库存现金的账面余额与实际库存余额相符;银行存款结余额与银行存款对账单余额相符;现金、银行存款日记账数额分别与现金、银行存款总账数额相符。

(3) 现金收支凭证的管理。包括强化收据与发票的领用制度,空白凭证与使用过凭证的管理等。

(4) 按照国家《现金管理暂行条例》和《银行结算办法》的有关现金使用规定和结算纪律处理现金收支。

2) 制定现金预算和按预算安排现金收支

为了有计划地管好用好现金,应核定最佳现金余额,并逐期编制现金预算,按预算安排现金收支。通过现金预算,可以了解企业各期现金收入和现金支出的情况,从而确定现金结余或短缺的数额及时间,为进一步生产经营、投资运用和筹资提供依据。

3) 提高现金使用效率

在不损害企业信誉、不加大企业财务风险的前提下,现金的日常管理还应着重于提高现金的使用效率,即加速现金的收款过程和延缓现金的付款时间。

14.2.2 应收账款的管理

1) 应收账款的成本

应收账款是企业采用赊销的方式销售商品应向购货单位收取的款项。赊销可以使企业扩大销售,同时又可以减少商品存货负担,赊销是一项重要的促销措施。

企业进行赊销也就是向客户销售商品时也向其临时提供了购货所需资金。所以,应收账款是企业的一项短期债权,持有应收账款会承担一定风险,并付出一定成本。包括以下三类。

(1) 持有应收账款的机会成本。应收账款是企业的一项资金垫支,如果不用于应收账款,就可用于其他投资,如有价证券,从而取得一定的利息收入。这种因垫支在应收账款而放弃其他投资所减少的收入,就是应收账款的机会成本。

(2) 应收账款的管理成本。主要包括:① 客户信用状况调查的费用;② 收集各种信息的费用;③ 应收账款的核算费用;④ 应收账款的收款费用。

(3) 坏账损失成本。坏账损失是由于客户违约不支付货款而造成的损失。

2）应收账款的日常管理

（1）信用调查。信用调查是企业收集整理有关客户信用状况资料的过程，调查方法有直接调查和间接调查两类。直接调查是指调查人员直接与被调查客户接触而获取信用资料。采用这种方法能及时、准确地获取资料，但需得到被调查客户的合作。间接调查是通过加工、整理被调查客户的有关原始记录和核算资料，来获取信用资料。客户的有关原始记录和核算资料来自于客户的财务报表和信用评估机构提供的信息。

（2）信用评估。信用评估是根据信用调查所获得的信用资料，对客户的信用状况进行分析和评价，以确定是否向其提供商业信用。

（3）账款催收。企业的应收账款，有的在信用期限内，有的已超过了信用期限，企业应对应收账款的账龄进行分析，一般来说，账款拖欠的时间越长，发生坏账的可能性越大。对于超过信用期限账款的催收，一般电话催收，再正式信函告知，进而派员与客户面谈收账，如再解决不了，就只有诉诸法律。

对于无力偿付的客户，应分析这种情况是暂时性的还是确实无法挽回，如果是属于暂时性的经营困难，企业应考虑放宽信用期限，待客户渡过难关后，账款便可收回；如果客户的经济困难无法克服，已面临破产，企业则应采取相应措施，以便在清算时得到部分清偿。对于那些有能力支付而故意拖欠的客户，企业应根据应收款额的大小，采取相应的法律或其他讨债方法催收。

14.2.3 存货管理

1）存货成本

存货是企业的一项重要的流动资产，为了保证企业的生产经营活动的正常进行，企业必须储备一定数量的存货，因而就会发生相应的成本支出。存货的成本主要包括以下内容。

（1）采购成本。包括存货的买价和运杂费。具体由采购单价乘以采购数量再加上运杂费等得出采购成本数额。

（2）订货成本。是指为订购存货而发生的办公费、差旅费等。订货成本一般与订购次数成正比，订货次数越多，订货成本越高。

（3）储存成本。储存成本是指存货在储存过程中发生的仓储费、保险费、存货占用资金应支付的利息费用等。

2）存货规划

对存货进行管理，应按期编制存货规划，确定存货资金的占用数量，以便合理地、节约地使用资金。

编制存货资金规划，应分别测算各种占用形态的存货资金数额，包括以下三个方面。

（1）储备资金的测算。储备资金是指企业从购进各项存货开始到将其投入生产为止的整个阶段所占用资金。

（2）生产资金的测算。生产资金是指从原材料投入生产开始到生产完工产成品入库为止的整个阶段所占用的资金。主要为在产品资金。

（3）产成品资金的测算。产成品资金是指从生产完工产成品入库开始,到将产成品销售出去为止的整个阶段所占用的资金。

3）ABC 重点管理法在存货管理中的应用

在存货日常管理中,也可以借助于 ABC 重点管理法来提高存货管理的效果。它是先将存货按事先规定好的标准分为 A,B,C 三大类。A 类存货的品种数量占全部存货品种数量的比重较小,但所需资金占全部存货资金的比重最大,对这类存货应进行重点规划和控制。B 类存货的品种数量占全部存货较大的比重,而所需资金也占全部存货资金的较大比重,对这类存货可采用中等储备、次重点控制。C 类存货的品种数量占全部存货的最大比重,而所需资金却占全部存货资金的最小比重,对这类存货的控制方法应力求简便易行。这样,既能把握住存货控制的重点,也能兼顾全面,提高仓库管理的工作效率,降低仓储费用的开支。

14.3 固定资产和无形资产的管理

14.3.1 固定资产的管理

固定资产是指使用期限较长,单位价值较高,并且在使用过程中保持原有实物形态的资产。根据财务制度规定,企业使用期限在一年以上,单位价值在规定标准以上的房屋、建筑物、机器设备、器具、工具等资产均应作为固定资产管理。

1）固定资产的特点

（1）使用期限较长,能多次参加生产经营过程而不改变其实物形态。

（2）固定资产的补偿,在价值形态与实物形态上是不同的。价值形态的补偿是根据固定资产在使用中的消耗程度,以折旧形式分次、逐步实现。其实物形态在报废前仍然可在生产经营中发挥作用,实物更新要到固定资产报废时才能完成。

（3）用于生产经营而不是为了出售。购置固定资产的目的是为了给企业的生产经营活动提供条件,其目的不是为了销售,这是区别固定资产与流动资产的一个重要标志。

2）固定资产的分类和计价

（1）固定资产有多种分类方法。按固定资产的经济用途和使用情况综合分类,可将企业的固定资产分为:生产经营用固定资产、非生产经营用固定资产、租出固定资产、未使用固定资产、不需用固定资产、土地(已估价单独入账的土地)、融资租入固定资产。

（2）固定资产的计价方法有三种。① 原始价值,是指获得固定资产时所发生全部支出总额;② 重置完全价值,是指在当前的市场情况和生产条件下,重新购置同样全新固定资产所需的全部支出;③ 折余价值,或称净值,是指固定资产原值或重置完全价值减去计提折旧后的余额。

3) 固定资产折旧

固定资产在使用期限内不断发生损耗,它的价值根据损耗程度逐渐转移到有关的产品成本或费用中去,并从企业销售收入中得到补偿。固定资产因损耗而转移到产品中去的那部分价值就称为折旧。

固定资产损耗分有形损耗和无形损耗。有形损耗是指固定资产由于使用而发生的磨损或受自然力的作用而发生的损耗。无形损耗是指由于劳动率提高和科学技术的进步,使原来固定资产价值降低。

计算固定资产折旧的方法很多,固定资产折旧方法的选用直接影响到企业的成本、费用的计算,进而影响企业的利润和纳税,故折旧方法的选用不能随意确定。这里仅介绍常用的平均年限法和工作量法。

(1) 平均年限法。它是根据固定资产的原始价值、预计残值和预计清理费用,按照预计使用年限平均计算折旧的一种方法。其计算公式为

$$固定资产折旧额 = \frac{原始价值-预计残值-预计清理费用}{折旧年限}$$

$$= \frac{原始价值-净残值}{折旧年限}$$

在实际工作中,固定资产折旧额,是根据固定资产的原始价值和事先确定的折旧率计算的,折旧率是固定资产折旧额占其原始价值的百分比,计算公式为

$$固定资产年折旧率 = \frac{年折旧额}{折旧年限} \times 100\% = \frac{1-预计净残值率}{折旧年限} \times 100\%$$

$$月折旧率 = 年折旧率 \div 12 \times 100\%$$

(2) 工作量法。它是指以固定资产能提供的工作量为单位来计算折旧额的方法,如运输车辆和大型设备的折旧计算就采用这种方法。通常可用两种方法表示:一是行驶里程;二是工作小时。计算方法如下:

$$单位里程(单位工作小时)折旧额 = \frac{原始价值-预计净残值}{预计总行驶里程(总工作小时数)}$$

$$月折旧额 = 单位折旧额 \times 月行驶的里程数(工作小时数)$$

14.3.2 无形资产的管理

无形资产是供企业长期使用,能给企业带来经济利益,但不具有实物形态的资产。无形资产与有形资产相比,具有的特征为:不存在实物形体但为企业所长期拥有;可以在多个会计期间为企业提供经济效益;所提供的未来经济效益具有高度的不确定性;必须是为企业有偿取得的。

无形资产的具体内容包括专利权、商标权、著作权、土地使用权、非专利技术及商誉等。

1) 无形资产价值的确定

按规定,企业的无形资产应按取得时的成本计价。具体包括以下几个方面。

（1）企业购入的无形资产，按实际成本计价。

（2）企业自行开发的无形资产，按实际发生的研究开发费用和保护专利技术所支付的法律等实际支出计价。

（3）接受其他单位投资转入的无形资产，按双方协商确定的价格或评估确认的价格计价。

（4）商誉只有在企业合并，接受投资或向外购入时才能按实际确定的价值入账，否则不能作为无形资产计价。

2）无形资产的摊销

（1）摊销期限。无形资产的价值应从其入账时起，在有效的期限内平均摊入管理费用。无形资产有效期限按以下原则确定。法律和合同或企业申请书分别规定有效年限的，按照法定有效期限与合同或企业申请书规定的受益年限孰短的原则确定。法律和合同或企业申请书均未规定受益年限的，按照不少于10年的期限确定。

（2）摊销方法。企业的无形资产一般采用直接摊销法，也就是在有效期限内将无形资产的价值平均摊入当期管理费用。另外，对某项较特殊的无形资产、经过申报批准，也可以采用快速摊销法，即在前期多摊费用，后期少摊费用。

14.4 成本管理与成本控制

14.4.1 产品成本和期间费用的概念

1）费用的概念

企业的基本经济活动是生产与经营。企业进行产品的生产，需要各种消耗，包括人力、物力和财力的消耗，这些消耗表现为人工、原材料、机器设备等的耗费，就形成了费用。由此可见，所谓费用，就是指企业在生产经营过程中发生的各项耗费。

2）产品成本的概念

产品成本是指工业企业为生产一定种类和数量的产品所发生的直接材料、直接工资、其他直接支出和制造费用的总和。我国现行的产品成本是指制造成本。会计制度规定，把企业全部成本费用划分为制造成本和期间费用，企业的产品成本核算到制造成本为止，企业的期间费用直接体现当期损益。

3）期间费用的概念

期间费用，是指企业发生的不能直接归属于某个产品成本的费用。包括销售费用、管理费用和财务费用。这些费用在发生时，很难确定应由何种产品负担，故在发生时直接记入当期损益。

14.4.2 产品成本的内容

按照现行制度规定,产品成本核算采用制造成本法,成本项目包括直接材料费、直接人工费、其他直接支出、制造费用四项。具体内容如下:

1) 直接材料费

直接材料费是指企业生产经营过程中实际消耗的直接材料费。它是能够直接分清计入某种产品成本的原材料、辅助材料、设备配件、外购半成品、燃料、动力、包装物、低值易耗品以及其他直接材料。

2) 直接人工费

直接人工费是指企业直接从事产品生产人员的工资、奖金、津贴和补贴。

3) 其他直接支出

其他直接支出是指企业发生的除直接材料费、直接人工费以外的其他直接费用。包括按生产工人工资总额规定的比例(14%)计算提取的职工福利费。

4) 制造费用

制造费用(间接费用)是指企业各生产单位(车间、班组)为组织和管理生产而发生的各项间接费用。包括生产单位管理人员的工资和福利费,生产单位房屋、建筑物、机器设备等折旧费、修理费、劳动保护费、试验检验费、保险费、机物料消耗、水电费、办公费、差旅费、运输费、设计图纸费、季节性及修理停工损失以及其他制造费用等。制造费用不能直接计入产品成本,须按一定分配标准配比后才能计入产品成本。

14.4.3 期间费用的内容

按照现行制度规定,期间费用项目包括销售费用、财务费用和管理费用三个项目。

1) 销售费用

销售费用是指企业销售过程中为销售产品而发生的费用。包括由企业负担的运输费、装卸费、保险费、展览费、广告费、委托代销手续费,以及为销售本企业产品而专设的销售机构的职工工资、福利费、办公费、差旅费、物料消耗、业务费等经常费用。

2) 财务费用

财务费用是指企业为筹集生产经营所需资金而发生的费用。包括利息支出(减利息收入)、汇兑损失(减汇兑收益)、金融机构手续费以及筹集生产经营资金发生的其他费用等。

3) 管理费用

管理费用是指企业行政管理部门为组织和管理生产经营活动而发生的各项费用。包括公司经费、工会经费、职工教育经费、劳动保险费、待业保险费、董事会费、咨询费、审计费、诉讼费、绿化费、税金(房产税、车船使用税、土地使用税、印花税等)、技术转让费、技术开发费、无形资产摊销、业务招待费、坏账损失等。

14.4.4 成本和费用的管理

1) 确定成本和费用开支的基本原则

企业应当根据有关规定,确定成本和费用的开支范围。一切与生产经营有关的支出,都应当按规定计入企业的成本和费用。具体到工业企业来说,就是直接材料、直接工资、其他直接支出、制造费用和管理费用、财务费用、销售费用。其中直接材料、直接工资、其他直接支出和制造费用构成产品成本,而管理费用、财务费用、销售费用不计入产品的生产成本,直接作为当期费用处理。

2) 确定成本和费用开支范围必须分清的五个界限

(1) 本期费用和下期费用的界限。企业应按照权责发生制的原则确定费用的开支。企业不能任意预提和摊销费用。凡应由本期负担而尚未支出的费用,应作为预提费用计入本期费用。

(2) 产成品成本和在产品成本的界限。企业应在期末核实产成品和在产品数量,正确计算产成品成本和在产品成本。

(3) 某种产品成本和另一种产品成本的界限。凡是能直接计入有关产品的各项直接成本,都要直接计入,与几种产品共同有关的费用,必须根据合理的分配,在各种产品之间进行分配。

(4) 计入成本费用和不计入成本费用的开支界限。

(5) 产品成本和期间费用的界限。

3) 不得列入成本和费用的开支

(1) 购置和建造固定资产、无形资产和其他资产的资本支出。应计入资产价值,以后再分期摊销(折旧)。

(2) 资本的利息。投资各方因投入资本而自行借款所发生的利息,应由投资各方自己负担。

(3) 对外投资的支出。应计入长期投资或短期投资的价值内。

(4) 分配给投资者的利润。包括支付的股利和分给联营单位的利润等。应作为利润分配处理。

(5) 被没收的财物,支付的滞纳金、罚款、违约金、赔偿金,以及企业捐赠、赞助支出。就列入营业外支出。

14.4.5 生产费用的分类

工业企业对生产过程中发生的生产费用的分类可以从不同的要求来进行。最基本的有按经济性质和经济用途分类两种;同时,为了成本核算和管理上的要求,还可对生产费用进行其他的分类。

1) 生产费用按经济性质的分类

产品的生产过程,也是物化劳动(包括劳动对象和劳动手段)和活劳动的消耗过程。因此,生产过程中发生的费用,按其性质划分,不外乎劳动对象、劳动手段和活劳动方面的费用,并划分为若干个费用要素:① 外购材料;② 外购燃料;③ 外购动力;④ 工资;⑤ 提取的职工福利;⑥ 折旧费;⑦ 修理费;⑧ 其他支出。

将生产费用划分为若干要素进行核算,可以反映企业在一定时期内发生的生产费用。可以为企业计算所需流动资金额和编制材料采购计划提供数据;还可以为计算工业增加值和国民收入提供资料。

2) 生产费用按经济用途分类

生产费用按经济用途分类,通常称为成本项目,具体划分为:① 原材料;② 燃料和动力;③ 工资及福利费;④ 废品损失;⑤ 制造费用。以上各项费用,构成产品的制造成本。

生产费用按经济用途分类,可以反映出产品成本的结构,便于分析、考核成本完成的执行情况,找出费用升降的原因,以便进一步寻找降低产品成本的途径。

3) 生产费用的其他分类

生产费用除了按经济性质和经济用途分类外,尚可分为直接费用与间接费用、变动费用与固定费用两种。

(1) 直接费用与间接费用(也称直接成本和间接成本)。凡是可以直接计入产品成本的费用,称为直接费用。如构成产品实体的原材料、生产工人工资等。不能直接计入各产品成本的费用,称间接费用。如制造费用等。这种分类,便于确定各种生产费用计入产品成本的方法。

(2) 变动费用与固定费用(也称变动成本与固定成本)。凡是费用的金额随着产品产量的变动而相应变动的,称为变动费用。如各种原材料、燃料、动力等。凡是费用金额不完全随着产品产量的变动而相应变动的,称为固定费用(或称相对固定费用)。如管理人员工资、办公费、折旧费等。这种分类,便于对产品成本分析预测时作为依据。

上述两种分类之间存在对应关系。直接费用在一般情况下,属于变动费用,如耗用的各种原材料、燃料、动力等。间接费用在一般情况下,属于固定费用,如管理人员工资、办公费、折旧费等。

综合前面所述,企业根据成本核算的不同目的和要求,可以从不同角度对成本进行分类。现将成本费用的主要分类方法列表 14-1。

表 14-1 成本费用的分类及相互关系

分类标准	具体划分和项目	
按费用与生产过程关系分（制造成本法）	生产成本（制造成本）	直接费用： 直接材料、直接人工、其他直接支出 上述各项直接计入产品成本
		间接费用（制造费用）： 间接工资、间接材料、其他间接费用 上述各项须通过配比后计入产品成本
	非生产成本（期间费用）	管理费用、财务费用、销售费用、进货费用 上述各项在当期损益表中直接扣除，不计入产品成本
按费用与产量的关系分（变动费用法）	变动成本	直接材料、直接人工、其他直接支出、变动制造费用
	固定成本	固定制造费用、管理费用、财务费用、销售费用

14.4.6 成本控制

1) 成本控制的含义

企业的经营目标一旦确定，就要围绕经营目标组织实施，对企业的各项经营活动予以控制。成本控制就是在企业的生产经营活动中，对影响成本的各种因素加强管理，及时发现与预定的目标成本之间的差异，采取一定的措施，保证完成预定的目标成本，尽可能以最少的耗费，取得最大的成果。

以成本的发生为基点，成本控制分为事前控制、事中控制和事后控制。成本的事前控制指在产品投产前对影响成本的各项经济活动进行事前的规划、审核、确定目标成本，它是成本的前馈控制。成本的事前控制包括成本的预测、成本决策和编制成本计划。成本的事中控制指在成本形成过程中，随时与目标成本对比，发现问题采取措施，以保证目标成本的实现，它是成本的过程控制。成本的事后控制指成本形成之后，把日常发生的成本差异及其原因进行汇总分析，探索成本升降的原因，明确经济责任，它是成本的后馈控制。

成本控制有广义和狭义之分，广义的成本控制包括事前控制、事中控制和事后控制。狭义的成本控制仅指成本的事中控制，即过程控制。这里着重阐述过程控制的一般方法。

2) 成本控制的基础工作

成本控制要分别按不同的成本特性来进行。对于变动成本要按单位进行控制，对于固定成本则要按其总额进行控制。无论是变动成本还是固定成本都要区分不同的成本动因，采用不同的控制方法。例如变动成本的成本动因有材料成本、直接人工成本和间接变动成本。为使成本控制有效进行，还必须做好以下几项基础工作。

（1）明确各级管理组织和各级人员的责任和权限，把成本费用根据发生的部门、地点分解开来，由有关部门、车间、工段、班组对成本进行控制。并根据成绩予以一定的奖励或处罚。

（2）根据不同情况，制定切实可行的成本控制标准。标准制定必须先进合理，定得太高则可望不可及,容易挫伤控制者的积极性,太低则失去了控制的意义。

(3) 搞好成本费用的日常核算工作。搞好成本的日常核算工作就是为成本控制提供真实而相关的信息。对企业的生产经营耗费和产品成本进行价值核算,提供费用开支和成本资料。

3) 成本控制程序

成本控制的目标是使实际成本达到目标成本或计划成本的要求。因此,搞好成本控制工作,一般可按以下基本程序进行。

(1) 确定成本控制标准。成本控制标准是对各种物质消耗和其他各项费用开支制定的数量界限,它是成本控制的准绳。成本控制标准包括:成本计划、目标成本、成本降低目标、各种费用支出限额和物资消耗定额,以及产品或零部件的成本降低目标等。在实际工作中,还需要将成本计划指标按生产部门、单位、产品、零部件或工序等分解成更具体的小指标来控制。

(2) 监督成本形成过程,及时发现实际成本与成本控制标准的差异。实际成本小于控制标准的称为顺差,表明成本控制良好;反之,为逆差,表明成本控制不好,必须及时而准确地找出原因,为纠正偏差提供方向和信息。

(3) 提出措施,纠正偏差。对成本形成过程中产生的逆差,应采取各种措施,以保证按成本标准支付各项生产费用,从而达到降低成本的预期目标。

4) 成本控制内容

成本控制过程包括事前控制、事中控制和事后控制,主要包括以下内容。

(1) 责任制度。根据企业的具体情况,制定必要的成本管理的规章制度,建立健全物料收发领用、费用开支报销、工时利用等方面的成本责任制度。

(2) 产品设计阶段的成本控制。产品成本水平往往是在设计阶段决定的,产品设计不合理,就会造成先天性成本过高,如果不改变设计,只是对产供销费用进行控制,要想大幅度地降低成本是不可能的。因此,在开发新产品或改进老产品设计时,必须认真搞好产品设计成本控制,以保证新设计产品不仅在技术上是先进的,而且在经济上也是合理的。

对设计阶段的产品成本,一般是通过目标成本来控制。新产品的目标成本是根据产品设计的销售价格,扣除销售税金和企业必须确保的目标毛利后确定的。新产品的目标成本应作为企业设计部门设计新产品的要求之一。在产品设计过程中,应开展价值工程活动,使设计的产品功能既先进合理,又能体现最低的成本。

(3) 材料成本控制。材料成本的控制应从材料消耗量和材料价格两方面进行。材料消耗量控制。主要有定额控制法和金额控制法两种。定额控制法,主要用于对主要原材料和燃料消耗量的控制。企业生产产品耗用的主要原材料和燃料,一般都有消耗定额。各种材料消耗定额,应作为车间、班组控制材料消耗量的标准。同时,物料供应部门应依据计划产量、消耗定额,计算确定各车间、班组和用料单位的领料限额,实行限额发料制度,对各用料单位实行凭证限量供应。金额控制法,主要用于对品种繁多、消耗量小、无法制定消耗定额的辅助材料的控制。物料供应部门应根据各用料单位上期的实际耗用金额,结合计划期变化情况和节约要求,综合确定各单位某类材料以金额表示的领用限额,作为该类材料消耗量的标准。用料单位领用材料时,只要在规定金额范围之内,可随时领用。

材料价格的控制。主要是加强材料采购成本和配合料的配比控制。企业材料采购成本由外购材料的买进价和采购费用两部分组成。企业物料供应部门应加强材料采购过程中的管理,合理选择采购地点和运输方式;科学计算采购批量,减少储备量;减少途中材料损耗量,加强材料入库验收,从而降低材料采购成本。同时,对产品消耗的原材料有属于配合料的情况下,配比变动对配合料的平均单价影响很大。为此,企业生产技术部门应合理地设计科学配方,在保证产品质量的前提下,尽量增加低价材料的比重,用料单位应按规定配比进行投料,以控制配合料的平均单价。

(4) 工资费用的控制。工资费用是产品制造成本中的重要组成部分。单位产品工资费用的高低,主要是由单位产品劳动时间的消耗和职工的平均工资决定的。因此,产品制造成本的工资费用控制应从两方面进行:① 单位产品劳动时间消耗的控制。为了有效控制单位产品劳动时间消耗,企业必须事前制定先进合理的劳动定额和人员定额。劳动定额是指单位产品所消耗的劳动时间或单位时间内完成的产品产量。人员定额是指企业在正常生产经营条件下,各部门、车间、班组所配备的各类人员的数量和结构。② 职工平均工资的控制。职工平均工资的高低,决定于这一时间的工资总额的大小和劳动时间的利用情况。因此,对工资平均水平的控制,一方面要严格掌握工资支出范围和标准,保证不突破企业预先规定的工资数额;另一方面,企业各生产部门应合理地组织劳动力,不断提高劳动效率,以控制职工平均工资水平。

(5) 固定成本的控制。固定成本的组成内容比较复杂,各种费用的性质和作用又各不相同。一般可分为约束性固定成本和酌定性固定成本。

14.5 财务报告

14.5.1 财务报表体系

财务报告是反映企业在一定时期的财务状况、经营成果及理财过程的总结性书面文件。也是企业正式对外揭示或表述财务信息的综合性书面文件。包括资产负债表、损益表、现金流量表、附表及财务情况说明书。财务报告通常提供以下财务信息:① 关于企业的经济资源上的权利及其变动而引起的各种交易、事项和情况的信息;② 关于企业在报告期内的经营效果,即生产经营活动所引起的资产、负债和所有者权益的变动及期货结果的信息;③ 关于企业现金流动,即怎样取得和使用现金的信息;④ 反映企业的经营者向资金提供者报告如何对受托使用的资源进行保值增值活动等有关受托经济责任的信息。

财务报告的使用者一般包括企业现有和潜在的投资者、债权人、有关政府机构和社会公众等。财务报告应有助于满足诸多使用者进行不同经济决策时对财务信息的共同需求。财务报告的主要作用表现在:① 反映企业经营者的受托经济责任履行情况;② 有助于投资者和债权人等进行合理的决策;③ 是诸多经济合同(契约)制定与执行的依据,直接影响到与企业相关集团的经济利益问题;④ 能够帮助企业改善经营管理,协调企业与相关集团的关系,促进企业快速、稳定、健康地发展;⑤ 能够帮助国家有关部门实现其经济与社会目标,进行必要的宏观调控,促进社会资源的有效配置。

　　财务报告是由财务报表和其他财务报告(在我国表现为财务情况说明书)组成。财务报表是财务报告的主要形式,是根据企业会计准则,以规范的表格形式概括反映企业财务状况和财务状况变动(或现金流动)及经营成果的书面报告文件。基本财务报表有资产负债表、损益表和现金流量表。

14.5.2　资产负债表

1) 资产负债表的概念及其作用

　　资产负债表,是指反映企业某一特定日期资产、负债和所有者权益及其构成情况的会计报表,也称财务状况表。

　　资产负债表是根据"资产=负债+所有者权益"这一会计恒等式来编制的,主要从两个方面反映了企业财务情况的时日(静态)指标:一方面反映企业某一日期所拥有的资产规模及其分布,另一方面反映企业这一日期的资金来源及其结构。据此,财务报表使用者可以评价企业财务状况的优劣,预测企业未来财务状况的变动趋势,从而做出相应的决策。资产负债表的作用主要表现在以下几个方面:① 反映企业拥有的经济资源及其分布情况;② 反映企业的资金(资本)结构;③ 反映企业的变现能力、财务实力和财务弹性,有助于解释、评价、预测企业的经营绩效、长短期偿债能力以及财务适应能力。

2) 资产负债表的格式

　　资产负债表主体的格式一般有三种:账户式、报告(垂直)式和财务状况式。我国现行财务会计制度规定,资产负债表采用账户式这一格式,其基本格式如表14-2所示。

表14-2　资产负债表的基本格式

资产负债表

会工01表

编制单位：　　　　　　　　　　年　　月　　日　　　　　　　　　　(单位:元)

资产	行次	年初数	期末数	负债及所有者权益	行次	年初数	期末数
流动资产：				流动负债：			
货币资金				短期借款			
短期投资				应付票据			
应收票据				应付账款			
应收账款				预收账款			
减:坏账准备				应付工资			
应收账款净额				应付福利费			
预付账款				未交税金			
其他应收款				未付利润			

续表

资　　产	行次	年初数	期末数	负债及所有者权益	行次	年初数	期末数
存货				其他未付款			
待摊费用				预提费用			
待处理流动资产净损失				一年内到期长期负债			
一年内到期的长期投资				其他流动负债			
其他流动资产							
流动资产合计				流动负债合计			
长期投资				长期负债：			
长期投资				长期借款			
固定资产				应付债券			
固定资产原价				长期应付款			
减：累计折旧				其他长期负债			
固定资产净值				长期负债合计			
固定资产清理				递延税项：			
在建工程				递延税款贷项			
待处理固定资产净损失				负债合计			
固定资产合计				所有者权益：			
无形资产及递延资产				实收资本			
无形资产				资本公积			
递延资产				盈余公积			
无形资产与递延资产合计				其中：公益金			
其他长期资产：				未分配利润			
其他长期资产				所有者权益合计			
递延税项：							
递延税款借项							
资产总计				负债及所有者权益合计			

14.5.3 损　益　表

1) 损益表的概念及其作用

损益表，是指反映企业在一定会计期间的经营成果及其分配情况的会计报表，又称为利润表或收益表。

损益表按照"利润＝收入－费用"这一公式编制。损益表是一张动态报表，反映了企业报告期的可供分配的利润及其分配去向。对报表使用者而言，损益表的主要作用有：① 通过收入与费用配比的结果——利润,综合反映企业经营的财务成果。既表明企业的赢利能力,以作为利润分配的重要依据;② 有助于发现企业收入、费用和利润之间的消长趋势,以利经营决策,改善经营管理;③ 有利于预测企业未来的现金流动,以判断其偿债能力强弱。

损益表是按权责发生制编制的。损益计量带有一定的不确定性,对财务分析而言,也有一定的缺陷,主要表现在:① 只反映已实现的利润,而不包括未实现的收益,后者往往是报表使用者进行决策的有用价值;② 财务管理更需要以收付实现制为基础的现金流动信息,但利润与现金流动有很大差距,利润大的企业不一定能说明其现金流动状况良好。

2) 损益表的格式

为了提供清晰明了的信息,损益表以一定的分类和列示顺序来表达损益各要素的关系。损益表的格式主要有两种:单步式和多步式。我国现行财务会计制度规定损益表采用多步式。其基本格式如表 14-3 所示。

表 14-3 损益表的基本格式

损 益 表

会工 02 表

编制单位: 　　　　　　　　　　年　　月　　日　　　　　　　　　　（单位:元）

项　目	行次	报告期金额	本年累计金额
一、产品销售收入			
减:产品销售成本			
销售费用			
产品销售税金及附加			
二、产品销售利润			
加:其他业务利润			
减:管理费用			
财务费用			
三、营业利润			
加:投资收益			
补贴收入			
营业外收入			
减:营业外支出			
加:以前年度损益调整			
四、利润总额			
减:所得税			
净利润			

14.6 财务分析

企业财务报表提供了企业特定日期财务状况及特定时期经营成果的信息,通过对这些信息进行分析,计算某些财务比率指标,可对企业财务状况进行评价,从而对企业的经营管理情况有更深的了解与认识,以做出正确的经营管理决策。

企业财务比率分析的内容包括财务状况的总结和分析以及经营成果的总结和分析,具体包括偿债能力、营运能力和赢利能力的总结和分析。

14.6.1 偿债能力分析

偿债能力是企业对债务的承受能力。企业的资金结构中都有一定比例的负债,负债的基本特征是企业必须到期偿还本金和按期支付利息。为了确保企业能按时偿还债务,保证资金顺利循环与周转,企业应合理安排资金结构,增加企业偿还债务的能力。企业的偿债能力包括短期偿债能力和长期偿债能力,这也是企业债权人最为关心的。在分析企业偿债能力时,要特别注意两点:一是企业有较强的短期偿债能力并不意味着其长期偿债能力也较强,反之亦然;二是偿债能力与赢利能力并不是完全一致的。有较好赢利能力的企业,其偿债能力不一定好;赢利能力低的企业,也不一定没有偿债能力。要特别警惕赢利能力较强,但没有足够的偿债能力而导致财务危机的出现。当然,从长远来看,赢利是企业偿债的直接源泉和长期保障。

用来评价企业短期偿债能力的指标主要有流动比率和速动比率,用来评价企业长期偿债能力的指标主要有资产负债率、负债与所有者权益以及利息保障倍数。

1) 流动性比率

流动性比率是用来评价企业短期偿债能力的,它表明企业以流动资产偿还流动负债的能力。

(1) 流动比率。流动比率是流动资产与流动负债的比率。其计算公式如下

$$流动比率 = \frac{流动资产}{流动负债}$$

一般情况下,流动比率越高,反映短期偿债能力越强,短期债权人越放心。按照西方企业的长期经验,认为2:1是较适宜的比例。对于企业管理层来说,该比率过高或过低都是不合适的。若过高,则可能是因应收账款占用过多、存货呆滞、积压而导致的结果,从而影响资金的使用效率和赢利能力;若过低,则表示企业可能捉襟见肘,难以如期偿债。因此,分析流动比率时要注意流动资产的结构、流动资产的周转情况、流动负债的数量与结构等情况。

(2) 速动比率。速动比率是企业速动资产与流动负债的比率。速动资产包括货币资金、短期投资、应收票据、应收账款(净值)及其他应收账款等流动资产,而存货、预付账款、待摊费用等其他流动资产则不应计入。用这一比率可以衡量企业流动资产中可以立即用于偿付流动负债的真实能力。其计算公式如下

速动资产＝货币资金＋短期投资＋应收票据＋应收账款净值＋其他应收款

$$速动比率=\frac{速动资产}{流动负债}$$

$$=流动资产-(存货+预付账款+待摊费用等)$$

流动比率仅表明流动资产的数量与流动负债的对比关系,而并没有说明流动资产的质量——流动资产的结构和流动性。速动比率正好可以弥补其不足,更准确地反映短期偿债能力。因为流动资产中的存货,很可能由于市场不景气、产品滞销而影响其变现能力;至于待摊费用和预付账款,在本质上属于费用,是不能转变为现金的,所以将这些项目从流动资产中剔除,就能反映流动资产中从速变现偿债的能力。根据经验,一般认为速动比率 1:1 是较为适合的。若比率过低,说明企业的短期偿债能力存在问题;若过高,则又说明企业可能因拥有过多货币性资产,而将丧失一些有利的投资获利机会。

2) 负债比率

负债比率是用来评价企业长期偿债能力的,它表明企业偿还长期负债的能力。在正常情况下,企业不可能依靠变卖资产还债或借新债还旧债,只能依靠实现利润来偿还长期负债。可见,长期偿债能力与赢利能力的关系最为密切。这里主要从债权人考察贷款安全程度以及企业考察负债经营的合理程度出发,来分析评价企业对长期负债还本付息的能力。

资产负债率。它是企业负债总额与资产总额的比率。它表明企业资产总额中,债权人提供资金所占的比重,以及企业资产对债权人权益的保障程度。这一比率越小,表明企业长期偿债能力越强。其计算公式如下

$$资产负债率=\frac{负债总额}{资产总额}$$

资产负债率也表示企业对债权人资金的利用程度。如果该比率较大,从企业所有者角度来说,利用较少的自有资本投资,就形成了较多的经营资产,扩大了经营规模;从企业经营者角度来说,在经营状况良好的前提下,还可以利用财务杠杆原理获取一定的杠杆效益,但负债比率过度,则财务风险会超出企业的承受能力,一旦遭遇风险,企业将缺乏偿债能力。

14.6.2 营运能力分析

营运能力是企业的资产运用效率,综合表明企业管理人员经营管理、运用资金的能力。企业经营资金周转的速度越快,说明企业资金利用效率越高、效果越好,企业管理人员的经营能力越强。

分析营运能力的财务比率主要有应收账款周转率、存货周转率和总资产周转率。

1) 应收账款周转率

应收账款周转率是反映应收账款周转速度的指标,它是一定时期内企业营业收入与应收账款平均余额的比率。它有两种表示方法:一种是应收账款在一年内的周转次数;另一种是应收账款的周转天数。它们的计算公式如下

$$应收账款周转次数 = \frac{营业收入}{应收账款平均余额}$$

$$应收账款周转天数 = \frac{365}{应收账款周转次数}$$

应收账款平均余额 = (期初应收账款余额 + 期末应收账款余额) ÷ 2

在一年内应收账款周转次数越多,相应的应收账款周转天数越短,表明应收账款回收变现的速度越快,企业应收账款管理工作效率越高。这不仅有利于企业及时收回贷款,减少或避免发生坏账损失的可能性,而且有利于提高企业资产的流动性,提高企业短期的偿债能力。

2) 存货周转率

存货周转率是指一定时期企业营业成本与存货平均余额的比率,它反映企业营销能力和流动资产的流动性,并衡量企业存货管理的工作水平。企业流动资产中存货是最重要的资产,它的质量和流动性对流动比率具有举足轻重的影响,是综合分析营运能力一项重要指标。存货周转率也有两种表示方法:一是存货周转次数,二是存货周转天数。它们的计算公式如下

$$存货周转次数 = \frac{营业成本}{存货平均余额}$$

$$存货周转天数 = \frac{365}{存货周转次数}$$

存货平均余额 = (期初存货余额 + 期末存货余额) ÷ 2

一般来说,存货周转次数越多(存货周转天数越少)越好,说明企业经营效率越高,能以占用较少的流动资金生产并销售较多的产品,使企业获得较好的经济效益。如果相反,则说明存货过量,产品滞销,企业必须加速促销,提高存货的周转速度。

14.6.3 赢利能力分析

赢利能力是指企业赚取利润的能力,是企业财务能力的集中体现。赢利能力是综合分析企业实力和发展前景的重要指标。

用来分析企业赢利能力的财务比率主要有营业净利润率、资本金净利润率、所有者权益净利润率、成本费用利润率、资产利润率等。

1) 营业净利润率

营业净利润率是指企业净利润与营业收入的比率,表示每100元营业收入所能获取的净利润。其计算公式如下

$$营业净利润率 = \frac{净利润}{营业收入} \times 100\%$$

2) 资本金净利润率

资本金净利润率(或资本金利润率)是企业的净利润与资本金总额的比率,反映企业所

有者投入企业的原始资本的获利能力。其计算公式如下

$$资本金利润率=\frac{利润总额}{资本金总额}\times100\%$$

$$资本金净利润率=\frac{净利润}{资本金总额}\times100\%$$

对于股份有限公司,还可计算一个更有价值的指标——每股净利润(即每股盈余、每股收益)。每股净利润的计算公式如下

$$每股净利润=\frac{净利润-优先股股息}{发行在外的普通股平均股数}$$

3) 资产报酬率

资产报酬率或称投资报酬率,是企业净利润与资产平均总额的比率,它反映企业资产的综合利用效率。其计算公式如下

$$资产报酬率=\frac{净利润+利息费用}{资产平均余额}\times100\%$$

$$资产平均总额=(期初全部资产余额+期末全部资产余额)\div2$$

4) 销售利税率(或销售净利率)

$$销售利税率=\frac{利税总额}{销售收入净额}\times100\%$$

或

$$销售毛利率=\frac{销售毛利}{销售收入净额}\times100\%$$

这是将企业利润总额与销售净额相比,用以衡量销售收入的收益水平。计算公式为

$$销售毛利=销售收入净额-销售成本$$

上述三个赢利能力指标,都是越高表明企业的赢利能力越强。

14.6.4　市场价值分析

对于上市股份公司而言,市盈率是反映其上市股票的市场价值最重要的指标。市盈率指普通股每股市价与普通股每股净利润之间的比率关系。它大体上表明投资于某一企业股票的获利率,可与同期银行存款利率的对应市盈率及市场同类股票的市盈率比较分析,从而做出投资决策。计算公式如下

$$市盈率=\frac{普通股每股市价}{普通股每股净利润}$$

公式中,普通股每股市价指普通股当时的市场价格,它是经常变动的,而普通股每股净利润指过去一年的赢利,是相对静止的,并不能代表现在的经营水平,更不能代表将来的经营情况。因此,有些投资者在分析一家上市公司的股票市盈率时,采用预测的本年每股净利润进行计算。如果预测数比较准确,这样计算出来的市盈率比采用去年实际每股净利润计算的市盈率更有参考价值。

例 大众公司今年 1 月 20 日其普通股每股市价为 10 元,去年年度普通股每股净利润为 0.25 元,大众公司现时的市盈率为

$$市盈率 = \frac{10}{0.25} = 40$$

这个比率是投资人估计普通股价值的最基本最重要的指标之一。比率小说明股价低,风险小,值得购买;比率大则说明股价高,风险大。当然实际操作中,也不能一概而论,惟市盈率而尊,因为个股的价格走势往往受很多市场投机因素的影响,股价更要反映其未来的企业前景。所以尽管市盈率是分析股票质量的一种重要参考指标,但要对市盈率高低的具体因素做分析,才能引导投资活动,取得较好投资效果。

本 章 小 结

本章概述了财务管理的基本内容。着重介绍了财务管理的对象和环节、会计要素、资产管理、成本管理与控制及财务报表与分析。

财务管理的对象就是企业在再生产过程中的资金运动,包括资金的筹集、资金的运用、资金的耗费和资金的分配四个环节。财务管理的目标可概括为维持良好的财务状况和争取最大的资产报酬率。

会计要素是用特定的概念对会计对象的具体内容所做的基本分类。企业的会计要素有资产、负债、所有者权益、收入、费用和利润六项,是构成会计报表的基本组成部分。

资产管理主要包括流动资产管理及固定资产、无形资产管理。流动资产管理着重介绍了现金管理、应收账款管理、存货管理的内容和要求。固定资产管理着重介绍了固定资产的折旧方法。无形资产管理着重介绍了无形资产的价值确认及摊销的问题。

成本管理部分,着重要理解产品成本、费用、制造费用、期间费用的概念。生产费用可按经济性质、经济用途及与产量的关系分别进行分类。

基本财务报表有资产负债表、损益表及现金流量表。本章着重介绍了资产负债表和损益表的作用、结构及内容。

财务分析部分介绍了财务比率分析中常用的偿债能力分析、营运能力分析、赢利能力分析及市场价值分析四个方面内容。通过财务分析对企业的经营管理情况有更深的了解与认识,以做出正确的经营管理和投资决策。

思考与练习

1. 基本概念

会计要素 资产 负债 所有者权益 无形资产 产品成本 期间费用 流动比率 资产负债率 应收账款周转率

2. 思考题

(1) 什么是财务管理?它的目标是什么?

(2) 反映企业财务状况的基本会计要素有哪几项？所有者权益包括哪些内容？

(3) 如何理解应收账款的成本？应收账款的日常管理主要包括哪些环节？

(4) 制造企业的生产成本包括直接费用和间接费用，为什么要如此划分，两者的内容及核算方法有何不同？

(5) 什么是财务报告？财务报告由哪些内容组成？

(6) 通过本章的学习，你是否能看懂资产负债表及损益表？

(7) 企业的偿债能力分析主要包括哪些财务指标？

第15章 投资项目经济评价

15.1 概　　述

15.1.1 经济效果的概念

人们从事任何一项经济活动(包括生产领域和非生产领域),一方面要消耗和占用、或投入一定量的活劳动和物化劳动;另一方面也将相应地得到或产出一定量的劳动成果。从一般概念上来说,经济效果就是指"劳动成果(所得)与劳动消耗(所费)的比较"。如果一般地记经济效果为 E,所得为 B,所费为 C,则经济效果主要有以下这两种基本表达方法:即差额法和比值法。这两种基本表达方法又可包括多种具体的表达形式。

(1) 差额法:经济效果 $E=$ 所得 $B-$ 所费 C;
(2) 比值法:经济效果 $E=$ 所得 $B\div$ 所费 C。

近年来,经济效果越来越被人们所重视,追求良好的经济效果已成为国家、部门、企业和个人的奋斗目标。然而,经济效果是一个非常广泛的问题,它不仅与项目本身有关,而且与企业、部门、地区甚至整个国民经济都可能有关;即使就某一个项目的经济效果而言,也有多个追求目标。因此,在评价一个建设项目或技术方案的经济效果时,由于评价角度不同或采用的分析评价方法和指标不同,可能会得到不同的结果。这就需要一套科学的评价方法和指标体系。

15.1.2 投资的概念及其分类

1) 投资的概念

投资是投资主体以预期收益为目的的资金(资本)或资源投入及其运动过程。它包括投资主体、手段、目的和行为过程等四个方面。投资主体可以是企业、个人或直接从事投资的政府机构;投入的资金(资本)可以是货币资金,也可以是实物资金或其他资源(如无形资产中的商标、专利权等),由于各种资源都可以折算成一定的货币价值量,所以投资手段最一般最直接的表现形式就是垫付货币资金(资本);预期收益主要是指经济收益,也包括社会收益;其行为过程既包括资金的投入,也包括资金的使用、管理与回收,是资金运动的全过程。

2) 投资的分类

我们可以根据不同的要求和划分标准而把投资加以分类,例如,按投资方式可分为直接投资和间接投资;前者是投资主体运用投资购买土地、建筑厂房、置办设备、储备原材料等进行某项商品的生产和流通;后者是投资主体运用投资购买各种有价证券等实现其投资目的。我们这里着重研究前者。另外,按投资领域可分为生产性投资和非生产性投资;按投资在社会再生产中所起的作用的不同,可分为扩大再生产投资和简单再生产投资;按经营目标可分为经济性投资(赢利性投资项目)与政策性投资(非赢利性投资项目);按投资主体可分为政府投资,公司、企业投资和私人(个体)投资;按投资来源的国别可分为国内投资和国外投资,等等。

企业的新建、改建、扩建和技术改造等活动都涉及了项目投资问题。建设项目或称投资项目,按照其建设性质可以划分为新建项目、改建项目、扩建项目和更新改造项目等。

3) 投资对经济和社会发展的作用

投资对经济和社会发展具有极其重要的作用。一定时期各类投资项目的状况,可以反映固定资产投资的规模、结构和成果等,而固定资产投资(即投资的规模、投资方向和投资效益等)对国民经济的产业结构和生产力的合理布局有着决定性的作用;投资在宏观上它直接影响国民经济增长的速度、效益和稳定;在微观上它贯穿于企业发展的全过程;它也是保持国家政治稳定、巩固国防安全和促进国际交流的重要手段和途径。

15.1.3 投资项目的发展周期

对于一般的工业投资项目来说,其建设项目总投资是固定资产投资、固定资产投资方向调节税、建设期借款利息和生产经营所需要的流动资金(或称周转资金、营运资金)之和。而固定资产投资则包括建筑工程费、设备购置费、安装工程费、工程建设其他费用和预备费用。当项目建成投入营运后,项目总投资形成的资产分为固定资产、无形资产、递延资产和流动资产。

一个投资项目一般要经历投资前期(规划、研究时期)、投资时期(设计、建设时期)及生产时期等三个时期,其全过程和相关内容可大致用图15-1表示。

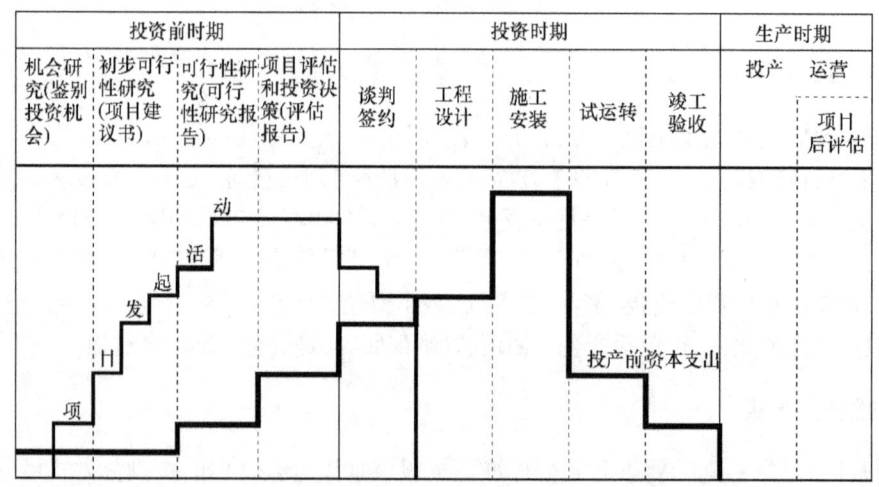

图15-1 投资项目的发展周期、发起活动和资本支出示意图

15.1.4 投资项目的经济评价

投资项目经济评价的目的是根据国民经济和社会发展战略和行业、地区发展规划的要求,在做好产品(服务)市场需求预测及厂址选择、工艺技术选择等工程技术研究的基础上,计算项目的效益和费用,通过多方案比较,对拟建项目的财务可行性和经济合理性进行分析论证,做出全面的经济评价,为项目的科学决策提供依据。

投资项目的经济评价是项目评估的有机组成部分及核心内容,是项目建议书和项目可行性研究报告的重要组成部分,是实现项目投资决策科学化、民主化,减少和避免投资决策失误,提高经济效果的重要手段。

经济评价的内容、深度和侧重点根据项目决策工作的不同阶段的要求有所不同。项目建议书阶段的经济评价,重点是围绕项目立项建设的必要性和可能性,分析论证项目的经济条件及经济状况,采用的基础数据、评价指标和经济参数可适当简化;可行性研究报告阶段则必须按照建设项目经济评价方法和建设项目经济评价参数的要求,对项目建设的必要性和可能性做出全面、详细、完整的经济评价。

投资项目的经济评价分为财务评价和国民经济评价,经济评价是项目或方案取舍的重要依据,同时还要把拟建项目的工程、技术、经济、环境、政治及社会等各方面因素联系起来,进行多目标综合评价,统筹考虑,筛选最佳方案。本章主要讨论投资项目经济效果评价的有关概念、指标及其方法。

15.2 资金的时间价值及其等值计算

15.2.1 资金的时间价值

1) 资金时间价值的概念

我们知道,在不同的时间付出或得到同样数额的资金在价值上是不等的。也就是说,资金的价值会随时间发生变化。今天可以用来投资的一笔资金,即使不考虑通货膨胀因素,也比将来可获得的同样数额的资金更有价值。因为当前可用的资金能够立即用来投资并带来收益,而将来才可取得的资金则无法用于当前的投资,也无法获取相应的收益。不同时间发生的等额资金在价值上的差别称为资金的时间价值。

资金的时间价值可以从两方面来理解:一方面,在商品经济条件下,由于生产、交换、分配、消费循环的不断进行,资金不断运动,从而使社会产品不断增加,形成资金增值,从投资者角度看,资金增值的特性使资金具有时间价值;另一方面,由于资金用于投资,就不能实现现期消费,牺牲现期消费是为了能在将来得到更多的消费,个人储蓄的动机和国家积累的目的都是如此,因此从消费者的角度看,资金的时间价值体现为对放弃现期消费的损失所应做的必要补偿。

资金时间价值体现为资金运动所带来的利润(或利息),它是衡量资金时间价值的绝对尺度;资金在单位时间内产生的增值(利润或利息)与投入的资金额(本金)之比,简称为"利率"或"收益率",它是衡量资金时间价值的相对尺度,记作 i。i 越大,表明资金增值越快。从生产资金的角度来看,资金时间价值体现为企业的赢利或投资赢利(率);从信贷资金的角度来看,体现为信贷资金的银行利息(率)。利息是资金时间价值的最直观的一种表现形式,在动态经济分析中,通常利用银行利息的计算方法来计算资金时间价值。

2) 利息的计算方法

利息是指占用资金所付的代价(或放弃使用资金所得的补偿),利息通常根据利率来计算。利息的计算有单利计息和复利计息之分。如果设本金为 P,年利率为 i,计息周期以"年"为时间单位,计息周期数为 n,下面按单利计息和复利计息分别进行讨论。

(1) 单利计息法:这是只以本金为基数计算利息,利息不再计算利息的方法,其计算利息的公式为:$I_n = Pni$,其 n 个计息周期后的本利和为:$F_n = P(1+ni)$,我国居民存款利息和国库券利息就是以单利计息的;

(2) 复利计息法:它是以本金与前期累计利息之和为基数计算利息的方法,也就是说,除最初的本金要计算利息外,每一计息周期已产生的利息都要在下一个计息周期中并入本金,再生利息,即利息再生利息的计息方法,复利计算的本利和公式为:$F_n = P(1+i)^n$。我国基本建设投资贷款以及国外资金贷款都是按复利计算的。

复利计息有间断复利和连续复利之分。如果计息周期为一定的时间区间(如年、季、月)并按复利计息,称为间断复利;如果计息周期无限缩短,则称为连续复利。从理论上讲,资金是在不停地运动,每时每刻通过生产和流通在增值,因而应该采用连续复利计息,但是在实际使用中一般都采用较为简单的间断复利计息。

3) 名义利率和实际利率

在经济分析中,复利计算通常以年为计息周期。但在实际经济活动中,计息周期有年、季、月、周、日等多种,这样就出现了不同计息周期的利息换算问题。假如按月计算利息,且其月利率为 1%,通常称为"年利率 12%,每月计息一次"。这个年利率 12% 称为"名义利率"。也就是说,名义利率等于每一个计息周期的利率与每年的计息周期数的乘积。若按单利计息,名义利率与实际利率是一致的;但是,若按复利计算,上述"年利率 12%,每月计息一次"的实际年利率则不等于名义利率。若设名义利率是 r,每年复利的周期数为 m,则其换算关系为:$i = (F-P)/P = (1+r/m)^m - 1$。当 m 趋于无穷大时,则为连续复利计息,其实际利率为:$i = e^r - 1$。

例 15-1 本金 1000 元,年利率 12%,分别考虑以下几种特殊情形:(1) 若每年计息一次,一年后本利和为:$F = 1000 \times (1+0.12) = 1200$(元);(2) 若按年利率 12%,每月计息一次,一年后本利和为:$F = 1000 \times (1+0.12 \div 12)^{12} = 1126.80$(元),实际年利率为:$i = (1126.80 - 1000) \div 1000 = 12.68\%$;(3) 若按连续复利计算,实际利率则为:$i = e^{0.12} - 1 = 12.75\%$。

需要指出的是:这种理论上的探讨能帮助我们理解其区别,但在实际工作中为了简化项目评价的计算手续,往往直接采用名义利率进行计算,而将因计算复利的次数多于利息周期数所导致的名义利率与实际利率的差异忽略不计。

15.2.2 现金流量图和资金等值概念

1) 现金流量图

如果把投资项目作为一个系统,在一段时间内,所有的资金收入称为现金流入(用 CI 表示),所有的资金支出称为现金流出(用 CO 表示),两者总称为现金流量(用 CF 表示)。现金流入与现金流出的代数和称为净现金流量。现金流入用正数表示;现金流出用负数表示。现金流入大于现金流出时,净现金流为正值;反之为负值。为了便于分析,通常采用表格和图的形式表示特定系统在一段时间内发生的现金流量。

现金流量图如图 15-2 所示。图中的横轴是时间轴,向右延伸表示时间的延续。横轴等分成若干间隔,每一间隔代表一个时间单位,通常是"年"(在特殊情况下也可以是季或半年等)。横轴上的点称为时点,时点通常表示的是该年的年末,同时也是下一年的年初。按约定:每一期(通常以年为计时单位)内的现金流量和净现金流量均看做发生于该期的期末。与横轴垂直的线表示现金流量,箭头向上表示现金流入,箭头向下表示现金流出。其长度应与现金流量的大小大致成比例,并在箭头处注明现金流量的金额。

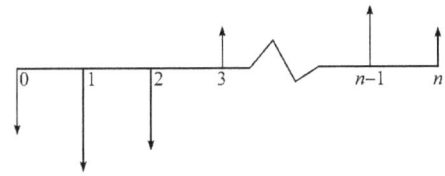

图 15-2 现金流量示意图

2) 资金等值的概念

在资金时间价值计算中,等值是一个十分重要的概念。通常可将两个作用相等的现象称之为等值、等价或等效,如电子学中的等效电路。对资金运动来说,也有这种等值现象,即考虑资金时间价值的情况下,不同时点发生的绝对值不等的资金,可能具有相等的经济价值。换句话说,可以把任一时点的资金按一定的利率换算为另一特定时点的不同数量的资金,而这不同时点的两个不同数额的资金,在经济上的作用是相等的,有相等的经济价值,即资金是等值的。例如,现在的 100 元与一年后的 110 元,虽然资金数额不相等,但它们在年利率为 10% 的条件下,其经济价值是相等的。

由上述可知,影响资金等值的因素主要有三个:即资金数额的大小、资金发生的时间和利率大小。虽然三个因素中任何一个因素变化都有将导致等值的变化,但其中利率是关键因素,资金的等值换算是以同一利率为依据的。

在资金等值计算中,通常把将来某一时点的现金流量换算为现在时点的等值现金流量称为"贴现"或"折现"。把将来时点的现金流量经贴现后的现金流量称为"现值",而把与现值等价的将来时点的现金流量称为"终值"或"将来值"。现值常指投资项目的期初(即第 0 期末)的现金流量。但需要说明的是,"现值"并非专指一笔资金"现在"的价值,现值是一个相对的概念。一般地讲,凡是把第 $t+k$ 个时点发生的现金流量贴现到第 t 个时点所得到的等值现金流量,就是第 $t+k$ 个时点现金流量贴现后的现值。

15.2.3 资金等值计算公式

在实际经济活动中,为了考察投资项目的经济效益,必须对项目寿命期内不同时间发生的全部费用和全部收益进行计算和分析。由于资金具有时间价值,所以不同时点发生的现金流量就不能直接相加或相减;对不同方案的不同时点的现金流量也不能直接相比较。只有经过等值计算换算为同一时点后才能相加减或相比较。现介绍几个常用的资金等值换算的计算公式。并对公式中常用的符号规定如下:P 为本金或现值;i 为利率(如不做特殊说明,均指年利率)或折现率,也称报酬率或收益率;n 为计息周期数(通常用"年"为单位);F 为终值、将来值,或本利和;A 为等额分付序列值或年金。

1) 一次支付类型

一次支付又叫整付。该类型主要解决一次性投资与一次性回收的等值计算问题。

(1) 一次支付终值公式

$$F = P(1+i)^n \tag{15-1}$$

式中,$(1+i)^n$ 称为"一次支付终值系数",以符号 $(F/P,i,n)$ 表示,其中斜线右边字母表示已知的数据与参数,左边表示欲求的等值现金流量。故符号 $(F/P,i,n)$ 意为:给定 i,n,已知 P 求等值 F 的复利系数。

例 15-2 某工程项目需要投资,现在向银行贷款 100 万元,年利率为 8%,5 年后一次还清,按复利计算需偿还本利和共多少?

解:根据题意,首先画出现金流量图如图 15-3(a)所示。

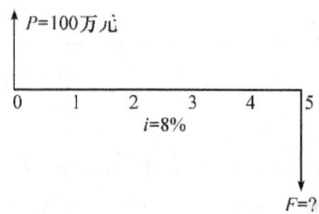

图 15-3(a) 一次支付现金流量示意图

由式(15-1)知

$$F = P(F/P,8\%,5) = 100 \times (1+8\%)^5 = 146.9(万元)$$

答:5 年后一次还清需偿还本利和共 146.9 万元。

其中 $(F/P,8\%,5)$ 可查表或直接按表达式计算得到。

(2) 一次支付现值公式

$$P = F(1+i)^{-n} \tag{15-2}$$

这是一次支付终值公式的逆运算。式中,$(1+i)^{-n}$ 称为"一次支付现值系数"或"贴现系数",以符号$(P/F,i,n)$表示,符号意义同前,意为:给定i,n,已知F求等值P的复利系数。

例15-3 某公司拟对报酬率12%的项目进行投资,希望在第5年年末增值到100万元。在复利计息条件下,现在应该投资多少钱?

解:首先画出现金流量图如图15-3(b)所示,

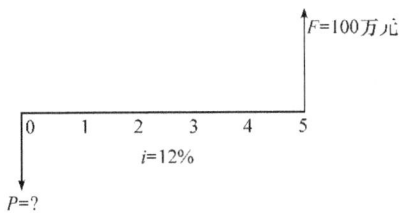

图15-3(b) 一次支付现金流量示意图

由式(15-2)知

$$P = F(P/F,12\%,5) = 100 \times (1+12\%)^{-5} = 56.74(万元)$$

答:现在应该投入资金56.74万元。

其中$(P/F,12\%,5)$可查表或直接按表达式计算得到。

2) 等额分付类型

等额分付是多次支付形式中的一种。多次支付是指现金流入和流出在多个时点上发生,而不是集中在某个时点上。现金流量的大小可以是不等的,也可以是相等的。当多次支付的现金流量序列是连续的,且数额相等,则称之为等额系列现金流。等额分付系列复利公式主要解决投资与回收之间一次对应多次的等值计算问题。下面介绍等额系列现金流的四个等值计算公式。

(1) 年金终值公式

$$F = A + A(1+i) + A(1+i)^2 + \cdots + A(1+i)^{n-1}$$

利用等比级数求和公式,即得

$$F = A\left[\frac{(1+i)^n - 1}{i}\right] \tag{15-3}$$

式中,$\frac{(1+i)^n - 1}{i}$称为"年金终值系数",以符号$(F/A,i,n)$表示,意为:

给定i,n,已知A求等值F的复利系数。其值可查表求得。式(15-3)可用于计算逐年等额借款,累计一次偿还的年金终值。

例15-4 某项目计划投资100万元,基建五年。设从第1年年末开始,5年内每年年末向银行贷款20万元用于投资,复利计息,贷款利率为6%。若在第5年年末项目建成时一次性偿还银行贷款,问实际应支付的本利和为多少?

解:根据题意,首先画出现金流量图如图15-4(a)所示,由式(15-3)知

$$F = A(F/A,6\%,5) = 20 \times 5.637 = 112.74(万元)$$

答:实际应支付的本利和为112.74万元。

其中，$(F/A,6\%,5)$可查表或直接按表达式计算得到。

(2) 偿债基金公式

$$A = F\left[\frac{i}{(1+i)^n - 1}\right] \quad (15-4)$$

式中，$\frac{i}{(1+i)^n - 1}$——称为"偿债基金系数"或称"资金存储系数"，以符号$(A/F,i,n)$表示，意为：给定i,n，已知F求等值A的复利系数。其值可查表求得。从定义可以看出：偿债基金系数是年金终值系数的逆运算。式(15-4)可用于计算为筹措一笔将来用的资金，每年应储存金额的大小。

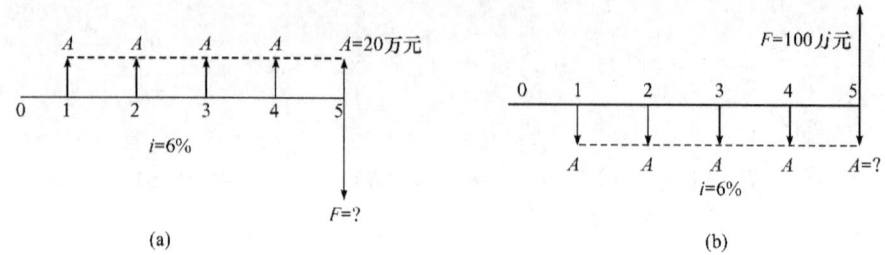

图15-4 等额支付年金终值和偿债基金现金流量示意图

例15-5 某企业自筹资金计划在5年末用100万元对某项目进行技术改造，若银行利率6%在五年内保持不变，则在复利计息条件下，从现在开始每年年末应等额存入银行多少钱，才能使其本利和恰好为所需资金？

解：根据题意，首先画出现金流量图如图15-4(b)所示，由式(15-4)知

$$A = F(A/F,6\%,5) = 100 \times 0.1774 = 17.74(万元)$$

答：从现在开始每年年末应等额存入银行17.74万元。

其中，$(A/F,6\%,5)$可查表或直接按表达式计算得到。

应当指出，采用式(15-3)和式(15-4)进行复利计算时，现金流量的分布必须符合图15-4(a)与图15-4(b)的形式，即连续的等额分付序列值A必须发生在第1期期末至第n期期末，否则必须进行一定的变换和换算。

(3) 资本回收公式

$$A = P\left[\frac{i(1+i)^n}{(1+i)^n - 1}\right] \quad (15-5)$$

式中，$\frac{i(1+i)^n}{(1+i)^n - 1}$称为"资本回收系数"，以符号$(A/P,i,n)$表示，意为：给定$i,n$，已知$P$求等值$A$的复利系数。式(15-5)可用于计算现在一次借款，今后逐年等额偿还的每年偿还额。

例15-6 某企业在购置一套运输设备时向银行贷款10万元，银行在5年内等额收回全部贷款，已知贷款的年利率为10%，那么该设备每年的净收益至少应该为多少？

解：根据题意，首先画出现金流量图如图15-5(a)所示，由式(15-5)知

$$A = P(A/P,10\%,5) = 10 \times 0.2638 = 2.638(万元)$$

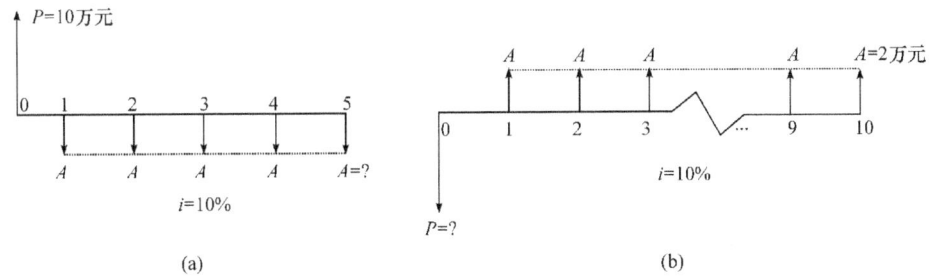

图 15-5 等额支付资金回收和年金现值现金流量示意图

答:该设备每年的净收益至少应该为 2.638 万元。

其中,$(A/P,10\%,5)$ 可查表或直接按表达式计算得到。

(4) 年金现值公式

$$P = A\left[\frac{(1+i)^n - 1}{i(1+i)^n}\right] \quad (15-6)$$

式中,$\frac{(1+i)^n - 1}{i(1+i)^n}$ 称为"年金现值系数",以符号 $(P/A,i,n)$ 表示,意为:给定 i,n,已知 A 求等值 P 的复利系数。同样,从定义可以看出:年金现值系数是资金回收系数的逆运算。式(15-6)可用于计算与逐年等额借款等值的现在一次借款额。

例 15-7 假设某设备经济寿命为 10 年,预计年净收益为 2 万元,残值为 0。若投资者要求的收益率为 10%,在复利计息条件下,问投资者最多愿意出多少的价格购买该设备?

解:根据题意,首先画出现金流量图如图 15-5(b)所示,由式(15-6)知

$$P = A(P/A,10\%,10) = 2 \times 6.144 = 12.288(万元)$$

答:投资者最多愿意出 12.288 万元的价格购买该设备。

其中,$(P/A,10\%,10)$ 可查表或直接按表达式计算得到。

综上所述,可将式(15-1)至(15-6)这六个常用计算公式汇总如下的表 15-1。

表 15-1 六个常用资金等值计算公式

类别		已知	求解	公式	系数名称及符号
一次支付	终值公式	现值 P	终值 F	$F = P(1+i)^n$	一次支付终值系数 $(F/P,i,n)$
	现值公式	终值 F	现值 P	$F = P(1+i)^{-n}$	一次支付现值系数 $(P/F,i,n)$
等额分付	年金终值公式	年金 A	终值 F	$F = A\dfrac{(1+i)^n - 1}{i}$	等额分付年金终值系数 $(F/A,i,n)$
	偿债基金公式	终值 F	年金 A	$A = F\dfrac{i}{(1+i)^n - 1}$	等额分付偿债基金系数 $(A/F,i,n)$
	资金回收公式	现值 P	年金 A	$A = P\dfrac{i(1+i)^n}{(1+i)^n - 1}$	等额分付资金回收系数 $(A/P,i,n)$
	年金现值公式	年值 A	现值 P	$P = A\dfrac{(1+i)^n - 1}{i(1+i)^n}$	等额支付年金现值系数 $(P/A,i,n)$

15.3 经济效果评价的主要指标与方法

经济效果评价是投资项目评价的核心内容。为了确保投资决策的正确性和科学性,研究经济效果评价的指标和方法是十分必要的。

经济效果评价的指标是多种多样的,它们从不同的角度反映项目的经济特性。1993 年 4 月国家计委、建设部以计投资[1993]530 号文印发《建设项目经济评价方法与参数》(第二版),对经济评价的指标、方法和程序等都做了系统的、明确的规定和说明。这些指标主要可以分为三大类:第一类是以时间作为计量单位的时间型指标,例如投资回收期等;第二类是以货币计量单位的价值型指标,如净现值、费用现值等;第三类是反映资源利用效率的效率型指标,如投资利润率、内部收益率、净现值率等。由于这些指标是从不同的角度考察项目的经济性,所以,在对项目方案进行经济效果评价时,应当尽量同时选用这几类指标而不是单一指标,并且各类指标的适用范围和应用方法也不尽相同。

投资项目的方案比较是寻求合理的经济和技术方案的必要手段,也是项目经济评价的重要组成部分。方案比选可按各个方案所含的全部因素(相同因素和不同因素)计算各方案的全部经济效益和费用,进行全面的对比,也可仅就不同因素计算相对经济效益和费用,进行局部的对比。要特别注意各个方案间的可比性,遵循效益与费用计算口径对应一致的原则,必要时应考虑相关效益和相关费用。同时,方案比选应注意在某些情况下使用不同指标导致相反结论的可能性。根据方案的实际情况(计算期是否相同,资金有无约束条件及效益是否相同等)选用适当的比较方法和指标进行方案筛选,并对筛选出的几个方案进行经济计算,结合其他因素详细论证比较,做出抉择。

另外,按是否考虑资金的时间价值,投资项目的经济效果评价指标可分为静态评价指标(不考虑资金时间价值)和动态评价指标(考虑资金的时间价值)。相应的经济效果评价方法分别称为静态分析和动态分析。前者主要用于技术经济数据不完备和不精确的项目初选阶段;而后者则用于项目最后决策前的可行性研究阶段。这里讨论一些重要又常用的指标及方法。

15.3.1 静态分析法

静态分析计算比较简单,主要用于对项目进行粗略评价的项目初选阶段,或对短期投资项目的经济评价。常用的指标主要有投资收益率和投资回收期等指标。

1) 投资收益率

投资收益率(return on investment)(或称投资报酬率、投资效果系数)就是项目投产后在正常生产年份的净收益与项目总投资额之比。其一般表达式为

$$R = \frac{M}{K} \tag{15-7}$$

式中,R 为投资收益率;K 为项目的总投资额;M 为年净收益。

在计算投资收益率时,由于人们对年净收益和总投资这两个术语有不同的理解,或由于目的不同,因此,对投资收益率就有不同的计算方法。例如,从国家的角度出发,企业利润,折旧费和税金之和为年净收益。可按下式计算投资收益率

$$投资收益率 = \frac{企业利润+折旧费+税金}{总投资}$$

从企业的角度出发,年净收益只包括企业利润和折旧费。所以投资收益率应按下式计算

$$投资收益率 = \frac{企业利润+折旧费}{总投资}$$

此外,我国还常采用下列两个与投资收益率相类似的指标估算经济效果

$$投资利税率 = \frac{企业利润+税金}{总投资}$$

$$投资利润率 = \frac{企业利润}{总投资}$$

投资利税率是从国家的角度出发的衡量指标,而投资利润率则是从企业的角度出发的。

用投资收益率指标评价投资方案的经济效果,需要与根据同类项目的历史数据及投资者意愿等确定的基准投资收益率做比较。设基准投资收益率为 R_c,判别准则为:

若 $R \geq R_c$,则项目可以考虑接受;

若 $R < R_c$,则项目应予以拒绝。

例 15-8 某投资项目经济数据如表 15-2 所示,假定全部投资中没有借款,现已知基准投资收益率 $R_c = 20\%$,试以投资收益率指标判断项目取舍。

表 15-2 某工程项目现金流量

时间/年	0	1	2	3	4	5	6	7	8	9	10
净现金流量/万元	-70	-80	-90	50	60	60	60	60	60	60	60

解:由表 15-2 数据可得:$K=240, M=60$。由式(15-7)知

投资收益率 $R = 60 \div 240 = 0.25$

由于投资收益率 $R \geq R_c = 20\%$,故项目可以考虑接受。

这里需要指出的是:投资收益率只能用于判别方案是否可行,不能用来比较方案。方案的比较可用差额投资收益率 R_a。即首先考虑两个被比较方案的净收益差额与投资差额之比求得差额投资收益率 R_a,然后把差额投资收益率 R_a 与基准投资收益率为 R_c 进行比较。若 $R_a \geq R_c$,则就此指标而言认为后一方案优于前一方案;否则认为前者优于后者。

2) 投资回收期

投资回收期(pay back period, P_t)是指以项目的净收益抵偿项目全部投资(固定资产投资、投资方向调节税和流动资金)所需要的时间。也称为投资返本期或投资偿还年限。通常以年为单位。

投资回收期是考察项目在财务上的投资回收能力的主要静态评价指标。投资回收期一般从建设开始年算起,其表达式为

$$\sum_{t=0}^{P_t}(CI-CO)_t = 0 \tag{15-8}$$

式中，P_t 为投资回收期；CI 为第 t 年的现金流入量；CO 为第 t 年的现金流出量；$(CI-CO)_t$ 为第 t 年的净现金流量。

按上式求得的项目投资回收期(P_t)还要与行业的基准投资回收期(P_c)比较，判别准则为：若 $P_t \leq P_c$，表明项目投资能在规定的时间内收回，故项目可以考虑接受；但如果 $P_t > P_c$，则表示项目未满足行业投资赢利性和风险性要求，项目应予拒绝。

投资回收期可根据现金流量表中累计净现金流量计算求得。详细计算公式为

$$P_t = T - 1 + \frac{\text{第}(T-1)\text{年累计净现金流量的绝对值}}{\text{第 }T\text{ 年净现金流量}} \tag{15-9}$$

式中，T 为累计净现金流量开始出现正值的年份。

当投资为一次性的期初投资，每年净收益相同或基本相同时，投资回收期的公式为

$$P_t = \frac{K}{M} \tag{15-10}$$

式中，K 为总投资；M 为年净收益。

例 15-9 某投资项目的净现金流量如表 15-2 所示(有关数据同例 15-7)。设基准投资回收期 $P_c=7$ 年，试用投资回收期法评价其经济是否可行。

解：设该投资项目的投资回收期为 P_t。根据式(15-8)有

$$\sum_{t=0}^{P_t}(CI-CO)_t = -70-80-90+50+60+60+60+10 = 0$$

所以，根据式(15-9)，有：$P_t = 7-1+\frac{10}{60} = 6.17(\text{年}) = 6$ 年零 2 个月

因为 $P_t < P_c$，方案可以接受。

投资回收期指标的主要优点是：① 概念清晰，简单易算；② 在资金短缺的情况下，它能显示收回原始投资的时间长短；③ 它能为决策者提供一个未收回投资以前承担风险的时间。因为项目决策面临着未来的不确定性因素的挑战，这种不确定性所带来的风险随着时间的延长而增加，为了减少这种风险，就必然希望投资回收期越短越好。因此，投资回收期指标不仅在一定程度上反映项目的经济性，而且反映项目的风险大小。

投资回收期指标的不足之处是：① 它不能提供返本期以后企业收益变化情况，对于寿命较长的工程项目来说，这是一个不完整的评价结论；② 它反映了项目的偿还能力，但反映不出投资的可赢利性；③ 它没有考虑投资方案在整个计算期内现金流量发生的时间。尽管其存在上述不足，但作为能够反映一定经济性和风险性的回收期指标，在项目评价中具有独特的地位和作用，被广泛用做项目评价的辅助指标。

15.3.2 动态分析法

1) 净现值

净现值(net present value, NPV)是指利用项目方案所期望的基准收益率，把项目寿命期内各年的净现金流量折算到建设期初的现值之和。其表达式为

$$NPV = \sum_{t=0}^{n} CF_t(1+i_0)^{-t} = \sum_{t=0}^{n}(CI-CO)_t(1+i_0)^{-t} \tag{15-11}$$

式中，NPV 为净现值；CF_t 为第 t 年的净现金流量；$(CI-CO)_t$ 为第 t 年的净现金流量；n 为方

案的寿命期；i_0 为基准收益率（贴现率）。

净现值指标是考察项目在寿命期内赢利能力的主要动态评价指标。

净现值的计算结果无非是以下三种情况：① NPV=0，这表示项目方案实施后的投资收益率正好达到基准收益率的水平，即能够达到投资者的期望收益水平；② NPV>0，这表示项目方案实施后的投资收益率不仅能够达到基准收益率的水平，而且还能得到超额现值收益；③ NPV<0，表示项目方案实施后的投资收益率达不到基准收益率水平，即投资收益较低，达不到投资者的期望目标。

因此，将净现值指标用于方案评价时，对于单方案而言，若 NPV≥0，则方案是可取的；若 NPV<0，则方案应予以拒绝。而在多方案比较时，在 NPV≥0 的前提下，净现值越大的方案相对越优，这就是净现值最大准则。

例 15-10 某项目的现金流量如表 15-3 所示，试用净现值指标判断项目的经济性（i_0=10%）。

表 15-3 某项目的现金流量表 （单位：万元）

时间/年	0	1	2	3~9	10
投资支出	40	50			
经营成本			25	30	30
收入			40	50	60
净现金流量	-40	-50	15	20	30

解：根据表中各年净现金流量以及式（15-11），可得

NPV = -40-50(P/F,10%,1)+15(P/F,10%,2)
　　+20(P/A,10%,7)(P/F,10%,2)+30(P/F,10%,10)

　　= -40-50×0.9091+15×0.8264+20×4.868×0.8264+30×0.3855

　　= 18.964

因为 NPV≥0，所以方案是可取的。

2）净现值率

在多方案进行比较的情况下，有时不能仅根据净现值的大小来选优。因为净现值是一个绝对值，它的大小只说明方案超出基准收益率水平的超额赢利现值的多少，而不能直接反映出资金的利用效率。因此单纯用净现值最大作为方案选优的标准，就有可能发生这样的情况：往往会选择赢利多但投资额也大的方案为最优，而忽视赢利额较大但投资额较小，从而经济效果较好的方案。为此，在净现值指标应用于多方案比较时，还应同时计算净现值率（rate of net present value, NPVR）指标作为净现值的辅助评价指标，来进一步分析单位投资的净现值。

净现值率（NPVR）是项目的净现值与投资现值的比值。其计算公式为

$$\text{NPVR} = \frac{\text{NPV}}{I_P} = \frac{\left[\sum_{t=0}^{n}(CI-CO)_t(1+i_0)^{-t}\right]}{\sum_{t=0}^{n}K_t(1+i_0)^{-t}} \quad (15-12)$$

式中，I_P 为项目全部投资的现值。

净现值率的经济涵义是该项目的单位投资现值所能获得的净现值。用净现值率进行方案比较时，以净现值率较大的方案为优。

表 15-4 三方案的净现值和净现值率的比较表

（单位：万元）

	A	B	C
投资现值	100	60	40
净现值	70	60	32
净现值率	0.7	1	0.8

用净现值指标和净现值率指标评价单方案时所得出的结论是一致的。但在方案比较和项目排队时，这两个指标有时也会导致矛盾的结论。例如在表 15-4 中，用净现值法评价结论是方案 A 最优，方案 B 次之，方案 C 最差；用净现值率评价结论是方案 B 最优，方案 C 次之，方案 A 最差。在进行方案比较时，这两个指标究竟选用哪个指标，主要看有无资金限制条件。在无资金限制条件的情况下可以采用净现值作为比较指标。当事先明确了资金限制范围时，应进一步用净现值率来衡量。当对多个项目进行排队时，往往是在限定的资金限额内，这时宜采用净现值率指标，选择既符合资金限制条件，又能使净现值最大的项目组合，以实现有限资金的合理利用。

3) 费用现值

在对多个方案比较选优时，如果诸方案产出价值相同，或者诸方案能够满足同样需要但其产出效益难以用价值形态（货币）计量（如环保、教育、保健、国防）时，可以通过对各方案费用现值（present worth of cost, PC）的比较进行选择。

费用现值的表达式为

$$PC = \sum_{t=0}^{n} CO_t (P/F, i_0, t) \qquad (15-13)$$

式中，PC 为费用现值；CO_t 为第 t 年的现金流出量；n 为方案的寿命期；i_0 为基准收益率。费用现值只能用于多个方案比选，其判别标准是：费用现值最小的方案为优。

例 15-11 某项目有三个方案 A，B，C，均能满足同样的需要，但各个方案的投资及年运营费用不同，如表 15-5 所示。在基准收益率 $i_0 = 15\%$ 的情况下，采用费用现值选优。

解：各方案的费用现值计算如下

$PC_A = 70 + 13 (P/A, 15\%, 10) = 135.247$（万元）

$PC_B = 100 + 10 (P/A, 15\%, 10) = 150.19$（万元）

$PC_C = 110 + 5 (P/A, 15\%, 5) + 8(P/A, 15\%, 5)(P/F, 15\%, 5) = 140.093$（万元）

表 15-5 三方案的净现值和净现值率的比较表

（单位：万元）

	A	B	C
期初投资	70	100	110
1~5 年运营费用	13	10	5
6~10 年运营费用	13	10	8

根据费用现值最小的选优准则，方案 A 最优，方案 C 次之，方案 B 最差。

4) 内部收益率

内部收益率(internal rate of returnt, IRR)是考察项目赢利能力的主要动态评价指标。

所谓内部收益率,就是指项目在整个计算期内各年净现金流量的现值累计等于零时的折现率,所以简单说,内部收益率就是净现值等于零时的折现率。它反映项目所占有资金的赢利率。其表达式为

$$\text{NPV(IRR)} = \sum_{t=0}^{n} (CI - CO)_t (1 + \text{IRR})^{-t} = 0 \qquad (15-14)$$

式中,IRR 为内部收益率,其他符号含义同式(15-11)。

用内部收益率指标评价项目方案时的判别准则为:设基准收益率为 i_0,

若 IRR$\geqslant i_0$,则项目在经济效果上可以接受;

若 IRR$<i_0$,则项目在经济效果上不可以接受。

由于式(15-14)是一个一元高次方程,不容易直接求解,通常采用线性插值试算法来求 IRR 的近似解。其计算过程如下:① 做出方案的现金流量图(或现金流量表),列出净现值的计算公式。② 选择一个适当的收益率代入净现值的计算公式,试算出净现值。如果 NPV>0,说明这个试算的收益率偏小,应加大;如果 NPV<0,说明试算用的收益率偏大,应减小。③ 重复步骤2。④ 当试算得出的两个净现值绝对值都较小,且它们的符号相反,同时这两个试算的收益率相差不超过2%~5%,这时就可以利用线性插值法求出内部收益率的近似解。计算公式为

$$\text{IRR} \approx i^* = i_1 + \frac{\text{NPV}_1}{\text{NPV}_1 + |\text{NPV}_2|}(i_2 - i_1) \qquad (15-15)$$

式中,i_1 为试算用的较低收益率;i_2 为试算用的较高收益率;NPV$_1$ 为用 i_1 计算的净现值(正值);NPV$_2$ 为用 i_2 计算的净现值(负值)。

式(15-15)的由来可从图15-6的分析中得到。从图15-6可见,净现值函数曲线与横轴的交点处 NPV=0,此处的 i^* 即为 IRR。

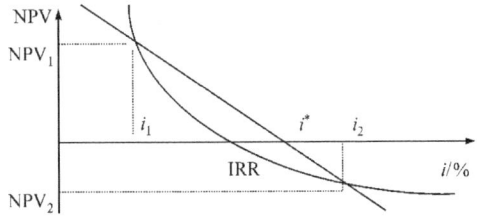

图 15-6 用线性插值试算法来求解 IRR 的示意图

例 15-12 某项目净现金流量如表15-6所示。当基准收益率 $i_0 = 12\%$ 时,试用内部收益率指标判断该项目在经济效果上是否可行。

表 15-6　某项目的现金流量表　　　　　　　　（单位：万元）

时间/年	0	1	2	3	4	5
净现金流量	-100	20	30	20	40	40

解：此项目净现值的计算公式为

$NPV = -100 + 20(P/F, i\%, 1) + 30(P/F, i\%, 2) + 20(P/F, i\%, 3)$
$\qquad + 40(P/F, i\%, 4) + 40(P/F, i\%, 5)$

现分别设 $i_1 = 12\%$，$i_2 = 15\%$，计算相应的 NPV_1 和 NPV_2

$NPV_1 = -100 + 20(P/F, 12\%, 1) + 30(P/F, 12\%, 2) + 20(P/F, 12\%, 3)$
$\qquad + 40(P/F, 12\%, 4) + (P/F, 12\%, 5) = 4.126$ 万元

$NPV_2 = -100 + 20(P/F, 15\%, 1) + 30(P/F, 15\%, 2) + 20(P/F, 15\%, 3)$
$\qquad + 40(P/F, 15\%, 4) + 40(P/F, 15\%, 5) = -4.013$ 万元

用插值计算公式（17-15）可算出 IRR 的近似解

$$IRR = 12\% + \frac{4.126}{4.126 + |-4.013|}(15\% - 12\%) = 13.5\%$$

因为 IRR = 13.5% > i_0 = 12%，故该项目在经济效果上是可以接受的。

内部收益率的经济涵义可以这样理解：把资金投入项目以后，将不断通过项目的净收益加以回收，其中尚未回收的资金将以 IRR 为利率增值。到项目计算期结束时正好回收了全部投资。因此，内部收益率是未回收投资的增值率。

内部收益率指标的优点是：① IRR 的概念明确，反映项目所占用资金的赢利能力，在实际工作中被广泛使用；② IRR 的计算不需要事先确定其基准收益率，而计算净现值、净现值率或费用现值都需要事先确定基准折现率。内部收益率指标的缺陷是：计算比较麻烦，因为求解内部收益率的方程是一个高次方程，而且对于非常规项目（净现金流序列符号变化一次的项目称作常规项目，净现金流序列符号变化多次的称作非常规项目）来说，IRR 的解可能不是惟一的。此外，其中隐含的再投资假设也降低了它反映实际的准确程度。但尽管如此，IRR 仍是当今世界上用来反映投资收益能力的最重要的指标之一。

15.4　投资项目的经济评价

建设项目经济评价是项目建议书和可行性研究报告的重要组成部分，其任务是在完成市场预测、厂址选择、工艺技术方案选择等研究的基础上，对拟建项目投入产出的各种经济因素进行调查研究、计算及分析论证，比选推荐最佳方案。

项目经济评价分为财务评价和国民经济评价。对于一个工程项目，评价者从不同的角度去分析、考察时，由于引用投入与产出的范围不同，故所得的结果也会有所不相同。当评价者站在企业的角度去对工程项目进行分析、评价时，我们称之为财务评价。当评价者站在国家的角度去分析评价时，我们称之为国民经济评价。各个投资主体、各种投资来源、各样筹资方式兴办的大中型和限额以上建设项目，原则上应按建设项目经济评价方法和相应的评价参数进行财务评价和国民经济评价。对费用效益计算比较简单，建设期和生产期比较

短,不涉及进出口平衡的项目,如果财务评价的结果能够满足最终决策的需要,也可不进行国民经济评价。

15.4.1 财务评价

财务评价是在国家现行财税制度和价格体系的条件下,分析、计算项目直接发生的财务效益和费用,编制财务报表,计算评价指标,考察项目的赢利能力、清偿能力以及外汇平衡等财务状况,据以判别项目的财务可行性。

投资项目的财务评价是凭借一套基本报表和辅助报表的编制,采用一系列评价指标来具体进行的。投资项目财务评价时所采用的基本报表有现金流量表、损益表、资金来源与运用表、资产负债表及财务外汇平衡表。

投资项目的财务评价,主要考察项目的赢利能力、清偿能力以及外汇平衡等财务状况。因此,财务评价主要有以下几个方面的指标。

(1) 财务评价的赢利能力分析主要是考察投资的赢利水平。赢利能力分析要计算财务内部收益率(FIRR)、投资回收期等主要评价指标,根据项目的特点及实际需要,也可计算财务净现值、投资利润率、投资利税率、资本金利润率等指标。

(2) 项目清偿能力分析主要是考察计算期内各年的财务状况及偿债能力。清偿能力分析要计算资产负债率、固定资产投资国内借款偿还期、流动比率、速动比率等指标。此外,还可以计算其他价值指标或实物指标(如单位生产能力投资),进行辅助分析。

(3) 涉及外汇收支的项目,应进行外汇平衡分析,考察各年外汇余缺程度。

15.4.2 国民经济评价

1) 国民经济评价的概念

国民经济评价是按照资源合理配置的原则,从国家整体角度考察项目的效益和费用,用货物影子价格、影子工资、影子汇率和社会折现率等经济参数分析、计算项目对国民经济的净贡献,评价项目的经济合理性。

2) 项目的效益和费用

项目经济评价应遵循效益与费用计算口径对应一致的原则。财务评价只计算项目本身的直接效益和直接费用,国民经济评价还应计算项目的间接效益和间接费用,即项目的外部效果。

项目的效益是指项目对国民经济所做的贡献,分为直接效益和间接效益。直接效益是指由项目产出物产生并在项目范围内计算的经济效益。一般表现为增加该产出物数量满足国内需求的效益;替代其他相同或类似企业的产出物,使被替代企业减产以减少国家有用资源耗费(或损失)的效益;增加出口(或减少进口)所增收(或节支)的国家外汇等。间接效益是指由项目引起而在直接效益中未得到反映的那部分效益。

项目的费用是指国民经济为项目所付出的代价,分为直接费用和间接费用。直接费用是指项目使用投入物所产生并在项目范围内计算的经济费用。一般表现为其他部门为供应本项目投入物而扩大生产规模所耗用的资源费用；减少对其他项目（或最终消费）投入物的供应而放弃的效益；增加进口（或减少出口）所耗用（或减收）的外汇等。间接费用是指由项目引起而在项目的直接费用中未得到反映的那部分费用。

3）影子价格

影子价格亦称"最优计划价格"、"机会成本"和"记账价格"。它的经济含义就是在最优计划下单位资源增量所产生的效益增量，就是资源合理利用的社会经济效益。因此它是为实现一定的社会经济发展目标而人为确定的、比交换价格更能合理利用资源的效率价格。它能更好地反映产品的社会价值、市场供求关系和资源的稀缺程度。如对于数量无限的资源，影子价格为零；而越稀少短缺的资源，其影子价格越高。因此，影子价格是人们对所用资源的一种评价，它可用边际成本或效率系数表示，不直接表现为商品的交换价格，它不是用于商品交换，而是用于预测、计划和项目评估等工作中衡量社会价值，人们把影子价格作为合理利用有限资源的价格尺度。

4）影子汇率和社会折现率

影子汇率反映外汇的真实价值，用于国民经济评价中外汇与人民币之间的换算，同时也用做经济换汇或节汇成本的判据。影子汇率可通过国家外汇牌价乘以影子汇率换算系数求得。

社会折现率反映国家对资金时间价值的估量，是计算经济净现值等指标时，采用的折现率，同时用它作为经济内部收益率的判据。

用于项目国民经济评价的重要参数，如社会折现率、影子汇率换算系数、影子工资换算系数及部分货物的影子价格等，由国家统一测定发布，并定期予以调整。

5）国民经济评价的主要指标

国民经济评价是从国家整体角度考虑项目给国民经济带来的净贡献，主要包括国民经济赢利能力评价和外汇效果评价，此外还可对难以价值量化的外部效果做定性分析评价。

（1）项目国民经济赢利能力的评价。主要采用经济内部收益率和经济净现值等评价指标。在多方案比选时，还可采用经济净现值率、差额投资内部收益率等指标排序；在项目初选时，也可采用投资净效益率等静态指标。

（2）国民经济外汇效果分析。对于涉及产品出口创汇及替代进口节汇的项目，需要进行外汇效果分析，主要通过计算经济外汇净现值、经济换汇成本或经济节汇成本等指标来分析评价项目实施后对国家外汇收支状况的影响程度及其外汇经济效益。各项指标的计算方法同财务评价外汇效果指标的计算方法，所不同的是用影子价格、影子工资、社会折现率和经济外汇现金流量等计算。

（3）社会效果分析与评价。社会效果的评价指标可分为定量效果和定性效果两大类指标。一方面，用定量的价值形式表示的社会经济效果指标主要有收入分配效果、劳动就业效果、综合能耗、环境保护以及相关投资等。另一方面，用非定量化的定性指标来表示的社会效果指标,诸如先进技术的引进、社会基础设施、环境保护、生态平衡、资源利用、地区开发和经济发展、城市建设的发展、人口结构和工业经济结构的改变以及人民科学文化水平的提高、产品功能质量、审美效果、政治、军事因素,等等。

15.4.3 财务评价与国民经济评价的关系

投资项目的财务评价和国民经济评价有着密切的联系。一般认为财务评估是进行国民经济评估的基础,没有前者后者就无法进行;而后者又是前者的延伸,没有后者则项目的经济评估是不完整的。投资项目的财务评价和国民经济评价是经济评价的两个层次。多数项目应先进行财务评估。在此基础上对效益、费用、价格等进行调整后,再进行国民经济评估。有些项目可先进行国民经济评估,然后再进行财务经济效益评估。这两个评估各有其任务和作用。财务评价与国民经济评价的主要区别有以下几点。

(1) 评价角度不同。财务评价是从项目财务角度考察项目的赢利状况及借款偿还能力,以确定投资行为的财务可行性。国民经济评价是从国家整体的角度考察项目对国民经济的贡献以及国民经济为此项目付出的代价,以确定投资行为的经济合理性。

(2) 效益和费用的含义及划分范围不同。财务评价是根据项目的实际收支确定项目的效益和费用,补贴计为效益,税金和利息计为费用。国民经济评价是着眼于项目对社会提供的有用产品和服务及项目所耗费的全社会有用资源,来考察项目的效益和费用,故补贴不计为项目的效益,税金和国内借款利息均不计为项目的费用。财务评价只计算项目直接发生的效益与费用,国民经济评价对项目引起的间接效益与费用即外部效果也要进行计算和分析。

(3) 评价采用的价格不同。财务评价对投入物和产出物采用财务价格,国民经济评价则采用根据机会成本和供求关系确定的影子价格。

(4) 主要参数不同。财务评价采用官方汇率和行业基准收益率,国民经济评价采用国家统一测定的影子汇率和社会折现率。

对同一个建设项目,既要进行企业财务评价,也要进行国民经济评价。这两种评估的结论可能是一致的,也可能不一致。当两种结论一致时,评价决策人员就很容易对项目做出最终的评估结论——财务评价和国民经济评价结论都可行的项目可以通过,反之应予否定;但由于上述区别,两种评价有时可能产生两种相反的结论。一般情况下项目或方案的取舍主要取决于国民经济评价的结论——国民经济评价结论不可行的项目,一般应予否定,因为这样的建设项目的兴建,对国家的全局是无益或有害的,而企业"好"的经济效益,也必然是以牺牲其他企业或国家的利益为代价的,在进行经济评价时必须明确小局服从大局的原则。对某些国计民生急需的项目,如国民经济评价结论好,但财务评价不可行,应重新考虑方案,必要时可向国家提出采取经济优惠措施的建议,使项目具有财务生存能力。

15.4.4 不确定性分析和综合评价

1）不确定性分析

由于在项目评价时所采用的数据，大部分来自预测和估算，加上预测方法和工作条件的局限性，这些数据不可避免地带有一定程度的不确定性。因此，根据这些数据所得出的经济评价结果就会出现误差，使得投资项目各种方案的经济效果实际值可能偏离其预期值，从而给投资者和经营者带来风险。

为了分析不确定性因素对经济评价指标的影响，需进行不确定性分析，以估计项目可能承担的风险，确定项目在经济上的可靠性。

不确定性分析包括：敏感性分析、盈亏平衡分析和概率分析。其中盈亏平衡分析只用于财务评价，敏感性分析和概率分析可同时用于财务评价和国民经济评价。

敏感性分析是通过分析、预测项目主要因素发生变化时对经济评价指标的影响，从中找出敏感因素，并确定其影响程度。在项目计算期内可能发生变化的因素有产品产量（生产负荷）、产品价格、产品成本或主要原材料与动力价格、固定资产投资、建设工期及汇率等。敏感性分析通常是分析这些因素单独变化或多因素变化对内部收益率的影响。必要时也可分析对静态投资回收期和借款偿还期的影响。项目对某种因素的敏感程度可以表示为该因素按一定比例变化时引起评价指标变动的幅度（列表表示），也可以表示为评价指标达到临界点（如财务内部收益率等于财务基准收益率或经济内部收益率等于社会折现率）时允许某个因素变化的最大幅度，即极限变化。为求此极限，可绘制敏感性分析图。

盈亏平衡分析是通过盈亏平衡点（BEP）分析项目成本与收益的平衡关系的一种方法。盈亏平衡点通常根据正常生产年份的产品产量或销售量、可变成本、固定成本、产品价格和销售税金及附加等数据计算，用生产能力利用率或产量表示。盈亏平衡点越低，表明项目适应市场变化的能力越大，抗风险能力越强。

概率分析是使用概率研究预测各种不确定性因素和风险因素的发生对项目评价指标影响的一种定量分析方法。一般是计算项目净现值的期望值及净现值大于或等于零时的累计概率，累计概率值越大，说明项目承担的风险越小。也可以通过模拟法测算项目评价指标（如内部收益率）的概率分布。根据项目特点和实际需要，有条件时应进行概率分析。

2）综合评价

在进行财务评价和国民经济评价的基础上，还应对投资项目进行综合评价，全面说明项目的经济效益和社会效益，并综合考虑各方面的因素，提出项目是否可行的结论和建议。

对方案作技术经济的综合评价，从广义的角度来看，应包括如下内容。

（1）技术评价。从技术的先进、适用、安全、可靠等方面进行评价。

（2）经济评价。从投资、成本、利润、销售额等指标进行财务评价以及从宏观角度对费用和效益做国民经济评价。

（3）社会评价。从社会分配、福利、就业、精神、伦理道德方面进行评价。

（4）环境评价。从自然、资源、生态、环境、污染等方面进行评价。

（5）政治评价。从国家的战略方针、政策法令、政治威望、国际影响等方面进行评价。

（6）国防评价。从国家安全、战略需求、战斗和防御能力、军事情报和国防配置等方面进行评价。

（7）综合评价。在以上评价的基础上，还需进行综合评价。

15.5 投资项目的可行性研究简介

15.5.1 可行性研究的概念和任务

所谓可行性研究，就是对拟建工程项目从各个有关方面进行调查研究和综合论证，为项目决策提供科学依据，以保证所建项目在技术上先进可行，经济上合理有利。所以，可行性研究可以广泛应用于新建、扩建和改建的工业项目、大型民用建筑工程、科学技术试验项目、地区开发和资源利用以及技术措施和技术政策制定等的论证。

可行性研究工作最早是在20世纪30年代美国开发田纳西河流域时开始试行，取得了明显的经济效果。60年代后，可行性研究不断地得到充实、完善和发展，逐步形成了一套系统的科学研究方法。联合国工业发展组织（简称UNIDO）编写了《工业可行性研究手册》和《工业项目评价手册》等著作，用以指导有关国家开展可行性研究工作。

20世纪70年代以来，我国逐步重视可行性研究，在建设项目上引进了可行性研究方法，并加以推广和应用。目前，可行性研究已成为工程项目投资决策和银行贷款前必须进行的一项重要工作。

可行性研究的任务，就是研究建设项目不同方案的可得性和合理性，正确地进行投资决策，从不同方案中选择一个技术上先进、经济上合理、投资经济效益高的最优方案，为编制设计任务书提供依据。

可行性研究的作用主要有以下几方面：① 可行性研究是投资决策的依据；② 可行性研究是确定建设项目和编制设计任务书的依据；③ 可行性研究是筹措资金和向银行申请贷款的依据；④ 可行性研究是编制下阶段设计和建设工作的依据；⑤ 可行性研究是与项目有关的各部门签订合同、协议的依据；⑥ 可行性研究是确定采用新技术、新设备研制计划的依据；⑦ 可行性研究是补充工程、水文地质勘测和工业实验的依据；⑧ 可行性研究是从国外引进技术、引进设备的依据；⑨ 可行性研究是向国土部门和环保部门申请建设的依据。

15.5.2 可行性研究的阶段

对于一个投资建设项目，其投资前期通常可分为四个阶段，这就是投资机会的选定（机会研究）、项目的初步选择与确定（初步可行性研究）、项目规划的制定（可行性研究）、项目评估决策，这四个阶段的工作统称为广义可行性研究，而其中第三阶段的工作就称为狭义可行性研究，也就是一般所说的可行性研究。下面将对投资前期的机会研究、初步可行性研究、详细可行性研究这三个阶段的工作做些简单描述。

1) 机会研究

机会研究,又称机会鉴别或投资机会研究。它的任务是研究和确定合理的投资方向、投资规模和投资结构。也就是通过对社会经济因素和自然条件的初步调查,探寻和选择最有利的投资机会,这是投资项目的设想阶段。投资机会研究虽然是一种初步的和概略的研究,但它却是属于资金投向的战略性研究,是对投资宏观控制和管理的重要环节。

机会研究,又可分为一般机会研究与项目机会研究两类。一般机会研究主要内容包括三方面:① 地区研究,即研究和探寻最有利的投资地区和地点;② 部门研究,即研究和探寻最有利的投资部门或行业;③ 资源研究,即研究和探寻以最优综合利用某种自然资源或工农业产品为目的的投资机会。项目机会研究是为了研究和确定最有利的投资项目,也就是说在地区、部门(行业)、资源等一般机会研究做出的初步投资鉴别的基础上,进一步研究和确定具体的最有利的项目投资机会,使项目设想转变为概略的投资建议。

显然,机会研究确定的投资方向和投资项目应符合产业政策与社会主义经济对社会资源配置基础性作用的要求。投资机会研究比较粗略,主要是依据情报资料做出的一种概略估计,不是详细的分析计算。因此,对项目所需投资总额及投产后产品成本费用的估算都很不精确,一般要求投资额、产品成本费用估算的误差不超过±30%,所用时间约为1~2个月,而所需研究费用约占投资总额的0.2%~1.0%。

2) 初步可行性研究

初步可行性研究,又称预可行性研究,是机会研究与详细可行性研究之间的中间研究阶段。它的任务就是对机会研究所提出的项目设想和投资建议进行初步分析,以判明该设想和建议有无生命力,是否值得进一步做详细可行性研究。因此,初步可行性研究的主要目的是:① 判定该项目投资机会有无生命力和发展前景,有无必要进一步开展分析和研究工作;② 分析和确定影响该项目可行性的关键因素,并决定是否需要进行市场供求预测、生产工艺和技术装备等的实验室试验或工业性中间试验等专题研究;③ 判定现有资料、数据等是否能足以证明项目设想和投资建议可行,并对投资者有较大的吸引力;④ 经初步可行性研究后认为该项目设想没有生命力和建设前途,不可行,没有立项的可能性和必要性,则该项目的可行性研究到此停止,不再进行详细可行性研究。

实践表明,初步可行性研究常常用于重大的和特殊项目的研究,而对那些机会研究所提供的资料、数据和研究结果就足以开展详细可行性研究的一般中小型建设项目,也可在机会研究后直接开展详细可行性研究而省去初步可行性研究阶段。

初步可行性研究阶段的投资额与产品成本费用的估算精确度误差一般要求不超过±20%,所用时间约为4~6个月,而所需研究经费一般占投资总额的0.25%~1.5%。

3) 详细可行性研究

详细可行性研究,又称为技术经济可行性研究或称最终可行性研究。它的任务是在机会研究和初步可行性研究的基础上,对项目进行全面深入的技术经济分析和论证,并进行多方案比较,为项目最终做出投资决策提供科学的和可靠的依据。

详细可行性研究阶段,要着重分析和论证建设项目的厂址选择、建设规模、生产纲领、车间组成、工艺技术选择、工厂布置、设备选型、原材料和燃料动力供求分析、货物运输量估算、厂内外运输方式选择、辅助生产和生产服务系统设置、协作配合方式选择、投资和成本费用估算及资金筹措、组织机构设置及劳动定员、建设进度、项目赢利能力与偿债能力分析,以及项目经济效益评价等重要问题。

详细可行性研究阶段,投资额和产品成本费用估算的精确度误差要求不超过±10%,所用时间约需 8~12 个月或更长的时间,而所需研究费用一般占投资总额的 1%~3%。

15.5.3 可行性研究的基本内容

1) 了解工程项目的背景和历史

搞清这一问题,可以更好地阐述该工程项目的设计思想,论证其符合国家经济政策和国民经济发展要求的程度,说明开发该产品,提出拟建项目的理由和经济意义,以及研究工作的依据和范围。

2) 掌握市场需求,并确定工程项目的生产能力

工程项目形成之前,要研究市场情况,确定市场实际需求量的规模和组成。要分析产品定价和竞争能力,预测产品进入市场的前景,以确定市场策略,规划销售收入。根据销售计划制定详细的生产纲领,阐明各种生产活动及其时间进度,要按照不同的生产水平、投资费用及销售收益,确定工厂的生产能力,对不同规模的建设方案,进行技术经济论证。

3) 研究原材料、燃料和动力等的供应情况

选择原材料、燃料、动力供应的主要依据是产品需求量和与此相关的生产计划及工厂的生产能力。必须对批准的资源储量、品位、成分及开采、可利用的条件进行评述,了解原材料、辅助材料、燃料、动力的种类、数量、来源和供应的可能性,并估计其价格及运输费用。

4) 确定厂址方案和建厂条件

根据国家有关的方针、政策,对原材料供应条件,销售市场,当地的工农业基础结构与社会经济环境等因素进行现场实地踏勘,做多方案比较,进行规划性选厂,确定建厂地点。有的项目(如资源与重大能源开发)应同时选定具体建厂地址。

5) 工程项目设计

在调查研究国内外同类产品的生产、技术和工艺水平的基础上,选择最适用的先进工艺和设备。对不同选型方案进行比较,选取最优方案。对总图布置方案和厂内外交通运输方式、公用辅助设施等都应进行比较,以示所选方案经济合理。同时,要确定土建结构及其工程量,编制有关费用的估算表。

6）讨论对环境保护的影响

要说明生产过程中产生的废气、废水、废渣等废物对环境的不利影响及排除、处理的方式和措施方案，并估算所需费用。

7）估算生产组织、人员与管理费用

组织机构设计与项目设计密切相关，应互相配合进行。生产过程的组织及辅助机构、服务单位的数量、大小、人员组成和组织形式，很大程度上取决于由生产纲领决定的生产能力及工厂的工艺技术条件。管理费用通常按材料和人工消耗费用的百分比计算，如已具备详细资料，则按费用项目计算。

8）制订实施进度

工程实施期限包括工程项目从决定投资到正式生产这段时间。其时间长短直接影响工程项目的经济效益，应制定一个最佳的投资实施方案和项目实施进度计划。

9）投资与产品成本估算

投资和产品成本的大小、组成及它们的使用时间，对工程项目的经济效益影响很大。总投资是工程项目各组成部分投资之和，除少量应核销的费用外，绝大部分形成工程项目的固定资产。还要估算与该项目有关的外部协作、配套工程的投资和使用计划；估算生产用流动资金数额；规划这些资金的来源、筹措方式和数额；估算其利息率。为了使工程项目有计划地实现，要将投资按项目建设的步骤，做出分年投资计划。

建设项目的产品成本，反映该项目每年的生产费用。成本计算有两种方法：一种是分车间、分部门计算后汇总，一种是按生产费用项目计算。在做整个项目的经济评价时，按生产费用项目计算成本，可以简化工作量。

10）经济效益评价

评价工程项目的经济效益，一般要进行企业财务评价和国民经济评价。企业财务评价主要从企业的角度评价下述技术经济指标：分年度销售及收益估算、分年度现金流量、投资回收期、净现值、内部利润率、盈亏平衡分析和创汇与节汇分析。国民经济评价主要从国家的角度对项目进行经济评价。其主要技术经济指标有：国民净收益、国民收入净增值、国家收益率、净外汇效果，以及对国家经济发展目标的积累贡献等。

综上所述，项目可行性研究的基本内容可概括为三个部分。第一是市场调查和预测，其主要任务是说明可行性研究的"必要性"；第二是技术方案和建设条件，这是可行性研究的技术基础，它决定了项目在技术上的"可行性"；第三是经济评价，这是决定项目投资命运的关键，是可行性研究的核心，说明项目在经济上的"合理性"。

上述的可行性研究的主要内容是对新建项目而言，对于改扩建项目还应增加对原有固定资产的利用和企业现有概况的说明和分析。由于建设项目的性质、任务、规模及工程复杂程度不同，各行业的项目可行性研究内容各有区别，各有侧重。对于合资项目应根据"中外

合资经营项目经济评价方法"要求编制可行性研究。

【案例】 某化纤厂是新建项目。该项目经济评价是在可行性研究完成市场需求预测、生产规模、工艺技术方案、原材料、燃料及动力的供应、建厂条件和厂址方案、公用工程和辅助设施、环境保护、工厂组织和劳动定员以及项目实施规划诸方面进行研究论证和多方案比较后,确定了最优方案的基础上进行的。

该项目生产国内外市场均较紧俏的某种化纤产品,国内市场供不应求,每年需要进口,项目投产后可以国产代替进口。主要技术和设备拟从国外引进。厂址位于城市近郊,交通运输方便;靠近主要原料和燃料产地,供应有保证;水、电供应可靠。该项目主要设施包括生产主车间、辅助生产设施和公用工程等相关设施。

基础数据包括:生产规模、产品方案、实施进度、总投资估算(包括:固定资产投资42542万元,固定资产投资方向调节税2127万元,建设期利息4319万元,流动资金7084万元)为56072万元、资金来源(自有资金——资本金16000万元,其余为借款——固定资产投资部分由中国建设银行贷款,项目拟三年建成,投资分别按20%、55%、25%的比例分年使用分配。流动资金由中国工商银行贷款)。同时估算工资及福利费。

财务评价先分析、计算项目的效益和费用,编制财务报表。根据财务评价的定价原则经分析论证确定产品销售价格,再由生产规模估算年销售收入为35420万元。按国家规定计取产品增值税、城市维护建设税、教育费附加等2689万元。年总成本费用(包括原材料、辅助材料及燃料动力,工资及福利费,固定资产折旧,无形及递延资产摊销等)估算为23815万元,利润总额为8916万元。财务赢利能力分析:根据财务现金流量表(全部投资)计算得到财务内部收益率(FIRR)为17.72%,财务净现值(i_c=12%时)为16309万元,财务内部收益率大于行业基准收益率,说明赢利能力满足了行业最低要求,财务净现值大于零,该项目在财务上是可以考虑接受的。投资回收期为9.26年(含建设期)小于行业基准投资回收期10.3年,这表明项目投资能按时收回。根据损益表和固定资产投资估算表计算投资利润率为16%,投资利税率21%,均大于行业平均利润率和平均利税率。通过对"借款还本付息计算表"、"资金来源与运用表"、"资产负债表"的计算,考察项目计算期内各年的财务状况及偿债能力,并计算资产负债率、流动比率、速动比率和固定资产投资国内借款偿还期(计算结果为:从借款开始年算起8.08年,借款偿还期能满足贷款机构要求)。从上述结果看,该项目财务评价是可行的。

国民经济评价是在财务评价的基础上进行的,采用国家发布的参数。主要投入物和产出物的影子价格是按定价原则自行测算的。收益和费用范围的调整:① 转移支付的处理,以下三项费用均属国民经济内部转移支付,不作为项目的费用:该项目引进设备按国家规定缴纳的关税及增值税;固定资产投资方向调节税对国民经济来说,无实质性的费用支出;销售税金及附加和土地使用税。② 该项目引进先进的技术设备,通过技术培训、人才流动、技术推广和扩散,整个社会都将受益,理应计为项目的间接效益,但因计量困难而只做定性描述。效益和费用数值的调整:由于效益与费用范围的调整,涉及外汇与人民币换算时的影子汇率以及对主要投入物和产出物用影子价格代替财务价格等原因,将导致效益与费用数值的变化。根据调整后的基础数据编制相关报表,计算如下指标:全部投资的经济内部收益率

(EIRR)等于15.63%,大于社会折现率12%,说明项目是可以考虑接受的;在社会折现率为12%时,全部投资的经济净现值为8192万元,大于零。所以该项目是可以考虑接受的。

从以上主要指标看,财务评价和国民经济评价效益均较好,而且生产的产品是市场急需的,所以项目建设是可行的。

本章小结

本章主要讨论投资项目经济效果评价的有关概念、指标及其方法。

投资是投资主体以预期收益为目的的资金(资本)或资源投入及其运动过程。不同时间发生的等额资金在价值上的差别称为资金的时间价值。利息是资金时间价值的最直观的一种表现形式。本章介绍了几个常用的资金等值换算的计算公式。

经济效果评价的指标是多种多样的,它们从不同的角度反映项目的经济特性,主要可以分为三大类:第一类是以时间作为计量单位的时间型指标,例如投资回收期等;第二类是以货币计量单位的价值型指标,如净现值、费用现值等;第三类是反映资源利用效率的效率型指标,如投资利润率、内部收益率等。在对项目方案进行经济效果评价时,应当尽量同时选用这几类指标而不是单一指标,并且各类指标的适用范围和应用方法也不尽相同。另外,按是否考虑资金的时间价值,投资项目的经济效果评价指标可分为静态评价指标和动态评价指标。

根据评价角度可将投资项目的经济评价分为财务效益评价和国民经济评价,财务评价与国民经济评价的主要区别:① 评价角度不同;② 效益和费用的含义及划分范围不同;③ 评价采用的价格不同;④ 主要参数不同。对于投资项目的经济评价,如果评价角度不同,或采用的评价指标和方法的不同,则就有可能得到不同的结果。

可行性研究的基本内容可概括为三部分:① 市场调查和预测说明项目的"必要性";② 技术方案和建设条件是可行性研究的技术基础,它决定了项目在技术上的"可行性";③ 经济评价是可行性研究的核心,说明项目在经济上的"合理性"。本章最后还简要介绍了可行性研究方面的内容。

思考与练习

1. 基本概念

资金时间价值 投资回收期 净现值 内部收益率 财务评价 国民经济评价 可行性研究

2. 思考题

(1) 如何理解资金时间价值?
(2) 影响资金等值的因素有哪些?
(3) 经济效果评价的指标主要有哪些?

(4) 内部收益率指标在经济效果评价时有哪些优缺点？

(5) 投资项目可行性研究有哪些阶段？其各自的特点有哪些？

3. 计算题

(1) 某企业拟向银行借款1500万元，5年后一次还清。甲银行贷款年利率17%，按年计息；乙银行贷款年利率16%，按月计息。问企业向哪家银行贷款较为经济？

(2) 如果某人想从明年开始的10年中，每年年末从银行提取600元，若按10%利率计年复利，此人现在必须存入银行多少钱？

(3) 某人每年年初存入银行500元钱，连续8年，若银行按8%利率计年复利，此人第8年年末可从银行提取多少钱？

(4) 某企业年初从银行借款1200万元，并商定从第二年开始每年年末偿还250万元，若银行按12%年利率计复利，那么该企业大约在第几年可还清这笔贷款？

(5) 某企业兴建一工业项目，第一年投资1000万元，第二年投资2000万元，第三年投资1500万元，投资均在年初发生，其中第二年和第三年的投资使用银行贷款，年利率为12%。该项目从第三年起开始获利并偿还贷款，10年内每年年末获净收益1500万元，银行贷款分5年等额偿还，问每年应偿还银行多少万元？画出企业的现金流量图。

(6) 某项目净现金流量如表15-7所示。试计算静态投资回收期、净现值、净年值、内部收益率（$i_0 = 10\%$）。

表15-7　某项目净现金流量表　　　　　　　（单位：万元）

年	0	1	2	3	4	5	6
净现金流量	-50	-80	40	60	60	60	60

(7) 某拟建项目，第一年年初投资1000万元，第二年年初投资2000万元，第三年年初投资1500万元，从第三年起连续8年每年可获净收入1450万元。若期末残值忽略不计，最低期望收益率为12%，试计算净现值和内部收益率，并判断该项目经济上是否可行。

(8) 购买某台设备需80 000元，用该设备每年可获净收益12 600元，该设备报废后无残值。问：若设备使用8年后报废，这项投资的内部收益率是多少？若最低期望收益率为10%，该设备至少可使用多少年才值得购买？

4. 讨论题

(1) 如何正确理解财务评价和国民经济评价主要区别及其对项目评价的影响？

(2) 如何正确理解可行性研究报告书及其在项目评价中的地位和作用？

第 16 章　企业管理信息化

16.1　企业信息化与企业管理信息化

16.1.1　信息技术对 21 世纪管理模式的影响

1) 信息技术对技术创新的影响

现代信息技术的应用,使企业搜集情报、了解顾客和市场的能力大大增强,从而对技术的创新、改革、引进等产生重要影响。信息技术还会对技术方法和手段的不断改进,对技术创新周期的缩短,对技术管理组织与观念的创新等产生重要的促进作用。

2) 信息技术对产品开发与设计的影响

CAD、CAM、CIM 等信息技术与系统的应用使产品开发与设计的方法、方式、手段等产生了质的变化,从而使产品开发与设计的周期大大缩短,产品的适应性、工艺可制造性、设计可靠性等都得到了极大的改善。信息技术的应用还使企业能够在产品设计早期将用户的需求信息集成进来,从而以更快的速度、更高的质量、更低的成本和更好的服务满足顾客的设计需求。

3) 信息技术对生产制造的影响

信息技术是实现 21 世纪敏捷制造生产战略的根本技术保证。信息技术正在与生产技术融为一体而成为 21 世纪制造生产模式的显著特点之一,从如下几方面的应用可以清楚地看到这一点:BPR(business process reengineering)、ERP(enterprise resource planning)、PDM(product data management)、VR(virtual reality)、JIT(just in time)、GT(group technology)、LP(lean production)、CIM(computer integrated manufacturing)、MPR(manufacture resources planning),等等。

信息技术的广泛应用使快速、敏捷、柔性的生产成为可能。如建立柔性生产单元和柔性生产线,进行虚拟装配和基于网络的制造,实施并行工程和智能制造等。

4) 信息技术对企业文化的影响

信息化使企业及员工与外界的距离感大大缩短,使企业与外界的交往更为频繁和直接。顾客、供应商、合作伙伴、社区等过去视为外部的因素现在与企业的关系越来越密切,甚至已成为企业的虚拟部分。在企业内部,信息技术的应用使人从更多的体力劳动中解放出来转向智力型的创造性工作,并使人与人之间的关系、角色等发生变化。凡此种种,无不影响着企业及员工的价值观念、伦理思想、道德风尚、工作作风、社会责任感等企业文化内涵要素的变化。

5) 信息技术对企业决策的影响

信息技术发展为决策者广泛获取信息和进行信息快速处理提供了技术手段上的保证，决策者可以从企业内部和外部环境中取得大量第一手资料，并借助决策支持系统(DSS)进行辅助决策，大大提高了决策者的决策效率和决策可靠性。同时，信息技术的应用使决策的定性与定量分析相结合成为可能，从而最大限度地消除了决策过程中的不确定性、随意性、独断性等问题，有利于提高企业的整体决策水平。

6) 信息技术对企业组织结构的影响

金字塔式的职能部门制实质上是在信息技术相对不发达的情况下，与人工方法进行信息采集、加工、传输等相适应的企业组织结构形式。随着信息技术的发展，企业对来自外部的各类信息反映加快。从组织功能看，为了保证信息的畅通与高效传递就必须对组织结构进行改革，下放决策权、减少组织层次、加宽管理幅度、组织结构扁平化，等等。由此产生出的虚拟企业、网络组织、工作团队等，就成为与信息时代相适应的新一代组织结构形式。

7) 信息技术对企业管理理念、管理思想的影响

信息社会里，企业更需要的是善于利用信息技术的"知识型"人才和"创造型"人才。企业员工不再被视为"经济人"和生产的手段，他们将被视为"组织人"、"社会人"，"以人为本"的管理思想将成为21世纪企业管理的核心理念。提倡信任员工、尊重员工、消除等级、鼓励个性发挥等新观念，将使企业与全体员工构成一个整体价值链。提高组织和个人的学习能力、创造能力和实行自主管理。

8) 信息技术对战略目标的影响

21世纪企业奉行的最高经营理念是"一切为了满足顾客的需求"，这不仅源于企业需要在复杂多变的经营环境中生存发展，也是因为高度发达的信息技术为快速反应和满足顾客需求提供了可靠的手段保证。柔性化经营、敏捷设计、个性化的多品种小批量生产、全球资源开发与配置、战略联盟等这些21世纪的战略思想与目标，无处不渗透着信息技术的巨大影响。

16.1.2 企业信息化的含义与意义

自从20世纪90年代以来，以计算机为代表的信息技术在企业的经营管理、生产、设计与制造中得到愈来愈广泛的应用，对提高企业的市场竞争能力起到了巨大的促进作用。特别是敏捷制造、精益生产、并行工程、企业重组、供应链管理等新管理模式的提出和实践，均要求企业信息系统的有力支持才能实现。

企业信息化是指企业以业务流程重组和优化为基础，在一定的深度和广度上利用计算机技术、网络技术和数据库技术等信息技术，控制和集成化管理企业生产经营活动中的所有信息，实现企业内外部信息的共享和有效利用，从而提高企业的经济效益和市场竞争能力的过程。

由以上定义可以看出,企业应用信息技术的深度和广度必须达到某一水平,才可称之为企业信息化。如果仅有几台计算机,用来进行文字处理和简单的报表打印,不能称之为企业信息化。仅仅在财务部门使用了财会电算化也不能称之为企业信息化。企业信息化意味着信息技术在企业的生产、经营、设计、制造、资源管理等方面全面的应用,且有一定程度的信息共享。

从企业信息化的定义可以看出,它们最终目的是提高企业的经济效益和市场竞争能力。因此,企业在实施信息化工程时,应以提高经济效益和市场竞争能力为目标。具体地说,企业信息化具有多方面的重要意义。

1) 促进企业管理模式的变革

早期的信息系统的工作方式大多是现行系统业务处理方式的翻版,可以认为是现行管理模式的计算机化。这样的信息系统被动地适应已有的管理模式,只能在一定程度上提高业务处理的效率。但往往会造成信息的冗余和不一致,难于真正发挥计算机系统应有的效益。自从进入 20 世纪 90 年代中期以来,人们充分意识到信息系统和企业管理模式之间的相互作用,即有效的管理离不开信息系统的支持,信息系统效能的充分发挥有赖于对管理模式和业务流程的改革。因此,人们在进行信息系统的规划和建设时,首先强调的是应用并行工程、企业流程重组等新理论对企业原有的管理模式和业务流程进行改革,使之具有扁平化、并行性等特点,以满足信息系统的要求。

2) 企业信息化有助于提高员工素质

为了实行信息化管理,要求企业制定严格的操作规程和工作规范,实现文明生产,也要求经常性地对员工进行培训和教育,从而提高了全体员工的整体素质,这也有助于信息化企业文化的形成。

3) 提高信息资源的利用率

在建设企业信息系统过程中,对企业的信息资源做了总体规划,同时采用企业重组理论对业务流程和组织机构进行改革和简化,使得信息流动的路程大为缩短,也使得信息流动更为顺畅,从而提高了信息资源的利用率。信息资源利用率的提高,往往会给企业带来巨大的经济效益。

4) 创造更多的商业机会

企业信息化工程的实施,特别是 Intranet、Extranet、Internet 网络环境的建立,为企业在网上做广告,利用网络宣传自己提供了物资基础。网络环境的建立还方便了企业对外的交流,不仅可以改善企业的形象,而且还可创造更多的商机。事实上,随着整个国际社会普遍采用信息技术,电子商务得到广泛应用,企业如不实现信息化,就无法实现对外交流,无疑是自己关上了通往国内外市场的大门。

5) 提高企业的市场竞争能力

企业的市场竞争能力主要体现在产品的功能、产品的寿命周期质量、产品的寿命周期成本、售前、售中和售后服务、响应市场时间、产品的绿色特性等要素上。

6) 提高企业的经济效益

虽然企业建立信息系统需要投入一定的资金，包括硬件的购置，软件的购买或开发，系统运行及维护费用等，但它却大大提高了企业的经济效益。它的直接经济效益主要体现在以下几个方面：机构和业务流程的精简使在提高工作效率的同时，可以大量节省劳动力；实现无纸化办公和无纸化设计与制造，可以节省大量的纸张和相关的费用；采用信息技术后可以大量压缩库存，减少库存流动资金的占用，由此还可带来人员、设备和库房面积的减少；可以减少废品损失。

7) 有助于企业制度创新

按照建立现代企业制度的要求，任何一方面都离不开信息化。①"产权清晰"，只有在计算机网络系统管理下的资产账目准确无误，产权清晰才可能实现国有资产的保值、增值。②"权责明确"，只有通过计算机网络系统管理，建立起明确的岗位责任和精确的监管手段体系，才可能实现权责明确。③"政企分开"，只有通过实施电子政务，借助互联网才能获取政府和企业各自更全面、系统、及时的决策信息。④"管理科学"，其核心就是应用科学的方法实施管理，建立在计算机网络技术基础上的管理，才更科学、更有效。

总之，企业信息化工程的实施，不仅可以给企业带来直接经济效益，而且对企业的长远发展起着十分重要的作用。企业信息化建设是一场深刻的革命，是带动企业各项工作创新和发展的重要途径。

16.1.3 企业信息化的重点是企业管理信息化

企业管理信息化不是一般意义上的信息技术应用，而是对以往单一职能或多个职能的信息系统如 CAD, CAM, 人财物管理，电子商务等在先进管理思想和方法指导下实现流程再造后的有机集成，是全新的管理革命和创新。可以说，正是管理信息化使得企业信息化具备了真正市场意义下的竞争力内涵。

1) 管理信息化的重要意义

(1) 改革开放以来，我国企业管理水平有了很大提高，但是决策随意、制度不严、财务账目不实、采购和销售"暗箱操作"等问题仍很突出，严重制约企业经济效益改善和市场竞争能力提高。管理信息化能够大大提高企业收集、传递、处理、利用信息的能力，为决策提供充分、可靠的依据，增强制度的约束性，提高管理的透明度，是解决企业管理突出问题的有效措施。

(2) 推进管理信息化需要转变经营观念，再造业务流程，优化组织机构，减少管理层次，严格规章制度，分流富余人员。因此，推进管理信息化的过程，是对传统的、落后的管理思想、管理方式的改造过程，是深化企业改革的过程，是一场革命。

(3) 管理信息化的核心是运用现代信息技术，把先进的管理理念和方法引入到管理流程中，提高管理效率和水平，促进管理创新。企业资源计划（ERP）、供应链管理（SCM）、客户关系管理（CRM）等综合性管理信息化系统涉及企业生产经营的全过程，对管理基础工作的规范性和各项管理业务的协同性要求很高，这些综合系统的实施将全面提高企业管理水平。因此，推进管理信息化是促进企业管理创新和各项管理工作升级的重要突破口。

(4) 推进管理信息化是增强企业市场竞争力的客观需要，是企业参与国际竞争的重要条件。我国涌现出联想集团有限公司、海尔集团公司、黑龙江斯达造纸有限公司等一批先行企业，通过管理信息化，提高了管理水平，改善了经济效益，增强了市场竞争力。但总的看，我国企业管理信息化建设仍处于起步阶段。有的企业只能用计算机代替手工劳动；有的企业在局部应用了信息技术，但信息不能集成、共享；有的企业虽然实施了 ERP 等系统，但由于种种原因效果并不理想。广大企业尤其是国家重点企业要积极应对经济全球化和我国加入世界贸易组织的挑战，充分认识管理信息化的重要性，增强紧迫感，大力推进管理信息化建设。

2) 企业管理信息化的要求与内容

(1) 推进管理信息化要根据企业发展战略制定整体规划，避免孤立地设计或实施某项管理，防止形成信息孤岛和重复投资。整体规划要以应用综合性系统为重点，实现主要业务流程电子化以及人力、物力、财力的优化配置和信息资源的高效利用。

(2) 在整体规划和健全信息技术标准的基础上，管理信息化系统的实施要循序渐进。充分考虑管理流程变化和工作量大小，根据企业承受能力分系统实施；对于有多个功能模块的综合性系统，可按功能模块分步实施，确保实施一个，成功一个。

(3) 积极引入国内外管理思想先进、水平较高、便于应用且价格合理的管理软件。引入管理软件要注意区分离散集成生产与连续流程生产企业的不同特点，比较不同软件的实际应用效果。有条件的企业可自主开发管理软件，但要注意融入先进的经营思想和理念。对引进或自主开发的管理软件，要结合企业实际情况，不断完善、创新。

(4) 充分认识管理软件应用于管理业务的艰巨性，企业的业务部门要同信息技术部门密切合作并发挥主导作用。狠抓管理信息化系统的实施，确保管理信息化系统上线成功运行。认真梳理和改造现有业务流程，调整组织机构，减少管理层次，实施"扁平化"管理。以最大限度地满足用户需求为目标，对设计、采购、加工、库存、销售、配送、财务等业务运作进行系统整合，提高业务运作的效率，确保在交货期内为用户提供满意的产品。

(5) 实施财务管理信息化系统。企业内部各单位应使用统一的财务管理软件，财务会计部门要能同步得到采购、生产、销售等各个环节的每一次业务活动的信息，并实时进行核算，提高会计核算的速度。严格控制录入数据的更改，对更改的数据要做特别标志以备核查，做到会计核算包括生成会计报告的软件程序不可随意更改，杜绝人为调账，确保会计核算的真实性。实行目标成本管理，通过信息化手段实时反映和分析实际成本与目标成本的差异，及时采取降低成本的措施。实施预算管理，把采购、销售等环节的各项资金的收支纳入信息化系统,进行集中、实时的监控和调度,使不进入系统或不符合规定的开支无法实现,提高资金的使用效率,加快资金周转。

(6) 实施采购管理信息化系统。采购管理要实现内部各相关程序和权力的公开、透明和有效制衡,采购物资的价格质量等信息要在企业内部网上公开,做到采购人员掌握的信息,监督和管理人员也能掌握,防止"暗箱操作",堵塞采购漏洞,降低采购成本,确保采购物资质量,防止过高的库存。有条件的企业要通过互联网及其他专业网络广泛收集采购物资的市场价格和质量信息,努力实现网上招标采购;其他企业要实现比质比价采购。

(7) 实施营销管理信息化系统。营销管理要建立覆盖各销售网点的计算机网络,将产品销售、售后服务、客户需求、市场变化等信息纳入计算机网络,即时进行监控、调度、响应和分析。防止个人垄断客户资源,杜绝挪用、占用货款,避免人为压价,提高售后服务质量和水平,最大限度地满足客户需求,不断开拓新的市场。有条件的企业要积极开展网上营销、企业对企业(B to B)、企业对消费者(B to C)等电子商务。

(8) 实施质量管理信息化系统。质量管理的业务流程要符合质量体系认证的要求,采购、加工、检测、出厂、售后服务过程中的关键环节或重要工序的质量数据,以及大型、复杂机电产品的逐个产品的质量档案,要纳入管理信息化系统,实行动态分析和监控。

(9) 管理信息化要与技术改造相结合,促进产品设计、开发和制造信息化。要重点推广管控一体化、计算机辅助设计(CAD)、计算机辅助制造(CAM)、计算机辅助工艺计划(CAPP)、计算机辅助工程(CAE)、计算机集成制造系统(CIMS)以及 CAD,CAPP,CAM,CAE 一体化技术,加快传统产业的改造。

3) 企业管理信息化的基础性工作

(1) 企业的标准化工作。标准化工作包括的内容很多,但首要的是信息编码的标准化。这项工作难度大,花费的时间长,但无论如何都要做好它,否则将会对信息资源的共享带来很大的困难。

(2) 制定各种严格的程序和规范。计算机的特点决定了必须严格按照操作规程进行工作。否则将会带来不可估量的损失。同此,必须首先制定严格的工作程序和规范,才能为信息系统的正常运行提供保证。

(3) 行之有效的管理机制和激励机制。制定的操作程序和工作规范能否得到贯彻执行,与企业的管理机制和激励机制密切相关。因此,必须制定一套行之有效的管理制度,采取措施鼓励员工去遵守。

(4) 有计划、有步骤的人才培训和教育。人才队伍的重要性是有目共睹的,因此,企业在实施信息化工程时,必须同时或超前地进行人才培训和教育,并且不能间断。制定培训计划和实施培训同等重要。没有计划的培训收不到应有的效果,只有计划而不严格实施培训同样是不行的。

(5) 业务流程的重组和优化。为了使信息系统充分发挥应有的效益,实现信息化的业务流程而不是业务流程的计算机化,就必须依据业务重组理论对企业的业务流程进行重组,使之能适应信息系统的要求。

16.2 企业资源计划

企业资源计划(enterprise resource planning,ERP)是由美国 Garter Group Inc. 咨询公司首先提出的。它是当今国际上先进的企业管理模式。其主要宗旨是对企业所拥有的人、财、物、信息、时间和空间等综合资源进行综合平衡和优化管理,面向全球市场,协调企业各管理部门,围绕市场导向开展业务活动,使得企业在激烈的市场竞争中全方位地发挥足够的能力,从而取得最好的经济效益。

ERP 的形成大致经历了 4 个阶段:基本 MRP 阶段、闭环 MRP 阶段、MRP-Ⅱ阶段以及 ERP 的形成阶段。ERP 理论的形成是随着产品复杂性的增加,市场竞争的加剧及信息全球化而产生的。

16.2.1 物料需求计划与制造资源计划

1) 物料需求计划

物料需求计划(material requirements planning,MRP)是 20 世纪 60 年代初期在美国开始出现的、应用计算机来计算物料需求和制定生产作业计划的一种方法。

(1) MRP 的产生基于"物料"新概念的提出。60 年代中期,由美国 IBM 公司的约瑟夫·奥列基博士提出:物料可分为独立需求与相关需求两类。所谓独立需求物料是指这些物料的需求量和需求时间与其他物料的需求量和需求时间毫无直接关系,如最终产品、备品、备件等。而相关需求是指这些物料需求量和需求时间与其他物料的需求量与需求时间有直接关系,例如,制造业生产中的零部件、原材料的需求,是根据由它们装配而成的最终成品的需求所决定的。按照产品结构关系,一个低层物料需求量和需求时间,取决于上一层部件需求量与需求时间。

基于这样的新认识,在物资管理中的订货点法适合于需求或消费量比较稳定的物料,即独立需求物料。而相关需求物料,由于其需求量和需求时间取决于企业产品生产数量和订货期限,应采用分时间段确定物料需求量和需求时间,MRP 即是以计算机为工具、主要用于相关需求物料的计划与控制。

(2) MRP 能以计算机为工具。根据产品的生产量自动地计算出构成这些产品的零部件与材料的需求量,并能由产品的交货期展开成零部件生产进度日程和材料及外购件的采购日程,从而将产品计划转化为零部件生产(订购)计划。也就是说,它回答了以下问题:为完成生产计划的要求应生产哪些零部件? 生产多少数量? 何时下达零部件生产任务? 何时交货。

(3) MRP 的计算是根据反工艺路线的原理。按照主生产计划规定的产品生产数量及期限要求,利用产品结构、零部件和在制品库存情况、各生产阶段(或订购)的提前期、安全库存等信息,反工艺顺序地推算出各个零部件的出产数量与期限。

(4) MRP 系统有三种输入信息。即主生产计划、库存状态信息与产品结构信息(或零件清单)。主生产计划是 MRP 的基本输入,它是根据市场预测和用户订货来确定的,表示计划需求每种成品(产品)的数量和时间。

产品结构或零件清单列出构成成品或装配件的所有部件、组件、零件的组成、装配关系和数量要求,它是 MRP 系统分解产品或部件的基础。

库存状态信息应保存所有产品、零部件、在制品、原材料的库存状态信息,主要包括当前库存量、计划入库量、提前期、订购(生产)批量、安全库存量以及组装废品系数、零件废品系数、材料利用率等信息。

2) 闭环 MRP

在 MRP 的基础上,引入资源计划与保证、安排生产、执行监控与反馈等功能,形成了闭环的 MRP 系统。

在闭环 MRP 中,主生产计划及物料需求计划计算以后,要通过粗能力计划、能力需求计划等模块进行生产能力平衡。若生产能力不能满足计划要求,应根据能力调整相应的计划。然后,根据切实可行的作业计划向生产单位发出作业指令和向采购部门发出采购和外协指令,由车间组织生产,采购部门组织供应。同时,它还能收集生产(采购)活动执行结果以及外界环境变化的反馈信息,以此作为制定下一周期计划或调整计划的依据,使之形成"计划-执行-反馈"的生产管理循环,有效地对生产过程进行计划与控制。

MRP 系统具有一系列优点,自实施以来,其作用不断扩大。它的特点体现在以下几个方面:① 适应市场经济需要,体现以需定产的要求;② 系统中零部件、在制品库存量低,有效准确的物料需求时间和数量要求的信息,保证了库存较少;③ 打破了产品界限,汇总各时间周期对各零部件总需求量,实现按零部件最佳批量组织生产,从而降低成本,缩短生产周期;④ 实现负荷均衡,保证产品按期交货;⑤ 实现数据集中管理,统一使用,保证了数据的完整性和有效性;⑥ 为企业提供了财务基础数据,为成本核算提供了依据;⑦ 能及时反馈信息,进行调整计划;⑧ 现场操作者不用关心零部件用于何种产品,使现场调度工作统一、集中,复杂程度降低。因此,MRP 能够降低材料成本,提高生产效率,加快资金周转,从而满足对市场的需求。

3) 制造资源计划

在完成对生产的计划与控制基础上,进一步扩展闭环 MRP,将经营、财务与生产管理子系统相结合,使物流和资金流结合起来,形成制造资源计划。由此,它不仅能对生产过程进行有效的管理与控制,还能对整个企业计划的经济效果进行模拟,对于辅助企业高级管理人员进行决策具有重要意义。MPR-Ⅱ系统如图 16-1 所示。

随着时代的发展,MPR-Ⅱ仍在不断地加以改进,例如,将生产厂同分销网点信息集成,开发出了分销资源系统,将主机厂同配套厂信息集成,开发出了多工厂管理系统等。MPR 尤其适用于多级制造装配类型的企业,在国外已得到广泛采用。我国传统的管理模式与 MRP 实施条件还有一定差距。只有正视自身的背景因素,积极创造适合于国情的应用条件,才能发挥 MRP-Ⅱ之功能。

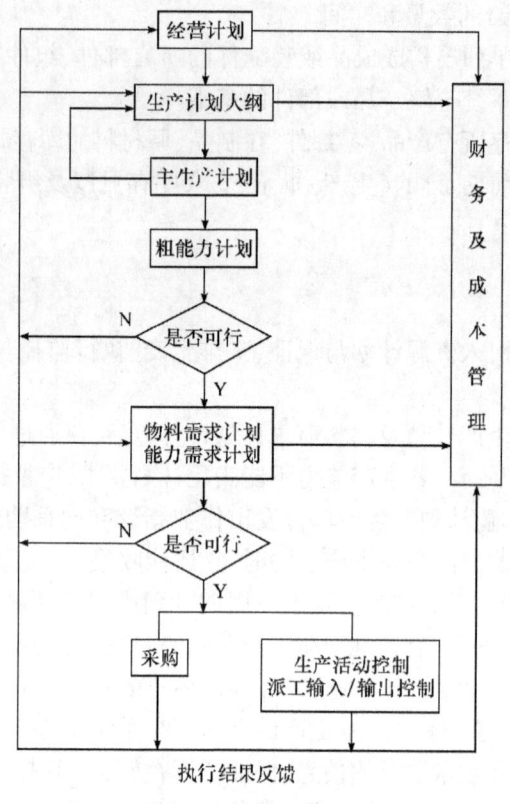

图 16-1 MPR-Ⅱ

16.2.2　MRP 和 MRP-Ⅱ 的局限性

基本 MRP、闭环 MRP 和 MRP-Ⅱ 在相应的阶段都发挥了重要的作用,尤其是 MRP-Ⅱ 的发展与应用。但随着市场竞争日趋激烈和科技的进步,MRP-Ⅱ 思想也逐步显示出其局限性,主要表现在以下几个方面。

(1) 企业竞争范围的扩大,要求在企业的各个方面加强管理,并要求企业有更高的信息化集成,要求对企业的整体资源进行集成管理,而不仅仅对制造资源进行集成管理。

现代企业都意识到,企业的竞争是综合实力的竞争,要求企业有更强的资金实力,更快的市场响应速度。因此,信息管理系统与理论仅停留在对制造部分的信息集成与理论研究上是远远不够的。与竞争有关的物流、信息及资金要从制造部分扩展到全面质量管理、企业的所有资源(分销资源、人力资源和服务资源等)及市场信息和资源,并且要求能够处理工作流。在这些方面,MRP-Ⅱ 都已经无法满足。

(2) 企业规模不断扩大,多集团、多工厂要求协同作战,统一部署,这已超出了 MRP-Ⅱ 的管理范围。

全球范围内的企业兼并和联合潮流方兴未艾,大型企业集团和跨国集团不断涌现,企业规模越来越大,这就要求集团与集团之间,集团内多工厂之间统一计划,协调生产步骤,汇总信息,调配集团内部资源。这些既要独立,又要统一的资源共享管理是 MRP-Ⅱ 目前无法解决的。

(3) 信息全球化趋势的发展要求企业之间加强信息交流和信息共享。企业之间既是竞争对手,又是合作伙伴。信息管理要求扩大到整个供应链的管理,这些更是 MRP-Ⅱ 所不能解决的。

随着全球信息的飞速发展,尤其是 Internet 的发展与应用,企业与客户、企业与供应商、企业与用户之间,甚至是竞争对手之间都要求对市场信息快速响应,信息共享。越来越多的企业之间的业务在互联网上进行,这些都向企业的信息化提出了新的要求。ERP 系统实现了对整个供应链信息进行集成管理。ERP 系统采用客户机/服务器(C/S)体系结构和分布式数据处理技术,支持 Internet/Extranet,电子商务(e-business,e-commerce)及电子数据交换(EDI)。

16.2.3 企业资源计划的基本思想

随着现代管理思想和方法的提出和发展,如 JIT(just in time——及时生产),TQC(total quality control——全面质量管理),OPT(optimized production technology——优化生产技术)及 DRP(distribution resource planning——分销资源计划)等,又相继出现了 MES(manufacturing execute system——制造执行系统),AMS(agile manufacturing system——敏捷制造系统)等现代管理思想。MRP-Ⅱ 逐步吸收和融合其他先进思想来完善和发展自身理论。20 世纪 90 年代 MRP-Ⅱ 发展到了一个新的阶段:ERP 阶段。

简要地说企业的所有资源包括 3 大流:物流、资金流和信息流。ERP 也就是对这 3 种资源进行全面集成管理的管理信息系统。概括地说,ERP 是建立在信息技术基础上,利用现代企业的先进管理思想,全面地集成了企业的所有资源信息,并为企业提供决策、计划、控制与经营业绩评估的全方位和系统化的管理平台。ERP 系统是一种管理理论和管理思想,不仅仅是信息系统。它利用企业的所有资源,包括内部资源与外部市场资源,为企业制造产品或提供服务创造最优的解决方案,最终达到企业的经营目标。由于这种管理思想必须依附于电脑软件系统的运行,所以人们常把 ERP 系统当成一种软件,这是一种误解。要想理解与应用 ERP 系统,必须了解 ERP 的实际管理思想和理念,才能真正地掌握与利用 ERP。

ERP 理论与系统是从 MRP-Ⅱ 发展而来的,它除继承了 MRP-Ⅱ 的基本思想(制造、供销及财务)外,还大大地扩展了管理的模块,如多工厂管理、质量管理、设备管理、运输管理、分销资源管理、过程控制接口、数据采集接口、电子通信等模块。它融合了离散型生产和流程型生产的特点,扩大了管理的范围,更加灵活或"柔性"地开展业务活动,实时地响应市场需求。它还融合了多种现代管理思想,进一步提高了企业的管理水平和竞争力。因此 ERP 理论不是对 MRP-Ⅱ 的否认,而是继承与发展。MRP-Ⅱ 的核心是物流,主线是计划。伴随着物流的过程,同时存在资金流和信息流。ERP 的主线也是计划,但 ERP 已将管理的重心转移到财务上,在企业整个经营运作过程中贯穿了财务成本控制的概念。总之,ERP 极大地扩展了业务管理的范围及深度,包括质量、设备、分销、运输、多工厂管理、数据采集接口等。ERP 的管理范围涉及企业的所有供需过程,是对供应链的全面管理和企业运作的供需链结构,如图 16-2 所示。

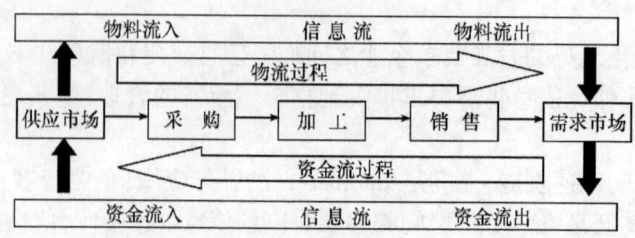

图 16-2 企业运作的供需链图

16.2.4 ERP 系统常见模块与总流程图

1) ERP 系统包含的模块

一般 ERP 系统包含的模块有:① 销售管理;② 采购管理;③ 库存管理;④ 制造标准;⑤ 主生产计划;⑥ 物料需求计划;⑦ 能力需求计划;⑧ 车间管理;⑨ JIT 管理;⑩ 质量管理;⑪ 账务管理;⑫ 成本管理;⑬ 应收账管理;⑭ 应付账管理;⑮ 现金管理;⑯ 固定资产管理;⑰ 工资管理;⑱ 人力资源管理;⑲ 分销资源管理;⑳ 设备管理;㉑ 工作流管理;㉒ 系统管理。

2) ERP 系统的总流程图

ERP 系统的总流程图如图 16-3 所示。

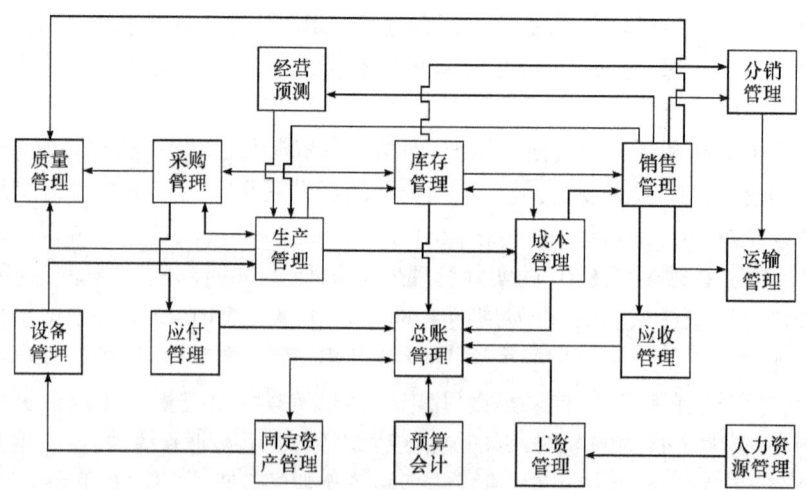

图 16-3 ERP 系统总流程图

16.2.5 ERP 的发展趋势

1990 年，Gartner Group 公司率先提出了 ERP 的概念。10 年之后，该公司又提出了一个新的概念——ERP-Ⅱ。ERP 从诞生之日起就在不断发展，这里先不讨论 ERP-Ⅱ 这个名称的叫法。下面从几个方面对 ERP 未来的发展趋势进行展望。

1) 管理范围更加扩大

ERP 的管理范围有继续扩大的趋势，继续扩充供应链管理（supply chain management，SCM），SCM 融合企业本身的所有经营业务、企业的办公业务、企业之间的协同商务业务等，如电子商务（electronic commerce，EC 包括 B to B，B to C 等）、客户关系管理（customer relationship management，CRM）、办公室自动化（OA）等都不断地融入 ERP 系统中。协同商务（collaborative commerce，C-commerce），指企业内部人员，贯穿于贸易共同体的业务伙伴和客户之间的协作及电子化的业务交互过程。贸易共同体可以是一个行业或行业分支，也可以是供应链或供应链的一部分。此外，ERP 系统还日益和 CAD（computer aided design——计算机辅助设计）、CAM（computer aided manufacture——计算机辅助制造）、CAPP（computer aided process planning——计算机辅助工艺设计）、PDM（product data management——产品数据管理）、POS 系统以及自动货仓等系统融合，互相传递数据。这样就将企业管理人员在办公室中完成的全部业务都纳入到了管理范围中，实现了对企业的所有工作及相关内外部环境的全面管理。

2) 继续支持与扩展企业的流程重组

企业的外部与内部环境变化是相当快的。企业要适应这种快节奏的变化，就要不断地调整组织机构和业务流程。因此，ERP 的发展必然要继续支持企业的这种变化，使企业的工作流程能够按照业务的要求进行组织，以便集中相关业务人员，用最少的环节，最快的速度和最经济的形式，完成某项业务的处理过程。

3) 广泛运用计算机和网络技术

信息是企业管理和决策的依据，计算机系统能够及时而准确地为企业提供必要的信息，因此 ERP 的发展是离不开先进的计算机技术的。Internet 和 Intranet 技术，使企业内部及企业与企业之间的信息传递更加畅通。面向对象技术的发展使企业内部的重组变得更加快捷和容易。计算机在整个业务过程中产生信息的详尽记录与统计分析，使决策变得更加科学和有目的性。新的计算机技术和网络技术的不断应用为 ERP 的发展提供了广阔的前景。

16.3 客户关系管理

16.3.1 客户关系管理的含义及其产生背景

忠诚的客户已成为企业生存发展的战略资源,长期、稳定的客户关系构成了企业竞争力之源。一般认为,客户关系(customer relationship)是指企业与客户发生的所有关系的总和,它是企业与客户之间通过相关活动而积累形成的,对增进了解、加强合作、促进交易有着重要的意义。客户关系管理(customer relationship management,CRM)就是对客户关系进行管理的思想和技术,换句话说,客户关系管理是一种"以客户为中心"的经营理念。它借助于信息技术在企业的市场、销售、技术支持、客户服务等各个环节的应用,以改善和增进企业与客户的关系,实现以更优质、更快捷、更富个性化的服务保持和吸引更多客户的目标,并通过全面优化面向客户的业务流程使保留老客户和获取新客户的成本达到最低化,最终使企业的市场适应能力和竞争实力有一个质的提高。

CRM 与正在深入推进的 ERP 不同的是,ERP 侧重于企业内部业务流程的自动化,以达到提高生产经营效率、降低管理成本的目的;而客户关系管理更注重企业外部的客户资源,致力于关注客户价值,改善客户关系,提高客户满意水平,增强客户的忠诚度,实现企业与客户的"双赢"。所以说,ERP 和 CRM 是互为补充,共同促进的,它们与供应链管理(supply chain management,SCM)共同构成了企业管理信息化的"三驾马车"。

与传统的客户关系管理相比,基于 Internet 的客户关系管理是一个完整的收集、分析、开发和利用各种客户资源的系统,它具有以下新的特点。

(1) 集中企业内部原来分散的各种客户数据,形成正确、完整、统一的客户信息为各部门所共享;

(2) 客户与企业任一个部门打交道都能得到一致的信息;

(3) 客户可选择电子邮件、电话、传真等多种方式与企业联系都能得到满意的答复,因为在企业内部的信息处理是高度集成的;

(4) 客户与公司交往的各种信息都能在对方的客户数据库中得到体现,能最大限度地满足客户个性化的需求;

(5) 公司可充分利用客户关系管理系统,可以准确判断客户的需求特性,以便有的放矢地开展客户服务,提高客户忠诚度。

16.3.2 客户关系管理系统的主要功能

不同行业、不同企业的客户关系管理系统有不同的要求,不同的软件开发商也提供不同功能的客户关系管理软件产品。从大的方面划分,客户关系管理的功能包括客户服务与支持、销售、营销、呼叫中心、电子交易等部分。目前,国际、国内主要的 CRM 软件厂商提供的产品基本都包含这些功能。

1) 客户服务与支持功能

客户服务与支持是客户关系管理的基本功能,具体又可分为以下一些子功能。

(1) 客户信息管理。它由一个存放客户信息的数据库来实现,初期可存放每个销售业务人员各自的客户以及每位客户的所有联系人的原始档案资料,包括业务人员及客户的姓名、代码、部门、电话、电子邮件,对客户应作详细的分类,如客户所在的行业、地域、客户的性质应有明确记录,对客户与企业的每一项业务信息应有完整反映。

(2) 客户服务管理。这是对客户意见或投诉以及售后服务等信息进行管理,主要记录客户的所有意见或投诉情况,对每项意见或投诉的全过程进行处理跟踪;对售后服务的全过程进行记录,包括上门服务、电话支持等,并将一些标准的解决答案记录在案,让企业的每个人员都能马上搜索到类似问题的答案。

(3) 客户合同管理。这是用来创建和管理客户服务合同的,目的是保证客户服务的水平和质量,并可使企业跟踪保修单和合同的续订日期,安排预防性的维护活动。

(4) 客户跟踪管理。这是对有关业务人员与客户的联系情况进行跟踪记录的管理,可以对业务人员的有关活动做提醒设置,业务负责人可以随时将项目做移交,对已成交业务的收款情况及交货情况或记录,并可以提醒业务人员收款,另外还具有一定的统计分析功能。

(5) 现场服务管理。这一功能可实现现场服务分配,保证服务工程师能实时地获得关于服务、产品和客户的信息,并可与派遣总部进行联系。

2) 销售管理功能

销售管理功能的目的是提高销售过程的自动化和销售的效果。它包括以下子功能。

(1) 销售管理。用来帮助决策者管理销售业务,实现额度管理、销售力量管理和地域管理等。

(2) 现场销售管理。为现场销售人员提供联系人和客户管理、机会管理、日程安排、佣金预测、报价、报告和分析等。

(3) 电话销售管理。可以进行报价生成、订单创建、联系人和客户管理等工作,以及一些针对电话商务的功能,如电话路由、呼入电话屏幕提示等。

(4) 销售佣金管理。它允许销售经理创建和管理销售队伍的奖励和佣金计划,并帮助销售代表及时地了解各自的销售业绩。

3) 营销管理功能

营销管理主要实现营销分析与决策的功能。主要包括以下几点。

(1) 市场分析。通过各种统计数据,如人口统计、地理区域、收入水平、以往的购买行为等信息来识别和确定潜在客户群,以便更科学地制定出产品和服务的营销策略。

(2) 预测分析。利用收集的各种市场信息预测客户的需求变化和市场发展趋势,为新产品开发、市场策略和销售目标的制定提供参考,并能把相关的信息自动传递到各有关部门,实现协调运作。

(3) 营销活动管理。为营销人员提供制定预算、计划、执行的工具,并在执行过程中实施监控和反馈,以不断完善其市场计划;同时,还可对企业投放的广告、举行的会议、展览、促销、网站、电子邮件等活动进行事后跟踪、分析和总结。

4) 呼叫中心功能

呼叫中心是由计算机和电话机集成技术支持的,能受理电话、电子邮件、传真等多种方式交流的不间断的综合服务系统。它的主要功能有以下几点。

(1) 电话管理员功能。主要包括呼入、呼出电话处理、互联网回呼、呼叫中心运营管理、图形用户界面软件电话、应用系统弹出屏幕、友好电话转移、路由选择等。

(2) 语音集成服务。支持大部分交互式语音应答系统。

(3) 报表统计分析。提供了很多图形化分析报表,可进行呼叫对长分析、等候时长分析、呼入、呼叫汇总分析、坐席负载率分析、呼叫接失率分析、呼叫传送率分析、坐席绩效对比分析等。

(4) 代理执行服务。支持传真、打印机、电话和电子邮件等,自动将客户所需的信息和资料发给客户。

(5) 市场活动支持服务。管理电话营销、电话销售、电话服务等。

(6) 呼入、呼出调度管理。根据来电的数量和坐席的服务水平为坐席分配不同的呼入、呼出电话,提高了客户服务水平和坐席人员的生产率。

5) 电子交易功能

客户关系管理支持电子交易功能,具体包括以下几个方面。

(1) 电子商店。使企业建立起网上商店,开展网络营销。

(2) 电子促销。可向客户提供个性化的促销方案,并可通过电子邮件的形式发送。

(3) 电子账单。可支持电子账单的生成,并可使客户在网上浏览和支付。

(4) 电子支付。支持企业和客户实现电子支付。

(5) 电子支持。允许客户提出和浏览服务请求、查询常见问题、检查订单状态。

(6) 网站分析。提供网站运行情况的分析数据和报告。

16.3.3 客户关系管理技术

客户关系管理的实现应用了众多的新技术,其中关键技术主要包括以下一些方面。

1) 计算机、电话、网络集成技术

客户关系管理允许客户以电话、电子邮件、传真等各种形式与企业进行沟通,必须要求企业采用计算机、电话和网络集成技术提供客户服务。因此,基于 Internet 的 CTI(computer telephony integration)技术是客户关系管理的基本技术。用于呼叫中心的业务图形化编辑器技术已有成熟的商品化软件,语音合成和语音识别技术也有了新的发展。计算机、电话、Internet 的有机集成不仅可以降低通话的成本,而且可以弥补电话终端仅能传送语音信号的缺点,可以通过计算机终端访问企业的网站,并在呼叫中心坐席人员的指导下浏览网页的图形信息,进一步可以通过视频通信,建立面对面的服务。

2) 商务智能技术

商务智能(business intelligence,BI)技术也是客户关系管理的基本技术,为客户数据的分析和决策提供重要支撑。由于客户关系管理中包含大量的现实客户和潜在客户的各种信息,只有通过商务智能技术才能将成本和赢利等相关业务活动进行分析预测,帮助决策者做出及时、可靠的决策。

3) 数据仓库和数据挖掘技术

客户关系管理的基础是企业与客户交易的历史数据。因此,构建数据仓库(data warehouse)是客户关系管理的基础性工作。数据仓库的开发利用必须采用数据挖掘(data mining)技术。数据仓库技术完成客户关系数据的基本设计问题;而数据挖掘技术则要对现有数据仓库中的相关信息进行总结、分析、判断,做出客户需求的预测分析,以便为客户提供个性化的服务,同时为决策者提供决策参考。

4) 基于 Internet 的应用技术

Internet 是客户关系管理实现的重要载体。在企业内外的业务活动中,Internet 技术已经起到了极为重要的作用。客户关系管理要求能实现基于 Internet 的自助服务、自助销售等功能,并能使客户和员工在不需要太多的培训的前提下能直接通过浏览器完成相应功能。此外对商业流程和数据处理也应采用基于 Internet 的集中管理方式,以简化应用软件的维护和升级工作,节省相关的成本。

16.3.4 客户关系管理数据库

构建完善、可靠的数据库是实现客户关系管理的重要条件,在客户关系管理中具有重要的地位。客户关系管理中的数据库包括记录客户基本信息的静态的基础数据库和记录客户与企业信息的动态的交易数据库两类。这两类数据库相互关联,共同作用,成为了企业开展客户关系管理的最基本的依据。一个完整的客户关系管理数据库应由以下一些子系统构成。

1) 客户数据管理和查询系统

客户关系管理数据库应能动态地、实时地提供客户的基本信息和历史交易记录,并能把最新的交易数据补充到数据库之中,使其能以最快的速度、完整地反映出客户与企业交易的相关信息。与此同时,客户关系管理数据库还要保证企业业务人员能根据各自权限调用相应数据以及进行数据更新。此外,还应能做到通过各种方式,如电话、电子邮件、网站等方式提供信息的一致性,以免造成混乱。

2）客户关系递进管理系统

几乎所有重视老客户的公司都会对老客户给予一定的优惠措施，如航空公司、宾馆、百货公司等。尽管这种做法在表面上看会使公司的利益短期内受到影响，但实际上老客户的重新购买以及受他们影响带来的新客户可使公司在不需要大量广告费投入的情况下做到生意兴隆，并且可以使客户的忠诚度得到很大提高，因此是一种极为重要的增进客户关系的方法。客户关系递进管理系统是客户关系管理数据库的重要组成部分，比如网上商店可以采用积分制的形式，当客户购物到一定数额是即给予一定数额的电子优惠券，也可通过寄送礼物的方式向一些消费数额较高的客户表示感谢。客户关系递进管理可以鼓励客户多次消费和重复购买，对客户、对企业均有好处。

3）忠诚客户识别系统

企业对每一个忠诚的客户不应有丝毫的怠慢，如果不能识别谁是忠诚客户就会造成不必要的损失。重视、关心、体贴忠诚客户应受到企业全体员工的广泛重视。客户关系管理数据库既要正确识别谁是公司的忠诚客户，又要主动为这些忠诚客户提供相应的优惠服务。

4）客户流失警示系统

为防止客户流失，企业应对那些出现流失迹象的客户给予高度关注。比如一位常客的购买周期或购买数量出现显著变化时，就应引起公司的警惕，主动走访客户，了解出现这种情况的原因，并尽最大努力予以改进。客户关系管理数据库可自动监视客户的交易资料，对客户的潜在流失迹象做出警示，做到防患于未然。

5）客户购买行为分析系统

通过客户关系管理数据库分析单个客户的购买行为是公司提供个性化服务的重要手段。比如网上书店可以根据客户过去购书的记录，结合客户的兴趣爱好、工作性质、收入水平等定期提供最新相关图书的电子邮件，向读者传送他感兴趣的图书信息，既可以为读者提供方便、节省他们的时间，又可让他们感到公司关心、体贴他们，对增进公司与读者的感情是大有裨益的。

16.4 供应链管理

16.4.1 供应链与供应链管理的概念

供应链分为内部供应链和外部供应链。较早期是内部供应链观点，认为供应链是制造企业中的一个内部过程，它是指内部产品生产和流通过程中所涉及的采购部门、生产部门、仓储部门、销售部门等组成的供需过程。这个概念局限于企业的内部操作层上，注重企业自身的资源利用。外部供应链概念注意了供应链的外部环境，认为它是一个"通过链中不同企业的制造、组装、分销、零售等过程将原材料转换成产品，再到最终用户的转换过程"，这是更大范围、更为系统的概念。

近年来供应链的概念更加注重围绕核心企业的网链关系,如核心企业与供应商、供应商的供应商乃至与一切前向的关系,与用户、用户的用户及一切后向的关系。此时对供应链的认识形成了一个网链的概念。供应链是围绕核心企业,通过对信息流、物流、资金流的控制,从采购原材料开始,制成中间产品以及最终产品,最后由销售网络把产品送到消费者手中的将供应商、制造商、分销商、零售商、直到最终用户连成一个整体的功能网络结构模式。它是一个范围更广的企业结构模式,它包含所有加盟的节点企业,从原材料的供应开始,经过链中不同企业的制造加工、组装、分销等过程直到最终用户。它不仅是一条连接供应商到用户的物料链、信息链、资金链,而且是一条增值链,物料在供应链上因加工、包装、运输等过程而增加其价值,给相关企业都带来收益,见图16-4。

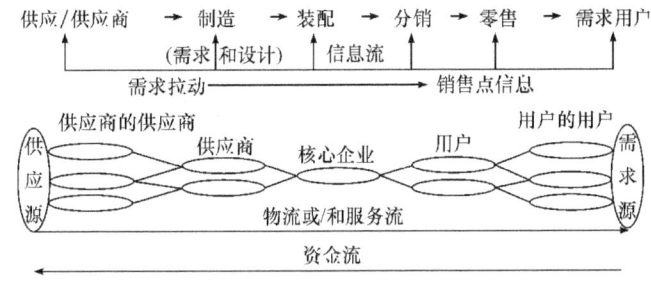

图 16-4 围绕核心企业的供应链关系

从图 16-4 中可以看出,供应链由所有加盟的节点企业组成,其中一般有一个核心企业(可以是产品制造企业,也可以是大型零售企业,如美国的 Wal-Mart),节点企业在需求信息的驱动下,通过供应链的职能分工与合作(生产、分销、零售等),以资金流、物流或/和服务流为媒介实现整个供应链的不断增值。

对于供应链管理也有许多不同定义。其共同点主要有以下几点。

(1) 供应链管理把对成本有影响和在产品满足顾客需求的过程中起作用的每一方都考虑在内,从供应商和制造工厂经过仓库和配送中心到零售商和商店。实际上,在一些供应链分析中,有必要考虑供应商的供应商及客户的客户,因为他们对供应链的业绩都有影响。

(2) 供应链管理的目的在于追求效率和整个系统的费用有效性,使系统总成本达到最小,这个成本包括从运输和配送成本到原材料、在制品和产成品的库存成本。因此,供应链管理的重点不在于简单地使运输成本达到最小或减少库存,而在于采用系统方法来进行供应链管理。

(3) 因为供应链管理是围绕着把供应商、制造商、仓库和商店有效率地结合成一体这一问题来展开的,因此它包括企业许多层次上的活动,从战略层次到战术层次一直到作业层次。

由此,供应链管理的概念可以表述为:供应链管理是指人们在认识和掌握供应链各环节内在规律和相互联系基础上,利用管理的计划、组织、指挥、协调、控制和激励职能,对产品生产和流通过程中各个环节所涉及的物流、信息流、资金流、价值流以及业务流进行的合理调控,以期达到最佳组合,发挥最大效率,迅速以最小成本为客户提供最大价值的过程。

供应链管理是在现代科技快速发展、产品极其丰富的条件下发展起来的管理理念和管理模式，它涉及各种企业及企业管理的方方面面，是一种跨行业的管理，并且企业之间作为贸易伙伴，为追求共同经济利益的最大化而共同努力。

16.4.2 供应链管理的作用

在企业的活动中，供应链是客观存在的，它以"链"的形式将制造商、零售商、客户和供应商连接在一起，形成一条不可分割的、能共享技术和资源的业务流程。一种产品从设计、制造直至最终交付给客户的全过程中，会牵涉到若干个企业，事实上存在供应链管理问题。

从企业发展的历程来讲，企业在最初的发展中一般首先关心的是管理好企业自身，即整合企业内部的产品设计、生产制造、供应、订单执行、运输、库存、销售及售后服务等各个环节。如，很多美国企业在20世纪70年代和80年代初，大力开展贯穿于企业内部的物流管理，借此提高企业的经营效益。

在供应链"企业A-企业B-企业C"中，企业A是企业B的原材料供应商，企业C是企业B的产品销售商。如果企业B忽视了供应链中各要素的相互依存关系，而过分注重自己的内部发展，生产产品的能力不断提高，但如果企业A不能及时向它提供生产原材料，或者企业C的销售能力跟不上企业B产品生产能力的发展，那么可以得出这样的结论：企业B生产力的发展不适应这条供应链的整体效率。这说明，供应链的组成形式不一定合理；即使对于合理存在的供应链也需要将其维持在一个最优的平衡态上。可见，供应链上的企业只开展其内部作业的管理是有很大局限性的，企业必须与其业务伙伴（供应商及客户）协同工作，共同优化和管理整个供应链，共同为客户提供优质的产品和服务，共同降低成本和库存，即对整体供应链上所涉及的物流、信息流和资金流实行一体化管理，才能有效地提高企业的市场竞争力，共享供应链管理为企业带来的效益。

在20世纪80年代，一些企业发现了新的制造技术和战略，这些制造技术和战略使企业降低了成本和更好地参与不同市场的竞争。现代管理方式（如准时制、看板管理、精益制造、全面质量管理等）变得非常流行，产生了很大的经济效益。而在最近过去的几年中，许多企业已经尽可能地降低了制造成本，这些企业发现进一步增加利润和市场占有率的措施在于有效的供应链管理。

例如，1997年美国企业在相关的供应活动中花费了8620亿美元，大约是美国国民生产总值（GNP）的10%。这个数字包括供应链中制造工厂和仓库内，以及供应链不同组成部分之间的搬移、储存和控制产品所发生的成本。但由于供应链中存在多余的存货、无效率的运输策略和其他一些浪费的做法，这笔在物流方面的巨额投资包括了许多不必要的成本。若通过使用更加有效的供应链战略，食品杂货业可节省约300亿美元，相当于其年运营成本的10%。

又如，一般来说一辆新车从工厂到特许经销商需要15天时间，这个提前期与实际运输时间进行比较，后者不超过4到5天。因此，在供应链中存在许多降低成本的机会。所以企业通过有效的供应链管理能够大幅度地增加收益或降低成本。

另外，我们也可以把整个供应链上所涉及的所有企业看做是一个"广义企业"，类似于一个集生产、运输、市场营销等业务职能于一身的集团公司。原材料供应商、销售渠道供应商(批发商和零售商)以及消费者自身都是 SCM 中的主要参与者。通过供应链的管理而建立起来的"广义企业"与电子商务环境下建立的"虚拟企业"其实质是类似的。但供应链管理与一个组织内部的管理是不一样的。组织内部的管理体现为一种权力关系,即上级指挥下级。而供应链是具有独立法人地位企业的合作链,企业无论大小都是平等的,因此供应链管理主要体现为如何加强合作,加强对资源协调运作和管理水平。

今天的企业彼此之间更加相互依赖,便于获得集体竞争力。没有与其他企业的成功合作和持久的伙伴关系,便没有企业在快速变化的市场中生存发展所必需的竞争力。除了适应市场环境变化的要求,供应链管理的发展有两个基本的动力。一是广泛的物流学研究和应用实践是 SCM 发展的内在动力。在物流领域人们取得了大量的研究成果与实际的进展,促使人们以集成的方式研究以前分散独立处理的物流问题,而且推进到企业联盟中的物流集成。二是信息技术是供应链管理快速发展的重要外在动力,信息技术支持企业在虚拟环境中有效管理其合作伙伴与客户。

供应链管理利用现代信息技术,通过改造和集成业务流程、与供应商以及客户建立协同的业务伙伴联盟、实施电子商务,大大提高了企业的竞争力。根据有关资料统计,供应链管理的实施可以使企业总成本下降 10%;供应链上的节点企业按时交货率提高 15% 以上;订货-生产的周期时间缩短 25%~35%;供应链上的节点企业生产率增值提高 10% 以上,等等。这些数据说明,供应链企业在不同程度上都取得了发展,其中以"订货-生产的周期时间缩短"最为明显。能取得这样的成果,得益于供应链企业的相互合作、相互利用对方资源的经营策略。采用了供应链管理模式,则可以使企业在较短时间里寻找到最优化的合作伙伴,用较低的成本、尽快的速度、良好的质量赢得市场,受益的不止一家企业,而是一个企业群体。因此,供应链管理模式吸引了越来越多的企业。

16.4.3 供应链管理的基本思想

与传统的企业管理对比,现代供应链管理体现了以下几个基本思想。

1) 系统观念

现代供应链管理,不再孤立地看待各个企业及各个部门,而是考虑所有相关的内外联系体——供应商、制造商、销售商等,并把整个供应链看成是一个有机联系的整体。

2) 共同目标

产品与服务的最终消费者对成本、质量、服务等要求,应该成为供应链中的所有参与者共同的绩效目标,从而才会使得整体价值最大化。

3) 主动积极的管理

对在供应链中增加价值的以及成本有关的所有联系体(内部的、外部的、直接的、间接的)进行积极主动的管理,不再把存货看做是供应链中供应与需求不平稳时的首选方案。

4) 采取新型的企业和企业关系

在企业主动地关注整个供应链及其管理的同时,供应链中各成员之间的业务伙伴关系便得到了强化。通过仔细地选择业务伙伴,减少供应商数目,变过去企业与企业之间的敌对关系为紧密合作的业务伙伴。这种新型关系主要体现在共同解决问题和信息共享等方面。

5) 开发核心竞争能力

只有企业本身具有核心竞争能力,供应链业务伙伴关系才会持久。所以,供应链业务伙伴关系的形成不能以丧失企业的核心竞争能力为代价,应做到能够借助其他企业的(核心)竞争能力来形成、维持甚至强化自己的核心竞争能力。

典型的供应链上有一个起核心作用的企业。核心企业是供应链上信息流和物流的协调中心。它的下游端是从销售商一直到用户,上游端是供应商和供应商的供应商。它首先起到信息中心的作用,它获得下游的需求信息,经过组合处理后再传向上游企业(供应商)。其次是起物流协调中心的作用,零部件供应商将各种零部件传递过来,经过核心企业的装配或其他形式的处理,再经由下游企业传递到用户。信息流和物流必须有机地协调运作,才能使供应链真正获得竞争力。否则,供应链管理的整体效益就实现不了。

实践证明,供应链管理的效益很明显,可以降低成本、改善客户服务、加快资金周转、增加市场占有率等。比如减少削价处理的损失,过去由于信息不协调,导致企业生产或订货批量决策的盲目性,而且越往原材料这个方向移动,投入的批量越大,即"需求放大效应",这样就导致多余的货物只能降价处理。实施供应链管理之后,加强了信息和物流的协调,信息可以及时、准确地传递到合作企业,于是就降低了削价处理的损失。更重要的是,供应链上各节点企业,不论大小都能够成为受欢迎的业务伙伴,增加了自己的生存能力。

16.4.4 供应链管理的基本特征

1) 强调发挥每个企业的核心竞争力

强调发挥每个企业的核心竞争力,为此,要清楚地辨别本企业的核心业务,狠抓核心资源,以提高核心竞争力。

2) 企业伙伴结成战略联盟关系

非核心业务采取外包的方式分散给业务伙伴和业务伙伴结成战略联盟关系。

3) 供应链企业间形成的是一种合作性竞争

合作性竞争可以从两个层面理解。一是过去的竞争对手相互结盟,共同开发新技术,成果共享;二是将过去由本企业生产的非核心零部件外包给供应商,双方合作共同参与竞争。这实际上也是体现出核心竞争力的互补效应。

4) 把顾客满意度作为目标的服务化管理

对下游企业来讲,供应链上游企业的功能不是简单的提供物料,而是要用最低的成本提供最好的服务。

5) 实现企业流程集成化

供应链追求物流、信息流、资金流、工作流和组织流的集成。这几个流的企业日常经营中都会发生,但过去是间歇性或者间断性的,因而影响企业间的协调,最终导致整体竞争力下降。供应链管理则强调这几个流必须集成起来,只有跟企业流程实现集成化,才能实现供应链企业协调运作的目标。

6) 借助信息技术实现目标管理

应用 IT 可以解决的问题有多种形式,比如供应商、顾客参与产品设计、质量改进、成本降低等。信息共享意味着有关库存水平、进货量、长期计划、进度计划、设计调整等关键数据在供应链中保持透明。如"供应商管理用户库存"(vendor-managed-inventory,VMI)便是实施信息共享的一种重要策略。在这种系统中,诸如 Wal-Mart 这种创新性的零售商通过 EDI 与诸如 P&G 公司这样供应商共享销售信息,这样 P&G 公司便可管理它在 Wal-Mart 公司的产品库存。同时,P&G 能够运用现期的实时信息,生产即将销售的产品,而不是去生产那种可能与现期需求有偏差的产品。

7) 更加关注物流企业特别是第三方物流企业的参与

在供应链管理环境下,物流的作用特别重要,因为缩短物流周期比缩短制造周期更为关键。过去谈到快速响应市场时,大部分情况下都把注意力放在制造业上,似乎能够快速制造出来就能快速响应用户的需求。实际上,最终给用户的产品不是由单独一家企业完成的,而是从原材料开始一级一级制造并传递过来的,响应周期是多级的"链式周期",而不是点式周期(即单个企业的制造周期)。因此,缩短物流周期所取得的效益往往更大。比如制造商投资百万元买一台新设备,使加工一个零件的时间从原来一分钟缩短到 30 秒,工效提高一倍,但是它对缩短整个供应链周期的贡献很小。如果说能把二级供应商到一级供应商的物流周期从七天缩短到五天,就能节约出两天的时间。所以,供应链管理强调的是从整体上响应最终用户的协调性,没有物流企业的参与是不可想像的。

【案例】 企业往往有很多的供应厂家,为了满足某一个具体的用户目标,就必须对所有这些供应厂家的生产资源进行统一集成和协调,使它们能作为一个整体来运作。这是供应链管理中的重要方法。香港的立丰(Li&Fung)公司就是这方面的典范。

立丰公司是全球供应链管理中著名的创新者。它地处香港,为全世界约 26 个国家(以美国和欧洲为主)的 350 个经销商生产制造各种服装。说起"生产制造",它却没有一个车间和生产工人。但它在很多国家和地区(主要是中国内地、中国台湾、韩国、马来西亚等)拥有 7500 个生产服装所需要的各种类型的生产厂家(如原材料生产运输、生产毛线、织染、缝纫等),并与它们保持非常密切的联系。该公司最重要的核心能力之一,就是它在长期的经营过程中所掌握的、对其所有供应厂家的制造资源进行统一集成和协调的技术,它对各生产厂家的管理控制就像管理本企业内部的各部门一样熟练自如。下面以该公司接受欧洲零售商10000件服装的订单为例来说明它处理定单的管理过程。为了这个客户,公司可能向韩国制造商购买纱,而在台湾纺织和染色。由于日本有最好的拉链和纽扣,但大部分在中国制造,那么公司就找到YKK(日本最大的拉链制造商),向中国的工厂订购适当数量的拉链。考虑到生产定额和劳动力资源,立丰选择泰国为最好的加工地点,同时为了满足交货期的要求,公司在泰国的5个工厂加工所有的服装。5周以后,10000件服装全部达到欧洲,如同出自一家工厂。在这个过程中,立丰公司甚至还帮助该欧洲客户正确地分析市场消费者的需要,对服装的设计提出建议,从而最好地满足订货者的需要。

现在,人们在服装上越来越爱赶时髦,衣服的式样或颜色变化很快,因此,订货者从自身的利益出发,常常是先提前10周订货,但很多方面如颜色或式样还事先定不下来。可能是只能在交货期前5周订货者才告诉公司衣服的颜色,而衣服的式样甚至在前3周才能知道。面对这些高要求,立丰公司能靠着它与其供应商网络之间的相互信任以及高超的集成协调技术,可以向纱生产商预定未染的纱,向有关生产厂家预订织布和染色的生产能力。在交货前5周,立丰从订货者那里得知所需颜色并迅速告之有关织布和染色厂,然后通知最后的整衣缝制厂:"我还不知道服装的特定式样,但我已为你组织了染色、织布和裁剪等前面工序,你有最后3周的时间制作这么多服装。"最后的结果当然是令人满意的。按照一般的情况,如果让最后的缝纫厂自己去组织前面这些工序的话,交货期可能就是3个月,而不是5周。显然,交货期的缩短,以及衣服能跟上最新的流行趋势,全靠立丰公司对其所有生产厂家的统一协调控制,使之能像一个公司那样行动。总之,它所拥有的市场和生产信息、供应厂家网络以及对整个供应厂家的协调管理技术是其最重要的核心能力。这种能力使它像大公司一样抵御风险,而像小公司一样灵活自如。

本章小结

企业信息化是指企业以业务流程(优化)重组为基础,在一定的深度和广度上利用计算机技术、网络技术和数据库技术等信息技术,控制和集成化管理企业生产经营活动中的所有信息,实现企业内、外部信息的共享和有效利用,从而提高企业的经济效益和市场竞争能力的过程。

企业信息化的重点是企业管理信息化,ERP,CRM与SCM构成了企业管理信息化的"三驾马车"。

ERP是建立在信息技术基础上,利用现代企业的先进管理思想,全面地集成企业的所有资源信息,并为企业提供决策、计划、控制与经营业绩评估的全方位和系统化的管理平台。ERP系统是一种管理理论和管理思想,不仅仅是信息系统。它利用企业的所有资源,包括内部资源与外部市场资源,为企业制造产品或提供服务创造最优的解决方案,最终达到企业的经营目标。

客户是对本企业产品和服务有特定需求的群体,客户资源是企业生存、发展的战略资源。客户关系管理是一种"以客户为中心"的经营理念,它借助于信息技术在企业的市场、销售、技术支持、客户服务等各个环节的应用,以改善和增进企业与客户的关系,实现以更优质、更快捷、更富个性化的服务保持和吸引更多客户的目标,并通过全面优化面向客户的业务流程使保留老客户和获取新客户的成本达到最低化,最终使企业的市场适应能力和竞争实力有一个质的提高。

供应链管理是指人们在认识和掌握供应链各环节内在规律和相互联系基础上,对产品生产和流通过程中各个环节所涉及的物流、信息流、资金流、价值流以及业务流进行的合理调控,以期达到最佳组合,发挥最大效率,迅速以最小成本为客户提供最大价值的过程。供应链管理利用现代信息技术,通过改造和集成业务流程、与供应商以及客户建立协同的业务伙伴联盟、实施电子商务,大大提高了企业的竞争力。供应链管理追求物流、信息流、资金流、工作流和组织流的集成,在供应链管理环境下,物流的作用特别重要,因为缩短物流周期比缩短制造周期更为关键。

思考与练习

1. 基本概念

企业信息化　企业管理信息化　ERP　CRM　SCM

2. 思考题

(1) 信息技术对现代企业管理有哪些影响?
(2) 管理信息化对企业有什么作用?
(3) ERP 与 MRP-Ⅱ有哪些不同?
(4) 客户关系管理系统的主要功能有哪些?
(5) 供应链管理的基本思想和基本特征是什么?

3. 讨论题

(1) 如何实施客户关系管理?
(2) 企业为什么要实施供应链管理?对提高企业竞争力有什么作用?试举例说明。

参 考 文 献

柴泳,杨伯华. 1993. 西方经济学. 四川:西南财经大学出版社
丹尼尔·A. 雷恩. 1986. 管理思想的演变. 北京:中国社会科学出版社
丁宁. 2001. 信息技术革命与企业组织创新. 北京:经济管理出版社
傅家骥,仝允桓. 1996. 工业技术经济学(第3版). 北京:清华大学出版社
郭国庆. 1998. 市场营销管理——理论与模型. 北京:中国人民大学出版社
国家计委,建设部发布. 1993 建设项目经济评价方法与参数(第2版). 北京:中国计划出版社
哈罗德·孔茨. 1982. 管理学. 贵阳:贵州人民出版社
韩伯棠. 2000. 经济管理基础. 北京:清华大学出版社
赫伯特·A. 西蒙. 1982. 管理决策新科学. 北京:中国社会科学出版社
亨利·法约尔. 1985. 工业管理与一般管理. 北京:中国社会科学出版社
黄渝祥等. 1998. 企业管理概论. 北京:高等教育出版社
霍德盖茨 R M. 1985. 美国企业经营管理概论. 北京:中国人民大学出版社
金占明. 1999. 战略管理. 北京:清华大学出版社
荆新,王化成,刘俊彦. 2000. 财务管理学. 北京:中国人民大学出版社
兰邦华. 2000. 人本管理:以人为本的管理艺术. 广州:广东经济出版社
劳伦斯,克雷曼 S. 1999. 人力资源管理. 北京:机械工业出版社
李敏新. 1996. 工业投资项目评价与决策. 北京:中国计划出版社
李晓东. 2000. 信息化与经济发展. 北京:中国发展出版社
里格斯 JL 著,吕薇等译. 1989. 工程经济学. 北京:中国财政经济出版社
廖永平,韩福荣. 1999. 工业企业质量管理. 北京:北京工业大学出版社
刘丽文. 1999. 生产与运作管理. 北京:清华大学出版社
迈克尔·波特. 1997. 竞争战略. 北京:华夏出版社
全国干部培训教材编审指导委员会. 2002. 工商管理概论. 北京:人民出版社
全国企业信息化工作领导小组办公室审定,中国国家企业网. 2001. 企业信息化优秀案例选. 北京:经济科学出版社
荣朝和等. 1998. 简明市场经济学. 北京:高等教育出版社
芮明杰. 1999. 管理学——现代的观点. 上海:上海人民出版社
萨缪尔森 P,诺德豪斯 W. 1992. 经济学(第12版). 北京:中国发展出版社
史美麟. 1996. 西方经济学原理. 上海:立信会计出版社
斯蒂芬·P. 罗宾斯. 2000. 管理学. 北京:中国人民大学出版社
宋云,陈超. 2000. 企业战略管理. 北京:首都经济贸易大学出版社
泰罗 F W. 1985. 科学管理原理. 北京:中国社会科学出版社
汪向东. 1998. 信息化:中国21世纪的选择. 北京:社会科学文献出版社
王众托. 2001. 企业信息化与管理变革. 北京:中国人民大学出版社
席酉民. 1998. 经济管理基础. 北京:高等教育出版社
项保华. 2001. 企业战略管理. 北京:科学出版社
许庆瑞. 1997. 管理学. 北京:高等教育出版社
杨文士. 1998. 管理学原理. 北京:中国人民大学出版社
姚国章. 2002. 电子商务与企业管理. 北京:北京大学出版社
余凯成,程文文. 2000. 人力资源管理. 大连:大连理工大学出版社

余永定等. 1997. 西方经济学. 北京:经济科学出版社
张尚仁. 1987. 管理·管理学与管理哲学. 昆明:云南人民出版社
周海平,王雷. 2000. 新编西方经济学. 上海:立信会计出版社
Hax Arnoldo C, Nicolas S. Majluf. 1996. The Strategy Concept and Process(2nd), Prentice Hall Inc.
Peppard J, Stanon S A. 1995. The Reengineering Revolution-A Handbook. Harper Business Publishing
Proctor T. 1995. The Essence of Management Creativty. Prentice Hall Inc.
Romime G. 1996. Making Organization Learning Work: Consent and Double Linking between Circles, European Management Journal, Vol. 14, No. 1, Feb.